우아한 C 언어 코딩 패턴

실무에서 요긴한 C 언어 코딩 원칙과 패턴 가이드

Fluent C

by Christopher Preschern

ⓒ 2025 Insight Press Co., Ltd

Authorized Korean translation of the English edition of Fluent C ISBN 9781492097334
ⓒ 2023 Christopher Preschern.

This translation is published and sold by permission of O'Reilly Media, Inc., which owns of controls all rights to publish and sell the same.

이 책의 한국어판 저작권은 에이전시 원을 통해 저작권자와의 독점 계약으로 (주)도서출판인사이트에 있습니다.
저작권법에 의해 한국 내에서 보호를 받는 저작물이므로 무단전재와 무단복제를 금합니다.

우아한 C 언어 코딩 패턴:
실무에서 요긴한 C 언어 코딩 원칙과 패턴 가이드

초판 1쇄 발행 2025년 4월 2일 **지은이** 크리스토퍼 프레셰른 **옮긴이** 정기훈 **펴낸이** 한기성 **펴낸곳** (주)도서출판 인사이트 **편집** 정수진 **영업마케팅** 김진불 **제작·관리** 이유현 **용지** 월드페이퍼 **출력·인쇄** 예림인쇄 **제본** 예림원색 **등록번호** 제2002-000049호 **등록일자** 2002년 2월 19일 **주소** 서울시 마포구 연남로5길 19-5 **전화** 02-322-5143 **팩스** 02-3143-5579 **이메일** insight@insightbook.co.kr **ISBN** 978-89-6626-470-4 책값은 뒤표지에 있습니다. 잘못 만들어진 책은 바꾸어 드립니다. 이 책의 정오표는 https://blog.insightbook.co.kr에서 확인하실 수 있습니다.

프로그래밍 인사이트

우아한 C 언어 코딩 패턴

실무에서 요긴한 C 언어 코딩 원칙과 패턴 가이드

크리스토퍼 프레셰른 지음 | 정기훈 옮김

인사이트

차례

옮긴이의 글 ·· viii
서문 ·· x

1부 C 패턴 — 1

1장 오류 처리 — 3

실행 예제 ·· 5
함수 분리 ·· 6
보호 구문 ·· 10
무사의 원칙 ·· 14
Goto 오류 처리 ··· 19
클린업 레코드 ·· 23
객체 기반 오류 처리 ·· 26
요약 ·· 31
더 읽을 거리 ·· 32
다음은... ·· 33

2장 오류 정보 반환 — 35

실행 예제 ·· 37
상태 코드 반환 ·· 39
연관된 오류 반환 ·· 47
특수 반환 값 ·· 54
오류 기록 ·· 59
요약 ·· 67
더 읽을 거리 ·· 67
다음은... ·· 68

3장 메모리 관리　69

동적 메모리의 데이터 저장 및 문제 ─ 71
실행 예제 ─ 75
스택 우선 ─ 76
영구적 메모리 ─ 80
클린업 지연 ─ 84
지정 소유권 ─ 90
할당 래퍼 ─ 95
포인터 검사 ─ 100
메모리 풀 ─ 104
요약 ─ 112
더 읽을 거리 ─ 112
다음은… ─ 113

4장 C 함수에서의 데이터 반환　115

실행 예제 ─ 117
반환 값 ─ 118
아웃 파라미터 ─ 122
묶음 인스턴스 ─ 128
불변 인스턴스 ─ 133
호출자 소유 버퍼 ─ 138
피호출자 할당 ─ 143
요약 ─ 148
다음은… ─ 148

5장 데이터 수명과 소유권　149

무상태 소프트웨어 모듈 ─ 152
전역 상태 소프트웨어 모듈 ─ 157
호출자 소유 인스턴스 ─ 163
공유 인스턴스 ─ 170
요약 ─ 178
더 읽을 거리 ─ 178
다음은… ─ 179

6장 유연한 API — 181

- 헤더 파일 — 183
- 핸들 — 187
- 동적 인터페이스 — 192
- 함수 제어 — 196
- 요약 — 200
- 더 읽을 거리 — 201
- 다음은… — 201

7장 반복자 인터페이스 — 203

- 실행 예제 — 205
- 인덱스 접근 — 206
- 커서 반복자 — 212
- 콜백 반복자 — 218
- 요약 — 224
- 더 읽을 거리 — 224
- 다음은… — 225

8장 모듈화 프로그램에서의 파일 구성 — 227

- 실행 예제 — 229
- Include 보호 — 232
- 소프트웨어 모듈 디렉터리 — 235
- 전역 Include 디렉터리 — 240
- 자체 보유 컴포넌트 — 244
- API 복제 — 250
- 요약 — 258
- 다음은… — 259

9장 #ifdef 지옥 탈출 — 261

- 실행 예제 — 263
- 변형 회피 — 265
- 프리미티브 분리 — 269
- 원자 프리미티브 — 274
- 추상화 계층 — 278
- 변형 구현 분리 — 284
- 요약 — 291

더 읽을 거리 ⋯⋯⋯ 292
다음은… ⋯⋯ 293

2부 패턴 스토리   295

10장 로깅 기능 구현   297

패턴 스토리 ⋯⋯ 297
  파일 구성 ⋯⋯⋯⋯⋯⋯⋯⋯⋯⋯⋯⋯⋯⋯⋯⋯⋯⋯⋯⋯⋯⋯⋯⋯⋯⋯⋯⋯⋯⋯⋯⋯⋯⋯⋯⋯⋯ 298
  중앙 로깅 함수 ⋯⋯⋯⋯⋯⋯⋯⋯⋯⋯⋯⋯⋯⋯⋯⋯⋯⋯⋯⋯⋯⋯⋯⋯⋯⋯⋯⋯⋯⋯⋯⋯⋯⋯ 299
  로그 소스 필터 ⋯⋯⋯⋯⋯⋯⋯⋯⋯⋯⋯⋯⋯⋯⋯⋯⋯⋯⋯⋯⋯⋯⋯⋯⋯⋯⋯⋯⋯⋯⋯⋯⋯⋯ 301
  조건부 로깅 ⋯⋯⋯⋯⋯⋯⋯⋯⋯⋯⋯⋯⋯⋯⋯⋯⋯⋯⋯⋯⋯⋯⋯⋯⋯⋯⋯⋯⋯⋯⋯⋯⋯⋯⋯⋯ 303
  로그 출력 대상 다양화 ⋯⋯⋯⋯⋯⋯⋯⋯⋯⋯⋯⋯⋯⋯⋯⋯⋯⋯⋯⋯⋯⋯⋯⋯⋯⋯⋯⋯⋯ 304
  파일 로깅 ⋯⋯⋯⋯⋯⋯⋯⋯⋯⋯⋯⋯⋯⋯⋯⋯⋯⋯⋯⋯⋯⋯⋯⋯⋯⋯⋯⋯⋯⋯⋯⋯⋯⋯⋯⋯⋯ 306
  크로스 플랫폼 파일 ⋯⋯⋯⋯⋯⋯⋯⋯⋯⋯⋯⋯⋯⋯⋯⋯⋯⋯⋯⋯⋯⋯⋯⋯⋯⋯⋯⋯⋯⋯ 307
  Logger 사용 ⋯⋯⋯⋯⋯⋯⋯⋯⋯⋯⋯⋯⋯⋯⋯⋯⋯⋯⋯⋯⋯⋯⋯⋯⋯⋯⋯⋯⋯⋯⋯⋯⋯⋯⋯ 311
요약 ⋯⋯⋯ 312

11장 사용자 관리 시스템 구축   315

패턴 스토리 ⋯⋯ 315
  데이터 구성 ⋯⋯⋯⋯⋯⋯⋯⋯⋯⋯⋯⋯⋯⋯⋯⋯⋯⋯⋯⋯⋯⋯⋯⋯⋯⋯⋯⋯⋯⋯⋯⋯⋯⋯⋯⋯ 316
  파일 구성 ⋯⋯⋯⋯⋯⋯⋯⋯⋯⋯⋯⋯⋯⋯⋯⋯⋯⋯⋯⋯⋯⋯⋯⋯⋯⋯⋯⋯⋯⋯⋯⋯⋯⋯⋯⋯⋯ 317
  인증: 오류 처리 ⋯⋯⋯⋯⋯⋯⋯⋯⋯⋯⋯⋯⋯⋯⋯⋯⋯⋯⋯⋯⋯⋯⋯⋯⋯⋯⋯⋯⋯⋯⋯⋯⋯ 319
  인증: 오류 로깅 ⋯⋯⋯⋯⋯⋯⋯⋯⋯⋯⋯⋯⋯⋯⋯⋯⋯⋯⋯⋯⋯⋯⋯⋯⋯⋯⋯⋯⋯⋯⋯⋯⋯ 321
  사용자 추가: 오류 처리 ⋯⋯⋯⋯⋯⋯⋯⋯⋯⋯⋯⋯⋯⋯⋯⋯⋯⋯⋯⋯⋯⋯⋯⋯⋯⋯⋯⋯ 322
  반복 ⋯⋯⋯ 325
  사용자 관리 시스템 사용 ⋯⋯⋯⋯⋯⋯⋯⋯⋯⋯⋯⋯⋯⋯⋯⋯⋯⋯⋯⋯⋯⋯⋯⋯⋯⋯ 328
요약 ⋯⋯⋯ 329

12장 결론   331

여러분이 배운 것 ⋯⋯⋯⋯⋯⋯⋯⋯⋯⋯⋯⋯⋯⋯⋯⋯⋯⋯⋯⋯⋯⋯⋯⋯⋯⋯⋯⋯⋯⋯⋯⋯⋯⋯ 331
더 읽을 거리 ⋯⋯⋯⋯⋯⋯⋯⋯⋯⋯⋯⋯⋯⋯⋯⋯⋯⋯⋯⋯⋯⋯⋯⋯⋯⋯⋯⋯⋯⋯⋯⋯⋯⋯⋯⋯⋯⋯ 332
맺음말 ⋯⋯ 332

찾아보기 ⋯⋯⋯ 334

옮긴이의 글

《우아한 C 언어 코딩 패턴》은 제목에서 알 수 있듯이 C 언어를 사용하는 데 필요한 설계 패턴 노하우들을 집대성한 책이다. C 언어는 진입 장벽도 높지만 탁월한 수준의 프로그램을 작성하기 위해서는 꾸준히 코딩 경험치를 쌓고 자신만의 노하우도 구축해야 한다. 속도와 효율성을 얻기 위해 C 언어의 언어적 견고함을 포기하면 코딩하는 순간부터 오류의 지뢰밭을 걸을 수밖에 없는 것이 C 언어 개발자의 숙명이다. 그래서 많은 C 언어 개발자는 잘 짜인 오픈 소스 코드도 읽어보거나 자신이 작성한 코드들을 자산처럼 관리하면서 어려운 상황에 직면할 때 그것들을 나침반이나 내비게이션과 같이 활용하기도 한다.

《우아한 C 언어 코딩 패턴》은 C 언어 코드를 작성할 때 이러한 나침반, 내비게이션 같은 역할이 되어줄 코딩 패턴을 제시하고 이것들을 어떻게 실전에서 활용할 수 있을지에 대한 꿀팁을 제공한다. 의외로 개발자들이 프로그래밍을 시작할 때 전체적인 프로그램 체계를 구상하고 설계하는 데 많은 어려움을 겪는다. 프로그램 기획 자체가 어렵기도 하지만, 그것을 구현하는 표준화된 방법이 없기 때문이다. 머릿속에서는 어떻게 해결하면 되겠다는 생각이 들어도 정확히 무엇을 사용해서 어떻게 풀어가면 좋을지에 대한 일종의 패턴, 템플릿 같은 것이 없다 보니 이 부분에서 고민하느라 엉뚱한 곳에서 길을 잃고 헤매기 일쑤다. 하지만 경험이 많은 개발자라면 이런 경우에는 A, 저런 경우에는 B 등과 같이 설계 과정에서 필요한 해결책을 제시하면서 프로그램 기획의 본질과 중심 맥락을 놓치지 않는다. 《우아한 C 언어 코딩 패턴》은 경험이 많은 개발자가 갖고 있는 해결책 A, B와 같이 개발 현장에서 고군분투 중인 초급, 중급 개발자가 절실하게 필요로 하는 해결책들을 표준화된 패턴으로 정립하여 실전에서 유용하게 활용할 수 있도록 하고 있다. 패턴들은 오류, 메모리, 함수, API,

모듈화 등으로 카테고리화하여 쉽게 참조할 수 있으며, 풍부한 예제와 실전 활용 예시를 통해 패턴을 적용하는 방법뿐만 아니라 프로그램 기획 단계에서 어떤 패턴을 선택하고 구성할지에 대한 노하우도 제공한다. 패턴에 대한 내용을 다루는 서적이 여럿 있지만 C 언어를 위해 이렇게까지 잘 정리한 책은 없는 만큼, C 언어 개발자 입장에서는 소중한 길잡이가 되리라 확신한다.

《우아한 C 언어 코딩 패턴》을 번역하면서 많은 분들의 도움을 받았는데, 지면을 빌어 고마움을 전한다. 먼저, 옮긴이가 추천한 이 책을 번역할 수 있도록 허락해 주신 도서출판 인사이트 한기성 대표님, 옮긴이와 오랜 시간 함께 하며 격려해 주신 정수진 에디터님께 깊은 감사를 드린다. 아울러, 곁에서 응원해준 아내와 윤서, 태원에게도 고마움을 전한다.

정기훈

서문

여러분은 자신의 프로그래밍 기술을 한 단계 업그레이드하기 위해 이 책을 선택하였으며, 아주 훌륭한 선택이다. 여러분은 이 책에서 제공하는 실전 지식으로 효과를 얻게 될 것이기 때문이다. C 프로그래밍 경험이 풍부하다면 여러분은 훌륭한 코드 설계 결정의 세부 내용뿐만 아니라 그것들의 장단점까지도 배우게 될 것이다. C 프로그래밍에 이제 막 입문한 수준이라면 여러분은 코드 설계 결정에 대한 지침을 발견하고, 실제로 동작하는 코드 예제를 통해 이러한 결정들이 어떻게 적용되는지 보게 될 것이다. 아울러, 코드 예제들은 향후 대규모 프로그램을 만드는 데 참고할 수 있다.

이 책을 통해 C 프로그램을 구조화하는 방법, 오류를 처리하는 방법, 유연한 인터페이스를 설계하는 방법과 같은 질문에 대한 답을 얻게 될 것이다. C 프로그래밍을 공부하면서 여러분은 아마도 다음과 같은 질문들을 떠올린 경험이 있을 것이다.

- 반드시 오류 정보를 반환해야 하는가?
- 이를 위해 전역 변수 errno를 사용해야 하는가?
- 다수의 파라미터를 갖는 함수를 사용해야만 하는가? 아니면 그 반대인가?
- 유연한 인터페이스를 구축하는 방법은?
- 반복자(iterator) 같은 기본 요소를 만드는 방법은?

객체 지향 언어의 경우, 그 유명한 4인방(GoF; Gang of Four)의 저서인 《GoF의 디자인 패턴》(프로텍미디어, 2015)에 위의 질문들에 대한 대부분의 해답이 들어 있다. 디자인 패턴은 객체 간 상호작용 방법, 객체가 다른 종류의 객체를 소유하는 방법 등에 대한 모범 사례를 개발자에게 제공한다. 또한, 디자인 패턴은 객체들을 서로 그룹화하는 방법도 보여준다.

그러나 C와 같은 절차적 프로그래밍 언어의 경우 4인방이 기술한 디자인 패턴의 대부분을 구현해낼 수 없다. C에는 객체 지향 메커니즘이 없기 때문이다. 물론, C 언어를 이용하여 상속(inheritance)이나 다형성(polymorphism)을 모방할 수는 있다. 그러나 이 방법은 최적의 방안이 될 수 없다. C 프로그래밍에 익숙한 프로그래머 입장에서는 이와 같은 모방이 익숙하지 않을뿐더러, C++과 같은 객체 지향 언어로 프로그래밍을 해본 적이 없기 때문에 상속이나 다형성과 같은 개념을 사용하는 데 익숙하지 않다. 또한 이들은 자신에게 익숙한 기본 C 프로그래밍 스타일을 고수하려는 경향이 강하다. 게다가 기본 C 프로그래밍에서 모든 객체 지향 디자인 패턴 지침을 사용할 수 있는 것은 아니며, 비(非) 객체 지향 프로그래밍 언어에는 디자인 패턴에서 제시한 개념에 대한 최소한의 세부 구현도 제공되지 않는다.

이것이 현재 우리가 처한 현실이다. 즉, 우리는 C로 프로그램을 작성할 때 디자인 패턴에서 제시한 대부분의 지식을 바로 사용할 수 없다. 이 책은 이러한 간극을 어떻게 메우고 C 언어를 위한 설계 지식을 실전에서 어떻게 구현하는지 설명한다.

이 책을 집필하게 된 배경

이 책에 모아둔 지식들이 나에게 왜 중요하고 이러한 지식을 찾는 것이 얼마나 어려웠는지를 설명코자 한다.

내가 학교에서 배운 첫 번째 프로그래밍 언어는 C였다. 나 역시 C 언어에 입문한 모든 프로그래머와 마찬가지로 배열 인덱스는 왜 0부터 시작하는지 궁금했고, C 포인터 마법이 동작하도록 하기 위해 * 과 & 연산자를 무작위로 배치해보기도 하였다.

대학 시절에 C 문법이 실제로 어떻게 동작하고, 그것이 하드웨어 단에서 어떻게 비트와 바이트로 변환되는지를 배웠다. 이렇게 배운 지식을 통해 잘 동작하는 간단한 프로그램을 작성할 수 있게 되었다. 하지만 여전히 더 긴 코드를 보면 왜 그렇게 작성했는지 이해하기 힘들었고, 다음의 코드와 같은 해결책을 생각해낼 수 없었다.

```
typedef struct INTERNAL_DRIVER_STRUCT* DRIVER_HANDLE;
typedef void (*DriverSend_FP)(char byte);
typedef char (*DriverReceive_FP)();
typedef void (*DriverIOCTL_FP)(int ioctl, void* context);

struct DriverFunctions
{
    DriverSend_FP fpSend;
    DriverReceive_FP fpReceive;
    DriverIOCTL_FP fpIOCTL;
};

DRIVER_HANDLE driverCreate(void* initArg, struct DriverFunctions f);
void driverDestroy(DRIVER_HANDLE h);
void sendByte(DRIVER_HANDLE h, char byte);
char receiveByte(DRIVER_HANDLE h);
void driverIOCTL(DRIVER_HANDLE h, int ioctl, void* context);
```

위 코드를 보면 여러 질문이 떠오를 것이다.

- struct 안에 함수 포인터가 들어간 이유는?
- 함수들이 DRIVER_HANDLE을 필요로 하는 이유는?
- IOCTL은 무엇이고, IOCTL을 대신하는 별도의 함수가 없는 이유는?
- 굳이 생성 함수와 제거 함수를 명시한 이유는?

내가 상용 애플리케이션을 작성하기 시작하면서 비로소 이러한 질문들을 맞닥뜨리게 되었다. 예를 들어 함수 내에서 반복자를 어떻게 구현하는지, 또는 오류를 어떻게 처리할지 결정하는 데 필요한 C 프로그래밍 지식이 나에게 없음을 깨닫는 상황이 주기적으로 생겼다. 분명히 C 문법은 알고 있지만 어떻게 적용해야 할지 막막했다. 무언가를 달성하고자 노력했지만 결과적으로는 어설프게 겨우 처리하거나 제대로 해내지 못했다. 내게 필요한 것은 C 프로그래밍 언어를 이용하여 특정 작업을 수행할 수 있는 모범 사례였다. 예를 들어, 다음과 같은 것이 필요했다.

- 어떻게 하면 쉽게 리소스를 획득하고 해제할 수 있을까?
- 오류 처리를 위해 goto를 사용하는 것이 좋은 생각일까?

- 인터페이스를 유연하게 사용할 수 있도록 설계해야 하나, 아니면 단순히 필요할 때마다 인터페이스를 수정해야 하나?
- 반드시 assert 구문을 사용해야 하나? 혹은 반드시 오류 값을 반환해야 하나?
- C에서 반복자를 구현하려면 어떻게 해야 하나?

이러한 질문에 대해 경험 많은 동료들이 다양한 답을 내놓았지만, 이러한 설계 결정과 그에 대한 장단점을 정리해 놓은 문서 같은 걸 알려주는 사람은 아무도 없었다. 이 점이 매우 흥미로웠다.

그래서 인터넷으로 눈을 돌렸지만, 이곳에서 나는 또 한 번 놀라지 않을 수 없었다. C 언어가 나온 지 수십 년이 되었음에도 이러한 질문에 대한 좋은 답을 찾기가 너무나 어려웠기 때문이다. C 언어에 대한 기초와 문법을 설명한 책은 많아도 고급 단계의 C 프로그래밍 주제나 상용 애플리케이션 예제가 포함된 아름다운 C 코드를 작성하는 방법에 대한 설명은 거의 없다는 걸 알게 되었다.

이것이 내가 이 책을 집필하게 된 이유이다. 이 책을 통해 기초적인 C 프로그램을 벗어나 오류 처리도 고려하면서 향후에 요구 사항과 설계가 바뀌어도 유연하게 대응할 수 있는, 더 큰 규모의 C 프로그램을 작성할 수 있도록 여러분의 프로그래밍 기술을 향상시키는 방법을 배우게 될 것이다. 이 책은 디자인 패턴의 개념을 사용하여 설계 결정과 각각의 장단점을 자세하게 설명할 것이다. 이러한 디자인 패턴은 실제로 동작하는 코드 예제에 적용되어, 기존 코드가 어떻게 발전하고 왜 그렇게 동작하는지를 설명하게 될 것이다.

제공되는 패턴은 모든 분야의 C 프로그래밍에 적용할 수 있다. 필자는 실시간 다중 스레드 환경의 임베디드 프로그래밍 분야에서 활동하기 때문에, 패턴 중 일부는 필자의 활동 분야에 치우쳐 있다. 어쨌든 여러분은 패턴에 대한 기본 개념들이 다른 C 프로그래밍 분야뿐만 아니라 C 프로그래밍 범주를 넘어서는 부분까지도 충분히 적용할 수 있음을 보게 될 것이다.

패턴 기초

이 책의 설계 지침은 패턴의 형태로 제공된다. 패턴 형태로 지식과 모범 사례를 제시한다는 아이디어는 건축가 크리스토퍼 알렉산더의 《영원의 건축》(안그라픽스, 2013)에서 비롯됐다. 크리스토퍼는 충분히 증명된 작은 해법으로 자신의 분야인 도시 건축 및 설계에 존재하는 거대한 문제를 해결했다. 이와 같이 패턴을 적용하는 접근 방식은 소프트웨어 개발 분야에도 적용되었는데, 프로그램 패턴 언어(PLoP, Pattern Languages of Programs) 컨퍼런스 같은 패턴 컨퍼런스 개최를 통해 패턴 지식의 범위를 더 확장시켰다. 특히, 《GoF의 디자인 패턴》은 소프트웨어 개발자들에게 커다란 영향을 미쳤고, 디자인 패턴에 대한 개념을 널리 알렸다.

그러면 패턴이란 정확히 무엇인가? 여러 곳에서 패턴에 대한 정의를 찾아 볼 수 있다. 여러분이 이 분야에 관심이 있다면 《패턴 지향 소프트웨어 아키텍처》(2008, 지앤선)에서 정확한 설명과 세부적인 내용을 확인할 수 있다. 이 책의 목적에 맞추어 패턴을 정의하자면 현실에 존재하는 문제에 대한 잘 증명된 솔루션을 제공하는 것이라고 할 수 있다. 이 책에서 제시하는 패턴은 표 P.1과 같다.

표 P.1 이 책에서 패턴을 분류하는 방법

패턴 섹션	설명
이름	패턴의 이름으로, 기억하기 쉽게 지어야 한다. 프로그래머가 일상적인 의사소통에 이 이름을 사용하는 것이 목표다(프로그래머들이 "추상 팩토리(Abstract Factory)가 오브젝트를 생성해"라는 식으로 디자인 패턴을 명사처럼 사용하도록).
컨텍스트	"컨텍스트" 섹션은 패턴의 상황을 설정한다. 즉, 어떤 상황에서 이 패턴을 적용하는지 알려준다.
문제	"문제" 섹션은 해결하려는 이슈에 대한 정보를 제공한다. 먼저 문제에 대한 핵심 내용을 기술한 다음, 세부 내용을 추가하여 문제를 해결하기 어려운 이유를 설명한다. (다른 패턴 형식에서는 이러한 세부 내용을 "forces"라는 이름의 별도 섹션으로 설명하기도 한다.)
솔루션	"솔루션" 섹션은 문제를 해결하는 방법에 대한 지침을 제공한다. 먼저 굵은 글씨로 솔루션에 대한 기본 아이디어를 기술한 후 세부 내용을 이어간다. 아울러, 예제 코드를 통해 아주 확실한 방법까지 제공한다.
결과	"결과" 섹션에서는 앞에서 기술한 솔루션을 적용할 때의 장단점을 나열한다. 패턴 적용 시 나타난 결과가 상황에 적합한지 항상 확인해야 한다.
알려진 용도	"알려진 용도"는 솔루션 자체도 훌륭할 뿐만 아니라 실제 애플리케이션에서도 제대로 동작한다는 것을 증명한다. 또한 구체적인 예를 보여줌으로써 패턴을 적용하는 방법을 이해하는 데 도움을 준다.

패턴 형태로 설계 지침을 표현하는 주요 이점은 이러한 패턴들을 차례로 적용할 수 있다는 것이다. 아주 커다란 문제에 봉착한 경우, 이 문제를 정확히 풀 수 있는 단일 지침서나 솔루션을 찾기는 어려울 것이다. 대신, 이렇게 크고 매우 구체적인 문제를 더 작고 일반화된 문제들의 조합으로 분해한 후 각각의 문제에 패턴을 하나씩 차례로 적용하는 방식으로 조금씩 해결할 수 있을 것이다. 여러분은 단순히 패턴에 기술된 문제를 확인하여 문제에 적합하고 결과를 받아들일 수 있는 패턴을 찾아 적용하기만 하면 된다. 물론, 결과로 인해 다른 문제를 야기할 수도 있지만 그것 역시 또 다른 패턴을 적용함으로써 충분히 해결할 수 있을 것이다. 이렇게 함으로써 여러분은 점진적으로 코드를 설계할 수 있게 된다. 그렇지 않으면 문제를 한 방에 해결하는 완벽한 설계를 만드느라 코드 한 줄 못쓰고 있을 것이다.

이 책을 읽는 방법

이 책은 독자가 C 프로그래밍에 대한 기본 지식이 있다고 전제한다. 즉, C 구문과 그 동작 방식을 알고 있어야 한다. 예를 들어, 이 책에서는 포인터가 무엇이고 어떻게 사용하는지 알려주지 않는다. 이 책은 심화 주제에 대한 도움과 지침을 제공한다.

 이 책의 각 장은 독립적이다. 임의의 순서로 읽을 수도 있고, 관심 있는 주제를 골라서 읽어도 된다. 다음 섹션에 모든 패턴에 대한 전체적인 개요를 정리해 놓았으니, 여기에서 관심 있는 패턴으로 바로 넘어가도 된다. 여러분이 찾고 있는 것이 무엇인지 정확히 알고 있다면 바로 시작할 수 있다.

 특정 패턴을 찾는 것이 아니라 적용 가능한 C 설계 옵션에 대한 전체적인 지식을 얻고자 한다면 1부를 쭉 읽어 보기를 권한다. 초반에는 오류 처리와 메모리 관리 같은 기본적인 주제를 다루고, 이후로는 인터페이스 설계나 플랫폼 독립 코드와 같이 점점 더 심도 있는 특정 주제를 다룬다. 각 장에서는 주제와 연관된 패턴을 선보인 다음, 실행 코드 예제를 통해 이 패턴이 어떻게 적용될 수 있는지를 조금씩 보여줄 것이다.

 2부에서는 1부에서 다룬 많은 패턴들을 적용하는 두 개의 더 큰 실행 예제를 보여준다. 여기에서 패턴 적용을 통해 조금씩 더 큰 소프트웨어를 구축하는 방법을 배울 수 있을 것이다.

패턴 개요

표 P.2부터 P.10까지에 이 책에서 다루는 모든 패턴에 대한 개요를 정리해 놓았다. 표에서는 패턴을 축약해서 보여주는데, 문제에 대한 핵심 설명이 나온 후 키워드 "따라서"와 함께 핵심적인 솔루션 내용이 이어진다.

표 P.2 오류 처리 패턴

패턴 이름	요약
함수 분리 (Function Split) (6쪽)	함수에 여러 개의 역할을 부여하면 함수를 읽고 유지·관리하기 어렵다. 따라서, 함수를 분리한다. 함수 내에서 그 자체로 유용한 부분만 분리하여 새로운 함수로 만든 다음 기존 함수에서 새 함수를 호출한다.
보호 구문 (Guard Clause) (10쪽)	사전 조건 검사와 함수의 메인 프로그램 로직이 섞여 있으면 함수를 읽고 유지·관리하기가 어렵다. 따라서, 필수 사전 조건이 있는지 확인하고 사전 조건이 충족되지 않으면 즉시 함수를 끝낸다.
무사의 원칙 (Samurai Principle) (14쪽)	오류 정보를 반환할 때 호출자가 이 정보를 확인한다고 가정한다. 그러나 호출자가 오류 정보 확인을 생략하여 오류가 알려지지 않은 상태로 지속될 수 있다. 따라서, 성공적으로 함수에서 반환하거나 아무것도 반환하지 말아야 한다. 만일 오류를 처리할 수 없다고 판단되는 상황이 발생하면 그냥 프로그램을 중단시켜야 한다.
Goto 오류 처리 (Goto Error Handling) (19쪽)	함수 내 서로 다른 위치에서 다수의 리소스를 할당받고 정리하면 코드는 읽기도 힘들고 유지·관리도 어려워진다. 따라서, 모든 리소스 클린업 및 오류 처리 코드를 함수 끝 부분에 둔다. 리소스를 할당받지 못할 경우 goto 문을 사용하여 리소스 클린업 코드로 이동한다.
클린업 레코드 (Cleanup Record) (23쪽)	다수의 리소스를 획득하고 클린업하는 경우, 특히 이러한 리소스가 서로 의존하는 경우 코드를 쉽게 읽거나 유지·관리하기 어렵다. 따라서, 리소스 획득 함수 호출에 성공할 때마다 해당 리소스에 대한 클린업 함수를 저장한다. 이렇게 저장한 값에 따라 클린업 함수를 호출한다.
객체 기반 오류 처리 (Object-Based Error Handling) (26쪽)	단일 함수에 리소스 획득, 리소스 클린업, 해당 리소스 사용과 같이 여러 역할이 부여된 경우 해당 코드를 구현하고, 읽고, 유지·관리하고, 테스트하기 어려워진다. 따라서, 객체 지향 프로그래밍의 생성자/소멸자 개념과 유사하게 초기화와 클린업을 별도의 함수로 구현한다.

표 P.3 오류 정보 반환 패턴

패턴 이름	요약
상태 코드 반환 (Return Status Codes) (39쪽)	호출자에 상태 정보를 반환하면 호출자가 상태 정보에 따라 대응하는 메커니즘을 만들고자 한다. 메커니즘은 간편하게 사용할 수 있어야 하고, 호출자는 상태 정보를 통해 발생 가능한 여러 오류 상황을 명확하게 구분할 수 있어야 한다. 따라서, 함수의 반환 값을 사용하여 상태 정보를 반환한다. 즉, 특정 상태를 나타내는 값을 반환한다. 피호출자와 호출자 모두 상태 값의 의미를 이해해야 한다.
연관된 오류 반환 (Return Relevant Errors) (47쪽)	호출자는 반드시 오류에 대응할 수 있어야 한다. 반면에 반환하는 오류 정보가 많을수록 오류 정보 생성 코드와 이를 처리하는 호출자의 코드는 길어질 수밖에 없다. 코드가 길어질수록 읽고 유지·관리하기가 힘들어지고 추가 버그가 생길 위험이 있다. 따라서, 정보가 호출자와 관련된 경우에만 오류 정보를 반환한다. 호출자가 해당 오류에 대응할 수 있는 경우에만 오류 정보가 호출자와 연관이 있다고 간주한다.
특수 반환 값 (Special Return Values) (54쪽)	오류 정보를 반환하고 싶지만 명시적인 상태 코드 반환은 선택할 수 없다. 그렇게 하면 함수가 다른 데이터를 반환하기 어렵기 때문이다. 아웃 파라미터를 함수에 추가할 수도 있지만 이렇게 하면 함수 호출이 더 어려워진다. 따라서, 함수의 반환 값을 사용하여 함수에서 계산된 데이터를 반환한다. 이때, 한 개 이상의 특수 값을 예약해 두어 오류 발생 시 반환한다.
오류 기록 (Log Errors) (59쪽)	오류가 발생했을 때 그 원인을 쉽게 찾아내고 싶지만 이로 인해 오류 처리 코드가 복잡해지는 것은 원치 않는다. 따라서, 별도의 채널을 사용하여 호출 코드와 관련된 오류 정보 및 개발자와 관련된 오류 정보를 제공한다. 예를 들어 디버그 오류 정보는 로그 파일에 기록하고, 세부적인 디버그 오류 정보는 호출자에게 반환하지 않는다.

표 P.4 메모리 관리 패턴

패턴 이름	요약
스택 우선 (Stack First) (76쪽)	변수에 대한 저장소 클래스와 메모리 영역(스택, 힙 등)을 결정하는 것은 모든 프로그래머가 늘상 하는 일이다. 이때 각각의 변수마다 가능한 모든 대안의 장단점까지 자세히 따져보기는 매우 힘들다. 따라서, 스택에 변수를 두는 것을 기본값으로 정해서 스택 변수가 자동으로 클린업되는 이득을 얻는다.
영구적 메모리 (Eternal Memory) (80쪽)	많은 양의 데이터를 보유하고 이것을 함수 호출 간에 전송하기는 쉽지 않다. 데이터를 보관할 메모리가 충분히 크면서도 함수 호출을 넘어서까지 유효 시간이 연장될 수 있어야 하기 때문이다. 따라서, 프로그램 전체 실행 시간 동안 사용 가능한 메모리에 데이터를 넣는다.
클린업 지연 (Lazy Cleanup) (84쪽)	많은 양의 메모리가 필요하지만 그 크기를 사전에 알 수 없는 경우 동적 메모리를 사용한다. 그러나 동적 메모리에 대한 클린업 처리는 번거로울 뿐만 아니라 수많은 프로그래밍 오류의 원인이기도 하다. 따라서, 동적 메모리를 할당하고 운영 체제가 프로그램 종료 시 할당을 해제하도록 한다.
지정 소유권 (Dedicated Ownership) (90쪽)	동적 메모리 사용이라는 강력한 힘에는 적절한 메모리 클린업이라는 막중한 책임이 따른다. 프로그램이 커질수록 동적 메모리가 제대로 클린업되는지 확인하기 어려워진다. 따라서, 메모리 할당을 구현할 때 메모리를 누가, 어디에서 클린업할 것인지를 명확하게 정의하고 문서화해야 한다.

패턴 이름	요약
할당 래퍼 (Allocation Wrapper) (95쪽)	언제든지 동적 메모리 할당이 실패할 수 있으므로, 이에 대응하기 위해서는 코드에서 일일이 할당 결과를 확인해야 한다. 코드 내 이곳저곳에서 이러한 검사를 해야 하는데, 이것은 꽤나 성가신 일이다. 따라서, 할당 호출과 해제 호출을 래핑(wrapping)하고 래퍼 함수를 만들어 오류 처리나 추가 메모리 관리 구조를 구현한다.
포인터 검사 (Pointer Check) (100쪽)	유효하지 않은 포인터에 접근하게 만드는 프로그래밍 오류는 통제할 수 없는 프로그램 동작을 유발하며, 디버그하기도 어렵다. 그러나 코드에서 포인터를 사용하는 작업이 빈번하게 이루어지다 보니 이와 같은 프로그래밍 오류가 발생하기 쉽다. 따라서, 초기화하지 않았거나 해제된 포인터는 명시적으로 무효화하고, 포인터에 접근하기 전에 항상 유효성을 검사한다.
메모리 풀 (Memory Pool) (104쪽)	힙에서 객체 할당과 해제를 반복하면 메모리 단편화가 발생한다. 따라서, 프로그램의 전체 실행 시간 동안 커다란 메모리 덩어리(chunk)를 유지한다. 런타임에 힙에서 새로운 메모리를 직접 할당받는 대신 메모리 풀에서 고정된 크기를 갖는 메모리 덩어리를 검색한다.

표 P.5 C 함수에서의 데이터 반환 패턴

패턴 이름	요약
반환 값 (Return Value) (118쪽)	함수로 분리하려는 부분은 서로 독립적이지 않다. 보통 절차적 프로그래밍에서는 어떤 부분의 결과가 다른 부분의 입력으로 사용된다. 분리하려는 함수는 일부 데이터를 공유해야 한다. 따라서, 함수 호출 결과에 대한 정보를 조회할 목적으로 제공되는 C 메커니즘인 반환 값을 사용한다. C에서 데이터를 반환하는 메커니즘은 함수 결과를 복사한 다음 이 복사 값에 대한 접근을 호출자에게 제공하는 방식으로 동작한다.
아웃 파라미터 (Out-Parameters) (122쪽)	C는 함수 호출 시 한 개의 데이터 타입만 반환할 수 있기 때문에 여러 정보를 반환하려면 방법이 복잡하다. 따라서, 포인터로 참조 인수를 에뮬레이션함으로써 한 번의 함수 호출로 모든 데이터를 반환한다.
묶음 인스턴스 (Aggregate Instance) (128쪽)	C는 함수 호출 시 한 개의 데이터 타입만 반환할 수 있기 때문에 여러 정보를 반환하려면 방법이 복잡하다. 따라서, 데이터 타입을 새로 정의한 후 연관된 모든 데이터를 새로 정의한 데이터 타입에 넣는다. 이렇게 묶음 인스턴스를 정의하면 공유하고자 하는 모든 연관 데이터를 실을 수 있다. 묶음 인스턴스를 구성 요소의 인터페이스에서 정의하여 호출자가 인스턴스에 저장된 모든 데이터에 직접 접근할 수 있도록 한다.
불변 인스턴스 (Immutable Instance) (133쪽)	호출자에게 구성 요소에서 불변 데이터의 큰 부분을 차지하는 정보를 제공하려 한다. 따라서, 정적 메모리에서 공유할 데이터를 포함하는 인스턴스(예: 구조체)를 만든다. 이 인스턴스를 접근하려는 사용자에게 제공하되, 사용자가 이 데이터를 수정할 수 없도록 해야 한다.
호출자 소유 버퍼 (Caller-Owned Buffer) (138쪽)	크기는 알지만 복잡하거나 크기가 큰 데이터를 호출자에게 제공하려 하며, 해당 데이터는 불변 데이터가 아니다(런타임에 변경된다). 따라서, 크고 복잡한 데이터를 반환하는 함수에 버퍼와 버퍼 크기를 제공하도록 호출자에 요구한다. 함수 구현 시 버퍼 크기가 충분히 크다면 필요한 데이터를 버퍼에 복사한다.
피호출자 할당 (Callee Allocates) (143쪽)	호출자에게 복잡하거나 크기가 큰 데이터를 제공하려 하는데, 크기도 모르고 불변 데이터도 아니다(런타임에 변경된다). 따라서, 크고 복잡한 데이터를 제공하는 함수 내부에서 필요한 크기의 버퍼를 할당받는다. 필요한 데이터를 할당받은 버퍼에 복사하고, 이 버퍼에 대한 포인터를 반환한다.

표 P.6 데이터 수명 및 소유권에 대한 패턴

패턴 이름	요약
무상태 소프트웨어 모듈(Stateless Software-Module) (152쪽)	호출자에게 논리적으로 연관된 기능을 제공하고 호출자가 해당 기능을 최대한 쉽게 사용할 수 있도록 만들고자 한다. 따라서, 함수를 단순하게 유지하고 구현할 때 상태 정보를 구축하지 않는다. 관련된 모든 함수를 하나의 헤더 파일에 넣고, 호출자에게 이 인터페이스를 제공하여 소프트웨어 모듈을 사용할 수 있도록 한다.
전역 상태 소프트웨어 모듈 (Software-Module with Global State) (157쪽)	논리적으로 연관이 있고 공통 상태 정보가 필요한 코드를 구조화하고, 호출자가 최대한 쉽게 사용할 수 있도록 만들고자 한다. 따라서, 하나의 전역 인스턴스를 만들어 관련 함수들이 공통 리소스를 공유할 수 있도록 구현한다. 이 인스턴스에서 동작하는 모든 함수를 하나의 헤더 파일에 넣은 다음 이 인터페이스를 호출자에 제공하여 소프트웨어 모듈을 사용할 수 있도록 한다.
호출자 소유 인스턴스 (Caller-Owned Instance) (163쪽)	서로 의존하는 함수로 구성된 기능에 대한 접근을 여러 호출자 또는 스레드에 제공하려 한다. 이때, 호출자와 함수 간의 상호 작용을 통해 상태 정보가 구축된다. 따라서, 호출자로 하여금 함수와 작업하기 위해 필요한 리소스와 상태 정보를 저장하기 위한 인스턴스를 전달하도록 요구한다. 이 인스턴스를 관리하는 데 필요한 생성 함수와 소멸 함수를 명시적으로 제공하여 호출자가 인스턴스의 수명을 결정할 수 있도록 한다.
공유 인스턴스 (Shared Instance) (170쪽)	서로 의존하는 함수로 구성된 기능에 대한 접근을 여러 호출자 또는 스레드에 제공하려 한다. 이때, 호출자는 호출자와 함수 간의 상호 작용에 필요한 호출자가 공유하려는 상태 정보를 구성하고 공유하고자 한다. 따라서, 호출자에게 함수와 작업하는 데 필요한 리소스와 상태 정보를 저장하기 위한 인스턴스를 전달하도록 요구한다. 여러 호출자에 동일한 인스턴스를 사용하고 소프트웨어 모듈에서 인스턴스의 소유권을 유지토록 한다.

표 P.7 유연한 API 패턴

패턴 이름	요약
헤더 파일 (Header Files) (183쪽)	다른 구현 파일의 코드가 구현한 기능에 접근할 수 있도록 하면서도 호출자에게 세부 구현 내용은 숨기고자 한다. 따라서, 사용자에게 제공하려는 기능을 API에서 함수 선언 형태로 제공한다. 내부 함수, 내부 데이터, 함수 정의(구현부)를 구현 파일에 숨기고 사용자에게는 이 구현 파일을 제공하지 않는다.
핸들 (Handle) (187쪽)	함수 구현부에서 상태 정보를 공유하거나 공유 리소스를 가지고 작업하면서도 호출자가 모든 상태 정보 및 공유 리소스를 보거나 접근하지 못하게 구현하려 한다. 따라서, 호출자가 작업할 컨텍스트를 생성하고 해당 컨텍스트에 대한 내부 데이터를 가리키는 추상 포인터를 반환하는 함수를 만든다. 호출자에게 이 포인터를 모든 함수에 전달하도록 하면, 함수들은 내부 데이터를 사용하여 상태 정보와 리소스를 저장할 수 있게 된다.
동적 인터페이스 (Dynamic Interface) (192쪽)	동작이 약간 다른 구현을 호출하고 싶지만 제어 논리 구현이나 인터페이스 선언을 포함한 어떤 코드도 복제되지 않도록 하려 한다. 따라서, API에서 다른 기능에 대한 공통 인터페이스를 정의하고 호출자에게 해당 기능에 대한 콜백 함수를 제공하도록 요구한 다음 함수 구현에서 콜백 함수를 호출한다.
함수 제어 (Function Control) (196)	동작이 약간 다른 구현을 호출하고 싶지만 제어 논리 구현이나 인터페이스 선언을 포함한 어떤 코드도 복제되지 않도록 하려 한다. 따라서, 함수에 파라미터를 추가하여 함수 호출에 대한 메타 정보를 전달하고 수행할 실제 기능을 지정한다.

표 P.8 반복자 인터페이스 패턴

패턴 이름	요약
인덱스 접근 (Index Access) (206쪽)	사용자가 편리한 방식으로 자료 구조의 요소를 반복할 수 있도록 하면서, 사용자 코드의 수정 없이 자료 구조의 내부 변경이 가능해야 한다. 따라서, 기본 자료 구조의 요소별 인덱스를 취하여 해당 요소의 내용을 반환하는 함수를 제공한다. 사용자는 루프 내에서 이 함수를 호출함으로써 모든 요소를 반복한다.
커서 반복자 (Cursor Iterator) (212쪽)	반복 중에 요소가 변경되는 경우에도 견고하면서도, 나중에 사용자 코드를 변경할 필요 없이 기본 자료 구조를 변경할 수 있는 반복 인터페이스를 사용자에게 제공하려 한다. 따라서, 기본 자료 구조의 요소를 가리키는 반복자 인스턴스를 만든다. 반복 함수는 이 반복자 인스턴스를 인수로 사용하고 반복자가 현재 가리키는 요소를 검색한 후, 다음 요소를 가리키도록 반복자 인스턴스를 수정한다. 그런 다음 사용자는 이 함수를 반복적으로 호출하여 한 번에 하나의 요소를 검색한다.
콜백 반복자 (Callback Iterator) (218쪽)	사용자가 모든 요소를 반복하기 위해 코드 내에 루프를 구현하지 않아도 되고, 나중에 사용자 코드를 변경할 필요 없이 기본 자료 구조를 수정할 수 있는 견고한 반복 인터페이스를 제공하려 한다. 따라서, 기존 자료 구조에 특화된 연산을 사용하여 구현 내 모든 요소를 반복하고 이 반복이 수행되는 동안 각 요소에서 제공된 일부 사용자 함수를 호출한다. 이 사용자 함수는 요소 콘텐츠를 파라미터로 가져온 다음 이 요소에 대한 작업을 수행할 수 있다. 사용자가 반복을 일으키는 한 개의 함수만 호출하면 구현 내에서 전체 반복이 이루어진다

표 P.9 모듈화 프로그램에서의 파일 구성 패턴

패턴 이름	요약
Include 보호 (Include Guard) (232쪽)	헤더 파일을 여러 번 include하기는 쉽지만, 동일한 헤더 파일을 include하면 타입이나 특정 매크로가 포함된 경우 컴파일 중에 재정의되기 때문에 컴파일 오류가 발생한다. 따라서, `#ifdef` 구문 세트나 `#pragma once` 구문을 사용해서 헤더 파일의 내용이 여러 번 include되는 것을 방지한다. 이렇게 하면 개발자가 이 헤더 파일이 여러 번 include되었는지 여부에 대해 신경쓰지 않아도 된다.
소프트웨어 모듈 디렉터리 (Software-Module Directories) (235쪽)	코드를 여러 파일로 분할하면 코드베이스의 파일 개수가 늘어난다. 대규모 코드베이스의 경우 모든 파일을 하나의 디렉터리에 넣으면 모든 파일의 개요를 유지하기가 어렵다. 따라서, 기능이 밀접하게 결부된 헤더 파일과 구현 파일을 같은 디렉터리에 넣는다. 헤더 파일이 제공하는 기능에 따라 해당 디렉터리의 이름을 지정한다.
전역 Include 디렉터리 (Global Include Directory) (240쪽)	다른 소프트웨어 모듈의 파일을 include하기 위해서는 ../othersoftwaremodule/file.h와 같이 상대 경로를 사용해야 한다. 그러려면 다른 헤더 파일의 정확한 위치를 알아야 한다. 따라서, 모든 소프트웨어 모듈 API를 포함하는 코드베이스에 하나의 전역 디렉터리를 만든다. 툴체인의 전역 include 경로에 이 디렉터리를 추가한다.

자체 보유 컴포넌트 (Self-Contained Component) (244쪽)	디렉터리 구조만으로는 코드의 종속성을 파악하기가 불가능하다. 모든 소프트웨어 모듈은 다른 소프트웨어 모듈의 헤더 파일을 include할 수 있기 때문에 컴파일러를 통해 코드의 종속성을 확인할 수 없다. 따라서, 기능이 유사해서 함께 배포해야 하는 소프트웨어 모듈을 구분한 다음 이러한 소프트웨어 모듈을 공통 디렉터리에 넣고 호출자와 관련된 헤더 파일은 별도로 지정된 하위 디렉터리에 넣는다.
API 복제 (API Copy) (250쪽)	코드베이스 내 각 부분들에 대한 개발, 버전 지정, 배포가 독립적으로 이루어지도록 하고자 한다. 그러나 그렇게 하려면 코드 부분 사이에 명확하게 정의된 인터페이스와 해당 코드를 다른 저장소로 분리하는 기능이 필요하다. 따라서, 다른 컴포넌트의 기능을 사용하기 위해 해당 API를 복제한다. 다른 컴포넌트를 별도로 빌드하고 빌드 결과물[1]과 해당 public 헤더 파일을 복사한다. 이러한 파일을 컴포넌트 내부의 디렉터리에 넣은 뒤 이 디렉터리를 전역 include 경로로 구성한다.

표 P.10 #ifdef 지옥 탈출 패턴

패턴 이름	요약
변형 회피 (Avoid Variants) (265쪽)	플랫폼마다 다른 함수를 사용하면 코드를 읽고 쓰기가 더 어려워진다. 프로그래머는 플랫폼에 관계 없이 동일한 기능을 제공하기 위해 초기 단계부터 이러한 여러 함수를 이해하고 올바르게 사용하고 테스트해야 한다. 따라서, 모든 플랫폼에서 사용할 수 있는 표준화된 함수를 사용한다. 표준화된 함수가 없다면 해당 기능을 구현하지 않는 것이 좋다.
프리미티브 분리 (Isolated Primitives) (269쪽)	#ifdef 문으로 코드 변형을 구성하면 코드를 읽을 수 없게 된다. 플랫폼별로 여러 번 구현하다 보니 프로그램 흐름을 따라가기가 매우 어렵다. 따라서, 코드 변형을 분리시킨다. 구현 파일에서 변형을 처리하는 코드를 별도의 함수로 분리하고, 메인 프로그램 로직에서 이 함수를 호출하면 플랫폼 독립적인 코드만 포함된다.
원자 프리미티브 (Atomic Primitives) (274쪽)	메인 프로그램에서 호출하고 여러 가지 변형이 포함된 이 함수는 여전히 이해하기 어렵다. 메인 프로그램에서 제거한 온갖 복잡한 #ifdef 코드를 모두 이 함수에 넣어 버렸기 때문이다. 따라서 프리미티브를 원자로 만들어야 한다. 즉, 함수별로 정확히 한 종류의 변형만 처리한다. 여러 종류의 변형(예: 운영 체제 변형 및 하드웨어 변형)을 처리하는 경우 각각 별도의 함수를 둔다.
추상화 계층 (Abstraction Layer) (278쪽)	코드베이스의 여러 위치에서 플랫폼 변형을 처리하는 기능을 사용하고 싶지만 해당 기능에 대한 코드 복제는 원하지 않는다. 따라서, 플랫폼별로 특화된 코드가 필요한 각 기능에 대한 API를 제공한다. 헤더 파일에는 플랫폼 독립적인 함수만 정의하고 플랫폼별로 특화된 #ifdef 코드는 모두 구현 파일에 넣는다. 함수 호출자는 헤더 파일만 include하며 플랫폼별로 특화된 파일을 포함할 필요가 없다.
변형 구현 분리 (Split Variant Implementations) (246쪽)	플랫폼별로 특화된 구현에는 여전히 코드 변형을 구별하기 위한 #ifdef 문이 포함되어 있다. 그래서 코드의 어느 부분을 어떤 플랫폼용으로 빌드해야 하는지 확인하고 선택하기가 어렵다. 따라서, 각각의 변형에 대한 구현을 별도의 구현 파일로 분리하고 파일별로 어떤 플랫폼용으로 컴파일할지 선택한다.

[1] (옮긴이) 목적 파일 또는 오브젝트 파일

일러두기

서체별 규칙은 다음과 같다.

고딕 서체

각각의 패턴별 문제와 해결 방법을 강조하는 데 사용된다.

고정폭 서체

프로그램 코드 리스트뿐만 아니라, 변수나 함수 이름, 데이터베이스, 데이터 타입, 환경 변수, 구문, 키워드와 같은 프로그램 요소를 단락 내에서 참조하는 경우에 사용된다.

> ✔ 이 표시는 일반적인 참고 사항을 나타낸다.

> ❗ 이 표시는 경고 또는 주의를 나타낸다.

예제 코드 사용

이 책에서 사용된 예제 코드는 패턴과 패턴이 적용된 사례에 대한 핵심 아이디어에 집중하기 위해 짧은 코드 조각 형태로 나타냈다. 따라서 include 파일 같은 몇 가지 단순 항목들이 생략되었기 때문에 이 코드 조각 자체로는 컴파일되지 않는다. 전체 코드가 필요하다면 다음의 깃허브 사이트 *https://github.com/christopher-preschern/fluent-c*에서 다운로드 받을 수 있다.

이 책은 여러분의 작업을 완수하는 데 도움을 주기 위해 존재한다. 통상적으로, 이 책에서 제공되는 예제 코드는 여러분의 프로그램 및 문서에서 사용할 수 있다. 코드의 상당 부분을 복제하지 않는 이상 코드 사용 허가를 받기 위해 필자나 출판사에 연락하지 않아도 된다. 예를 들어, 이 책에서 사용된 코드 덩어리 몇 개를 사용하는 경우에는 따로 코드 사용 허가를 받지 않아도 된다. 하지만 O'Reilly 서적의 예제 코드를 판매하거나 배포하기 위해서는 별도의 허가가 필요하다. 질문에 대한 답변을 위해 이 책을 인용하거나 예제 코드를 인용하는 것은 별도의 허가 없이도 가능하다. 그러나 이 책에서 제공되는 상당량의 예제 코드를 여러분의 제품 문서에 포함시키는 경우에는 별도의 허가가 필요하다.

일반적으로는 필요 없지만, 저작권 표시를 해준다면 고맙겠다. 저작권에는 보통 제목, 저자, 출판사, ISBN이 포함된다. 예를 들면 다음과 같다. "Fluent C by Christopher Preschern(O'Reilly). Copyright 2023 Christopher Preschern, 978-1-492-09733-4." 예제 코드 사용이 앞에서 언급한 통상적인 사용이나 권한을 벗어났다고 생각되는 경우에는 언제든지 permissions@oreilly.com으로 연락하기 바란다.

이 책에서 설명하는 패턴들은 이 패턴들이 적용된 기존의 코드 사례를 제공한다. 다음 목록에서 이러한 코드 적용 사례에 대한 참조를 볼 수 있다.

- NetHack 게임(*https://oreil.ly/nzO5W*)
- OpenWrt 프로젝트(*https://oreil.ly/qeppo*)
- OpenSSL 라이브러리(*https://oreil.ly/zzsMO*)
- Wireshark 네트워크 스니퍼(*https://oreil.ly/M55B5*)
- 포틀랜드 패턴 저장소(Portland Pattern repository)(*https://oreil.ly/wkZzb*)
- Git 버전 통제 시스템(*https://oreil.ly/7F9Oz*)
- 아파치 포터블 런타임(Apache Portable Runtime)(*https://oreil.ly/ysaM6*)
- 아파치 웹서버(Apache Webserver)(*https://oreil.ly/W6SMn*)
- B&R Automation Runtime 운영 체제(B&R Industrial Automation 社 자산으로 코드 비공개)
- B&R Visual Components 오토메이션 시스템 에디터(B&R Industrial Automation 社 자산으로 코드 비공개)
- NetDRMS 데이터 관리 시스템(*https://oreil.ly/eR0EV*)
- MATLAB 프로그래밍 및 수치 계산 플랫폼(*https://oreil.ly/UpvJK*)
- GLib 라이브러리(*https://oreil.ly/QoUwT*)
- GoAccess 실시간 웹 분석기(*https://oreil.ly/L1Eij*)
- Cloudy 물리 연산 소프트웨어(*https://oreil.ly/phLBb*)
- GNU Compiler Collection(GCC)(*https://oreil.ly/KK4jY*)

- MySQL 데이터베이스 시스템(*https://oreil.ly/YKXxs*)
- Android ION 메모리 관리자(*https://oreil.ly/2JV7h*)
- Windows API(*https://oreil.ly/nnzyX*)
- Apple's Cocoa API(*https://oreil.ly/sQuaI*)
- VxWorks 실시간 운영 체제(*https://oreil.ly/UMUaj*)
- sam 텍스트 편집기(*https://oreil.ly/k3SQI*)
- C 표준 라이브러리 함수: glibc 구현(*https://oreil.ly/9Qr95*)
- Subversion 프로젝트(*https://oreil.ly/sg9sz*)
- Netdata 실시간 성능 모니터링 및 시각화 시스템(*https://oreil.ly/1sDZz*)
- Nmap 네트워크 도구(*https://oreil.ly/8Yz5R*)
- OpenZFS 파일 시스템(*https://oreil.ly/VWeQL*)
- RIOT 운영 체제(*https://oreil.ly/LhZM4*)
- Radare 리버스 엔지니어링 프레임워크(*https://oreil.ly/TUYfh*)
- Education First 디지털 학습 제품(*https://www.ef.com*)
- VIM 텍스트 편집기(*https://github.com/vim/vim*)
- GNUplot 그래프 유틸리티(*https://oreil.ly/PlQPj*)
- SQLite 데이터베이스 엔진(*https://oreil.ly/5Knfz*)
- gzip 데이터 압축 프로그램(*https://oreil.ly/it40Z*)
- lighttpd 웹서버(*https://github.com/lighttpd*)
- U-Boot 부트로더(*https://oreil.ly/IKVYV*)
- Smpl 불연속(discrete) 이벤트 시뮬레이션 시스템(*https://oreil.ly/NJnCH*)
- 노키아(Nokia)의 Maemo 플랫폼 (*https://maemo.org*)

감사의 글

이제야 비로소 패턴이 무엇인지 알게 된 아내 실케와 딸인 일비에게 감사 인사를 전한다. 이 둘은 필자의 삶을 행복하게 해주고, 컴퓨터 앞에 앉아 일만 하게 놔두지 않고 삶을 즐길 수 있도록 해주었다.

수많은 패턴 마니아들의 도움 없이는 이 책이 빛을 볼 수 없었을 것이다. 유럽 지역 프로그램 패턴 언어(EuroPLoP) 컨퍼런스에서 열린 워크숍에 참가

한 모든 분께 감사드린다. 이들은 필자에게 패턴에 관한 의견을 주었으며, 특히 Jari Rauhamäki, Tobias Rauter, Andrea Höller, James Coplien, Uwe Zdun, Thomas Raser, Eden Burton, Claudius Link, Valentino Vranić, and Sumit Kalra 등이 컨퍼런스에서 소위 "shepherding process" 과정을 통해 보여준 피드백은 필자에게 엄청난 도움이 되었다. 회사 동료 Thomas Havlovec에게도 특별한 감사 인사를 전한다. 그는 필자의 패턴들에 대한 C 프로그래밍 세부 사항이 제대로 반영되도록 도와주었다. 그리고 이 책을 검토하는 데 많은 시간을 할애하고, 추가적인 아이디어를 제공해 이 책의 완성도를 높이는 데 기여한 Robert Hanmer, Michael Weiss, David Griffiths, Thomas Krug에게도 감사 인사를 전한다! 아울러, 이 책이 출간되도록 많은 지원을 해 준 오라일리의 모든 팀에게 감사한다. 특히, 개발부 편집자 Corbin Collins와 제작부 편집자 Jonathon Owen에게 감사드린다.

본 서적의 콘텐츠는 유럽 지역 프로그램 패턴 언어(EuroPLoP) 컨퍼런스에서 채택되고 ACM에 등재된 다음의 논문들을 기반으로 구성되었다. 논문들은 *http://www.preschern.com*에서 무료로 구할 수 있다.

- "A Pattern Story About C Programming," EuroPLoP '21: 26th European Conference on Pattern Languages of Programs, July 2015, article no. 53, 1-10, *https://dl.acm.org/doi/10.1145/3489449.3489978*.
- "Patterns for Organizing Files in Modular C Programs," EuroPLoP '20: Proceedings of the European Conference on Pattern Languages of Programs, July 2020, article no. 1, 1-15, *https://dl.acm.org/doi/10.1145/3424771.3424772*.
- "Patterns to Escape the #ifdef Hell," EuroPLoP '19: Proceedings of the 24th European Conference on Pattern Languages of Programs, July 2019, article no. 2, 1-12, *https://dl.acm.org/doi/10.1145/3361149.3361151*.
- "Patterns for Returning Error Information in C," EuroPLoP '19: Proceedings of the 24th European Conference on Pattern Languages of Programs, July 2019, article no. 3, 1-14, *https://dl.acm.org/doi/10.1145/3361149.3361152*.
- "Patterns for Returning Data from C Functions," EuroPLoP '19: Proceedings

- of the 24th European Conference on Pattern Languages of Programs, July 2019, article no. 37, 1-13, *https://dl.acm.org/doi/10.1145/3361149.3361188*.
- "C Patterns on Data Lifetime and Ownership," EuroPLoP '19: Proceedings of the 24th European Conference on Pattern Languages of Programs, July 2019, article no. 36, 1-13, *https://dl.acm.org/doi/10.1145/3361149.3361187*.
- "Patterns for C Iterator Interfaces," EuroPLoP '17: Proceedings of the 22nd European Conference on Pattern Languages of Programs, July 2017, article no. 8, 1-14, *https://dl.acm.org/doi/10.1145/3147704.3147714*.
- "API Patterns in C," EuroPloP '16: Proceedings of the 21st European Conference on Pattern Languages of Programs, July 2016, article no. 7, 1-11, *https://dl.acm.org/doi/10.1145/3011784.3011791*.
- "Idioms for Error Handling in C," EuroPLoP '15: Proceedings of the 20th European Conference on Pattern Languages of Programs, July 2015, article no. 53, 1-10, *https://dl.acm.org/doi/10.1145/2855321.2855377*.

Fluent C

제1부

C 패턴

패턴은 개발자의 업무를 더 쉽게 만들어 주고 설계 결정이 필요할 때마다 매번 대처해야 하는 부담을 덜어줄 것이다. 패턴은 검증된 해결책을 설명한다. 그래서 이 책의 1부에서는 검증된 해결책과 이러한 해결책을 적용했을 때 나타나는 결과를 설명할 것이다. 각 장은 C 프로그래밍에 대한 특정 주제에 초점을 맞추어 각 주제별 패턴을 제시하고, 실전 코드에 적용하는 사례를 보여줄 것이다.

1장

Fluent C

오류 처리

오류 처리는 소프트웨어 작성에서 큰 부분을 차지하며, 제대로 처리하지 않으면 소프트웨어를 확장하고 유지·관리하기가 어려워진다. C++나 자바와 같은 프로그래밍 언어는 예외 처리, 소멸자와 같이 오류를 쉽게 처리할 수 있는 메커니즘을 제공한다. 하지만 C에서는 기본적으로 이와 같은 메커니즘을 제공하지 않으며, C에 적용할 수 있는 훌륭한 오류 처리에 관한 자료는 인터넷에 흩어져 있다.

이번 장에서는 C의 좋은 오류 처리 방식을 패턴의 형태로 정리하고, 이 패턴을 적용한 실행 예제를 제공한다. 패턴을 통해 설계 결정에 대한 모범 사례를 확인하고, 이것들을 언제 적용할지, 그리고 어떤 결과가 도출되는지를 설명하겠다. 이러한 패턴들은 프로그래머가 많은 세부적 결정을 내려야 하는 상황에서 결정에 대한 부담을 덜어준다. 프로그래머는 패턴을 통해 얻은 지식을 바탕으로 더 좋은 코드를 작성할 수 있을 것이다.

그림 1.1은 이번 장에서 다루는 패턴들 간의 관계를 보여 주며, 표 1.1은 패턴의 내용을 간단히 정리한 것이다.

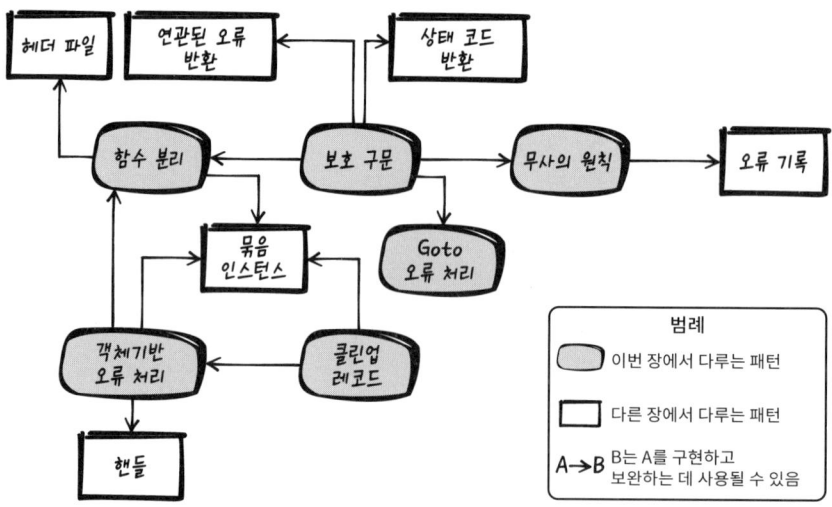

그림 1.1 오류 처리 패턴 개요

표 1.1 오류 처리 패턴

패턴 이름	요약
함수 분리 (Function Split)	함수에 여러 역할을 부여하면 함수를 읽고 유지·관리하기가 어렵다. 따라서, 함수를 분리해야 한다. 함수 내에서 그 자체로 유용한 부분만 분리하여 새로운 함수로 만든 다음 기존 함수에서 새 함수를 호출한다.
보호 구문 (Guard Clause)	사전 조건 검사와 함수의 메인 프로그램 로직이 섞여 있으면 함수를 읽고 유지·관리하기가 어렵다. 따라서, 필수 사전 조건이 있는지 확인하고 사전 조건이 충족되지 않으면 즉시 함수를 끝낸다.
무사의 원칙 (Samurai Principle)	오류 정보를 반환할 때 호출자가 이 정보를 확인한다고 가정한다. 그러나 호출자가 오류 정보 확인을 생략하여 오류가 알려지지 않은 상태로 지속될 수 있다. 따라서, 성공적으로 함수에서 반환하거나 아무것도 반환하지 말아야 한다. 오류를 처리할 수 없다고 판단되는 상황이 발생하면 그냥 프로그램을 중단시켜야 한다.
Goto 오류 처리 (Goto Error Handling)	함수 내 서로 다른 위치에서 다수의 리소스를 할당받고 정리하면 코드는 읽기도 힘들고 유지·관리도 어려워진다. 따라서, 모든 리소스 클린업 및 오류 처리 코드를 함수 끝 부분에 둔다. 리소스를 할당받지 못할 경우 goto 문을 사용하여 리소스 클린업 코드로 이동한다.
클린업 레코드 (Cleanup Record)	다수의 리소스를 획득하고 클린업하는 경우, 특히 이러한 리소스가 서로 의존하는 경우 코드를 쉽게 읽거나 유지·관리하기 어렵다. 따라서, 리소스 획득 함수 호출에 성공할 때마다 해당 리소스에 대한 클린업 함수를 저장한다. 이렇게 저장한 값에 따라 클린업 함수를 호출한다.
객체 기반 오류 처리 (Object-Based Error Handling)	단일 함수에 리소스 획득, 리소스 클린업, 해당 리소스 사용과 같이 여러 역할이 부여된 경우 해당 코드를 구현하고, 읽고, 유지·관리하고, 테스트하기 어려워진다. 따라서, 객체 지향 프로그래밍의 생성자/소멸자 개념과 유사하게 초기화와 클린업을 별도의 함수로 구현한다.

실행 예제

어떤 파일에서 특정 키워드들에 대한 구문 분석을 시행하고 탐색된 키워드 정보를 반환하는 함수를 구현하고자 한다.

   C에서 오류 상황을 나타내는 표준적인 방법은 함수의 반환값을 통해 오류 정보를 제공하는 것이다. 오류에 대한 추가 정보가 필요한 경우, 전통적인 C 함수는 종종 errno 변수(errno.h 참조)를 설정하여 특정 오류 코드로 지정한다. 이렇게 하면 호출자는 errno를 통해 오류 정보를 확인할 수 있다.

   하지만, 다음과 같은 코드는 굳이 상세한 오류 정보까지는 필요하지 않기 때문에 errno 대신 반환값을 사용한다. 다음은 예제 코드 초기 버전이다.

```c
int parseFile(char* file_name)
{
    int return_value = ERROR;
    FILE* file_pointer = 0;
    char* buffer = 0;

    if(file_name!=NULL)
    {
        if(file_pointer=fopen(file_name, "r"))
        {
            if(buffer=malloc(BUFFER_SIZE))
            {
                /* 파일 내용에 대한 구문 분석 */
                return_value = NO_KEYWORD_FOUND;
                while(fgets(buffer, BUFFER_SIZE, file_pointer)!=NULL)
                {
                    if(strcmp("KEYWORD_ONE\n", buffer)==0)
                    {
                        return_value = KEYWORD_ONE_FOUND_FIRST;
                        break;
                    }
                    if(strcmp("KEYWORD_TWO\n", buffer)==0)
                    {
                        return_value = KEYWORD_TWO_FOUND_FIRST;
                        break;
                    }
                }
                free(buffer);
            }
            fclose(file_pointer);
```

```
        }
    }
    return return_value;
}
```

코드를 보면, 오류 발생 여부를 알기 위해 함수의 반환값을 확인해야 하므로 깊게 중첩된 if 문을 사용하였다. 이런 스타일의 코드는 다음과 같은 문제를 야기할 수 있다:

- 함수가 길어지면서 오류 처리, 초기화, 클린업, 기능 코드가 섞여있다. 이로 인해 코드의 유지·관리가 어려워진다.
- 파일 데이터를 읽고 해석하는 핵심 코드가 if 문 안에 깊이 중첩되어 있어 프로그램 논리를 따라가기 어려워진다.
- 클린업 부분과 초기화 부분이 분리되어 있어서 클린업을 놓치기 쉽다. 함수에 여러 개의 return 문이 포함된 경우 특히 그렇다.

이 상황을 해결하기 위해 제일 먼저 함수 분리를 수행한다.

함수 분리

컨텍스트
여러 가지 동작을 수행하는 함수가 있다. 예를 들어, 리소스(동적 메모리 또는 파일 핸들 등) 할당, 리소스 사용, 클린업 등을 하나의 함수에서 수행한다.

문제
함수에 여러 개의 역할을 부여하면 함수를 읽고 유지·관리하기 어렵다.

　이러한 함수는 리소스를 할당하고 할당받은 리소스로 작업한 후 사용이 끝난 리소스를 클린업하는 역할까지 모두 맡는다. 클린업 부분은 함수 전체에 흩어져 있거나 일부에서는 중복되어 나타날 수도 있다. 특히, 리소스 할당 실패를 처리하기 위해 중첩된 if 문으로 끝나는 경우가 많기 때문에 함수를 읽기가 더 어려워진다.

단일 함수에서 할당, 클린업, 다수의 리소스 사용 등 여러 작업을 처리하면, 특히 나중에 코드를 변경할 때 리소스 클린업을 놓치기 쉽다. 예를 들어, 코드 중간에 return 문이 추가되면 해당 시점에 이미 할당한 리소스는 클린업을 잊기 쉽다.

솔루션

함수를 분리한다. 함수 내에서 그 자체로 유용한 부분만 분리하여 새로운 함수로 만든 다음 기존 함수에서 새 함수를 호출한다.

함수의 어느 부분을 나눌 것인지 알아내려면 분리된 부분에 대해 이름을 부여할 수 있는지, 함수 분리를 통해 역할이 나뉘게 되는지를 확인하면 된다. 예를 들어, 기능을 수행하는 함수와 오류를 처리하는 함수 이렇게 둘로 나눌 수 있다.

함수 분리에 있어 좋은 지표는 함수 내 여러 위치에서 동일한 리소스에 대한 클린업이 포함되었는지 여부이다. 이런 경우 리소스를 할당하고 클린업하는 함수와 리소스를 사용하는 함수로 분리하는 것이 더 좋다. 이렇게 하면 리소스를 사용하기 위해 호출된 함수 입장에서는 리소스를 클린업하는 함수가 별도로 있기 때문에, 여러 개의 return 문을 사용할 때마다 리소스 클린업에 대해 고민하지 않아도 된다. 다음 코드를 통해 확인할 수 있다.

```
void someFunction()
{
    char* buffer = malloc(LARGE_SIZE);
    if(buffer)
    {
        mainFunctionality(buffer);
    }
    free(buffer);
}

void mainFunctionality()
{
    // 여기에 구현한다
}
```

이제 함수가 한 개가 아니라 두 개가 되었다. 이 말인즉슨 호출하는 함수가 더 이상 독립적이지 않고 다른 함수에 종속되었음을 의미한다. 그렇기 때문에 여러분은 이 다른 함수를 어디에 정의해야 할지에 대해서도 고민해야 한다. 첫 번째로 해야 할 일은 호출하는 함수와 같은 파일에 넣는 것이다. 두 함수가 강하게 엮인 것이 아니라면 피호출 함수를 별도의 구현 파일에 넣고 이 함수에 대한 헤더 파일 선언을 포함하는 것도 방법이 될 수 있다.

결과

코드가 개선되었다. 한 개의 긴 함수보다 두 개의 짧은 함수가 읽기도 쉽고 유지·관리가 용이하기 때문이다. 예를 들어, 클린업 함수는 클린업이 필요한 함수 바로 아래에 배치되었고, 리소스 할당과 클린업이 메인 프로그램 로직과 섞이지 않았기 때문에 이 코드는 훨씬 읽기 쉬워진다. 이렇게 되면 메인 프로그램은 유지·관리가 더 쉬워질 뿐만 아니라 추후에 기능을 확장하기도 훨씬 수월해진다.

이제 피호출 함수는 return 문 앞에서 리소스 클린업에 대해 신경쓸 필요가 없어졌기 때문에 여러 개의 return 문을 쉽게 포함할 수 있게 되었다. 해당 클린업은 호출 함수에 의해 한곳에서 수행된다.

피호출 함수가 다수의 리소스를 사용한다면, 이때 필요한 모든 리소스를 이 피호출 함수에 전달해 주어야 한다. 하지만 파라미터가 많아지면 코드를 읽기 어려워지고, 실수로 파라미터 순서가 바뀌기라도 한다면 바로 프로그래밍 오류로 이어질 것이다. 이를 방지하기 위해 묶음 인스턴스를 사용할 수 있다.

알려진 용도

이번 패턴이 적용된 사례들은 다음과 같다.

- 거의 대부분의 C 코드에는 이 패턴이 적용된 부분과 그렇지 않은 부분이 있으며, 그 때문에 유지·관리가 어려워진다. 《Clean Code(클린 코드)》(인사이트, 2013)에 따르면 모든 함수는 반드시 한 가지 작업만 해야 하며(단일 책임 원칙), 따라서 리소스를 다루는 코드와 기타 프로그램 로직은 항상 별도의 함수로 분리해야 한다.

- 포틀랜드 패턴 저장소에는 이 패턴을 '함수 래퍼(Function Wrapper)'라고 부른다.
- 객체 지향 프로그래밍의 경우 '템플릿 메서드' 패턴에서도 코드를 분할하는 형태로 구조화하는 방법을 설명한다.
- 함수를 분할할 시기와 위치에 대한 기준은 《리팩터링》(한빛미디어, 2020)의 '함수 추출하기' 패턴에서 언급하고 있다.
- NetHack 게임에서는 이 패턴을 `read_config_file` 함수에 적용하였다. `read_config_file` 함수는 필요한 리소스를 처리한 다음 이 리소스를 가지고 작업하는 `parse_config_file` 함수를 호출한다.
- OpenWrt 코드는 버퍼 처리를 위해 이 패턴을 여러 위치에서 사용한다. 예를 들어, MD5 계산을 담당하는 코드는 버퍼를 할당받고 이 버퍼를 필요로 하는 다른 함수에 전달한 다음, 사용이 끝난 버퍼에 대한 클린업 작업까지 수행한다.

실행 예제 - 패턴 적용 후

여러분의 코드는 이제 훨씬 나아졌다. 기존의 방대한 단일 함수 대신 역할이 구분되는 두 개의 큰 함수로 나뉘었다. 한 함수는 리소스를 획득하고 해제하는 역할을, 나머지 다른 함수는 키워드를 검색하는 역할을 맡는다. 수정된 코드는 다음과 같다.

```c
int searchFileForKeywords(char* buffer, FILE* file_pointer)
{
    while(fgets(buffer, BUFFER_SIZE, file_pointer)!=NULL)
    {
        if(strcmp("KEYWORD_ONE\n", buffer)==0)
        {
            return KEYWORD_ONE_FOUND_FIRST;
        }
        if(strcmp("KEYWORD_TWO\n", buffer)==0)
        {
            return KEYWORD_TWO_FOUND_FIRST;
        }
    }
    return NO_KEYWORD_FOUND;
}
```

```
int parseFile(char* file_name)
{
    int return_value = ERROR;
    FILE* file_pointer = 0;
    char* buffer = 0;
    if(file_name!=NULL)
    {
        if(file_pointer=fopen(file_name, "r"))
        {
            if(buffer=malloc(BUFFER_SIZE))
            {
                return_value = searchFileForKeywords(buffer, file_pointer);
                free(buffer);
            }
            fclose(file_pointer);
        }
    }
    return return_value;
}
```

if 중첩 단계는 줄어들었지만, parseFile 함수는 리소스 할당 오류를 검증하기 위해 여전히 3개의 if 문을 사용하고 있다. 개수가 너무 많다. 이런 경우 보호 구문(Guard Clause)을 통해 함수를 더 명확하게 할 수 있다.

보호 구문

컨텍스트

유효한 입력 파라미터 등과 같이 특정 조건에서만 정상적으로 동작하는 함수가 있다.

문제

사전 조건 검사 부분과 함수의 메인 프로그램 로직이 섞여 있으면 함수를 읽고 유지·관리하기가 어렵다.

　리소스 할당에는 언제나 클린업이 필요하다. 리소스를 할당받은 후에 다른 사전 조건이 충족되지 않았음을 알게 된다면 이미 할당받은 리소스는 당연히 클린업되어야 한다.

함수 전체에 사전 조건 검사가 흩어져 있는 경우, 특히 이러한 검사가 중첩된 if 문에서 구현된 경우 프로그램 흐름을 따라가기가 어렵다. 이러한 검사가 많으면 함수가 매우 길어지면서 그 자체로 코드 스멜(code smell)이 된다.

> ✓ **코드 스멜(Code Smell)**
> 코드의 구조가 좋지 않거나 유지·관리하기 어렵게 프로그래밍되었을 때 코드에서 냄새(smell)가 난다는 의미로 코드 스멜이라고 한다. 코드 스멜의 예로, 아주 긴 함수와 중복된 코드를 들 수 있다. 코드 스멜에 대한 다양한 사례와 해결 방법에 대해서는 《리팩터링》에서 다루고 있다.

솔루션

필수 사전 조건이 있는지 확인하고 사전 조건이 충족되지 않으면 즉시 함수를 끝낸다.

예를 들어, 입력 파라미터의 유효성을 점검하거나 프로그램이 함수의 나머지를 실행할 수 있는 상태인지 점검한다. 함수 호출을 위해 어떤 종류의 사전 조건을 설정할 것인지 신중하게 생각해야 한다. 함수 입력 조건을 굉장히 엄격하게 적용하면 함수 구현이 편해진다. 반면 입력을 더 자유롭게 받아준다면 함수를 호출하는 호출자가 편해진다(포스텔의 법칙, "당신이 하는 것에는 엄격하고, 남의 것을 받아들일 때는 관대하라." 인용).

사전 조건 점검이 많이 필요할 경우, 각각의 조건을 별도의 함수 호출로 처리할 수도 있다. 어떤 경우든 리소스 할당이 완료되기 전에 점검이 모두 끝나야 한다. 그렇게 해야 리소스 클린업에 대한 부담 없이 아주 쉽게 함수를 끝낼 수 있기 때문이다.

함수의 인터페이스에서 사전 조건에 대해 명확하게 설명해야 한다. 설명하기 가장 좋은 위치는 함수가 선언된 헤더 파일이다.

사전 조건이 충족되지 않았음을 호출자에 알려주는 것이 중요하다면 호출자에 오류 정보를 제공할 수 있다. 예를 들어 상태 코드 반환도 가능하지만 연관 오류 반환만 하도록 해야 한다. 다음 코드는 오류 정보를 반환하지 않는 예이다.

```
someFile.h
/* 이 함수는 'user_input'으로 작업하는데,
   'user_input'은 반드시 NULL이 아니어야 한다. */
void someFunction(char* user_input);
```

```
someFile.c
void someFunction(char* user_input)
{
    if(user_input == NULL)
    {
        return;
    }
    operateOnData(user_input);
}
```

결과

사전 조건을 만족하지 못했을 때 즉시 반환하도록 하면 중첩된 if 문에 비해 코드를 더 쉽게 읽을 수 있다. 사전 조건이 충족되지 않으면 함수 실행이 계속되지 않음을 보여주어 코드가 매우 명확해진다. 이러한 코드는 사전 조건부와 나머지 코드가 매우 잘 분리된다.

하지만 일부 코딩 지침에서는 함수 중간에 반환하는 것을 금지한다. 예를 들어, 형식적으로 증명되어야 하는 코드의 경우 return 문은 보통 함수의 맨 끝에서만 허용된다. 이러한 경우에 클린업 레코드(Cleanup Record)를 적용할 수 있으며, 중간 지점에서 오류 처리를 하고 싶은 경우에도 클린업 레코드가 더 좋은 선택이 될 것이다.

알려진 용도

이번 패턴이 적용된 사례들은 다음과 같다.

- 포틀랜드 패턴 저장소에 보호 구문에 대해 기술한 내용이 있다.
- 클라우스 렌젤(Klaus Renzel)의 논문 〈Error Detection〉(Proceedings of the 2nd EuroPLoP conference, 1997)에서 오류 감지(Error Detection)라는 매우 유사한 패턴을 통한 사전 조건/사후 조건 점검 도입을 제안한다.
- NetHack 게임은 placebc 함수 등 코드 내 여러 곳에서 이 패턴을 사용한다.

placebc 함수는 영웅 NetHack에게 사슬을 묶어 이동 속도를 감소시키는 페널티를 부여한다. 사슬 오브젝트가 사라지면 함수는 즉시 반환된다.
- OpenSSL 코드도 이 패턴을 사용한다. 예를 들어 SSL_new 함수는 입력 파라미터가 잘못된 경우 즉시 반환된다.
- Wireshark의 capture_stats는 네트워크 패킷을 스니핑할 때 통계 수집을 담당하는데, 먼저 입력 파라미터의 유효성을 점검하고 잘못된 파라미터로 판명될 경우 함수를 즉시 반환한다.

실행 예제 - 패턴 적용 후

다음 코드는 parseFile 함수에 보호 구문을 적용하여 함수의 사전 조건을 점검하는 방법을 보여준다.

```c
int parseFile(char* file_name)
{
    int return_value = ERROR;
    FILE* file_pointer = 0;
    char* buffer = 0;

    if(file_name==NULL) ❶
    {
        return ERROR;
    }
    if(file_pointer=fopen(file_name, "r"))
    {
        if(buffer=malloc(BUFFER_SIZE))
        {
            return_value = searchFileForKeywords(buffer, file_pointer);
            free(buffer);
        }
        fclose(file_pointer);
    }
    return return_value;
}
```

❶ 파라미터가 유효하지 않을 경우 함수는 즉시 반환되며, 아직 리소스를 획득하지 않았기 때문에 클린업은 필요하지 않다.

이 코드는 보호 구문을 구현하기 위해 상태 코드를 반환한다. 파라미터가 NULL

인 특별한 경우에 상수 ERROR를 반환한다. 이제 호출자는 반환 값을 확인하여 유효하지 않은 NULL 값이 파라미터로 함수에 전달되었는지 여부를 알 수 있다. 그러나 이러한 유효하지 않은 파라미터 값은 일반적으로 프로그래밍 오류를 나타내기 때문에 프로그래밍 오류를 확인하고도 코드 내에 이 정보를 전파하도록 놔두는 건 좋은 생각이 아니다. 그런 경우에는 그냥 무사의 원칙(Samurai Principle)을 적용하는 편이 더 쉽다.

무사의 원칙

컨텍스트
오류 처리가 복잡한 코드가 일부 있는데 몇몇 오류는 굉장히 심각한 수준이다. 여러분의 시스템은 위험한 동작에 대한 안정성을 보장하지 않으며, 높은 가용성을 요구하지도 않는다.

문제
오류 정보를 반환할 때 호출자가 이 정보를 확인한다고 가정한다. 그러나 호출자가 오류 정보 확인을 생략하여 오류가 알려지지 않은 상태로 지속될 수 있다.

 C에서는 피호출 함수의 반환 값을 확인하는 것이 의무 사항이 아니기 때문에 호출자는 함수의 반환 값을 그냥 무시할 수 있다. 함수에서 발생하는 오류가 심각한 수준인데 호출자가 제대로 처리할 수 없다면, 호출자가 오류 처리 여부와 그 방법을 결정하도록 내버려두고 싶지는 않을 것이다. 그 대신, 조치를 확실히 취해야 한다.

 호출자가 오류 상황을 처리하더라도 프로그램은 여전히 자주 충돌할 것이고 오류도 계속 발생할 것이다. 이러한 오류는 다른 곳에서 나타날 수 있다. 어쩌면 호출자의 코드 어딘가에서 나타나 오류 상황을 제대로 처리하지 못할 수도 있다. 이와 같은 경우 오류를 처리하려다 오히려 오류를 왜곡시키는 결과를 초래하여, 근본 원인을 찾기 위한 오류 디버깅을 더 어렵게 만드는 요인이 되기도 한다.

코드 중 어떤 오류는 상당히 드물게 나타날 수도 있다. 이러한 상황에 대한 상태 코드를 반환하고 호출자 코드에서 반환된 상태 코드를 처리한다면 코드 가독성이 떨어질 것이다. 상태 코드 처리로 인해 메인 프로그램 로직과 호출자 코드의 실제 목적에 집중할 수 없게 만들기 때문이다. 거의 일어나지 않을 상황에 대비하기 위해 호출자는 상당량의 코드를 작성해야 할 것이다.

이러한 오류 정보 반환은 실제로 정보를 어떻게 반환해야 하는가에 대한 문제에도 직면한다. 반환 값이나 함수의 아웃 파라미터를 사용하여 오류 정보를 반환하면 함수 서명(function signature)[1]이 더 복잡해져서 코드를 이해하기 더 어려워진다. 이 때문에 오류 정보만 반환하는 함수에 추가로 파라미터를 부여하지는 않을 것이다.

솔루션

성공적으로 함수에서 반환하거나 아무것도 반환하지 말아야 한다. 만일 오류를 처리할 수 없다고 판단되는 상황이 발생하면 그냥 프로그램을 중단시켜야 한다.

오류 정보를 반환하기 위해 아웃 파라미터나 반환 값을 사용하지 말아야 한다. 오류 정보를 모두 쥐고 있으므로 즉시 오류를 처리해야 한다. 오류가 발생한다면 그냥 프로그램이 충돌되도록 놔둔다. 또는 구조적인 방법으로 프로그램을 중단시키기 위해 assert 문을 사용할 수도 있다. assert 문을 사용하면 다음의 코드와 같이 디버그 정보도 제공할 수 있다.

```
void someFunction()
{
    assert(checkPreconditions() && "Preconditions are not met");
    mainFunctionality();
}
```

위 코드는 assert 문에서 조건을 점검하여 참이 아니면 오른쪽의 문자열이 포함된 assert 문이 실행되면서 stderr로 문자열이 출력되고 프로그램은 중단될 것이다. NULL 포인터를 점검하는 대신 해당 포인터에 접근을 시도하는 덜 구조

---

[1] (옮긴이) 함수 서명은 모든 인수를 포함하는 함수 이름이라는 의미로, 프로토타입(prototype), 함수 규격(function specification) 등으로 부르기도 한다. 보통 타입과 이름이 모두 포함된 함수 선언문으로 통용된다.

적인 방식을 사용하여 프로그램을 중단시키는 것도 괜찮다. 분명한 것은 오류가 발생한 곳에서 프로그램이 충돌하도록 해야 한다는 것이다.

보호 구문은 오류 발생 시 프로그램을 중단시키기 위한 좋은 방안인 경우가 많다. 예를 들어, 호출자가 NULL 포인터를 제공하는 등 코딩 오류가 발생한 사실을 알았다면 오류 정보를 반환하는 대신 프로그램을 중단하고 디버그 정보를 기록할 수도 있을 것이다. 하지만 모든 종류의 오류에 대해 프로그램을 중단할 수는 없다. 가령, 사용자의 잘못된 입력 같은 런타임 오류로 인해 프로그램이 중단되어서는 안 된다.

호출자는 호출하는 함수의 동작을 잘 알고 있어야 하므로 함수가 프로그램을 중단시키는 경우 함수의 API에 기록해 두어야 한다. 예를 들어, 함수 파라미터로 NULL 포인터가 제공되면 프로그램의 충돌 여부를 함수 설명 문서에 명시해야 한다.

물론 무사의 원칙이 모든 오류나 모든 애플리케이션 영역에 적합한 것은 아니다. 예상치 못한 사용자 입력으로 인해 프로그램이 중단되는 것이 여러분이 원하는 결과는 아닐 것이다. 그러나 프로그래밍 오류의 경우 빨리 실패하고 프로그램이 충돌하도록 놔두는 편이 더 나을 수 있다. 이렇게 하면 프로그래머가 오류를 찾기가 비교적 간단해진다.

그러나 이러한 충돌이 반드시 사용자에게 표시될 필요는 없다. 여러분의 프로그램이 더 큰 애플리케이션에서 중요도가 떨어지는 일부분이라 하더라도 여전히 프로그램이 충돌하기를 원할 수도 있다. 그러나 전체 애플리케이션의 맥락에서 이 프로그램이 나머지 애플리케이션이나 사용자를 방해하지 않도록 조용히 실패해야 할 것이다.

> ✅ **배포판 실행 파일에서의 assert**
> assert 문을 사용할 때, 디버그 실행 파일에서만 활성화할지 아니면 배포판 실행 파일에서도 활성화할지에 대한 논의가 있다. assert.h를 포함하기 전에 코드에서 매크로 NDEBUG를 정의하거나 툴체인(toolchain)에서 매크로를 직접 정의하는 식으로 assert 문을 비활성화할 수 있다. 배포판 실행 파일에서 assert 문을 비활성화하자는 쪽의 핵심 주장은 디버그 실행 파일을 테스트할 때 assert를 사용하는 프로그래밍 오류를 이미 포착했기 때문에 배포판 실행 파일의 assert로 인해 프로그램이 중단될 위험이 없다는 것

이다. 반대로, 배포판 실행 파일에서도 assert 문을 활성화해야 한다는 측의 핵심 주장은 정상적인 처리가 불가능한 중대한 오류에 대해서는 assert 문을 사용해서 이러한 오류가 알려지지 않은 채 계속 실행되도록 놔두지 말아야 하며, 고객이 사용하는 배포판 실행 파일에서는 특히 안 된다고 말한다.

결과

오류가 나타나는 곳에서 바로 처리되기 때문에 오류는 알려지지 않은 채로 유지될 수 없다. 호출자는 이러한 오류를 점검하는 부담을 덜게 되고 코드는 더 간결해진다. 그러나 이러한 이유로 인해 호출자는 해당 오류에 대응할 수 있는 선택지를 잃게 된다.

어떤 경우에는 애플리케이션을 중단시켜도 괜찮다. 예측하지 못한 동작이 나중에 발생하는 것보다는 빨리 충돌해버리는 것이 낫기 때문이다. 그러나 이러한 오류가 사용자에게 어떻게 표현되어야 하는지에 대해서는 고민이 필요하다. 화면에 프로그램 중단 명령문을 띄워 사용자가 보게끔 할 수도 있을 것이다. 하지만 센서와 동작 장치를 사용하여 환경과 상호 작용하는 임베디드 애플리케이션의 경우 프로그램을 중단시키는 것이 환경에 어떤 영향을 미치는지, 그것이 충분히 수용할 만한 수준인지를 면밀히 검토해야 할 것이다. 많은 경우 애플리케이션은 더 견고해야 하고 애플리케이션 중단은 허용되지 않을 것이다.

오류가 발생한 지점에서 프로그램을 중단시키고 오류 기록을 시행하면 오류가 왜곡되는 것을 막기 때문에 더 쉽게 오류를 발견하고 고칠 수 있다. 따라서 장기적 관점에서 이 패턴을 적용하면 더 강력하고 버그 없는 소프트웨어를 만들 수 있다.

알려진 용도

이번 패턴이 적용된 사례들은 다음과 같다.

- 유사한 패턴으로 Assert Context가 있는데, 이 패턴은 assert 문에 디버그 정보 추가를 제안한다. 이 패턴은 《Patterns in C》(Leanpub, 2014)에 나와 있다.

- Wireshark 네트워크 스니퍼는 코드 전체에 이 패턴을 적용한다. 예를 들어, register_capture_dissector 함수는 assert를 사용하여 dissector 등록이 고유한지 점검한다.
- Git 프로젝트의 소스 코드는 assert 문을 사용한다. 예를 들어, SHA1 해시 값을 저장하는 함수는 assert를 사용하여 해시 값을 저장해야 하는 파일의 경로가 올바른지 확인한다.
- 큰 수를 처리하는 OpenWrt 코드는 함수의 사전 조건을 점검하기 위해 assert 문을 사용한다.
- 또 다른 유사 패턴으로 Let It Crash가 있으며 페카 알호(Pekka Alho)와 자리 라우하마키(Jari Rauhamäki)의 논문 〈Patterns for Light-Weight Fault Tolerance and Decoupled Design in Distributed Control Systems〉[2]에서 소개하고 있다. 이 패턴은 분산 제어 시스템을 대상으로 하며 안전 장치(fail-safe)를 적용한 단일 프로세스가 충돌을 일으키도록 한 다음 빠르게 다시 시작시킬 것을 제안한다.
- C 표준 라이브러리 함수 strcpy는 사용자 입력이 유효한지 여부를 점검하지 않는다. 따라서 함수에 NULL 포인터를 제공하면 함수는 충돌한다.

실행 예제 - 패턴 적용 후

비로소 parseFile 함수가 훨씬 좋아 보인다. 오류 코드를 반환하는 대신 assert 문으로 대체하면서 다음 코드와 같이 길이도 훨씬 짧아졌고 이 함수를 호출하는 호출자 역시 반환 값을 확인해야 하는 부담이 없다.

```
int parseFile(char* file_name)
{
    int return_value = ERROR;
    FILE* file_pointer = 0;
    char* buffer = 0;

    assert(file_name!=NULL && "Invalid filename");
    if(file_pointer=fopen(file_name, "r"))
    {
```

---

[2] https://oreil.ly/x0tQW

```
        if(buffer=malloc(BUFFER_SIZE))
        {
            return_value = searchFileForKeywords(buffer, file_pointer);
            free(buffer);
        }
        fclose(file_pointer);
    }
    return return_value;
}
```

리소스 클린업이 필요하지 않은 if 문은 제거되었지만, 여전히 코드에는 클린업이 필요한 모든 것들에 대한 if 문이 중첩되어 남아있다. 또한 malloc 호출이 실패하는 오류 상황에 대한 처리도 필요하다. 이 모든 것은 Goto 오류 처리를 통해 개선할 수 있다.

Goto 오류 처리

컨텍스트

여러 리소스를 할당받고 클린업하는 함수가 있다. 그동안 보호 구문, 함수 분리, 무사의 법칙을 적용하여 함수 복잡도를 낮추기 위해 노력했지만, 리소스를 할당받기 위해 깊게 중첩된 if 문이 여전히 남아있다. 그리고 리소스 클린업을 위한 중복 코드도 있을 수 있다.

문제

함수 내 서로 다른 위치에서 다수의 리소스를 할당받고 정리하면 코드는 읽기도 힘들고 유지·관리도 어려워진다.

이러한 코드가 어려운 이유는 각각의 리소스 획득이 실패할 수 있고, 이 시점에 이미 성공적으로 할당받은 리소스를 모두 클린업시켜 주어야 하기 때문이다. 이를 구현하기 위해서는 다수의 if 문이 필요하며, 미려하게 구현하지 못하면 단일 함수에 중첩된 if 문이 도배되어 코드를 읽기 어렵고 유지·관리가 힘들어진다.

할당받은 리소스는 반드시 클린업해야 하는 만큼, 함수 중간에 그냥 반환해

버리면 안 된다. 이미 할당받은 모든 리소스는 return 문 전에 클린업시켜야 하기 때문이다. 따라서, 함수 내 여러 지점에서 동일한 리소스 클린업이 필요하지만 오류 처리 코드나 클린업 코드가 중복되지 않도록 하고 싶다.

솔루션

모든 리소스 클린업 및 오류 처리 코드를 함수 끝 부분에 둔다. 리소스를 할당받지 못할 경우 goto 문을 사용하여 리소스 클린업 코드로 이동한다.

필요한 순서대로 리소스를 획득하고 함수의 끝에서는 그 반대 순서로 리소스를 클린업시킨다. 각각의 리소스 클린업을 위해 별도로 라벨(label)을 달아 필요한 클린업 기능이 수행되도록 점프 위치를 정할 수 있다. 그래서 오류가 발생하거나 리소스 할당에 실패한 경우 그냥 해당 라벨로 점프하면 된다. 그러나 여러 번 점프해서는 안되고 한 번만 앞으로 점프해야 한다. 다음의 코드를 살펴보자.

```
void someFunction()
{
    if(!allocateResource1())
    {
        goto cleanup1;
    }
    if(!allocateResource2())
    {
        goto cleanup2;
    }
    mainFunctionality();

cleanup2:
    cleanupResource2();

cleanup1:
    cleanupResource1();
}
```

여러분이 참여하는 프로젝트의 코팅 표준에서 goto 문 사용을 금지하는 경우, do{ ... } while(0);을 코드에 씌워 위의 패턴을 에뮬레이트시킬 수도 있다. 오류가 발생하면 break 문을 사용하여 루프의 끝으로 이동시킨 후 루프 바깥에 있는 오류 처리 코드로 넘어가도록 하는 것이다. 그러나 이 방법은 통상적으로 좋지 않은 생각이다. 코딩 표준에서 goto를 허용하지 않으면 코딩 표준 스타일을 유지하기 위해 에뮬레이션도 허용되지 않기 때문이다. goto의 대안으로 클린업 레코드를 사용할 수 있다.

어쨌거나, goto를 사용한다는 것은 함수가 이미 복잡해졌음을 의미하는 표시일 수 있으니 객체 기반 오류 처리(Object-Based Error Handling)와 같이 함수를 분리하는 것이 더 좋은 아이디어가 될 수 있다.

> ✓ **goto: 약일까 독일까?**
>
> goto 사용이 좋은지 나쁜지에 대한 논란은 현재 진행형이다. goto 사용에 반대하는 가장 유명한 글은 에츠허르 W. 다익스트라(Edsger W. Dijkstra)의 논문으로, 그는 goto가 프로그램 흐름을 모호하게 만든다고 주장한다. goto가 프로그램에서 앞뒤로 점프하는 데 사용되는 건 사실이지만, C에서는 다익스트라가 지적한 만큼 goto를 남용할 수 없다(C에서는 오직 함수 내에서만 goto 점프가 가능하다).[3]

결과

이제 함수는 단 한 개의 return 문만 갖게 되며, 메인 프로그램 흐름은 오류 처리, 리소스 클린업과 잘 분리되었다. 이렇게 하기 위해 더이상 중첩된 if 문이 필요하지 않지만, 모든 사람이 goto 문에 익숙하거나 goto 문을 좋아하는 것은 아니다.

goto 문을 사용할 때는 아주 조심해야 한다. 오류 처리 및 클린업 외의 용도로 goto를 사용코자 하는 유혹에 쉽게 빠질 수 있으며, 그렇게 하는 순간 이 코드는 더이상 읽을 수 없게 될 것이다. 또한, 이와는 별개로 올바른 라벨에 올바른 클린업 함수가 위치하도록 각별히 주의해야 한다. 잘못된 라벨에 클린업 함수를 넣는 실수는 흔하게 일어난다.

---

3   *https://oreil.ly/yXkyq*
    (옮긴이) 물론, C 언어에서 함수 간 goto를 표준 라이브러리로 제공한다. 하지만 사용하기도 불편하고, 의외로 쓸 일도 많지 않아 프로그래머들이 그리 선호하지 않는다.

알려진 용도

이번 패턴이 적용된 사례는 다음과 같다.

- 리눅스 커널 코드는 대부분 goto 기반 오류 처리를 사용한다. 예를 들어, 《Linux Device Drivers》(O'Reilly, 2001)에는 리눅스 장치 드라이버 프로그래밍을 위한 goto 기반 오류 처리에 대해 기술해 놓았다.[4]
- 《CERT C 프로그래밍》(에이콘, 2022)에서는 오류 처리를 위해 goto 사용을 제안한다.
- goto 에뮬레이션을 위해 do-while 루프를 사용하는 기법은 포틀랜드 패턴 저장소의 Trivial Do-While-Loop 패턴에 기술되어 있다.
- OpenSSL 코드는 goto 문을 사용한다. 예를 들어 X509 인증서를 처리하는 함수는 goto를 사용하여 핵심 오류 처리부로 점프한다.
- Wireshark 코드는 goto 문을 사용하여 main 함수에서 함수의 끝 부분에 있는 핵심 오류 처리부로 점프한다.

실행 예제 - 패턴 적용 후

많은 사람들이 goto 문을 사용하는 데 큰 거부감을 갖지만, 이전 예제 코드에 비해 오류 처리가 훨씬 좋아졌다. 다음 코드를 보면 중첩된 if 문이 없고 클린업 코드도 메인 프로그램 흐름과 잘 분리되어 있다.

```c
int parseFile(char* file_name)
{
    int return_value = ERROR;
    FILE* file_pointer = 0;
    char* buffer = 0;

    assert(file_name!=NULL && "Invalid filename");
    if(!(file_pointer=fopen(file_name, "r")))
    {
        goto error_fileopen;
    }
    if(!(buffer=malloc(BUFFER_SIZE)))
    {
```

[4] https://oreil.ly/linux-device-drivers

```
        goto error_malloc;
    }
    return_value = searchFileForKeywords(buffer, file_pointer);
    free(buffer);

error_malloc:
    fclose(file_pointer);

error_fileopen:
    return return_value;
}
```

이제, 여러분이 goto 문을 선호하지 않거나 프로젝트의 코딩 지침에서 goto 사용을 금지하는 상황에서도 여전히 리소스를 클린업해야 하는 경우를 생각해 보자. 이 경우에 사용할 대안으로 클린업 레코드(Cleanup Record)를 들 수 있다.

클린업 레코드

컨텍스트

다수의 리소스를 획득하고 클린업하는 함수가 있다. 그동안 보호 구문, 함수 분리, 무사의 원칙을 적용하여 함수의 복잡도를 줄이려고 노력했음에도 리소스 획득을 위해 깊이 중첩된 if 구조가 여전히 남아 있다. 또한 리소스 클린업을 위한 중복 코드도 있을 수 있다. 여러분이 참여하는 프로젝트 코드 표준이 Goto 오류 처리를 허용하지 않거나 그냥 goto를 사용하고 싶지 않다.

문제

다수의 리소스를 획득하고 클린업하는 경우, 특히 이러한 리소스가 서로 종속적인 경우 코드를 쉽게 읽거나 유지·관리하기 어렵다.

각각의 리소스 획득이 실패할 수 있고, 이 시점에 이미 성공적으로 할당받은 리소스도 모두 클린업해야 하기 때문이다. 이를 구현하기 위해서는 다수의 if 문이 필요하며, 미려하게 구현하지 못하면 단일 함수에 중첩된 if 문이 도배되어 코드를 읽기 어렵고 유지·관리가 힘들어진다.

할당받은 리소스는 반드시 클린업해야 하므로 함수 중간에 그냥 반환해 버리면 안 된다. 이미 할당받은 모든 리소스는 return 문 전에 클린업시켜야 하기 때문이다. 따라서 함수 내 여러 지점에서 동일한 리소스 클린업이 필요하지만, 오류 처리 코드나 클린업 코드가 중복되지 않도록 하고 싶다.

솔루션

리소스 획득 함수 호출이 성공할 때마다 해당 리소스에 대한 클린업 함수를 저장한다. 이렇게 저장한 값에 따라 클린업 함수를 호출한다.

C에서의 if 문 지연 평가(lazy evaluation)를 활용하여 이를 구현할 수 있다. 즉, 일련의 함수 호출을 단일 if 문 내 표현식(expression) 부분에 늘어놓고, 앞의 함수 호출이 성공해야만 뒤의 함수 호출이 이어지도록 하는 것이다. 이때 각각의 함수 호출에 대해 할당받은 리소스를 변수에 저장한다. if 문 본문에서는 할당받은 리소스를 처리하는 코드가 동작하도록 하고, 리소스를 성공적으로 획득했을 경우에만 if 문 다음에 모든 리소스 클린업이 진행되도록 한다. 다음의 예제 코드를 살펴보자.

```
void someFunction()
{
    if((r1=allocateResource1()) && (r2=allocateResource2()))
    {
        mainFunctionality();
    }
    if(r1) ❶
    {
        cleanupResource1();
    }
    if(r2) ❶
    {
        cleanupResource2();
    }
}
```

❶ 코드를 더 쉽게 읽을 수 있도록 클린업 함수 내에 이러한 검사를 넣을 수도 있다. 어쨌든 클린업 함수에 리소스 변수를 제공해야 하는 경우에는 예제 코드 방식이 좋다.

결과

이제 더 이상 중첩된 if 문을 쓰지 않으면서 리소스 클린업 부분이 함수 끝부분에 모여있다. 이렇게 하면 메인 프로그램 흐름이 더 이상 오류 처리에 방해 받지 않고, 코드를 훨씬 쉽게 읽을 수 있다.

또한 이 함수는 종료점이 하나여서 읽기 쉽다. 그러나 어떤 리소스를 성공적으로 할당했는지 추적하기 위해 많은 변수를 사용해야 하고, 이는 코드를 더 복잡하게 만든다. 묶음 인스턴스가 리소스 변수를 구조화하는 데 도움이 될 수 있다.

많은 리소스를 할당받는 경우 단일 if 문에서 많은 수의 함수를 호출해야 하는데, 이러면 if 문을 읽기도 어려워지고, 디버그는 훨씬 더 어려워진다. 따라서, 많은 리소스를 할당받아야 한다면 객체 기반 오류 처리를 사용하는 것이 더 좋은 해결책이다.

객체 기반 오류 처리를 사용하는 또 다른 이유는 앞의 코드에서 본 것과 같이 단일 함수 내에 리소스 할당, 클린업에 메인 기능까지 들어 있어 그만큼 복잡하기 때문이다. 즉, 단일 함수 내에 여러 역할이 들어있다는 것이다.

알려진 용도

이번 패턴이 적용된 사례는 다음과 같다.

- 포틀랜드 패턴 저장소에서는 함수 호출이 일어날 때마다 클린업 핸들러를 콜백 리스트에 등록하는 유사한 솔루션이 제공된다. 그래서 클린업 시행 시 콜백 리스트에 등록된 모든 함수가 호출된다.
- OpenSSL 함수 `dh_key2buf`는 if 문의 지연 평가를 활용하여 할당한 바이트를 추적한 후 나중에 클린업한다.
- Wireshark 네트워크 스니퍼의 `cap_open_socket` 함수는 if 문의 지연 평가를 사용하고 이 if 문에서 할당한 리소스를 변수에 저장한다. 그리고는 클린업 시점에 이 변수들을 확인하고 할당에 성공한 리소스들을 클린업한다.
- OpenWrt 소스 코드의 `nvram_commit` 함수는 if 문 내에서 리소스를 할당하고 이러한 리소스를 해당 if 문 내부의 변수에 저장한다.

실행 예제 - 패턴 적용 후

이제 goto 문과 중첩된 if 문이 아닌 단일 if 문만 있다. 다음 코드에서 goto 문을 사용하지 않아 얻게 되는 이점은 오류 처리가 메인 프로그램 흐름과 잘 분리된다는 것이다.

```c
int parseFile(char* file_name)
{
    int return_value = ERROR;
    FILE* file_pointer = 0;
    char* buffer = 0;

    assert(file_name!=NULL && "Invalid filename");
    if((file_pointer=fopen(file_name, "r")) &&
       (buffer=malloc(BUFFER_SIZE)))
    {
        return_value = searchFileForKeywords(buffer, file_pointer);
    }
    if(file_pointer)
    {
        fclose(file_pointer);
    }
    if(buffer)
    {
        free(buffer);
    }
    return return_value;
}
```

여전히 코드가 썩 좋아 보이지 않는다. 하나의 함수에 리소스 할당, 리소스 할당 해제, 파일 처리, 오류 처리 등 많은 역할이 있기 때문이다. 이러한 역할들은 객체 기반 오류 처리(Object-Based Error Handling)를 통해 서로 다른 함수로 분리해야 한다.

객체 기반 오류 처리

컨텍스트

다수의 리소스를 획득하고 클린업하는 함수가 있다. 그동안 보호 구문, 함수 분리, 무사의 원칙을 적용하여 함수의 복잡도를 줄이려고 시도했지만 리소스 획득을 위해 깊이 중첩된 if 구조가 여전히 남아 있다. 또한 리소스 클린업을 위한 중복 코드도 있을 수 있다. 물론 이미 Goto 오류 처리 또는 클린업 레코드를 통해 중첩된 if 문을 제거했을 수도 있다.

문제

단일 함수에 리소스 획득, 리소스 클린업, 해당 리소스 사용과 같이 여러 역할이 부여된 경우 해당 코드를 구현하고, 읽고, 유지·관리하고, 테스트하기 어려워진다.

각각의 리소스 획득이 실패할 수 있고, 이 시점에 이미 성공적으로 할당받은 리소스들을 모두 클린업해야 하기 때문이다. 이것을 구현하기 위해서는 다수의 if 문이 필요하며, 미려하게 구현하지 못하면 단일 함수에 중첩된 if 문이 도배되어 코드를 읽기 어렵고, 유지·관리도 힘들어진다.

할당받은 리소스는 반드시 클린업해야 하므로 함수 중간에 그냥 반환해 버리면 안 된다. 이미 할당받은 모든 리소스는 return 문 전에 클린업시켜야 하기 때문이다. 따라서, 함수 내 여러 지점에서 동일한 리소스 클린업이 필요하지만 오류 처리 코드나 클린업 코드가 중복되지 않도록 하고 싶다.

이미 클린업 레코드나 Goto 오류 처리를 적용했음에도 불구하고, 단일 함수에 여러 역할이 섞여 있다 보니 여전히 함수를 읽기가 쉽지 않다. 이 함수는 다수의 리소스 할당, 오류 처리, 종류별 리소스 클린업 등 여러 역할을 담당한다. 그러나 하나의 함수에는 하나의 역할만 있어야 한다.

솔루션

객체 지향 프로그래밍의 생성자/소멸자 개념과 유사하게 초기화와 클린업을 별도의 함수로 구현한다.

메인 함수에서 모든 리소스를 할당받는 함수 하나, 이러한 리소스를 사용하는 함수 하나, 사용한 리소스를 클린업하는 함수 하나만 호출하면 된다.

할당받은 리소스가 전역 범위에 해당하지 않는 경우, 함수를 따라 리소스를 전달해야 한다. 다수의 리소스를 처리해야 하는 경우 모든 리소스가 포함된 묶음 인스턴스 형태로 전달할 수도 있다. 호출자에 실제 리소스를 숨기고 싶으면 핸들을 사용하여 함수 간 리소스 정보를 전달할 수도 있다.

리소스 할당에 실패하는 경우, 이 정보를 변수에 저장하여 실패했음을 알려 준다(예: 메모리 할당 실패 시 NULL 포인터 지정). 리소스를 사용하거나 정리 할 때 해당 리소스가 유효한지 먼저 점검한다. 이 점검은 메인 함수가 아닌 피 호출 함수에서 시행되어야 한다. 이렇게 하면 메인 함수가 더 읽기 쉬워질 것 이다.

```
void someFunction()
{
    allocateResources();
    mainFunctionality();
    cleanupResources();
}
```

결과

이제야 함수를 읽기가 편해졌다. 물론 여러 리소스를 할당받고, 작업하고, 클 린업해야 하지만 이 별도의 과정들은 서로 다른 함수들로 잘 분리되어 있다.

함수 간 전달하는 인스턴스가 객체와 유사할 때 '객체 기반' 프로그래밍 스타 일이라고 일컫는다. 이러한 스타일은 절차적 프로그래밍을 객체 지향 프로그 래밍과 더 유사하게 만들어 주기 때문에, 이러한 스타일로 작성된 코드는 객체 지향 언어 프로그래머에게도 친숙하다.

리소스 할당, 클린업 로직을 위한 중첩된 if 문이 사라지면서 메인 함수에서 여러 개의 return 문을 사용할 필요가 없어졌다. 그렇다고 리소스 할당 및 클린 업 로직 자체가 제거된 것은 아니다. 여전히 모든 로직은 각각의 분리된 함수 에 존재하고 있어서 리소스를 가지고 작업하는 부분과 뒤섞이지 않는다.

이제 단일 함수가 아니라 여러 개의 함수를 보유하게 되었다. 물론 이러한 구조는 성능에 부정적인 영향을 미칠 수 있지만 신경써야 할 수준은 아니다. 성능에 미치는 영향은 미미하며[5], 대부분의 애플리케이션은 이 이슈와 무관 하다.

---

5 (옮긴이) 컴파일러가 고도화되면서 최적화 성능이 향상되어 여러 함수로 분리한 코드와 단일 함수로 구현한 코드의 어셈블리 코드는 차이가 거의 없다.

알려진 용도

이번 패턴이 적용된 사례는 다음과 같다.

- 이러한 형태의 클린업은 객체 지향 프로그래밍에서 생성자와 소멸자가 암묵적으로 호출될 때 사용된다.
- OpenSSL 코드는 이 패턴을 사용한다. 예를 들어, 버퍼 관리를 위해 코드 전체적으로 호출되는 BUF_MEM_new와 BUF_MEM_free 함수를 통해 버퍼를 할당받고 클린업하는 기능을 구현한다.
- OpenWrt 소스 코드의 show_help 함수는 컨텍스트 메뉴에서 도움말 정보를 보여준다. 이 함수는 초기화 함수를 호출하여 구조체를 만든 다음 해당 구조체로 필요한 작업을 수행하고, 작업이 끝난 구조체의 클린업을 위한 함수를 호출한다.
- Git 프로젝트의 cmd__windows_named_pipe 함수는 핸들을 이용하여 파이프를 생성하고 해당 파이프로 작업을 수행한 다음 별도의 함수를 호출하여 파이프를 클린업한다.

실행 예제 - 패턴 적용 후

마침내 parseFile 함수가 다음과 같이 완성되었다. parseFile 함수는 parser 인스턴스를 만들고 클린업하기 위해 각각 별도의 함수를 호출한다.

```c
typedef struct
{
    FILE* file_pointer;
    char* buffer;
}FileParser;

int parseFile(char* file_name)
{
    int return_value;
    FileParser* parser = createParser(file_name);
    return_value = searchFileForKeywords(parser);
    cleanupParser(parser);
    return return_value;
}
```

```c
int searchFileForKeywords(FileParser* parser)
{
    if(parser == NULL)
    {
        return ERROR;
    }
    while(fgets(parser->buffer, BUFFER_SIZE, parser->file_pointer)!=NULL)
    {
        if(strcmp("KEYWORD_ONE\n", parser->buffer)==0)
        {
            return KEYWORD_ONE_FOUND_FIRST;
        }
        if(strcmp("KEYWORD_TWO\n", parser->buffer)==0)
        {
            return KEYWORD_TWO_FOUND_FIRST;
        }
    }
    return NO_KEYWORD_FOUND;
}

FileParser* createParser(char* file_name)
{
    assert(file_name!=NULL && "Invalid filename");
    FileParser* parser = malloc(sizeof(FileParser));
    if(parser)
    {
        parser->file_pointer=fopen(file_name, "r");
        parser->buffer = malloc(BUFFER_SIZE);
        if(!parser->file_pointer || !parser->buffer)
        {
            cleanupParser(parser);
            return NULL;
        }
    }
    return parser;
}

void cleanupParser(FileParser* parser)
{
    if(parser)
    {
        if(parser->buffer)
        {
            free(parser->buffer);
        }
        if(parser->file_pointer)
```

```
        {
            fclose(parser->file_pointer);
        }
        free(parser);
    }
}
```

이제 메인 프로그램 흐름에는 중첩된 if가 없다. 이렇게 함으로써 parseFile 함수를 훨씬 더 쉽게 읽고, 디버그하고, 유지·관리할 수 있다. 메인 함수는 이제 리소스 할당, 리소스 해제, 오류 처리 등 세부적인 사항에 매달리지 않아도 된다. 이러한 세부 작업들은 모두 각각의 함수로 나누었고, 모든 함수는 하나의 역할만 수행하게 되었다.

최초의 예제 코드와 비교하여 최종 버전의 예제 코드가 얼마나 아름다워졌는지 확인하기 바란다. 적용된 패턴들은 단계적으로 코드를 쉽게 읽고 유지·관리할 수 있도록 도움을 주었다. 각 단계마다 중첩된 if의 나열을 제거하고 오류 처리 방법을 개선하는 등 코드가 향상되었다.

요약

이번 장에서는 C에서 오류 처리를 수행하는 방법을 설명했다. 함수 분리 패턴은 함수를 더 작은 부분으로 나누어 오류 처리를 좀더 쉽게 만드는 방법을 알려준다. 보호 구문 패턴은 함수의 사전 조건을 점검하고, 조건을 충족하지 못하면 즉시 반환토록 한다. 이렇게 함으로써 함수의 나머지 부분에서 오류를 처리해야 하는 부담을 없앨 수 있다. 무사의 원칙에 따라 함수 반환 대신 프로그램을 중단시키는 방법도 있다. 이어서 더 복잡한 오류 처리, 특히 리소스 할당, 해제와 조합된 오류 처리에 대한 몇 가지 옵션을 다루었다. 먼저 Goto 오류 처리 패턴을 적용하면 함수 내 오류 처리부로 즉시 점프할 수 있으며, 클린업 레코드 패턴을 적용하면 점프 대신 리소스 클린업 필요 여부에 대한 정보를 가지고 있다가 함수 끝 부분에서 리소스 클린업 시 그 정보를 활용한다. 객체 지향 프로그래밍 방식과 리소스 획득 방법이 흡사한 객체 기반 오류 처리 패턴에서 생성자/소멸자 개념과 유사하게 별도의 초기화, 클린업 함수를 사용하는 방법에 대해서도 다루었다.

이러한 오류 처리 패턴을 코딩 레퍼토리에 포함함으로써, 여러분은 이제 오류 상황을 처리할 때도 코드의 유지·관리가 가능한 소규모 프로그램 작성 기술을 획득하게 되었다.

더 읽을 거리

오류 처리에 대한 더 많은 지식을 얻고 싶다면 다음의 정보들이 도움이 될 것이다.

- 포틀랜드 패턴 저장소[6]는 오류 처리 등 여러 주제에 대한 많은 패턴과 토론 거리를 제공한다. 대부분의 오류 처리 패턴은 예외 처리 또는 assert 사용 방법에 대한 것들이지만, 일부 C 패턴도 제공한다.
- 일반적으로 오류 처리에 대한 포괄적인 개요는 토마스 아글래싱어(Thomas Aglassinger)의 석사 논문 〈Error Handling in Structured and Object-Oriented Programming Languages〉(University of Oulu, 1999)를 인용한다. 논문에서는 다양한 종류의 오류가 발생하는 방식을 설명한다. C, BASIC, Java, Eiffel 등과 같은 프로그래밍 언어에서의 오류 처리 메커니즘에 대해 논하는데, 리소스 할당 순서와 반대로 클린업을 시행하는 등의 오류 처리에 대한 우수 사례도 함께 선보인다. 아울러, 논문에서는 setjmp, longjmp로 구현한 예외 처리와 같이 C에서의 향상된 오류 처리 기능을 C 라이브러리 형태로 제공하는 서드 파티 솔루션 몇 가지도 소개한다.
- 클라우스 렌젤(Klaus Renzel)의 글 〈Error Handling for Business Information Systems〉[7]에서는 비즈니스 정보 시스템을 위한 15가지 오류 처리 객체지향 패턴을 제시하고 있으며, 대부분의 패턴은 비 객체 지향 분야에도 적용 가능하다. 소개된 패턴은 오류 감지, 오류 기록(로깅), 오류 처리 등이다.
- 아담 톤힐(Adam Tornhill)의 《Patterns in C》(Leanpub, 2014)에서는 《디자인 패턴》에서 소개된 패턴 일부를 코드로 구현하였는데, 구현한 언어 중에 C도 포함되어 있다. 이 책은 C 패턴 형태로 구현된 우수 사례를 보여주며,

6 https://oreil.ly/qFLdA
7 https://oreil.ly/bQnfx

그중에는 오류 처리도 포함되어 있다.

- 앤디 롱쇼(Andy Longshaw), 에오인 우즈(Eoin Woods)의 글 〈Patterns for Generation, Handling and Management of Errors〉와 〈More Patterns for the Generation, Handling and Management of Errors〉[8]에서는 오류 로깅과 오류 처리에 대한 패턴 모음을 다룬다. 대부분의 패턴은 예외 기반 오류 처리를 대상으로 한다.

다음은...

다음 장에서는 더 큰 규모의 프로그램에서 함수 간 인터페이스를 통해 오류 정보를 반환하는 방식으로 오류를 처리하는 방법에 대해 설명한다. 패턴들은 어떤 오류 정보를 반환하는지, 어떻게 반환하는지 알려줄 것이다.

8 *https://oreil.ly/7Yj8h*

2장
Fluent C

오류 정보 반환

1장이 오류 처리에 중점을 두었다면, 이번 장에는 오류 처리에 대한 내용과 함께 탐지된 오류에 대한 오류 코드를 사용자에게 알려주는 방법에 집중할 것이다.

프로그램 규모가 커질수록 프로그래머들은 자신이 작성한 코드에서 발생하는 오류에 대처하는 방법, 서드 파티 코드에서 발생하는 오류에 대처하는 방법, 이러한 오류 정보를 코드 내에서 전달하는 방법, 이러한 오류 정보를 사용자에게 알려주는 방법 등을 정해야 한다.

대부분의 객체 지향 프로그래밍 언어는 예외(exception) 처리라는 편리한 메커니즘을 통해 프로그래머에게 오류 정보 반환을 위한 추가 채널을 제공하지만, C는 기본적으로 이러한 메커니즘을 제공하지 않는다. 물론 《Object-Oriented Programming with ANSI-C》[1]와 같이 C에서의 예외 처리, 심지어 예외 처리 간 상속을 에뮬레이트하는 법을 기술한 서적도 있기는 하다. 그러나 비(非) 객체 지향적인 기존 C 코드로 작업하는 C 프로그래머나 혹은 개인적으로 익숙한 기본 C 스타일을 고수하는 C 프로그래머에게 이와 같은 메커니즘을 받아들이도록 하는 것은 좋은 방법이 아니다. 대신, 기본 C에서 제공하는 오류 처리 메커니즘 활용 지침이 필요하다.

---

1 *https://oreil.ly/YK7x1*

이번 장에서는 함수 및 인터페이스 간 오류 정보를 전송하는 방법에 대한 지침을 제공한다. 그림 2.1은 이번 장에서 다루는 패턴들 간의 관계를 보여주고, 표 2.1에는 패턴의 내용을 간단히 정리해 놓았다.

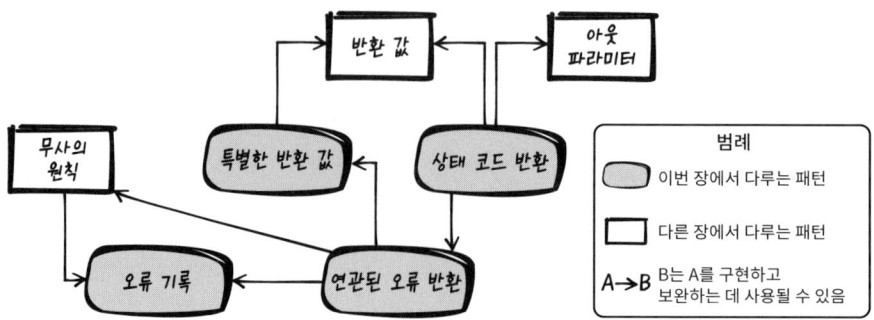

그림 2.1 오류 정보 반환 패턴 개요

표 2.1 오류 정보 반환 패턴

패턴 이름	요약
상태 코드 반환 (Return Status Codes)	호출자에 상태 정보를 반환하면 호출자가 상태 정보에 따라 대응하는 메커니즘을 만들고자 한다. 메커니즘은 간편하게 사용할 수 있어야 하고, 호출자는 상태 정보를 통해 발생 가능한 여러 오류 상황을 명확하게 구분할 수 있어야 한다. 따라서, 함수의 반환 값을 사용하여 상태 정보를 반환한다. 즉, 특정 상태를 나타내는 값을 반환한다. 피호출자와 호출자 모두 상태 값의 의미를 이해해야 한다.
연관된 오류 반환 (Return Relevant Errors)	호출자는 반드시 오류에 대응할 수 있어야 한다. 반면에 반환하는 오류 정보가 많을수록 오류 정보 생성 코드와 이를 처리하는 호출자의 코드는 길어질 수밖에 없다. 코드가 길어질수록 읽고 유지·관리하기가 힘들어지고 추가 버그가 생길 위험이 있다. 따라서, 정보가 호출자와 관련된 경우에만 오류 정보를 반환한다. 호출자가 해당 오류에 대응할 수 있는 경우에만 오류 정보가 호출자와 연관이 있다고 간주한다.
특수 반환 값 (Special Return Values)	오류 정보를 반환하고 싶지만 명시적인 상태 코드 반환은 선택할 수 없다. 그렇게 하면 함수가 다른 데이터를 반환하기 어렵기 때문이다. 아웃 파라미터를 함수에 추가할 수도 있지만 이렇게 하면 함수 호출이 더 어려워진다. 따라서, 함수의 반환 값을 사용하여 함수에서 계산된 데이터를 반환한다. 이때, 한 개 이상의 특수 값을 예약해 두어 오류 발생 시 반환한다.
오류 기록 (Log Errors)	오류가 발생했을 때 그 원인을 쉽게 찾아내고 싶지만 이로 인해 오류 처리 코드가 복잡해지는 것은 원치 않는다. 따라서, 별도의 채널을 사용하여 호출 코드와 관련된 오류 정보 및 개발자와 관련된 오류 정보를 제공한다. 예를 들어 디버그 오류 정보는 로그 파일에 기록하고, 세부적인 디버그 오류 정보는 호출자에게 반환하지 않는다.

실행 예제

문자열로 식별되는 키(key)에 해당하는 문자열 값(value)을 저장하는 소프트웨어 모듈을 구현하려고 한다. 윈도우의 레지스트리(registry)와 유사한 기능을 구현하려고 하는 것이다. 핵심에 집중하기 위해 다음의 코드에는 키 간 계층 관계를 배제하였으며, 레지스트리 요소를 만드는 함수만 다룰 것이다.

레지스트리 API

```
/* 레지스트리 키 핸들 */
typedef struct Key* RegKey;

/* 'key_name'으로 식별되는 새로운 레지스트리 키 생성 */
RegKey createKey(char* key_name);

/* 값 'value'를 레지스트리 'key'에 저장 */
void storeValue(RegKey key, char* value);

/* 'key'를 등록하여 읽을 수 있도록 한다.
   (다른 함수들은 이번 예제에서 제외) */
void publishKey(RegKey key);
```

레지스트리 구현

```
#define STRING_SIZE 100
#define MAX_KEYS 40

struct Key
{
    char key_name[STRING_SIZE];
    char key_value[STRING_SIZE];
};

/* 전체 레지스트리 키를 보유하는 배열(파일 내 전역 변수) */
static struct Key* key_list[MAX_KEYS];

RegKey createKey(char* key_name)
{
    RegKey newKey = calloc(1, sizeof(struct Key));
    strcpy(newKey->key_name, key_name);
    return newKey;
}
```

```
void storeValue(RegKey key, char* value)
{
    strcpy(key->key_value, value);
}

void publishKey(RegKey key)
{
    int i;
    for(i=0; i<MAX_KEYS; i++)
    {
        if(key_list[i] == NULL)
        {
            key_list[i] = key;
            return;
        }
    }
}
```

위 코드를 보면, 내부 오류 혹은 함수 파라미터로 잘못된 값을 전달한 경우와 같은 오류 정보를 호출자에게 어떻게 제공해야 하는지 정하지 못하고 있다. 따라서 호출자도 해당 호출이 성공했는지 여부, 또는 어디에서 실패가 일어난 것인지 여부를 실제로 알지 못한 채 다음과 같이 끝나버린다.

```
RegKey my_key = createKey("myKey");
storeValue(my_key, "A");
publishKey(my_key);
```

호출자의 코드는 매우 짧고 읽기 쉽지만, 호출자는 오류가 발생했는지 여부를 알 수 없으며 오류 발생에도 대응할 수 없다. 호출자도 오류에 대응할 수 있도록 하기 위해 코드에 오류 처리 기능을 도입하고, 오류 정보를 호출자에게 제공하려 한다. 아마도 호출자에게 소프트웨어 모듈에서 오류가 발생했음을 알려주어야겠다는 생각이 가장 먼저 떠오를 것이다. 이를 구현하기 위해서는 상태 코드 반환(Return Status Codes)을 적용하면 된다.

상태 코드 반환

컨텍스트

여러분은 일부 오류 처리를 수행하는 소프트웨어 모듈을 구현하였으며, 호출자에게는 오류 및 기타 상태 정보를 반환하고자 한다.

문제

호출자에 상태 정보를 반환하면 호출자가 상태 정보에 따라 대응하는 메커니즘을 만들고자 한다. 메커니즘은 간편하게 사용할 수 있어야 하고, 호출자는 상태 정보를 통해 발생 가능한 여러 오류 상황을 명확하게 구분할 수 있어야 한다.

과거 C에서는 전역 변수 errno에 담긴 오류 코드를 통해 오류 정보가 전송되었다.[2] 전역 변수 errno는 호출자가 재설정해야 하며, 함수 호출 과정에서 피호출 함수는 전역 변수 errno 값을 설정하는 것으로 호출자가 오류를 인지할 수 있도록 한다. 함수 호출이 끝나면 호출자는 전역 변수 errno 값을 확인하여 오류 발생을 확인한다.

하지만, errno를 사용하는 것보다 호출자가 더 쉽게 오류를 확인할 수 있도록 상태 정보를 반환하는 방법이 필요하다. 이를 위해 호출자는 함수 서명(function signature)을 확인하여 상태 정보가 어떻게 반환되고 어떤 종류의 상태 정보가 반환되는지 예상할 수 있어야 한다.

상태 정보 반환 메커니즘은 다중 스레드 환경에서도 안전하게 사용할 수 있어야 하며, 오직 피호출 함수만이 반환되는 상태 정보에 영향을 줄 수 있어야 한다. 즉, 메커니즘을 사용하면서도 여전히 재진입 함수를 갖고 있어야 한다.

솔루션

함수의 반환 값을 사용하여 상태 정보를 반환한다. 즉, 특정 상태를 나타내는 값을 반환한다. 피호출자와 호출자 모두 상태 값의 의미를 이해해야 한다.

일반적으로 숫자 식별자를 반환 값으로 사용한다. 호출자는 함수의 반환 값

---

2 (옮긴이) 이것은 현재도 마찬가지다.

을 해당 식별자와 비교한 다음 그 결과에 따라 대응할 수 있다. 함수가 다른 함수의 결과를 반환해야 하는 경우에는 아웃 파라미터 형식으로 호출자에게 제공하면 된다.

API를 통해 제공되는 숫자 상태 식별자는 enum이나 #define을 사용하여 정의한다. 상태 코드가 많거나 소프트웨어 모듈이 둘 이상의 헤더 파일로 구성된 경우, 상태 코드만 있는 헤더 파일을 별도로 만든 다음 다른 헤더 파일이 include하도록 할 수도 있다.

상태 식별자에 의미 있는 이름을 지정하고 주석으로 그 의미를 문서화한다. 상태 코드의 이름은 API 전체에서 일관된 방식으로 지정해야 한다.

다음 코드는 상태 코드를 사용하는 예를 보여준다.

호출자 코드: 상태 코드를 사용
```
ErrorCode status = func();
if(status == MAJOR_ERROR)
{
    /* 프로그램 중단(abort) */
}
else if(status == MINOR_ERROR)
{
    /* 오류 처리 */
}
else if(status == OK)
{
    /* 계속해서 프로그램 진행 */
}
```

피호출자 API: 상태 코드를 제공
```
typedef enum
{
    MINOR_ERROR,
    MAJOR_ERROR,
    OK
}ErrorCode;

ErrorCode func();
```

피호출자 구현: 상태 코드를 제공
```
ErrorCode func()
{
```

```
    if(minorErrorOccurs())
    {
        return MINOR_ERROR;
    }
    else if(majorErrorOccurs())
    {
        return MAJOR_ERROR;
    }
    else
    {
        return OK;
    }
}
```

결과

이제 발생한 오류를 호출자가 쉽게 확인할 수 있도록 상태 정보를 반환하는 방법을 얻었다. 호출자는 errno와 달리 오류 정보를 확인하기 위해 변수를 설정하고 함수를 호출한 다음 다시 오류 정보를 확인하는 일련의 과정을 거칠 필요가 없다. 그저 함수 호출에 따른 반환 값을 가지고 직접 정보를 확인하면 된다.

상태 코드 반환은 다중 스레드 환경에서도 안전하게 사용할 수 있다. 호출자는 피호출 함수 외에 반환되는 상태 값에 영향을 미치는 채널이 없다고 확신할 수 있다.

함수 서명은 상태 정보가 반환되는 방식을 매우 명확하게 보여준다. 호출자뿐만 아니라 컴파일러나 정적 코드 분석 도구 입장에서도 호출자가 함수의 반환 값을 확인했는지, 발생 가능한 모든 상태에 대해서도 확인했는지 알 수 있다.

이제 피호출 함수가 다양한 오류 상황에 따라 다른 결과를 제공하는 만큼, 이 결과들을 테스트해야 한다. 오류 처리가 없는 함수와 비교했을 때 더 광범위한 테스트가 필요하며, 이러한 오류 상황 점검은 모두 호출자의 부담으로 이어진다. 따라서 자연스럽게 호출자 코드 길이가 길어진다.

함수 서명을 사용하는 C 함수는 함수 서명에서 지정된 타입의 개체 하나만 반환할 수 있다. 이 함수는 이제 상태 코드를 반환하게 된다. 이 함수가 다른 결과도 함께 반환하도록 하려면 좀 더 복잡한 기술을 사용해야 한다. 추가 파라미터가 필요하다는 단점이 있지만, 아웃 파라미터를 사용하여 구현하거나 상태 정보와 다른 함수 결과를 모두 포함하는 묶음 인스턴스를 반환하는 식으로 구현할 수 있다.

알려진 용도
이번 패턴이 적용된 사례들은 다음과 같다.

- 마이크로소프트(Microsoft)는 HRESULT를 사용하여 상태 정보를 반환한다. HRESULT는 고유한 상태 코드이다. 고유한 상태 코드를 만들면 여러 함수에 걸쳐 상태 정보를 전송할 수 있으면서 해당 상태가 발생한 위치를 추적할 수 있다는 장점이 있다. 하지만 상태 번호를 지정하고 누가 어떤 상태 번호를 사용할 수 있는지를 추적해야 하는 추가적인 노력이 필요하다. HRESULT의 또 다른 특징은 지정된 비트를 사용하여 오류의 심각도와 같은 특정 정보를 상태 코드에 인코딩하여 넣은 다음 함께 반환시킬 수 있다는 것이다.
- 아파치 포터블 런타임(Apache Portable Runtime) 코드는 오류 정보 반환을 위한 전용 데이터 타입 apr_status_t를 정의해 놓았다. 이러한 방식으로 오류 정보를 반환하는 함수들은 성공 시 APR_SUCCESS를, 오류 발생 시에는 오류를 나타내는 다른 값을 반환한다. APR_SUCCESS 외에 다른 값들은 고유하게 정의된 오류 코드로, #define 문을 사용하여 지정한 것이다.
- OpenSSL 코드는 여러 헤더 파일(dsaerr.h, kdferr.h, …)에 상태 코드를 정의한다. 예를 들어, 상태 코드 KDF_R_MISSING_PARAMETER나 KDF_R_MISSING_SALT는 호출자에게 누락되거나 잘못 입력된 파라미터를 세세하게 알려준다. 각 파일의 상태 코드는 해당 파일에 속하는 특정 함수들을 위해서만 정의되며, 상태 코드 값은 전체 OpenSSL 코드상에서 고유하지 않다.
- 포틀랜드 패턴 저장소의 오류 코드(Error Code) 패턴은 함수의 반환 값을 명시적으로 사용하여 오류 정보를 반환시키자는 아이디어를 기술하고 있다.

실행 예제 - 패턴 적용 후
이제 코드에서 오류가 발생하면 해당 정보를 호출자에게 제공한다. 다음 코드는 잘못될 수 있는 사항을 점검하고 해당 정보를 호출자에게 제공한다.

레지스트리 API

```
/* 레지스트리로부터 반환되는 오류 코드 */
typedef enum
{
    OK,
    OUT_OF_MEMORY,
    INVALID_KEY,
    INVALID_STRING,
    STRING_TOO_LONG,
    CANNOT_ADD_KEY
}RegError;

/* 레지스트리 키 핸들 */
typedef struct Key* RegKey;

/* 'key_name'으로 식별되는 새로운 레지스트리 생성.
   문제가 없을 때는 OK 반환,
   파라미터 'key'가 NULL인 경우 INVALID_KEY 반환,
   파라미터 'key_name'이 NULL인 경우 INVALID_STRING 반환,
   'key_name'의 길이가 너무 긴 경우 STRING_TOO_LONG 반환,
   메모리 리소스가 없을 경우 OUT_OF_MEMORY 반환 */
RegError createKey(char* key_name, RegKey* key);

/* 값 'value'를 레지스트리 'key'에 저장.
   문제가 없을 때는 OK 반환,
   파라미터 'key'가 NULL인 경우 INVALID_KEY 반환,
   파라미터 'value'가 NULL인 경우 INVALID_STRING 반환,
   파라미터 'value'의 길이가 너무 긴 경우 STRING_TOO_LONG 반환 */
RegError storeValue(RegKey key, char* value);

/* 'key'를 등록하여 읽을 수 있도록 한다.
   문제가 없을 때는 OK 반환,
   파라미터 'key'가 NULL인 경우 INVALID_KEY 반환,
   레지스트리가 가득 차 더 이상 key를 등록할 수 없을 경우 CANNOT_ADD_KEY 반환 */
RegError publishKey(RegKey key);
```

레지스트리 구현

```
#define STRING_SIZE 100
#define MAX_KEYS 40

struct Key
{
char key_name[STRING_SIZE];
char key_value[STRING_SIZE];
};
```

```c
/* 전체 레지스트리 키를 보유하는 배열(파일 내 전역 변수) */
static struct Key* key_list[MAX_KEYS];

RegError createKey(char* key_name, RegKey* key)
{
    if(key == NULL)
    {
        return INVALID_KEY;
    }

    if(key_name == NULL)
    {
        return INVALID_STRING;
    }

    if(STRING_SIZE <= strlen(key_name))
    {
        return STRING_TOO_LONG;
    }

    RegKey newKey = calloc(1, sizeof(struct Key));
    if(newKey == NULL)
    {
        return OUT_OF_MEMORY;
    }

    strcpy(newKey->key_name, key_name);
    *key = newKey;
    return OK;
}

RegError storeValue(RegKey key, char* value)
{
    if(key == NULL)
    {
        return INVALID_KEY;
    }

    if(value == NULL)
    {
        return INVALID_STRING;
    }

    if(STRING_SIZE <= strlen(value))
    {
        return STRING_TOO_LONG;
```

```
    }

    strcpy(key->key_value, value);
    return OK;
}

RegError publishKey(RegKey key)
{
    int i;
    if(key == NULL)
    {
        return INVALID_KEY;
    }

    for(i=0; i<MAX_KEYS; i++)
    {
        if(key_list[i] == NULL)
        {
            key_list[i] = key;
            return OK;
        }
    }

    return CANNOT_ADD_KEY;
}
```

이제 호출자는 제공된 오류 정보를 활용하여 대응할 수 있게 되었다. 예를 들어, 애플리케이션 사용자에게 무엇이 잘못되었는지에 대한 자세한 정보를 알려줄 수 있다.

호출자 코드

```
RegError err;
RegKey my_key;

err = createKey("myKey", &my_key);
if(err == INVALID_KEY || err == INVALID_STRING)
{
    printf("Internal application error\n");
}
if(err == STRING_TOO_LONG)
{
    printf("Provided registry key name too long\n");
}
```

```
if(err == OUT_OF_MEMORY)
{
    printf("Insufficient resources to create key\n");
}

err = storeValue(my_key, "A");
if(err == INVALID_KEY || err == INVALID_STRING)
{
    printf("Internal application error\n");
}
if(err == STRING_TOO_LONG)
{
    printf("Provided registry value to long to be stored to this key\n");
}

err = publishKey(my_key);
if(err == INVALID_KEY)
{
    printf("Internal application error\n");
}
if(err == CANNOT_ADD_KEY)
{
    printf("Key cannot be published, because the registry is full\n");
}
```

이제 호출자가 오류에 대응할 수 있게 되었지만, 레지스트리 소프트웨어 모듈 코드와 호출자 코드가 두 배 이상 길어졌다. 오류 코드를 오류 텍스트로 매핑시키는 별도의 함수를 사용하면 호출자 코드를 약간 줄일 수 있다. 그러나 여전히 코드의 대부분이 오류 처리에 할애되고 있다.

지금까지 확인한 것처럼 오류 처리는 공짜가 아니다. 오류 처리 구현부를 보면 많은 노력이 들어갔음을 알 수 있다. 레지스트리 API도 발생 가능한 오류 상황에 대한 설명을 기술하기 위해 함수 주석이 훨씬 더 길어졌다. 호출자 역시 특정 오류가 발생하면 수행해야 할 일을 고민하는 데 많은 노력을 기울여야 한다.

이와 같이 세부적인 오류 정보를 호출자에게 제공하면 호출자는 이러한 오류에 대응하고 각 오류에 따른 처리 여부를 고민해야 하는 부담이 생긴다. 따라서, 호출자에게 필요한 오류 정보를 제공하되 불필요한 정보까지 제공하지 않도록 각별히 주의해야 한다.

다음으로, 지금까지 언급한 사항들을 고려하여 실제로 호출자에게 유용한 오류 정보만 제공하기 위한 방법인 연관된 오류 반환(Return Relevant Errors) 패턴을 설명할 것이다.

연관된 오류 반환

컨텍스트

일부 오류 처리를 수행하는 소프트웨어 모듈을 구현한 상태에서 호출자에게 오류 정보를 반환하려 한다.

문제

호출자는 반드시 오류에 대응할 수 있어야 한다. 반면에 반환하는 오류 정보가 많을수록 오류 정보 생성 코드와 이를 처리하는 호출자의 코드는 길어질 수밖에 없다. 코드가 길어질수록 읽고 유지·관리하기가 힘들어지고 추가 버그가 생길 위험이 있다.

여러분의 일은 호출자에 오류 정보를 반환하기 위해 오류를 감지하고 해당 오류 정보를 반환하는 것으로 끝나지 않는다. 반환되는 오류에 대한 정보를 문서화하여 API에 기록해야 한다. 이 작업을 하지 않으면 호출자는 어떤 오류가 발생하는지 예상하고 대응할 수 없다. 오류에 따른 동작을 문서화하는 작업도 꼭 필요하다. 오류 유형이 많아질수록 더 많은 문서 작업이 필요하다.

매우 자세하면서 구현에 특화된 오류 정보를 반환하고, 추후에 구현 변경이 발생할 때 코드에 오류 정보를 추가하는 것은 구현을 변경할 때마다 인터페이스를 의미 있는 수준으로 변경해야 함을 뜻한다. 동시에, 반환되는 오류 정보에 대한 추가적인 문서 작업이 수반된다는 의미도 포함하고 있다. 이러한 변화는 여러분의 코드를 사용하는 기존의 호출자 입장에서는 탐탁지 않을 것이다. 새로운 오류 정보에 대응할 수 있도록 코드를 수정해야 하기 때문이다.[3]

자세한 오류 정보를 제공하는 게 호출자 입장에서 항상 좋은 것만은 아니다.

---

3 (옮긴이) 파이썬의 경우 라이브러리 버전이 바뀔 때마다 사용법이 변하는 경우가 많아 버전 변경이 생길 때마다 항상 라이브러리 사용법이 변경되었는지 여부를 확인해야 한다.

호출자에 반환되는 각각의 오류 정보는 결국 호출자가 해야 하는 추가 작업을 의미하기 때문이다. 호출자는 오류 정보가 자신과 관련이 있는지, 그렇다면 어떻게 처리할 것인지를 결정해야 한다.

솔루션

정보가 호출자와 관련된 경우에만 호출자에게 오류 정보를 반환한다. 호출자가 해당 오류에 대응할 수 있는 경우에만 오류 정보가 호출자와 관련이 있다고 간주한다.

호출자가 대응할 수 없는 오류 정보를 굳이 호출자에게 제공하여 호출자가 대응할 기회(라고 쓰고 부담으로 읽는다)를 갖도록 할 필요가 없다.

연관된 오류 정보만 반환하는 방법은 여러 가지가 있다. 극단적인 방법으로는 오류 정보를 아예 반환하지 않는 방법이 있다. 예를 들어 메모리를 클린업하는 함수인 cleanupMemory(void* handle)가 있다고 가정하면, 클린업이 성공했을 경우 굳이 해당 정보를 반환할 필요가 없다. 클린업 오류가 발생한 경우에도 호출자는 코드 내에서 대응할 방법이 없기 때문에(클린업 함수 호출을 재시도하는 것은 대부분의 경우 해법이 되지 않는다) 이 함수는 아무런 오류 정보도 반환할 필요가 없다. 이 외에도, 함수 내에서 발생한 오류가 알려지지 않은 채로 지속되는 것을 막기 위해 오류 발생 시 프로그램을 중단시키는 것도 선택 사항이 될 수 있다(무사의 원칙).

호출자에게 오류를 반환하는 유일한 이유가 호출자가 이 오류를 기록(log)하도록 하기 위한 것이라면, 굳이 오류를 반환하지 말고 그냥 직접 오류 기록(Log Error)을 해주는 편이 호출자의 일을 줄여준다.

이미 상태 코드 반환이 이루어졌다면, 호출자와 연관된 오류 정보만 반환되어야 한다. 나머지 관련없는 오류들은 한 개의 내부 오류 코드로 통합할 수 있다. 또한, 여러분의 함수에서 호출하는 다른 함수들의 자세한 오류 코드를 굳이 반환할 필요도 없다. 이러한 오류 코드도 하나의 내부 오류 코드로 통합시킬 수 있기 때문이다. 다음의 코드를 살펴보자.

호출자 코드
```c
ErrorCode status = func();
if(status == MAJOR_ERROR || status == UNKNOWN_ERROR)
{
    /* 프로그램 중단 */
}
else if(status == MINOR_ERROR)
{
    /* 오류 처리 */
}
else if(status == OK)
{
    /* 계속해서 프로그램 진행 */
}
```

API
```c
typedef enum
{
    MINOR_ERROR,
    MAJOR_ERROR,
    UNKNOWN_ERROR,
    OK
}ErrorCode;

ErrorCode func();
```

구현
```c
ErrorCode func()
{
    if(minorErrorOccurs())
    {
        return MINOR_ERROR;
    }
    else if(majorErrorOccurs())
    {
        return MAJOR_ERROR;
    }
    else if(internalError1Occurs() || internalError2Occurs())
    {
        return UNKNOWN_ERROR;    ❶
    }
    else
    {
        return OK;
```

```
        }
}
```

> ❶ internalError1Occurs든 internalError2Occurs든 관계없이 동일한 오류 정보를 반환한다. 두 가지 모두 구현에 특화된 오류로, 호출자와는 무관하기 때문이다. 호출자는 이 두 가지 오류에 대해 동일한 방식으로 대응하면 된다(앞의 예제 코드에서는 프로그램을 중단시켰다).

디버깅을 위해 더 자세한 오류 정보가 필요하다면, 오류 기록을 실행할 수도 있다. 연관된 오류만 반환하다가 오류 상황이 많지 않음을 알게 되었다면 오류 코드를 반환하는 대신 특수 반환 값을 오류 정보로 반환하는 것이 더 좋은 방안일 수도 있다.

결과

어떤 종류의 내부 오류가 발생했는지에 대한 자세한 정보를 반환하지 않으면 호출자는 안도한다. 호출자는 발생 가능한 모든 내부 오류에 대한 처리 방법을 고민해야 하는 부담에서 벗어나, 반환되는 모든 오류에 대응하기만 하면 된다. 호출자와 연관된 오류만 반환되기 때문이다. 또한 함수에서 더 적은 수의 오류 정보만 반환되는 만큼 테스트할 오류 상황도 줄어들기 때문에 테스터 입장에서도 훨씬 만족스럽다.

호출자가 모든 가능한 반환 값에 대해 점검하는지 여부를 따져보는 매우 엄격한 컴파일러나 정적 코드 분석 도구를 사용한다면, 호출자는 무관한 오류를 명시적으로 처리할 필요가 없다(예: 많은 조건 처리문들과 내부 오류에 대한 단 한 개의 오류 처리 코드로 구성된 switch 구문). 그 대신 호출자는 내부 오류 코드 하나만 처리한다. 오류 발생 시 프로그램을 중단시킨다면 오류를 처리할 필요도 없다.

자세한 오류 정보를 반환하지 않으면 호출자는 이러한 오류 정보를 사용자에게 제공하거나 디버깅 목적으로 개발자를 위해 저장할 수 없다. 그러나 이러한 디버깅 목적의 경우에는 소프트웨어 모듈 차원에서 직접 오류 기록을 구현하여 호출자에 부담을 주지 않는 것이 좋다.

함수에서 발생한 오류의 모든 정보를 반환하지 않고 호출자와 연관이 있다고 판단한 정보만 반환하는 경우 잘못될 가능성이 있다. 즉, 호출자에 필요한 몇 가지 정보를 빠트려서 나중에 이 정보를 추가해달라는 요청이 생길 수 있다. 하지만 상태 코드 반환을 적용하면 함수 서명을 변경하지 않고도 쉽게 추가 오류 코드를 반영할 수 있다.

알려진 용도

이번 패턴이 적용된 사례는 다음과 같다.

- 보안 관련 코드의 경우, 오류에 해당하는 정보만 반환하는 것이 일반적이다. 예를 들어 사용자 인증 함수가 사용자 이름이나 암호가 유효하지 않아 인증에 실패했다는 세부적인 정보까지 반환하는 경우, 호출자는 유효한 사용자 이름을 얻는 데 이 함수를 활용할 수 있다. 이러한 정보로 별도 채널을 여는 것을 피하기 위해, 일반적으로 인증이 동작했는지 여부에 대한 바이너리 정보만 반환한다. 예를 들어, B&R Automation Runtime 운영 체제에서 사용자 인증에 사용하는 `rbacAuthenticateUserPassword` 함수는 반환 타입으로 `bool` 타입을 사용한다. 인증이 성공하면 `true`를, 실패하면 `false`를 반환한다. 왜 인증이 실패했는지에 대한 자세한 정보는 반환하지 않는다.
- NetHack 게임의 `FlushWinFile` 함수는 파일을 디스크에 기록하기 위해 오류 코드를 반환하는 매킨토시 함수 `FSWrite`를 호출한다. 하지만 NetHack 래퍼(wrapper)는 오류 코드를 명시적으로 무시한다. 그래서 이 래퍼를 사용함에 따라 오류 발생 시 적절한 대응을 할 수 없는 `FlushWinFile` 함수는 반환 타입이 `void`이다. 결과적으로 오류 정보는 전달되지 않는다.
- OpenSSL 함수 `EVP_CIPHER_do_all`은 암호화 제품군을 초기화하기 위해 상태 코드 반환을 수행하는 내부 함수 `OPENSSL_init_crypto`를 사용한다. 하지만 `EVP_CIPHER_do_all` 함수는 반환 타입을 `void`로 지정하여 이러한 세부적인 오류 정보를 무시한다. 세부적인 오류 정보를 반환하던 기존 전략은 래핑 함수에 의해 연관된 오류 반환만 수행하는 것으로 변경되었으며, 이 경우에는 오류 정보가 전혀 없는 것으로 간주한다.

실행 예제 - 패턴 적용 후

연관된 오류 반환만을 적용하는 경우 레지스트리 코드는 다음과 같다. 간단하게 하기 위해 여기에서는 createKey 함수만 보여준다.

createKey 함수 구현
```
RegError createKey(char* key_name, RegKey* key)
{
    if(key == NULL || key_name == NULL)
    {
        return INVALID_PARAMETER;   ❶
    }

    if(STRING_SIZE <= strlen(key_name))
    {
        return STRING_TOO_LONG;
    }

    RegKey newKey = calloc(1, sizeof(struct Key));
    if(newKey == NULL)
    {
        return OUT_OF_MEMORY;
    }

    strcpy(newKey->key_name, key_name);
    *key = newKey;
    return OK;
}
```

❶ INVALID_KEY 또는 INVALID_STRING을 반환하는 대신 이러한 오류 상황에 대해 INVALID_PARAMETER를 반환한다.

이제 호출자는 유효하지 않은 특정 파라미터를 다르게 처리할 수 없다. 바꿔 말하면, 호출자는 이러한 오류 상황을 다르게 처리하는 방법에 대해 생각할 필요가 없어졌다는 뜻이다. 처리해야 할 오류 상황이 하나 줄어든 만큼 호출자 코드는 더 간단해진다.

이것도 괜찮다. 어차피 INVALID_KEY나 INVALID_STRING이 반환되었을 때 호출자가 무엇을 할 수 있겠는가? 호출자가 함수를 다시 호출하는 것은 아무런 의미가 없다. 두 경우 모두 함수 호출이 동작하지 않는다는 사실을 받아들이고는 사용자에게 이 사실을 알려주거나 프로그램을 중단시키는 수밖에 없다. 두 가지 오류에 대해 호출자가 다른 방식으로 대응할 필요가 없기 때문에 호출자의 고민에 대한 부담을 덜어준 것이다. 결과적으로 호출자는 하나의 오류 상황에 대해서만 고민하고 대응하면 된다.

일을 더 쉽게 하기 위해 다음으로 무사의 원칙을 적용한다. 즉, 이러한 오류 코드를 모두 반환하는 대신 프로그램을 중단하는 것으로 몇몇 오류를 처리한다.

createKey 함수 선언

```
/* 'key_name'으로 식별되는 새로운 레지스트리 생성.
    (NULL이어서는 안되며, 최대 STRING_SIZE 글자수를 넘을 수 없다.)
   키에 대한 핸들을 파라미터로 받은 'key'에 저장한다(NULL이어서는 안 된다).
   문제가 없을 때는 OK를 반환하고,
   메모리가 부족할 경우 OUT_OF_MEMORY를 반환한다. */
RegError createKey(char* key_name, RegKey* key);
```

createKey 함수 구현

```
RegError createKey(char* key_name, RegKey* key)
{
    assert(key != NULL && key_name != NULL);   ❶
    assert(STRING_SIZE > strlen(key_name));    ❶

    RegKey newKey = calloc(1, sizeof(struct Key));
    if(newKey == NULL)
    {
        return OUT_OF_MEMORY;
    }

    strcpy(newKey->key_name, key_name);
    *key = newKey;
    return OK;
}
```

❶ INVALID_PARAMETER 또는 STRING_TOO_LONG을 반환하는 대신 파라미터 중 하나라도 예상한 값이 들어오지 않으면 프로그램을 중단시킨다.

문자열이 너무 길다고 프로그램을 중단하는 것이 처음에는 조금 심하게 느껴질 수도 있다. 그러나 함수 입장에서는 NULL 포인터와 마찬가지로 너무 긴 문자열도 잘못된 입력일 뿐이다. 레지스트리가 GUI를 통해 사용자로부터 입력받는 것이 아니라 호출자의 코드를 통해 고정된 입력으로 받는 경우라면, 너무 긴 문자열에 따른 프로그램 중단은 결국 프로그래밍 오류가 있는 경우에만 발생하며, 이는 완벽하게 정상적인 동작이다.

이제 createKey 함수가 오직 두 개의 오류 코드 OUT_OF_MEMORY와 OK만을 반환한다는 것을 알게 되었을 것이다. 이러한 종류의 오류 정보를 특수 반환 값(Special Return Values)으로 제공한다면 코드는 훨씬 더 아름다워질 것이다.

특수 반환 값

컨텍스트

어떤 결과를 계산하는 함수가 있고, 이 함수를 실행하는 과정에서 오류가 발생하는 경우 호출자에게 오류 정보를 제공하고자 한다. 이때 연관된 오류 반환만 하고자 한다.

문제

오류 정보를 반환하고 싶지만 명시적인 상태 코드 반환은 선택할 수 없다. 그렇게 하면 함수가 다른 데이터를 반환하기 어렵기 때문이다. 아웃 파라미터를 함수에 추가할 수도 있지만 이렇게 하면 함수 호출이 더 어려워진다.

아예 오류 정보를 반환하지 않는 것도 선택 사항이 아니다. 호출자에게 몇 가지 오류 정보를 제공하여 호출자가 오류에 따른 대응을 취할 수 있도록 하고 싶다. 다만 호출자에 제공하려는 오류 정보는 많지 않다. 단순히 함수 호출이 성공했는지 여부를 알려주는 바이너리 정보가 될 수도 있다. 이 정도 수준의 간단한 결과에 상태 코드 반환은 과잉 정보다.

함수에서 발생하는 오류가 심각하지 않기 때문에 무사의 원칙을 적용하고 프로그램을 중단시킬 수는 없다. 또는 호출자가 이 오류에 적절히 대응할 수 있으니 호출자가 오류를 어떻게 처리할지 결정할 수 있도록 놔두고 싶을 수도 있다.

솔루션

함수의 반환 값을 사용하여 함수에서 계산된 데이터를 반환한다. 이때, 한 개 이상의 특수 값을 예약해 두어 오류 발생 시 반환한다.

예를 들어, 함수가 포인터를 반환하는 경우 NULL 포인터를 예약된 특수 값으로 사용하여 오류가 발생했음을 나타낼 수 있다. NULL 포인터는 정의상 유효하지 않은 포인터이므로, 이 특수 값은 함수가 계산한 정상적인 포인터와 혼동되지 않도록 할 수 있다. 다음 코드는 포인터 사용 시 오류 정보를 반환하는 방법을 보여준다.

피호출자 구현
```
void* func()
{
    if(somethingGoesWrong())
    {
        return NULL;
    }
    else
    {
        return some_pointer;
    }
}
```

호출자 코드
```
pointer = func();
if(pointer != NULL)
{
    /* 포인터를 사용하는 작업 수행 */
}
else
{
    /* 오류 처리 */
}
```

반환되는 특수 값에 대한 의미를 API에 꼭 문서화해야 한다. 어떤 경우에는 통상적인 규정 자체를 오류를 나타내는 특수 값이 되는 기준으로 활용하기도 한다. 예를 들어, 음의 정숫값은 오류를 나타내는 목적으로 자주 사용된다. 그러나 이러한 경우에도 특수한 반환 값에 대한 의미는 문서화해야 한다.

오류가 아닌 경우에도 오류 정보를 나타내는 특수 값이 발생하지 않도록 유의해야 한다. 예를 들어 섭씨 온도를 정숫값으로 반환하는 함수의 경우 음수 값에 오류를 나타내는 통상적인 UNIX 규정을 적용해서는 안 된다. 대신, 물리적으로 섭씨 온도는 -273도 미만으로 떨어질 수 없으므로 -300을 오류를 가리키는 값으로 사용할 수 있다.

결과

이제 이 함수는 반환 값을 통해 오류 정보를 반환할 수 있게 되었다. 심지어 반환 값이 함수의 계산 결과로 사용되는 경우에도 오류 정보를 반환하는 것이 가능하다. 단순히 오류 정보만을 제공하기 위해 추가적인 아웃 파라미터를 사용하지 않아도 된다.

    때로는 오류 정보를 인코딩할 수 있는 특수 값이 별로 없는 경우도 있다. 예를 들어, 포인터의 경우 NULL 포인터만 오류 정보를 나타낼 수 있다. 이는 호출자에게 모든 것이 잘 동작했거나 아니면 무언가가 잘못되었다는 정보만 줄 수 있는 상황으로 이어진다. 또 자세한 오류 정보를 반환할 수 없다는 단점이 되기도 한다. 그러나 뒤집어 생각해 보면, 불필요한 오류 정보를 반환하고 싶은 유혹에서 벗어날 수 있다는 장점이 될 수도 있다. 많은 경우 무언가 잘못되었다는 정보를 제공하는 것만으로도 충분하며, 더 자세한 정보를 제공해봤자 호출자가 일일이 대응하지 못한다.

    추후에 더 자세한 오류 정보를 제공해야 함을 인지하는 경우, 그 시점에는 사용 가능한 특수 값이 없어서 추가적인 오류 정보 제공이 불가능할 수도 있다. 그때는 추가적인 오류 정보를 제공하기 위해 함수 서명 전체를 바꾸고 상태 코드 반환을 적용해야 할 수도 있다. 여러분의 API를 사용하는 기존 호출자와의 호환성을 유지해야 할 수 있으므로 함수 서명 변경이 늘 가능하지 않을 수 있다. 따라서 향후 이와 같은 변화가 예상된다면 특수 반환 값을 사용하지 말고 즉시 상태 코드 반환 패턴을 사용하기 바란다.

    간혹 프로그래머는 반환 값이 오류를 나타내는 것이 분명하다고 가정해 버리기도 한다. 예를 들어 어떤 프로그래머는 NULL 포인터가 분명히 오류를 나타낸다고 여길 것이다. 또 다른 프로그래머는 -1은 무조건 오류를 나타낸다고 생각할 수도 있다. 이로 인해 프로그래머가 모든 사람들이 이와 같은 값을 오류로 인식한다고 가정해 버리는 위험한 상황이 발생한다. 그러나 이는 단지 가정일 뿐이다. 어떤 값이 오류를 가리키는 것인지 API에 반드시 제대로 문서화해 놓아야 하지만, 프로그래머들은 이 값들이 당연히 오류를 나타낸다고 잘못 판단하고 문서화하기를 종종 잊어버린다.

알려진 용도
이번 패턴이 적용된 사례들은 다음과 같다.

- 게임 NetHack의 getobj 함수는 정상적인 경우 객체에 대한 포인터를 반환하고 오류가 발생하면 NULL을 반환한다. 반환할 객체가 없는 특수한 경우를 나타내기 위해 이 함수는 zeroobj라는 전역 범위에 속하는 객체에 대한 포인터를 반환한다. zeroobj 객체는 반환 타입으로 정의되었으며, 이 함수뿐만 아니라 호출자에게도 알려져 있다. 그래서 호출자는 반환된 포인터가 전역 범위의 객체인지 점검함으로써 유효한 객체의 포인터인지 아니면 특수한 의미를 갖는 zeroobj에 대한 포인터인지를 구분할 수 있다.
- C 표준 라이브러리 함수 getchar는 stdin에서 문자를 읽는다. 이 함수의 반환 타입은 int로, 반환 가능한 간단한 문자들보다 훨씬 더 많은 정보를 제공할 수 있다. 더 이상 사용할 수 있는 문자가 없으면 getchar는 일반적으로 −1로 정의된 EOF를 반환한다. 문자는 음의 정수 값으로 표현이 불가능하기 때문에 EOF는 다른 함수 결과와 구분이 가능하다. 따라서 더 이상 가능한 문자가 없는 경우와 같은 특수한 상황을 나타내는 데 사용할 수 있다.
- 대부분의 UNIX 또는 POSIX 함수는 오류 정보를 나타내기 위해 음수를 사용한다. 예를 들어 POSIX 함수 write는 기록한 바이트 수를 반환하거나 오류 발생 시 −1을 반환한다.

실행 예제 - 패턴 적용 후
특수 반환 값을 적용한 코드는 다음과 같다. 간단하게 하기 위해 createKey 함수만 표시하였다.

createKey 함수 선언

```
/* 'key_name'으로 식별되는 새로운 레지스트리 생성.
   (NULL이어서는 안되며, 최대 STRING_SIZE 글자수를 넘을 수 없다)
   키에 대한 핸들을 반환하거나, 오류가 발생한 경우 NULL을 반환한다. */
RegKey createKey(char* key_name);
```

createKey 함수 구현

```
RegKey createKey(char* key_name)
{
    assert(key_name != NULL);
    assert(STRING_SIZE > strlen(key_name));

    RegKey newKey = calloc(1, sizeof(struct Key));
    if(newKey == NULL)
    {
        return NULL;
    }

    strcpy(newKey->key_name, key_name);
    return newKey;
}
```

이제 createKey 함수가 훨씬 간단해졌다. 더 이상 상태 코드 반환을 하지는 않지만, 그 대신 핸들을 직접 반환하여 이 정보를 반환하기 위한 아웃 파라미터가 필요없다. API 문서화 작업 역시 추가적인 파라미터에 대한 설명이나 함수 결과가 어떻게 호출자에게 반환되는지에 대한 장황한 설명이 필요하지 않은 만큼 훨씬 간단해진다.

호출자 입장에서도 상황이 훨씬 간단해진다. 호출자는 더 이상 아웃 파라미터로 핸들을 제공할 필요가 없다. 호출자는 반환 값을 통해 핸들을 직접 검색하면 되기 때문에 호출자의 코드는 훨씬 더 읽기 쉬워지고 유지·관리도 편해진다.

하지만 상태 코드 반환 적용 시 세부적인 오류 정보를 제공할 수 있던 것과 비교하면, 지금은 함수가 제대로 동작했는지 여부만 알 수 있다. 오류에 대한 내부의 자세한 정보는 버려진다. 나중에 이 정보가 필요할 때, 예를 들어 디버깅이 필요할 때 이 정보를 얻을 길이 없다. 이 문제를 해결하기 위해 오류 기록(Log Error)을 사용할 수 있다.

오류 기록

컨텍스트

오류를 처리하는 함수가 있는데, 연관된 오류 반환만 함으로써 호출자가 코드 내에서 반환 결과에 대응할 수 있도록 하고자 한다. 하지만 향후 디버깅에 필요한 세부 오류 정보도 유지하고 싶다.

문제

오류가 발생했을 때 그 원인을 쉽게 찾아내고 싶지만 이로 인해 오류 처리 코드가 복잡해지는 것은 원치 않는다.

이를 수행하는 방법 중 하나는 아주 자세한 오류 정보(예: 프로그래밍 오류를 나타내는 오류 정보)를 호출자에 직접 반환하는 것이다. 호출자에게 상태 코드를 반환하면 호출자는 세부 오류 코드를 사용자에게 표시한다. 그러면 사용자는 오류 코드의 의미와 문제 해결 방법을 문의하기 위해 여러분에게 다시 연락할 것이다(예: 서비스 핫라인 등). 이를 통해 여러분은 디버깅 시 세부 오류 코드를 활용하여 문제의 원인을 찾을 수 있을 것이다.

그러나 이런 접근 방식은 오류 정보에 전혀 신경 쓰지 않는 호출자가 단지 여러분에게 오류 정보를 제공하기 위해 사용자에게 오류 정보를 제공한다는 큰 단점이 있다. 사용자 또한 이렇게 자세한 오류 정보에 크게 신경쓰지 않는다.

뿐만 아니라, 상태 코드 반환은 오류 정보를 반환하기 위해 함수의 반환 값을 사용하고, 함수의 진짜 반환 값들은 추가적인 아웃 파라미터를 사용해야 한다는 단점이 있다. 경우에 따라 특수 반환 값을 통해 오류 정보를 제공할 수도 있지만, 이것이 항상 가능한 것도 아니다. 오류 정보 제공을 위해 함수에 추가적으로 파라미터를 도입하는 것도 원치 않는다. 이렇게 하면 호출자의 코드를 더욱 더 복잡하게 만들기 때문이다.

솔루션

별도의 채널을 사용하여 호출 코드와 관련된 오류 정보 및 개발자와 관련된 오류 정보를 제공한다. 예를 들어 디버그 오류 정보는 로그 파일에 기록하고, 세부적인 디버그 오류 정보는 호출자에게 반환하지 않는다.

오류가 발생하면 프로그램 사용자에게 저장된 디버그 정보 로그 내용을 제출하게 해서 쉽게 오류 원인을 찾을 수 있도록 한다. 예를 들어, 사용자는 이메일을 통해 로그 파일을 여러분에게 전송할 수도 있다.

또는 여러분과 호출자 사이의 인터페이스상에서 오류를 기록하고 호출자에게 연관된 오류 반환을 할 수도 있다. 예를 들어, 호출자에게 내부 오류가 발생했음을 통보할 수 있지만, 호출자는 어떤 종류의 오류가 발생했는지 그 세부 정보를 알 수 없다. 결과적으로 호출자는 상세한 오류 처리 방법에 대한 지식이 없이도 오류를 처리할 수 있으며, 여러분도 중요한 디버그 정보를 잃지 않아도 된다.

중요한 디버그 정보를 놓치지 않기 위해서는 프로그래밍 오류나 예기치 않은 오류에 대한 정보를 기록(log)해야 한다. 이러한 오류에 대해 중요도와 오류 발생 위치(예: 소스 코드 파일 이름과 줄 번호 혹은 백트레이스(backtrace)) 정보를 저장하는 것이 중요하다. 이러한 정보와 관련하여 C 언어는 몇 가지 특수 매크로를 제공한다. 대표적으로 현재 줄 번호(__LINE__), 현재 함수(__func__), 현재 파일명(__FILE__) 등이 있다. 다음 코드는 로깅을 위해 __func__ 매크로를 활용한다.

```c
void someFunction()
{
    if(something_goes_wrong)
    {
        logInFile("something went wrong", ERROR_CODE, __func__);
    }
}
```

더 자세하게 로그를 남기기 위해 함수 호출을 추적하고 각각의 반환 정보까지 기록할 수도 있다. 이렇게 로그를 활용하면 오류 상황에 대한 리버스 엔지니어링이 훨씬 쉬워지지만, 이에 따른(로깅을 위한) 컴퓨팅 오버헤드도 감수해야 한다. 함수 호출에 대한 반환 값을 추적하기 위해서는 다음의 코드를 사용할 수 있다.

```
#define RETURN(x)            \
do {                         \
    logInFile(__func__, x);  \
    return x;                \
} while (0)

int soneFunction()
{
    RETURN(-1);
}
```

앞의 코드에서 살펴본 것처럼, 로그 정보는 파일에 저장할 수 있다. 따라서 파일을 저장할 메모리가 부족하거나 파일에 쓰는 동안 프로그램이 충돌하는 등의 특수한 상황을 처리해야만 한다. 이러한 상황을 처리하는 게 쉬운 작업은 아니지만, 추후에 디버깅 시 의존해야 할 유일한 정보가 로그 파일임을 감안할 때 견고한 로깅 메커니즘 코드를 만들어 두는 작업은 매우 중요하다. 이러한 로그 파일의 데이터가 정확하지 않다면 코딩 오류를 잡을 때 엉뚱한 방향으로 진행될 가능성이 있다.

> **여러 줄 매크로**
>
> do-while 루프로 매크로 내 명령문을 감싸면 다음의 코드에서 나타나는 문제를 피할 수 있다.
>
> ```
> #define MACRO(x)     \
> x=1;                 \
> x=2;                 \
>
> if(x==0)
>     MACRO(x)
> ```
>
> 이 코드는 if 문 본문에 중괄호를 사용하지 않기 때문에 얼핏 x==0인 경우에만 매크로가 실행될 것처럼 보인다. 그러나 실제 매크로를 치환하면 다음과 같이 바뀐다.
>
> ```
> if(x==0)
>     x=1;
> x=2;
> ```

> 의도치 않게 치환된 코드의 마지막 줄이 if 문의 본문 내부에 없다. 경험상 이와 같은 문제를 예방하기 위한 가장 좋은 방법은 매크로 내에서 사용하는 명령문을 do-while 루프로 묶는 것이다.

결과

굳이 호출자에게 이 정보를 처리하거나 전달하도록 요구하지 않아도 디버그 정보를 확보할 수 있다. 호출자는 세부적인 오류 정보를 처리하거나 전달할 필요가 없기 때문에 작업이 훨씬 쉬워진다. 대신 세부적인 오류 정보를 직접 제공해야 한다.

경우에 따라 발생한 몇몇 오류나 상황을 로깅하고 싶을 수도 있지만 이는 호출자와 완전히 무관하다. 따라서 호출자에게 오류 정보를 반환할 필요가 없다. 예를 들어, 오류가 발생하여 프로그램을 중단시켰다면 호출자는 해당 오류에 전혀 반응할 필요가 없으며, 여러분이 직접 오류 기록을 수행한다면 중요한 디버그 정보도 유지할 수 있다. 오류 정보 반환을 위한 추가적인 파라미터가 필요하지 않기 때문에 함수 호출이 쉬워지고 따라서 호출자가 코드를 깔끔하게 유지하는 데 도움이 된다.

이렇게 가치 있는 오류 정보는 디버깅 시 프로그래밍 오류를 잡는 데 사용되는 만큼 절대 잃어서는 안 된다. 이러한 디버그 정보를 잃지 않기 위해서는 이 정보를 로그 파일 같은 별도의 채널을 통해 제공해야 한다. 또 로그 파일에 접근하는 방법도 생각해야 한다. 여러분은 사용자에게 이메일을 통해 로그 파일을 보내도록 요청할 수도 있고 자동 버그 리포트 메커니즘을 구현할 수도 있다. 그러나 이 두 가지 방법으로 사용자로부터 로그 정보를 얻을 수 있다고 100% 확신할 수 없다. 사용자가 원하지 않으면 로그 정보를 보내지 않을 수 있기 때문이다.

알려진 용도

이번 패턴이 적용된 사례들은 다음과 같다.

- 아파치 웹 서버 코드는 요청(request)이나 연결(connection)과 관련된 오류를 오류 로그에 기록하는 `ap_log_error` 함수를 사용한다. 이러한 로그 항목에는 오류가 발생한 파일 이름, 코드 줄에 대한 정보, 호출자가 함수에 제공한 사용자 지정 문자열까지 포함된다. 로그 정보는 서버의 `error_log` 파일에 저장된다.
- B&R Automation Runtime 운영 체제는 프로그래머가 코드 어디에서든 `eventLogWrite` 함수를 호출하여 사용자에게 로그 정보를 제공할 수 있는 로깅 시스템을 사용한다. 이렇게 하면 전체 호출 스택에서 일부 핵심 로깅 구성 요소까지 로깅 정보를 반환하지 않아도 사용자에게 정보를 제공할 수 있다.
- 애덤 톤힐의 《Patterns in C》(Leanpub, 2014)에 나오는 Assertion Context 패턴은 assert 호출 내부에 문자열 구문을 추가하여, 오류가 발생할 때 프로그램을 중단시킴과 동시에 충돌의 원인이나 위치에 대한 정보를 기록하도록 제안하고 있다. assert 호출이 실패하면 assert 문을 포함하는 코드 줄이 출력되는데, 이때 assert 문에 추가한 문자열까지 같이 출력된다.

실행 예제 - 패턴 적용 후

패턴을 적용한 후 다음과 같은 레지스트리 소프트웨어 모듈에 대한 최종 코드를 얻었다. 이 코드는 호출자에게 연관된 오류 정보를 제공하지만, 내부 오류 상황까지 처리해 달라고 요구하지 않는다.

레지스트리 API

```
/* 문자열 파라미터의 최대 길이(종료 문자 NULL 포함) */
#define STRING_SIZE 100

/* 레지스트리로부터 반환되는 오류 코드 */
typedef enum
{
    OK,
    CANNOT_ADD_KEY
}RegError;

/* 레지스트리 키 핸들 */
typedef struct Key* RegKey;
```

```c
/* 'key_name'으로 식별되는 새로운 레지스트리 생성.
   (NULL이어서는 안되며, 최대 STRING_SIZE 글자수를 넘을 수 없다)
   키에 대한 핸들을 반환하거나, 오류가 난 경우에는 NULL을 반환한다. */
RegKey createKey(char* key_name);

/* 값 'value'(NULL이어서는 안되며, 최대 STRING_SIZE 글자수를 넘을 수 없다)를
   레지스트리 'key'에 저장. (NULL이어서는 안 된다.) */
void storeValue(RegKey key, char* value);

/* 'key'(NULL이어서는 안됨)를 등록하여 읽을 수 있도록 한다.
   문제가 없을 때는 OK 반환,
   레지스트리가 가득 차 더 이상 key를 등록할 수 없을 경우 CANNOT_ADD_KEY 반환 */
RegError publishKey(RegKey key);
```

레지스트리 구현

```c
#define MAX_KEYS 40

struct Key
{
    char key_name[STRING_SIZE];
    char key_value[STRING_SIZE];
};

/* 디버그 정보를 로그하고 assert를 일으키는 매크로 */
#define logAssert(X)                         \
if(!(X))                                     \
{                                            \
    printf("Error at line %i", __LINE__);    \
    assert(false);                           \
}

/* 전체 레지스트리 키를 보유하는 배열(파일 내 전역 변수) */
static struct Key* key_list[MAX_KEYS];

RegKey createKey(char* key_name)
{
    logAssert(key_name != NULL)
    logAssert(STRING_SIZE > strlen(key_name))

    RegKey newKey = calloc(1, sizeof(struct Key));
    if(newKey == NULL)
    {
        return NULL;
    }
```

```
    strcpy(newKey->key_name, key_name);
    return newKey;
}

void storeValue(RegKey key, char* value)
{
    logAssert(key != NULL && value != NULL);
    logAssert(STRING_SIZE > strlen(value));

    strcpy(key->key_value, value);
}

RegError publishKey(RegKey key)
{
    logAssert(key != NULL);

    int i;
    for(i=0; i<MAX_KEYS; i++)
    {
        if(key_list[i] == NULL)
        {
            key_list[i] = key;
            return OK;
        }
    }

    return CANNOT_ADD_KEY;
}
```

앞의 코드들과 비교했을 때 이 코드가 더 짧은 이유는 다음과 같다.

- 이 코드는 프로그래밍 오류가 발생한 경우 오류를 점검하지 않고 프로그램을 중단시킨다. NULL 포인터 같이 유효하지 않은 파라미터는 코드에서 제대로 처리되지 않는다. 그 대신 파라미터로 NULL이 들어오면 안 된다고 API 문서에 명시하고 있다.
- 이 코드는 호출자와 연관된 오류만 반환한다. 예를 들어, createKey 함수는 상태 코드 반환 대신 핸들을 반환하고 오류 발생 시에는 NULL을 반환한다. 호출자는 자세한 오류 정보를 필요로 하지 않기 때문이다.

코드는 짧아졌지만 API 주석은 늘어났다. 주석은 이제 오류 발생 시 함수가 동작하는 방식을 보다 명확하게 알려준다. 여러분의 코드와는 별개로 호출자의 코드도 더 단순해졌다. 호출자가 다양한 오류 정보에 어떻게 대응할지 결정해야 하는 부담이 없어졌기 때문이다.

호출자 코드
```
RegKey my_key = createKey("myKey");
if(my_key == NULL)
{
    printf("Cannot create key\n");
}

storeValue(my_key, "A");

RegError err = publishKey(my_key);
if(err == CANNOT_ADD_KEY)
{
    printf("Key cannot be published, because the registry is full\n");
}
```

앞의 코드들과 비교했을 때 이 코드가 더 짧은 이유는 다음과 같다.

- 오류 발생 시 중단되는 함수의 반환 값을 점검할 필요가 없다.
- 자세한 오류 정보가 필요하지 않은 함수는 요청한 항목을 직접 반환한다. 예를 들어 createKey()는 핸들을 반환하고 호출자는 더 이상 아웃 파라미터를 제공하지 않아도 된다.
- 유효하지 않은 파라미터와 같이 프로그래밍 오류를 나타내는 오류 코드가 더 이상 반환되지 않으므로 호출자가 점검할 필요가 없다.

실행 예제 코드의 마지막 버전은 어떤 종류의 오류를 어떻게 처리해야 하는지에 대해 생각하는 것이 중요함을 보여준다. 모든 종류의 오류를 반환하고 호출자가 이 모든 오류를 처리하도록 하는 것이 늘 최선의 해결책은 아니다. 호출자가 세부 오류 정보에 관심이 없거나 애플리케이션의 오류에 대응하기를 원치 않을 수도 있다. 때로는 오류 발생 지점에서 프로그램 중단을 결정할 수 있을 만큼 오류가 심각할 수도 있다. 이러한 고민은 코드를 더 단순하게 만들 수 있으니 소프트웨어 구성 요소의 API를 설계할 때 반드시 고려해야 한다.

요약

이번 장에서는 소프트웨어의 서로 다른 부분과 함수에서 오류를 처리하는 방법에 대해 다루었다. 상태 코드 반환 패턴은 발생한 오류를 나타내는 숫자 코드를 호출자에게 제공한다. 연관된 오류 반환 패턴은 호출자가 코드 내에서 대응할 수 있는 오류에 한하여 호출자에게 오류 정보를 반환하며, 특수 반환 값은 이를 실행하는 방법 중 하나다. 오류 기록은 호출자보다는 사용자 또는 디버깅을 위해 오류 정보를 제공하는 별도의 채널을 제공한다.

이러한 패턴들은 오류 상황을 해결하기 위한 더 많은 도구를 제공하고, 더 큰 규모의 코드를 구현하는 첫 번째 단계로 안내한다.

더 읽을 거리

오류 정보 반환에 대한 더 많은 지식을 얻고 싶다면 다음의 정보들이 도움이 될 것이다.

- 토마스 아글래싱어의 석사 학위 논문 〈Error Handling in Structured and Object-Oriented Programming Languages〉(University of Oulu, 1999)는 일반적인 오류 처리에 대한 종합적인 개요를 다루고, C를 포함한 여러 프로그래밍 언어의 코드 예제를 통해 오류 처리의 모범 사례를 설명한다.
- 포틀랜드 패턴 저장소[4]는 오류 처리 등 여러 주제에 대한 많은 패턴과 토론거리를 제공한다. 대부분의 오류 처리 패턴은 예외 처리를 대상으로 삼지만 일부 C 관용구도 제공한다.
- 앤디 롱쇼와 에오인 우즈의 논문 〈Patterns for the Generation, Handling and Management of Errors〉와 〈More Patterns for the Generation, Handling and Management of Errors〉[5]에서는 예외 기반 오류 처리 관점에서의 오류 로깅 및 오류 처리 패턴을 소개한다.

---

4 *https://oreil.ly/bs9FX*
5 *https://oreil.ly/7Yj8h*

다음은...

다음 장에서는 동적 메모리를 다루는 방법에 대한 지침을 소개한다. 함수 간에 더 복잡한 데이터를 반환하고, 애플리케이션이 실행하는 동안 더 큰 데이터와 데이터의 수명을 구조화하기 위해서는 동적 메모리를 다루어야 한다. 따라서 동적 메모리를 사용하는 방법에 대한 조언이 필요할 것이다.

3장

Fluent C

메모리 관리

모든 프로그램은 나중에 사용할 일부 값을 메모리에 보관한다. 이러한 기능은 프로그램에서 너무나 당연하기 때문에 최신 프로그래밍 언어는 이 과정을 최대한 쉽게 수행할 수 있도록 지원하고 있다. C++는 다른 객체 지향 프로그래밍 언어와 마찬가지로 생성자(constructor)와 소멸자(destructor)를 제공하여 메모리를 할당받고 클린업할 위치와 시점을 정의하기가 매우 쉽다. 자바는 가비지 컬렉터(garbage collector)를 도입하여 프로그램에서 더 이상 사용하지 않는 메모리를 다른 곳에서 사용할 수 있도록 한다.

그에 비해 C 언어는 특이하게도 프로그래머가 직접 메모리를 관리해야 한다. 프로그래머가 변수를 스택에 둘지 힙이나 정적 메모리 영역에 둘지 결정해야 하며, 힙 변수가 나중에 제대로 클린업되는지도 일일이 확인해야 한다. 물론, 이와 같은 작업을 쉽게 만들어 주는 소멸자나 내장 가비지 컬렉터 같은 메커니즘은 C에서 제공하지 않는다.

이러한 메모리 작업을 수행하는 방법에 대한 지침은 인터넷 여기저기에 흩어져 있다 보니 다음과 같은 질문에 답하기가 꽤 까다롭다. "이 변수는 꼭 스택에 있어야 하나요, 아니면 힙에 있어야 하나요?" 이와 같은 질문에 답하기 위해 이번 장에서는 C 프로그램에서 메모리를 다루는 방법과 관련된 패턴을 소개한다. 이 패턴들은 스택 사용 시점, 힙 사용 시점, 힙 메모리 클린업 시점 및 방법에 대한 지침을 제공한다. 패턴의 핵심 아이디어를 더 쉽게 파악할 수 있도록 이번 장에서 사용할 실행 예제 코드에 패턴을 적용할 것이다.

그림 3.1은 이번 장에서 다룰 패턴 개요와 그 관계를 보여주고, 표 3.1에는 패턴을 요약하여 정리해 놓았다.

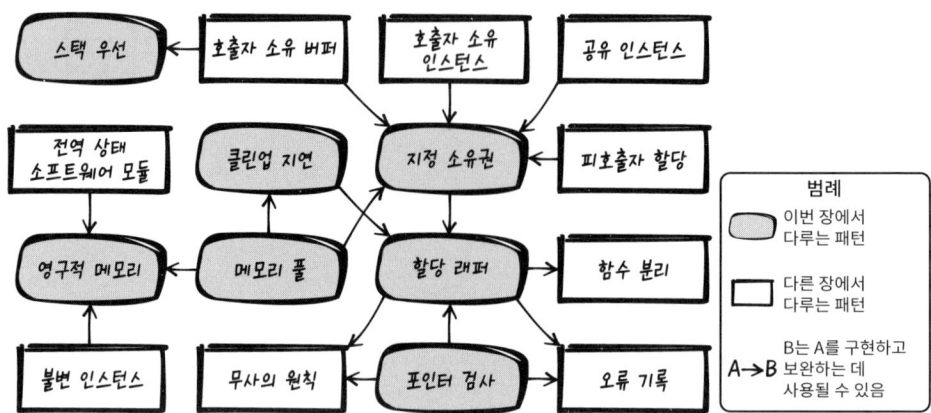

그림 3.1 메모리 관리 패턴 개요

표 3.1 메모리 관리 패턴

패턴 이름	요약
스택 우선 (Stack First)	변수에 대한 저장소 클래스와 메모리 영역(스택, 힙 등)을 결정하는 것은 모든 프로그래머가 자주 겪는 일이다. 이때 각각의 변수마다 가능한 모든 대안의 장단점까지 자세히 따져보기는 매우 힘들다. 따라서, 스택에 변수를 두는 것을 기본값으로 정해서 스택 변수가 자동으로 클린업되는 이득을 얻는다.
영구적 메모리 (Eternal Memory)	많은 양의 데이터를 보유하고 이것을 함수 호출 간에 전송하기는 쉽지 않다. 데이터를 보관할 메모리가 충분히 크면서도 함수 호출을 넘어서까지 유효 시간이 연장될 수 있어야 하기 때문이다. 따라서, 프로그램 전체 실행 시간 동안 사용 가능한 메모리에 데이터를 넣는다.
클린업 지연 (Lazy Cleanup)	많은 양의 메모리가 필요하지만 그 크기를 사전에 알 수 없는 경우 동적 메모리를 사용한다. 그러나 동적 메모리에 대한 클린업 처리는 번거로울 뿐만 아니라 수많은 프로그래밍 오류의 원인이기도 하다. 따라서, 동적 메모리를 할당하고 운영 체제가 프로그램 종료 시 할당 해제에 대처하도록 한다.
지정 소유권 (Dedicated Ownership)	동적 메모리 사용이라는 강력한 힘에는 적절한 메모리 클린업이라는 강력한 책임이 따른다. 프로그램이 커질수록 동적 메모리가 제대로 클린업되는지 확인하기 어려워진다. 따라서, 메모리 할당을 구현할 때 메모리를 누가, 어디에서 클린업할 것인지를 명확하게 정의하고 문서화해야 한다.

할당 래퍼 (Allocation Wrapper)	언제든지 동적 메모리 할당이 실패할 수 있으므로, 이에 대응하기 위해서는 코드에서 일일이 할당 결과를 확인해야 한다. 코드 내 이곳저곳에서 이러한 검사를 해야 하는데, 이것은 꽤나 성가신 일이다. 따라서, 할당 호출과 해제 호출을 래핑(wrapping)하고 래퍼 함수를 만들어 오류 처리나 추가 메모리 관리 구조를 구현한다.
포인터 검사 (Pointer Check)	유효하지 않은 포인터에 접근하게 만드는 프로그래밍 오류는 통제할 수 없는 프로그램 동작을 유발하며, 디버그하기도 어렵다. 그러나 코드에서 포인터를 사용하는 작업이 빈번하게 이루어지다 보니 이와 같은 프로그래밍 오류가 발생하기 쉽다. 따라서, 초기화하지 않았거나 해제된 포인터는 명시적으로 무효화하고, 포인터에 접근하기 전에 항상 유효성을 검사한다.
메모리 풀 (Memory Pool)	힙에서 객체 할당과 해제를 반복하면 메모리 단편화가 발생한다. 따라서, 프로그램의 전체 실행 시간 동안 커다란 메모리 덩어리(chunk)를 유지한다. 런타임에 힙에서 새로운 메모리를 직접 할당받는 대신 메모리 풀에서 고정된 크기를 갖는 메모리 덩어리를 검색한다.

동적 메모리의 데이터 저장 및 문제

C에는 데이터 저장 위치에 대한 몇 가지 선택 사항이 있다.

- 스택(stack)에 데이터를 넣을 수 있다. 스택은 각 스레드에 대해 미리 예약된 고정 크기의 메모리이다(스레드 생성 시 할당함). 그래서 스레드에서 함수를 호출하면 스택의 맨 위에 있는 블록은 함수에서 사용할 파라미터와 자동 변수용으로 예약된다. 함수 호출이 끝나면 해당 메모리는 자동으로 클린업된다. 스택에 데이터를 넣기 위해서는 그저 사용할 함수에서 변수를 선언하기만 하면 된다. 이 변수들은 영역을 벗어나지 않는 한(함수 종료 시점까지) 접근이 가능하다.

```
void main()
{
    int my_data;
}
```

- 정적 메모리(static memory)에 데이터를 넣을 수 있다. 정적 메모리는 고정된 크기의 메모리로, 컴파일 시점에 어떻게 할당할 것인지 결정된다. 정적 메모리를 사용하기 위해서는 변수 선언 앞에 static 키워드를 덧붙이면 된다. 이렇게 선언한 변수는 프로그램이 실행되는 동안 계속 사용할 수 있다.

전역 변수는 static 키워드가 없어도 동일하게 동작한다.[1]

```
int my_global_data;
static int my_fileglobal_data;
void main()
{
    static int my_local_data;
}
```

- 데이터 크기가 고정되어 있고 변경도 불가능한 경우, 코드가 저장되는 정적 메모리에 직접 저장할 수 있다. 주로 고정된 문자열 값이 이러한 방식으로 저장된다. 이렇게 저장된 데이터는 프로그램이 실행되는 동안 유효하다. 심지어 다음의 예와 같이, 해당 데이터(고정 문자열 값)를 가리키는 포인터가 범위를 벗어난 경우에도 마찬가지다.

```
void main()
{
    char* my_string = "Hello World";
}
```

- 힙(heap)에 동적 메모리를 할당하는 방식으로 데이터를 저장할 수도 있다. 힙은 시스템의 모든 프로세스에서 사용할 수 있는 전역 메모리 공간(pool)으로, 프로그래머는 언제든지 이 공간을 할당하거나 할당을 해제할 수 있다.

```
void main()
{
    void* my_data = malloc(1000);
    /* 할당받은 1,000바이트 메모리를 가지고 작업 */
    free(my_data);
}
```

---

1 (옮긴이) 전역 변수 선언 공간, 즉 파일 내 함수 바깥 공간에서 변수를 선언하면 자동으로 전역 변수가 되는데, 이때 static 키워드를 붙이면 그 변수의 범위는 static 키워드가 붙은 파일에 한정된다. 파일 바깥으로 범위를 확장하려면 static 키워드를 제거하면 되는데, extern 키워드를 붙여 명시적으로 표시할 수도 있다.

동적 메모리 할당은 문제의 시작점이 되기 십상이다. 이로 인해 발생하는 문제들을 해결하는 것이 이번 장의 핵심이다. C 프로그램에서 동적 메모리를 사용하면 해결해야 할 문제, 또는 최소한 고민이라도 해야 하는 많은 문제에 직면하게 된다. 다음은 동적 메모리를 사용할 때 접할 수 있는 주요 문제들을 간단하게 정리한 것이다.

- 할당한 메모리는 언젠가는 해제(free)해 주어야 한다. 할당한 모든 메모리를 해제하지 않으면 필요한 것보다 더 많은 메모리를 쓰게 되어 메모리 누수(memory leak)로 이어진다. 메모리 누수가 자주 발생하고 여러분의 애플리케이션도 오랫동안 실행되고 있다면 결국 메모리 부족을 겪게 될 것이다.
- 메모리를 두 번 이상 해제하면 문제가 생기고, 프로그램을 미정의 행동(undefined behavior)[2]으로 빠뜨리는 결과를 초래할 수 있다. 최악의 경우, 실수한 지점에서는 아무 문제가 없다가 나중에 임의의 지점에서 프로그램이 충돌할 수 있다. 이러한 오류는 디버그하기 정말 까다롭다.
- 해제된 메모리에 접근하는 것 또한 문제다. 메모리를 해제한 다음 나중에 다시 해제된 메모리를 가리키는 포인터(허상 포인터, dangling pointer)를 역참조하는 것은 흔하게 저지르는 실수이기도 하다. 이 또한 디버그하기 매우 까다로운 오류 상황으로 이어진다. 가장 좋은 경우는 프로그램이 그냥 충돌해버리는 것이고, 최악의 경우는 충돌을 일으키기 전에 이미 해당 메모리를 누군가 할당받는 것이다. 이러한 메모리 오용과 관련된 오류는 보안 위험이 있으며, 나중에 프로그램 실행 중 이해하기 어려운 오류로 나타나기도 한다.
- 할당한 데이터의 수명과 소유권에 대처해야 한다. 누가 어떤 데이터를 언제 클린업하는지 알아야 하는데, C에서는 꽤나 까다로운 일이다. C++에서는 생성자를 통해 간단하게 객체에 대한 데이터를 할당받고, 소멸자를 통해 데

---

2 (옮긴이) 미정의 행동(Undefined Behavior, UB)은 C언어 설계 과정에서 정의되지 않은 범주의 동작 또는 결과를 의미하며, C 표준에서 미정의 행동이 발생할 수 있는 상황들에 대해 설명하고 있다. 미정의 행동에 대한 자세한 설명은 《컴파일러 개발자가 들려주는 C 이야기》(인사이트, 2022)를 참고하자.

이터를 해제하는 것이 가능하다. C++의 스마트 포인터(smart pointer)까지 조합하여 사용하면 객체가 범위를 벗어날 때 자동으로 객체 클린업이 이루어지게 할 수도 있다. 그러나 C에서는 소멸자를 지원하지 않으므로 이런 기능이 없다. 포인터가 범위를 벗어나 해당 메모리를 클린업해야 한다는 통보도 받지 못한다.

- 힙 메모리를 사용하는 작업은 스택이나 정적 메모리를 사용하여 작업하는 것보다 시간이 더 많이 걸린다. 다른 프로세스들이 동일한 메모리 공간을 사용하기 때문에 힙 메모리 할당은 경합 조건(race condition)으로부터 보호되어야 한다. 이로 인해 할당 속도는 더 느려진다. 또 스택 메모리에 자주 접근하다 보니 CPU 레지스터나 캐시(cache) 메모리에 상주할 가능성이 높다. 따라서 힙 메모리 접근 속도는 상대적으로 더 느려진다.
- 힙 메모리의 커다란 문제는 단편화(fragmentation)가 발생한다는 것이다(그림 3.2 참조). 가령, 메모리 블록 A, B, C를 할당했다가 나중에 블록 B만 해제하면 힙 메모리가 중간에서 끊어져 사용할 수 없다. 이 상황에서 커다란 메모리 블록 D를 할당받으려고 하면 전체 메모리 공간은 여유가 있음에도 메모리 할당에 실패하게 될 것이다. 가용 메모리가 연속적이지 않기 때문에 결국 malloc 호출은 실패로 끝날 것이다. 단편화는 메모리 제약이 있는 시스템을 장시간 운용할 때(예: 임베디드 실시간 시스템) 큰 문제가 된다.

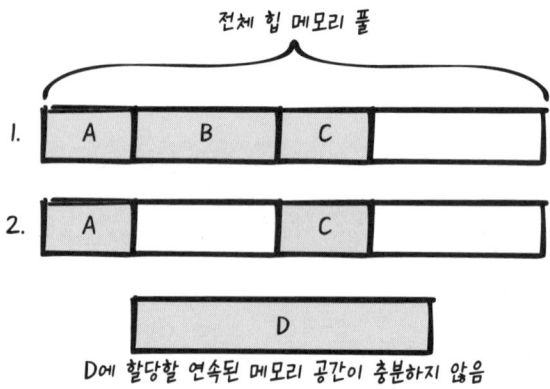

그림 3.2 메모리 단편화(Fragmentation)

이런 문제는 해결하기 쉽지 않다. 이어지는 내용에서 다루는 패턴들을 통해 동적 할당을 피하거나 수용 가능한 방식으로 적용하는 방법에 대해 차근차근 설명할 것이다.

실행 예제

시저(Caesar) 암호를 사용하는 간단한 텍스트 암호화 프로그램을 작성하려 한다. 암호화는 각각의 알파벳 글자를 고정된 위치 번호만큼의 나중 순서에 해당하는 알파벳 글자로 바꾼다. 예를 들어, 고정된 위치 번호가 3인 경우, 글자 A는 D로 바뀐다. 그러면 먼저 시저 암호화를 수행하는 함수부터 작성해 보자.

```
/* 고정 키 값이 3인 시저 암호화를 수행한다.
   파라미터 'text'는 대문자로 이루어진 문자열이다.
   파라미터 'length'는 종료 문자 NULL을 제외한 문자열의 길이다. */
void caesar(char* text, int length)
{
    for(int i=0; i<length; i++)
    {
        text[i] = text[i]+3;   ❶
        if(text[i] > 'Z')
        {
            text[i] = text[i] - 'Z' + 'A' - 1;   ❷
        }
    }
}
```

❶ C에서 문자는 숫자 값으로 저장되며, 문자에 숫자 값을 더해서 알파벳을 이동시킬 수 있다.

❷ Z를 넘어간 경우, 알파벳 처음부터 다시 시작한다.

이제 함수가 제대로 동작하는지 점검하기 위해 텍스트를 입력해 보자. 함수는 문자열에 대한 포인터를 취하는데, 그렇다면 문자열을 어디에 저장해야 할까? 동적으로 할당받아야 할까? 아니면 스택 영역의 메모리를 사용해야 할까? 가장 간단한 솔루션은 스택 우선을 사용하여 문자열을 스택에 저장하는 것이다.

스택 우선

컨텍스트

프로그램에 데이터를 저장한 후 나중에 그 데이터에 접근하고자 한다. 데이터의 최대 크기를 이미 알고 있으며, 데이터의 크기는 그렇게 크지 않다(몇 바이트 정도).

문제

변수에 대한 저장소 클래스와 메모리 영역(스택, 힙 등)을 결정하는 것은 모든 프로그래머가 자주 겪는 일이다. 이때 각각의 변수마다 가능한 모든 대안의 장단점까지 자세히 따져보기는 매우 힘들다.

C 프로그램에서 데이터를 저장하는 방법에는 수만 가지가 있는데, 그중에서 가장 일반적인 것이 스택, 정적 메모리, 동적 메모리에 저장하는 방법이다. 각각 고유한 장단점이 있으므로 변수를 어디에 저장할지 결정하는 것은 매우 중요하다. 그 결정에 따라 변수의 수명에 영향을 미치고, 변수가 자동으로 클린업되는지 아니면 프로그래머가 클린업해야 하는지도 결정된다.

또한, 이 결정은 프로그래머에게 필요한 노력과 규율에도 영향을 미친다. 최대한 수월하게 만들고 싶기 때문에 데이터 저장에 별도의 요구 사항이 없다면 할당하고, 해제하고, 잠재적인 프로그래밍 오류로 인한 버그를 수정하는 데 최소한의 노력만 들이면 되는 메모리를 사용하고자 한다.

솔루션

스택에 변수를 두는 것을 기본값으로 정해서 스택 변수가 자동으로 클린업되는 이득을 얻는다.

코드 블록 내에서 선언되는 모든 변수는 기본적으로 자동 변수(automatic variable)로, 스택에 위치하여 코드 블록이 끝나면(변수가 범위를 벗어나면) 자동으로 클린업된다. 변수가 자동 변수임을 명시적으로 표현하기 위해 변수 선언 시 저장소 클래스 지정자(storage-class specifier) auto를 앞에 둘 수도 있는데, 자동 변수가 기본값이다 보니 auto를 붙이는 일은 거의 없다.

스택 영역의 메모리를 다른 함수(예: 호출자 소유 버퍼)에 전달할 수 있지만, 해당 변수의 주소는 반환하지 않도록 해야 한다. 그 변수는 함수가 끝나면서 범위를 벗어나 자동으로 클린업되기 때문이다. 이렇게 클린업된 변수의 주소를 반환하면 허상 포인터(dangling pointer)가 되는데, 여기에 접근하면 미정의 행동이 되어 프로그램에서 충돌이 발생할 수 있다.

다음 코드는 스택에 변수가 있는 매우 간단한 예를 보여준다.

```
void someCode()
{
    /* 이 변수는 자동 변수로 스택에 위치하며,
       함수가 끝날 때 이 변수의 범위도 끝난다. */
    int my_variable;

    {
        /* 이 변수는 자동 변수로 스택에 위치하며,
           이 코드 블록이 끝날 때, 즉 아래의 첫 번째 '}'를 만날 때
           이 변수의 범위도 끝난다. */
        int my_array[10];
    }
}
```

> ✓ **가변 길이 배열**
>
> 앞의 예제 코드에서 사용한 배열은 크기가 고정되어 있다. 컴파일 시점에 크기가 정해진 데이터만 스택에 두는 것은 당연한 상식이지만, 프로그램 실행 중에 스택 변수의 크기를 결정하는 것도 가능하다. 이를 위해 alloca()를 사용하거나(alloca()는 C 표준에 해당하지 않으며, 너무 많이 할당하면 스택 오버플로를 유발함), C99 표준에서 소개된 가변 길이 배열(일반 배열로, 변수에 의해 크기가 결정됨)을 사용하면 된다.

결과

스택에 데이터를 저장하면 데이터에 쉽게 접근할 수 있다. 동적 메모리 할당과 달리 포인터로 작업할 일도 없다. 그래서 허상 포인터와 관련된 프로그래밍 오류 리스크를 제거하는 효과도 얻을 수 있다. 힙 단편화도 없으며 메모리 클린업도 더 쉽다. 변수는 자동 변수이므로 자동으로 클린업된다. 직접 메모리를 해제할 필요도 없으니 메모리 누수나 같은 메모리를 여러 차례 해제할 위험도

없다. 일반적으로 디버그하기 까다로운 오류의 대부분은 잘못된 메모리 사용에 기인하며, 변수를 스택에 넣기만 해도 이 버그를 없앨 수 있다.

스택에 있는 데이터는 동적 메모리에 비해 매우 빠르게 할당받고 접근할 수 있다. 할당을 위해 가용 메모리를 관리하는 복잡한 자료 구조를 거칠 필요가 없다. 각 스레드가 자체 스택을 보유하고 있기 때문에 스레드 간 상호 배타성 보장을 위한 별도의 노력도 필요 없다. 또 스택 데이터는 빈번하게 사용되는 만큼 캐시 메모리에 상주할 가능성이 높아서 빠르게 접근할 수 있다.

그러나 스택의 크기에 제한이 있다는 단점도 있다. 힙 메모리와 비교해 보면 스택의 크기는 아주 작다(스택 크기와 관련된 빌드 설정에 따라 겨우 몇 KB일 수도 있다). 스택에 너무 많은 데이터를 넣으면 스택 오버플로가 발생하고 이는 통상 프로그램 충돌로 이어진다. 문제는 스택 메모리가 얼마나 남았는지 알 수 없다는 것이다. 이미 호출된 함수들이 얼마나 많은 스택을 사용하고 있느냐에 따라 스택 메모리가 거의 남아있지 않을 수도 있다. 그래서 너무 큰 데이터를 스택에 넣지 말아야 하고, 그 크기를 미리 알고 있어야 한다.

스택의 버퍼와 관련된 프로그래밍 오류는 주요 보안 문제를 야기할 수 있다. 스택상에서 버퍼 오버플로를 일으키면 공격자는 쉽게 이를 악용하여 스택에 다른 데이터를 덮어쓸 수 있다. 공격자가 함수를 처리한 후의 코드 반환 주소를 덮어쓰면 공격자는 원하는 모든 코드를 실행할 수 있다.

스택에 데이터를 저장한다고 해서 여러분의 모든 요구 사항이 충족되는 것도 아니다. 파일 내용이나 일부 네트워크 메시지에 대한 버퍼와 같은 다량의 데이터를 호출자에게 반환해야 하는 경우, 스택상의 일부 배열 주소를 반환하는 것만으로는 이를 해결할 수 없다. 그 변수는 함수가 반환되는 동시에 클린업되어 버리기 때문이다. 따라서 큰 데이터를 반환하기 위해서는 다른 접근 방식을 사용해야 한다.

알려진 용도

이번 패턴이 적용된 사례들은 다음과 같다.

- 거의 모든 C 프로그램은 스택에 무언가를 저장한다. 스택에 저장하는 것이

가장 쉬운 솔루션인 만큼, 대부분의 프로그램에서 스택에 저장하는 것이 기본값임을 발견하게 될 것이다.
- C의 auto 저장소 클래스 지정자는 기본 저장소 클래스 지정자로, 변수가 자동 변수이므로 스택에 저장되어야 함을 명시한다(어쨌든 기본값이기 때문에 일반적으로 코드에서는 생략된다).
- 《Small Memory Software: Patterns for Systems with Limited Memory》(Addison-Wesley, 2000)에서는 메모리 할당 패턴을 통해 메모리를 어디에 둘지 선택할 때는 가장 간단한 것을 선택해야 한다고 기술하고 있으며, C 프로그래머 입장에서는 스택이라고 언급하고 있다.

실행 예제 - 패턴 적용 후

지금까지는 간단했다. 이제 텍스트 저장을 위해 필요한 메모리를 스택에 넣고, 그 메모리를 시저 암호화 함수에 제공하기만 하면 된다.

```c
#define MAX_TEXT_SIZE 64

void encryptCaesarText()
{
    char text[MAX_TEXT_SIZE];
    strlcpy(text, "PLAINTEXT", MAX_TEXT_SIZE);
    caesar(text, strnlen(text, MAX_TEXT_SIZE));
    printf("Encrypted text: %s\n", text);
}
```

매우 쉬운 해결책이다. 동적 메모리 할당에 대처할 필요도 없고, 메모리 클린업도 필요 없다. 텍스트는 가용 범위를 벗어나면 자동으로 클린업될 것이다.

이어서 더 큰 텍스트를 암호화하려 한다. 지금의 솔루션은 스택 메모리를 사용하고 있어서 다량의 메모리를 사용할 수 없기 때문에 적용하기 쉽지 않다. 스택 메모리는 플랫폼에 따라 수 KB 정도일 수도 있다. 그럼에도 불구하고 더 커다란 텍스트를 암호화하고자 한다. 동적 메모리와 씨름하는 것을 피하기 위해 영구적 메모리(Eternal Memory) 패턴 적용을 시도해 보기로 한다.

영구적 메모리

컨텍스트
프로그램에서 더 오랜 시간 동안 필요한, 고정된 크기의 대용량 데이터가 있다.

문제
많은 양의 데이터를 보유하고 이것을 함수 호출 간에 전송하기는 쉽지 않다. 데이터를 보관할 메모리가 충분히 크면서도 함수 호출을 넘어서까지 유효 시간이 연장될 수 있어야 하기 때문이다.

스택을 사용하면 모든 메모리 클린업이 자동으로 이루어져 편리하다. 그러나 스택에 데이터를 넣는 것은 함수 간 큰 데이터를 전달하고자 할 때 (자동 클린업으로 인해) 전달이 불가능하기 때문에 적합한 해결책이 아니다. 또 함수 간 데이터를 전달하는 것은 데이터 복사를 의미하므로 효율적인 방법이 아니다. 대안으로 프로그램 내 필요한 위치에서 직접 메모리를 할당받아 사용하고, 메모리를 다 사용하면 바로 할당을 해제하는 방법이 있는데, 이렇게 하면 동작은 하겠지만 번거롭고 오류가 발생하기 쉽다. 특히 모든 데이터의 수명(유지 기간)에 대한 정보를 유지하는 동시에, 언제 어디에서 데이터를 해제시켜야 하는지도 지속적으로 알고 있어야 해서 복잡하다.

안전 필수(safety-critical) 애플리케이션 같은 환경에서 작업하는 경우, 메모리 가용 여부를 반드시 확인해야 하기 때문에 스택 메모리나 동적 메모리를 사용하는 것은 좋은 선택이 아니다. 두 방법 모두 메모리 부족이 발생할 수 있고 언제 발생할지 쉽게 알 수도 없기 때문이다. 다른 애플리케이션에서도 메모리 부족이 절대 일어나면 안 되는 부분이 있을 수도 있다. 예를 들어, 오류 로깅 코드의 경우 필요한 메모리가 반드시 확보되어야 한다. 그렇지 않으면 로그 정보 신뢰도가 떨어져 로그 정보에 의지해 버그를 정확히 찾아내기가 어려워질 수 있기 때문이다.

솔루션
프로그램의 전체 실행 시간 동안 사용 가능한 메모리에 데이터를 넣는다.

이를 실현하는 가장 일반적인 방법은 정적 메모리(static memory)를 사용하는 것이다. 저장소 클래스 지정자 static으로 변수를 표시하거나, 변수 범위를 더 크게 설정하려면 함수 바깥에서 변수를 선언하면 된다(단, 정말로 더 큰 범위가 필요한 경우로 한정한다). 정적 메모리는 프로그램 시작 시 할당하며 프로그램이 실행되는 내내 사용이 가능하다. 다음 코드를 살펴보자.

```
#define ARRAY_SIZE 1024

int global_array[ARRAY_SIZE]; /* 정적 메모리에 있는 변수, 전역 범위를 가짐 */
static int file_global_array[ARRAY_SIZE]; /* 정적 메모리에 있는 변수,
                                             범위는 이 파일에 한정됨 */

void someCode()
{
    static int local_array[ARRAY_SIZE]; /* 정적 메모리에 있는 변수,
                                           범위는 이 함수에 한정됨 */
}
```

static 변수를 사용하는 대신 프로그램 시작 시 메모리 할당을 수행하는 초기화(initialization) 함수를 호출하고, 프로그램 종료 시 할당했던 메모리를 해제하는 초기화 해제(deinitialization) 함수를 호출하는 방법도 있다. 이 방법 역시 프로그램이 실행되는 전체 시간 동안 메모리를 사용할 수 있다. 하지만 메모리 할당과 해제를 직접 처리해야 한다.[3]

프로그램을 시작할 때 메모리를 할당받든 정적 메모리를 사용하든, 이 메모리에 접근할 때는 주의를 기울여야 한다. 이 메모리는 스택에 있지 않기 때문에 각 스레드별 메모리의 복사본이 없기 때문이다. 다중 스레드의 경우, 이 메모리에 접근할 때는 반드시 동기화 메커니즘을 사용해야 한다.

데이터 크기는 고정되어 있다. 런타임에 동적으로 할당하는 메모리와 비교할 때 영구적 메모리의 크기는 런타임에 변경할 수 없다.

---

3 (옮긴이) 이런 경우, 사실은 초기화 함수만 있어도 된다. 어차피 프로그램이 종료하면 운영 체제가 힙 메모리를 다 해제하기 때문이다. 프로그램 종료 전에 해제했다가 재접근하지 않도록 신경쓰는 것이 더 까다롭다.

결과

메모리를 수동으로 해제하기 위해 메모리의 지속 시간과 정확한 위치를 파악하지 않아도 된다. 규칙은 간단하다. 메모리가 프로그램의 전체 실행 시간 동안 유지되도록 한다. 정적 메모리를 사용하면 할당 및 해제에 대한 모든 부담을 덜 수 있다.

이제 정적 메모리에 다량의 데이터를 저장하고, 다른 함수에 전달할 수도 있다. 스택 우선 방식과 비교하면 함수를 호출하는 호출자에게 데이터를 제공할 수도 있다.

그러나 메모리는 프로그램이 시작할 때 할당하기 때문에 필요한 메모리 양을 컴파일 시점에, 늦어도 프로그램 시작 시점에는 알고 있어야 한다. 크기를 모르거나 실행하는 동안 메모리의 크기가 확장될 수 있다면 영구적 메모리 패턴은 최선의 선택이 될 수 없으며, 그 대신 힙 메모리를 사용해야 한다.

영구적 메모리를 사용하면 모든 메모리를 할당해 주어야 하기 때문에 프로그램 시작 시간이 길어진다. 하지만 이렇게 할당받아 놓으면 런타임 중에는 더 이상 할당해 주지 않아도 된다는 이점이 있다.

정적 메모리 할당과 접근에는 운영 체제 또는 런타임 환경에서 힙 등을 관리하기 위해 유지하는 복잡한 자료 구조가 필요치 않다. 그렇기 때문에 메모리를 보다 효율적으로 사용할 수 있다. 영구적 메모리의 또 다른 큰 장점은 메모리를 계속해서 할당하고 해제하는 작업을 하지 않으므로 이에 따른 힙 단편화가 발생하지 않는다는 것이다. 하지만 반대로 메모리 해제가 없으면 애플리케이션에 따라 거의 사용하지 않는 메모리를 활용하지 못한다는 문제가 있다. 메모리 풀을 사용하는 것이 메모리 단편화를 피할 수 있는 보다 유연한 솔루션이 될 수 있다.

영구적 메모리 패턴 적용 시 한 가지 문제는 각각의 스레드가 메모리에 대한 복사본이 없다는 것이다(static 변수를 사용하는 경우). 그래서 여러 스레드가 동시에 이 메모리에 접근할 수 없도록 해야 한다. 다만 불변 인스턴스 패턴을 사용하는 특수한 경우에는 이 또한 큰 문제가 되지 않는다.

알려진 용도

이번 패턴이 적용된 사례들은 다음과 같다.

- NetHack 게임은 static 변수를 사용하여 게임의 전체 실행 시간 동안 필요한 데이터를 저장한다. 예를 들어, 게임에서 찾은 아티팩트[4]에 대한 정보는 static 배열 artifact_names에 저장한다.
- Wireshark 네트워크 스니퍼의 코드는 cf_open_error_message 함수에서 static 버퍼를 사용하여 오류 메시지 정보를 저장한다. 일반적으로 많은 프로그램은 오류 로깅 기능을 위해 정적 메모리를 사용하거나 프로그램 시작 시 할당받은 메모리를 사용한다. 오류가 발생했을 때 적어도 오류 로깅 부분만이라도 동작하기를 원하고, 그러기 위해서는 메모리 부족에 빠지지 않아야 하기 때문이다.
- OpenSSL 코드는 static 배열 OSSL_STORE_str_reasons를 사용하여 인증서 작업 시 발생할 수 있는 오류 상황에 대한 오류 정보를 보관한다.

실행 예제 - 패턴 적용 후

코드는 거의 바뀌지 않았다. 유일하게 변경된 부분은 텍스트 변수 선언문 앞쪽에 static 키워드를 추가하고, 텍스트 저장 크기를 늘린 것뿐이다.

```
#define MAX_TEXT_SIZE 1024

void encryptCaesarText()
{
    static char text[MAX_TEXT_SIZE];
    strlcpy(text, "LARGETEXTTHATCOULDBETHOUSANDCHARACTERSLONG", MAX_TEXT_SIZE);
    caesar(text, strnlen(text, MAX_TEXT_SIZE));
    printf("Encrypted text: %s\n", text);
}
```

---

4 (옮긴이) 아티팩트(artifact)는 NetHack 게임 내에서 획득할 수 있는 일종의 효과 부여 아이템 같은 것으로, 플레이어의 상태나 아이템 등에 효과를 부여한다. 대표적으로 오라클 던전 마지막 층에서 얻을 수 있는 "백 오브 홀딩"이 있으며 이 아티팩트는 보유하고 있는 아이템의 무게를 반으로 줄여주는 효과가 부여된다.

이제 텍스트는 스택이 아닌 정적 메모리에 상주하게 된다. 이 작업을 수행할 때 기억해야 할 점은 변수는 한 번만 만드는데 그 값은 계속 유지된다는 것이다(함수에 여러 차례 진입해도 마찬가지다). 다중 스레드 시스템에서는 이 변수에 접근할 때 상호 배제(mutual exclusion)를 보장해야 한다는 이슈가 발생할 수 있다.

현재는 다중 스레스 시스템을 사용하지 않는다. 그러나 시스템 요구 사항이 변경되었다. 파일에서 텍스트를 읽고 암호화한 다음 암호화된 텍스트를 표시하려 한다. 텍스트가 얼마나 길어질지 알 수 없으며, 굉장히 길 수도 있다. 따라서 여러분은 동적 할당을 도입하기로 결정하였다.

```
void encryptCaesarText()
{
    /* 파일 오픈(단순하게 하기 위해 오류 처리 부분은 생략) */
    FILE* f = fopen("my-file.txt", "r");

    /* 파일 길이 획득 */
    fseek(f, 0, SEEK_END);
    int size = ftell(f);

    /* 버퍼 할당 */
    char* text = malloc(size);

    ...
}
```

그러면, 이 코드는 어떻게 계속 진행되어야 할까? 힙에 텍스트를 할당하긴 했는데, 메모리를 어떻게 클린업하면 좋을까? 먼저 이 메모리를 클린업할 수 있는 다른 존재가 있음을 깨달아야 한다. 그 존재는 다름 아닌 운영 체제다. 이와 관련된 패턴인 클린업 지연(Lazy Cleanup)으로 넘어가 보자.

클린업 지연

컨텍스트

프로그램에 데이터를 일부 저장하려고 하는데 그 데이터가 크다(크기를 미리 알지 못할 수도 있다). 데이터 크기는 런타임 동안 자주 변경되지 않으며, 이 데이터는 프로그램 실행 시간 거의 전체에 걸쳐 사용된다. 프로그램 실행 시간은 길지 않다(다시 시작하지 않으면 며칠간은 실행되지 않는다).

문제

많은 양의 메모리가 필요하지만 그 크기를 사전에 알 수 없는 경우 동적 메모리를 사용한다. 그러나 동적 메모리에 대한 클린업 처리는 번거로울 뿐만 아니라 수많은 프로그래밍 오류의 원인이기도 하다.

많은 상황(예: 정확한 크기를 알 수 없는 큰 데이터가 있는 경우)에서 스택이나 정적 메모리에 데이터를 넣을 수 없다. 그래서 동적 메모리를 사용하고 메모리 할당에 대응해야 한다. 이제, 이 데이터를 어떻게 클린업할 것이냐에 대한 질문이 등장한다. 메모리 클린업은 프로그래밍 오류의 주요 원인이다. 메모리를 너무 빨리 해제하여 허상 포인터를 발생시킬 수도 있고, 메모리를 두 번 해제할 수도 있다. 두 가지 프로그래밍 오류는 모두 미정의 행동(예: 나중에 프로그램 충돌을 일으킴)으로 이어진다. 이러한 오류는 디버그하기가 매우 어려우며, C 프로그래머는 이러한 상황을 해결하기 위해 엄청난 시간을 소비하게 된다.

다행히 대부분의 메모리에는 일종의 자동 클린업 기능이 있다. 스택 메모리는 함수 반환 시 자동으로 클린업되며, 정적 메모리와 힙 메모리는 프로그램 종료 시 자동으로 클린업된다.

솔루션

동적 메모리를 할당하고 운영 체제가 프로그램 종료 시 할당 해제에 대처하도록 한다.

현대의 운영 체제 대부분은 프로그램 종료 후 해당 프로세스를 클린업할 때 그 프로그램에서 할당받은 메모리도 해제 여부와 관계 없이 모두 클린업한다. 이 점을 활용하여, 운영 체제가 여전히 클린업이 필요한 메모리를 추적하고 실제로 클린업까지 진행하도록 한다. 다음 코드를 살펴보자.

```
void someCode()
{
    char* memory = malloc(size);
    ...
```

```
        /* 메모리를 사용하여 작업한다 */
        ...
        /* 메모리 해제에 대해 신경쓰지 않음 */
}
```

이 접근 방식은 언뜻 보기에 매우 거칠어 보인다. 의도적으로 메모리 누수를 만들기 때문이다. 그러나 이러한 방식은 가비지 컬렉터가 있는 다른 프로그래밍 언어에서도 사용하는 코딩 스타일이다. C에서도 심지어 일부 가비지 컬렉터 라이브러리를 include함으로써 자동 메모리 클린업의 이점을 활용하는 코딩 스타일을 사용할 수도 있다(단, 수집 타이밍을 예측하기 어렵다는 단점이 있다).

의도적인 메모리 누수는 장시간 실행하지 않고 메모리 할당도 자주 하지 않는 애플리케이션과 같이 특별한 경우에 고려해 볼 수 있다. 다른 애플리케이션은 메모리 누수 같은 방식을 절대 선택할 수 없으며 할당 해제를 처리하기 위해 메모리에 대한 지정 소유권이 필요할 수도 있다. 클린업 지연 같이 쉽게 메모리를 클린업하기 위한 또다른 방법으로, 할당 래퍼를 사용하여 프로그램 종료 시 할당한 모든 메모리를 클린업시키는 별도의 함수를 만드는 것을 들 수 있다.

결과

여기서 분명한 장점은 메모리를 해제할 필요 없이 동적 메모리를 사용할 수 있다는 것이다. 이 방법을 택하면 프로그래머가 좀 더 편해진다. 프로그램도 메모리 해제를 처리하느라 시간을 낭비하지 않아도 되므로, 프로그램 종료 속도를 향상시킬 수 있다.

그러나 여러분의 프로그램이 메모리를 해제하지 않으면 다른 프로세스 입장에서는 가용 메모리가 줄어드는 꼴이 된다. 해제할 수 있는 메모리를 해제하지 않아서 생긴 메모리 부족 때문에 심지어 여러분의 프로그램이 메모리를 할당받지 못할 수도 있다. 특히 메모리를 자주 할당받는 경우라면 큰 문제가 될 수 있으며, 메모리를 클린업하지 않는 정책이 좋은 해결책이 될 수 없다. 대안으로 지정 소유권을 부여하여 메모리를 해제시켜 주어야 한다.

이 패턴을 사용하면, 고의로 메모리 누수를 발생시킨다는 점을 인정하고 실제로 받아들인다. 이 방식이 본인에게는 괜찮을 수 있지만, 이 함수를 사용하는 다른 사람들 입장에서는 그렇지 않을 수 있다. 다른 사람이 사용할 라이브러리를 작성하는 경우라면, 메모리 누수를 일으키는 방법은 선택할 수 없다. 특정 코드를 깨끗하게 유지하고 싶을 때, 또는 Valgrind 같은 메모리 디버깅 도구를 사용하여 메모리 누수를 검사하는 상황에서는 프로그램의 다른 부분이 복잡해지고 메모리를 해제하지 않게 되어 디버깅 도구의 결과를 해석하는 데 문제를 겪게 될 수 있다.

이 패턴은 메모리 클린업이 반드시 필요한 부분인데도 구현하지 않으려는 핑계로 사용되기 쉽다. 따라서, 꼭 메모리를 해제하지 않아도 되는지 재차 확인해야 한다. 향후에 여러분의 프로그램 코드가 발전하여 메모리를 클린업해야 하는 상황에 직면할 가능성이 있다면 클린업 지연으로 시작하는 것은 좋은 선택이 아니며, 지정 소유권을 확보하여 처음부터 제대로 메모리를 클린업하는 것이 가장 좋다.

알려진 용도

이번 패턴이 적용된 사례들은 다음과 같다.

- Wireshark 함수 `pcap_free_datalinks`는 특정 상황에서 의도적으로 모든 메모리를 해제하지 않는다. 코드 일부가 다른 컴파일러와 다른 C 런타임 라이브러리로 빌드되었을 수 있기 때문이다. 이러한 코드로 할당한 메모리를 해제하면 충돌이 일어날 수 있다. 따라서 이 부분의 메모리는 명시적으로 해제하지 않는다.
- B&R Automation Runtime 운영 체제의 장치 드라이버에는 일반적으로 초기화 해제 기능이 없다. 이런 종류의 드라이버는 런타임 동안 절대 제거되지 않기 때문에 할당받은 메모리를 절대 해제하지 않는다. 다른 드라이버를 사용해야 한다면 전체 시스템이 재부팅된다. 따라서 명시적으로 메모리를 해제할 필요가 없다.
- 과학 연구를 목적으로 태양의 이미지를 저장하는 NetDRMS 데이터 관리 시

스템은 오류 상황에서도 명시적으로 모든 메모리를 해제하지 않는다. 예를 들어, EmptyDir 함수는 오류가 발생해도 파일 접근과 관련된 모든 메모리와 기타 리소스를 클린업하지 않는다. 이러한 오류가 더 심각한 오류로 이어져 프로그램 중단까지 야기시킬 수 있기 때문이다.
- 가비지 컬렉션 라이브러리를 사용하는 모든 C 코드는 이 패턴을 적용하고, 명시적인 가비지 수집을 통해 메모리 누수의 단점을 극복한다.

실행 예제 - 패턴 적용 후

코드에서는 free 함수 호출만 없앴다. 또한, 코드를 재구성하여 파일 접근 기능을 다른 함수로 분리하였다.

```c
/* 'filename'에 해당하는 파일의 길이를 반환한다. */
int getFileLength(char* filename)
{
    FILE* f = fopen(filename, "r");
    fseek(f, 0, SEEK_END);
    int file_length = ftell(f);
    fclose(f);
    return file_length;
}

/* 'filename'에 해당하는 파일의 내용을 'buffer'에 저장한다.
   ('buffer'의 크기는 최소한 'file_length'만큼은 되어야 한다)
   파일 내용은 반드시 대문자 알파벳으로만 구성되어야 하며,
   줄바꿈 글자도 없어야 한다(이것을 시저 함수의 입력으로 사용한다) */
void readFileContent(char* filename, char* buffer, int file_length)
{
    FILE* f = fopen(filename, "r");
    fseek(f, 0, SEEK_SET);
    int read_elements = fread(buffer, 1, file_length, f);
    buffer[read_elements] = '\0';
    fclose(f);
}

void encryptCaesarFile()
{
    char* text;
    int size = getFileLength("my-file.txt");
    if(size>0)
    {
```

```
            text = malloc(size);
            readFileContent("my-file.txt", text, size);
            caesar(text, strnlen(text, size));
            printf("Encrypted text: %s\n", text);
            /* 여기에서 메모리를 해제하지 않는다. */
    }
}
```

메모리를 할당하지만 할당 해제를 위한 free는 호출하지 않는다. 대신 메모리를 가리키는 포인터가 범위를 벗어나게 하여 메모리 누수를 일으킨다. 하지만 곧바로 프로그램이 종료되고 운영 체제가 메모리를 클린업해주기 때문에 큰 문제가 되지 않는다.

이러한 접근 방식은 다소 세련되지 않아 보이지만, 어떤 경우에는 괜찮은 방법이다. 프로그램 실행 시간 내내 메모리를 사용하거나 프로그램 실행 시간이 짧고, 코드가 진화하지 않고, 다른 곳에서 재사용되지 않을 것이라고 확신한다면 메모리 클린업에 신경쓰지 않아도 된다. 이는 개발자의 일을 아주 단순하게 만들어주는 해결책이 될 것이다. 하지만 여러분의 프로그램이 진화하는지 혹은 실행 시간이 더 길어지는지 유심히 살펴야 할 것이다. 그럴 경우에는 아예 다른 접근 방식을 찾아야 한다.

바로 이어서 이 내용을 다룰 것이다. 두 개 이상의 파일을 암호화하려고 하거나 현재 디렉터리에 있는 모든 파일을 암호화한다고 해보자. 이제 여러분은 메모리를 더 자주 할당받아야 하고, 메모리를 더 많이 사용해야 하기 때문에 메모리 할당을 해제하지 않는 방법(운영 체제가 메모리를 해제하도록 하는 방법)은 더 이상 선택할 수 없다. 이는 여러분의 프로그램이나 다른 프로그램에도 문제가 될 수 있다.

그러면 코드에서 메모리 해제를 해야 하는 위치에 다다르면 다음 질문이 떠오를 것이다. 누가 이걸 해야 하지? 그래서 지정 소유권(Dedicated Ownership)이 필요하다.

지정 소유권

컨텍스트

프로그램에 사전에 정확한 크기를 알 수 없는 큰 데이터가 있는데, 이를 저장하기 위해 동적 메모리를 사용한다. 메모리가 프로그램 실행 시간 내내 필요하지는 않으며 다른 크기의 메모리를 자주 할당해야 한다. 즉, 클린업 지연을 사용할 여유는 없다.

문제

동적 메모리 사용이라는 강력한 힘에는 적절한 메모리 클린업이라는 막중한 책임이 따른다. 프로그램이 커질수록 동적 메모리가 제대로 클린업되는지 확인하기 어려워진다.

동적 메모리 클린업에는 많은 함정이 있다. 너무 빨리 해제해서 나중에 다른 사람이 해당 메모리에 접근하려고 하는 경우도 있고(허상 포인터), 또는 실수로 같은 메모리를 계속해서 해제시킬 수도 있다. 이러한 프로그래밍 오류는 모두 나중에 프로그램이 갑자기 충돌하는 등의 예상치 못한 프로그램 행동으로 이어질 수 있으며, 공격자가 악용하는 보안 문제가 될 수 있다. 또한 이러한 오류는 디버그하기가 아주 어렵다.

하지만, 메모리를 해제하지 않고 새로운 메모리를 할당받으면 시간이 지남에 따라 너무 많은 메모리를 사용하게 되기 때문에 반드시 메모리 클린업을 해야 한다. 그래야 여러분의 프로그램이나 다른 프로세스가 메모리 부족에 시달리는 일을 막을 수 있다.

솔루션

메모리 할당을 구현할 때 메모리를 누가, 어디에서 클린업할 것인지를 명확하게 정의하고 문서화해야 한다.

메모리 소유자와 유효 기간을 코드에 명확하게 문서화해야 한다. 가장 좋은 방법은 처음 malloc을 작성하기 전에 이 메모리가 어디에서 해제되어야 할지를 스스로에게 질문하는 것이다. 또한, 함수 선언문에도 주석을 작성하면서 메모리 버퍼가 해당 함수에 의해 전달되는지, 그렇다면 이 메모리 버퍼 클린업은 누가 하는지 명확하게 알려 주어야 한다.

C++와 같은 프로그래밍 언어에서는 이를 문서화하기 위해 코드 생성자 (code construct)를 선택할 수 있다. unique_ptr 또는 shared_ptr과 같은 포인터 생성자를 사용하면 함수 선언부에서 누가 메모리 클린업을 담당하는지 확인할 수 있다. C에는 이와 같은 생성자가 없기 때문에 이러한 역할에 대한 내용이 코드 주석의 형태로 문서화되도록 주의를 기울여야 한다.

가능한 한 동일한 함수에 할당과 해제에 대한 책임을 부여해야 한다. 객체 기반 오류 처리 패턴에서 할당 및 해제를 위해 유사 생성자와 유사 소멸자 함수를 코드 내 같은 지점에서 호출하는 것과 같은 개념이다. 다음 코드를 살펴보자.

```
#define DATA_SIZE 1024
void function()
{
    char* memory = malloc(DATA_SIZE);
    /* memory를 사용하여 작업한다. */
    free(memory);
}
```

할당과 해제에 대한 책임이 코드 전체에 분산된 상태에서 메모리 소유권이 옮겨지면 상황이 복잡해진다. 몇몇 경우에는 이런 상황을 피할 수 없다. 예를 들어 오직 메모리 할당을 수행하는 함수에서만 데이터의 크기를 알고 있고, 그 데이터는 다른 함수에서 처리하는 경우가 있다. 다음 코드를 살펴보자.

```
/* 버퍼를 할당한 후 반환한다.
   할당받은 버퍼는 이 함수를 호출하는 다른 호출자가 해제해야 한다. */
char* functionA()
{
    char* memory = malloc(data_size);   ❶
    /* memory를 채운다. */
    return memory;
}

void functionB()
{
```

지정 소유권

```
    char* memory = functionA();
    /* 메모리를 사용하여 작업한다. */
    free(memory);   ❷
}
```

> ❶ 피호출자가 memory를 할당한다.
> ❷ 호출자는 memory 클린업에 대한 책임이 있다.

가능한 한 할당과 해제에 대한 책임을 다른 함수로 나누지 말아야 한다. 그러나 어떤 경우에든 클린업의 주체가 누구인지 문서화함으로써 그 책임을 명확히 해야 한다.

메모리 소유권과 관련된 보다 구체적인 상황을 설명하는 패턴으로는 호출자 소유 버퍼와 호출자 소유 인스턴스가 있으며, 이 패턴들은 호출자에 메모리의 할당과 해제에 대한 책임을 부여한다.

결과

마침내 메모리를 할당하고 적절하게 클린업을 처리할 수 있다. 메모리 사용에 대한 유연성을 확보하게 되었다. 즉, 임시로 힙에서 대용량의 메모리를 사용한 다음 (사용이 끝난 메모리를 해제함으로써) 나중에 다른 사람이 그 메모리를 사용하게 할 수 있다.

물론, 이와 같은 이득을 얻기 위해서는 추가적인 비용이 따른다. 메모리 클린업을 일일이 신경써야 하기 때문에 프로그래밍 작업이 더 힘들어진다. 심지어 지정 소유권을 사용하더라도 메모리 관련 프로그래밍 오류는 충분히 발생할 수 있으며, 디버깅이 까다로운 상황으로 이어질 수도 있다. 또한 메모리 해제에도 별도의 시간이 필요하다. 메모리를 클린업할 위치를 명시적으로 문서화하면 이러한 오류를 일부 예방할 수 있으며, 코드를 이해하기도, 유지·관리하기도 쉬워진다. 할당 래퍼나 포인터 검사 패턴을 사용하여 추후에 발생할 수 있는 메모리 관련 프로그래밍 오류를 예방할 수도 있다.

동적 메모리 할당 및 해제로 인해 힙 단편화 문제와 메모리 할당, 접근 시간 증가 문제가 생긴다. 일부 애플리케이션에서는 이것이 전혀 문제되지 않지만, 어떤 애플리케이션에서는 굉장히 심각한 문제가 되기도 한다. 이러한 경우에는 메모리 풀 패턴이 도움이 될 수 있다.

알려진 용도

이번 패턴이 적용된 사례들은 다음과 같다.

- 《Extreme C》(Packt, 2019)는 메모리를 할당한 함수에 반드시 해제에 대한 책임을 부여해야 하며, 메모리를 소유하는 함수나 객체는 반드시 주석으로 문서화해야 한다고 기술하고 있다. 이러한 개념은 래퍼 함수를 사용하는 경우에도 마찬가지로 적용된다. 즉, 할당 래퍼를 호출하는 함수가 반드시 클린업 래퍼를 호출해야 한다.
- 수치 연산 환경을 제공하는 MATLAB의 `mexFunction` 함수 구현부를 보면 이 함수가 어떤 메모리를 소유하고 해제할 것인지에 대해 명확하게 문서화해 놓은 것을 확인할 수 있다.
- NetHack 게임의 경우, 메모리를 일부 해제해야 하는 함수를 호출할 때 호출자가 해당 메모리를 해제해야 한다고 문서화해 두었다. 예를 들어 `nh_compose_ascii_screenshot` 함수는 문자열을 할당하고 반환하는데, 이 문자열은 호출자가 해제해야 한다.
- 'Community ID 흐름 해시'를 위한 Wireshark 분석기(dissector)는 함수들을 위해 누가 메모리 해제에 대한 책임이 있는지에 대해 명확하게 문서화하고 있다. 예를 들어, `communityid_calc` 함수는 메모리를 조금 할당하는데, 호출자가 이 메모리를 해제하도록 요구한다.

실행 예제 - 패턴 적용 후

`encryptCaesarFile`의 기능 자체는 바뀌지 않았다. 할당한 메모리 해제를 위해 `free`를 호출하고, 누가 어떤 메모리를 정리할 책임이 있는지 코드 주석을 통해 명확하게 문서화한 것이 유일하게 바뀐 점이다. 아울러, 현재 작업 디렉터리의 모든 파일을 암호화하는 `encryptDirectoryContent` 함수도 구현하였다.

```
/* 'filename'에 해당하는 파일에서 텍스트를 읽은 후
   시저 암호화가 적용된 텍스트를 출력한다.
   이 함수는 파일 내용을 저장해 둘 버퍼를 할당하고 해제하는 역할을 한다. */
void encryptCaesarFile(char* filename)
{
    char* text;
```

```
    int size = getFileLength(filename);
    if(size>0)
    {
        text = malloc(size);
        readFileContent(filename, text, size);
        caesar(text, strnlen(text, size));
        printf("Encrypted text: %s\n", text);
        free(text);
    }
}

/* 이 함수는 현재 디렉터리 내 모든 파일의
   텍스트를 읽고 시저 암호화가 적용된 텍스트를 출력한다. */
void encryptDirectoryContent()
{
    struct dirent *directory_entry;
    DIR *directory = opendir(".");
    while ((directory_entry = readdir(directory)) != NULL)
    {
        encryptCaesarFile(directory_entry->d_name);
    }
    closedir(directory);
}
```

위 코드는 현재 디렉터리에 있는 모든 파일의 내용을 읽어 시저 암호화가 적용된 결과로 출력한다. 내용을 단순하게 하기 위해 UNIX 시스템에서만 동작하도록 작성되었으며, 디렉터리 내 파일의 내용이 예상과 다를 경우에 적용할 오류 처리도 구현하지 않았다.

이제 사용이 끝난 메모리도 클린업된다. 프로그램 실행 시간 동안 필요한 모든 메모리를 동시에 할당받지 않는다. 프로그램 실행 중 할당받는 최대 메모리는 파일 중에서 (같은 크기를 갖는) 파일 한 개의 크기와 같다. 특히 디렉터리 내에 파일이 많으면 이 프로그램의 메모리 공간은 상대적으로 훨씬 더 작아지게 된다.

앞의 코드는 오류 처리에 대처하지 못한다. 예를 들어, 사용 가능한 메모리가 더 이상 없으면 어떻게 될까? 코드는 그냥 충돌할 것이다. 이러한 상황에 대한 일종의 오류 처리가 필요하지만, 메모리를 할당받을 때마다 `malloc`에서 반환된 포인터를 일일이 확인하는 것은 번거로울 수 있다. 이때 필요한 것이 바로 할당 래퍼(Allocation Wrapper)이다.

할당 래퍼

컨텍스트

코드의 여러 위치에서 동적 메모리를 할당하고, 메모리 부족과 같은 오류 상황에 대응하려 한다.

문제

언제든지 동적 메모리 할당이 실패할 수 있으므로, 이에 대응하기 위해서는 코드에서 일일이 할당 결과를 확인해야 한다. 코드 내 이곳저곳에서 이러한 검사를 해야 하는데, 이것은 꽤나 성가신 일이다.

요청한 메모리를 사용할 수 없으면 malloc 함수는 NULL을 반환한다. malloc의 반환 값을 확인하지 않으면 메모리를 사용할 수 없고 NULL 포인터에 접근하는 경우에 프로그램이 충돌을 일으킬 수 있다. 메모리를 할당받은 모든 곳에서 반환 값을 점검한다면 코드는 더 복잡해지고, 읽고 유지·관리하기도 더 힘들어진다.

이러한 점검 지점이 코드베이스 전체에 퍼져 있는 상태에서 추후에 할당 오류 시에 취하는 동작을 수정하려면 여러 위치에서 코드를 수정해야 한다. 기존 함수에 오류 점검 코드를 추가하면, 하나의 함수는 하나의 역할만 수행해야 한다는(그리고 할당이나 프로그램 로직 같이 여러 가지를 동시에 수행하면 안 된다는) 단일 책임 원칙을 위반하게 된다.

또한, 명시적으로 할당받은 모든 메모리를 초기화하기 위해 나중에 메모리 할당 방법을 바꾸려 하면 코드 여기저기에 퍼져 있는 할당 함수들을 많이 호출하게 되고 작업이 매우 어려워진다.

솔루션

할당 호출과 해제 호출을 래핑(wrapping)하고, 래퍼 함수를 만들어 오류 처리나 추가 메모리 관리 구조를 구현한다.

`malloc`과 `free` 호출에 대한 래퍼 함수를 구현하고, 메모리 할당과 할당 해제에 대해서만 래퍼 함수를 호출한다. 래퍼 함수에서는 핵심 위치 한 곳에서 오

류 처리를 구현할 수 있다. 예를 들어 할당받은 포인터를 점검하고(포인터 검사 참조), 오류가 있는 경우 다음 코드와 같이 프로그램을 중단시킨다.

```
void* checkedMalloc(size_t size)
{
    void* pointer = malloc(size);
    assert(pointer);
    return pointer;
}

#define DATA_SIZE 1024
void someFunction()
{
    char* memory = checkedMalloc(DATA_SIZE);
    /* memory를 사용하여 작업한다. */
    free(memory);
}
```

프로그램을 중단시키는 대신 오류 기록을 사용할 수도 있다. 디버그 정보를 로깅하기 위해 래퍼 함수 대신 매크로를 사용하면 작업이 훨씬 더 쉬워진다. 이 방법을 취하면 호출자는 아무런 노력 없이도 파일 이름, 함수 이름, 오류가 발생한 코드 줄 번호 등을 기록할 수 있다. 이를 통해 프로그래머는 코드 내 오류 발생 위치를 쉽고 정확하게 찾아낼 수 있다. 또한 래퍼 함수 대신 매크로를 사용하면 래퍼 함수 호출을 위한 추가 함수 호출을 줄일 수 있다(그러나 대부분의 경우 중요하지 않거나 컴파일러가 함수를 인라인으로 처리한다). 할당과 해제를 위한 매크로를 사용하면 유사 생성자 구문을 작성하는 것도 가능하다.

```
#define NEW(object, type)                       \
do {                                            \
    object = malloc(sizeof(type));              \
    if(!object)                                 \
    {                                           \
        printf("Malloc Error: %s\n", __func__); \
        assert(false);                          \
    }                                           \
} while (0)

#define DELETE(object) free(object)
```

```c
typedef struct{
    int x;
    int y;
}MyStruct;

void someFunction()
{
    MyStruct* myObject;
    NEW(myObject, MyStruct);
    /* 객체를 사용하여 작업한다. */
    DELETE(myObject);
}
```

래퍼 함수를 이용하여 오류 상황 처리 외에 다른 작업도 수행할 수 있다. 프로그램이 할당한 메모리를 추적할 수도 있고, 오류 정보와 함께 파일 및 코드의 줄 번호를 목록에 저장할 수도 있다(이를 위해서는 앞의 예와 같이 free에 대한 래퍼 함수도 필요하다). 이렇게 하면 현재 어떤 메모리를 할당받았는지 알고 싶을 때 (그리고 어디에서 해제시켰는지 잊어버렸을 때) 디버그 정보를 쉽게 출력할 수 있다. 하지만 valgrind와 같은 메모리 디버깅 도구를 사용하면 이러한 정보를 간단하게 찾을 수 있다. 여기에 더해 할당한 메모리를 추적하여 모든 메모리를 해제시키는 함수를 구현할 수도 있다. 이는 앞에서 클린업 지연을 사용한 경우, 프로그램을 더 깔끔하게 만들기 위한 선택 사항이 될 수도 있다.

모든 것을 한 곳에 모으는 것이 언제나 해결책이 될 수는 없다. 할당 오류가 발생한 지점이 애플리케이션에서 치명적인 부분이 아니어서 굳이 전체 애플리케이션을 중단시킬 필요가 없을 수도 있다. 이럴 때는 여러 개의 할당 래퍼를 적용할 수도 있다. 래퍼 하나는 오류 발생 시 여전히 assert를 일으키도록 하여 애플리케이션 동작에 필수적인 곳에서 메모리 할당을 사용하도록 할 수 있다. 또 다른 래퍼는 애플리케이션 내 중요도가 낮은 곳에서 사용하여 오류 발생 시 상태 코드 반환을 통해 오류 상황을 적절하게 처리하도록 할 수도 있다.

결과

이제 오류 처리 및 기타 메모리 처리가 한 곳에서 이루어진다. 메모리 할당이 필요한 지점에서 래퍼 함수를 호출하기만 하면 명시적으로 오류 처리를 하지 않아도 된다. 하지만 이것은 일부 특정한 오류 처리에만 적용된다. 오류가 발생했을 때 프로그램을 중단시키면 좋겠지만, 오류에 대응하기 위해 일부 저하된 기능으로 프로그램을 계속 실행시키고자 한다면, 래퍼에서 몇 가지 오류 정보를 반환하게 하여 그에 따라 대응할 수 있도록 해야 한다. 그 점에 있어서는 할당 래퍼가 작업을 쉽게 만들어 준다고 할 수 없다. 그래도 이와 같은 시나리오에서는 상황을 개선하기 위해 래퍼에 로깅 기능을 구현할 수 있다.

래퍼 함수를 사용하면 메모리 할당 함수의 동작을 바꾸기 위해 한 곳만 수정하면 되기 때문에 테스트할 때 유리하다. 게다가 래퍼에 대한 임시 함수를 사용하여(래퍼 호출을 다른 테스트 함수로 대체) malloc에 대한 다른 호출(타사 코드에서 온 것일 수도 있음)을 그대로 유지할 수도 있다.

래퍼 함수를 통해 오류 처리 부분을 호출 코드에서 분리시키는 것은 호출자가 다른 프로그래밍 로직이 있는 코드에 오류 처리 부분을 직접 구현하려는 유혹을 걷어낼 수 있기 때문에 좋은 방법이라고 할 수 있다. 한 개의 함수에 여러 가지 기능(예: 프로그램 로직과 추가적인 오류 처리)을 넣은 것은 단일 책임 원칙에 반한다.

할당 래퍼를 사용하면 할당 오류를 일관되게 처리할 수 있으며, 나중에 오류 처리 동작이나 메모리 할당 동작을 변경하기가 더 쉬워진다. 추가 정보를 로그로 기록하기로 결정한 경우 한 곳만 수정하면 된다. 나중에 malloc을 직접 호출하지 않고 대신 메모리 풀을 사용하기로 결정한 경우에도 래퍼가 있으면 훨씬 쉽게 구현할 수 있다.

알려진 용도

이번 패턴이 적용된 사례들은 다음과 같다.

- 《C Interfaces and Implementations》(Addison-Wesley, 1996)에서는 메모리 풀 구현 시 메모리 할당을 위해 래퍼 함수를 사용하였다. 래퍼는 오류 발생 시 assert를 호출하여 프로그램을 중단시킨다.
- GLib는 메모리 관련 함수 중에 g_malloc 및 g_free 함수가 있다. g_malloc을 사용할 때의 이점은 오류 발생 시 프로그램을 중단시킨다는 것이다(무사의

원칙). 따라서 호출자는 메모리 할당을 위한 모든 함수 호출에 대해 반환 값을 일일이 검사하지 않아도 된다.
- 실시간 웹 로그 분석기 GoAccess는 malloc 함수에 대한 래핑 함수 xmalloc을 구현하여 malloc 호출 시 일부 오류를 처리토록 하였다.
- 할당 래퍼는 《GoF의 디자인 패턴》(프로텍 미디어, 2015)에서 기술한 'Decorator' 패턴을 응용한 것이다.

실행 예제 - 패턴 적용 후

이제 코드의 모든 위치에서 직접 malloc 및 free를 호출하는 대신 래퍼 함수를 사용한다.

```
/* 메모리를 할당한다. 메모리가 없을 때는 assert시킨다. */
void* safeMalloc(size_t size)
{
    void* pointer = malloc(size);
    assert(pointer);       ❶
    return pointer;
}

/* 'pointer'가 가리키는 메모리를 할당 해제한다. */
void safeFree(void *pointer)
{
    free(pointer);
}

/* 'filename'에 해당하는 파일에서 텍스트를 읽은 후
   시저 암호화가 적용된 텍스트를 출력한다.
   이 함수는 파일 내용을 저장해 둘 버퍼를 할당하고 해제하는 역할을 한다. */
void encryptCaesarFile(char* filename)
{
    char* text;
    int size = getFileLength(filename);
    if(size>0)
    {
        text = safeMalloc(size);
        readFileContent(filename, text, size);
        caesar(text, strnlen(text, size));
        printf("Encrypted text: %s\n", text);
        safeFree(text);
    }
}
```

> ❶ 할당에 실패하면 무사의 원칙을 적용하고 프로그램을 중단시킨다. 이러한 종류의 애플리케이션에서 오류를 적절하게 처리할 방법이 없다면 프로그램을 바로 중단시키는 것이 옳고 적절한 선택이다.

할당 래퍼를 사용하면 단일 지점에서 할당 관련 오류를 처리할 수 있는 이점이 있다. 코드의 각 할당 지점에서 포인터 점검 코드를 몇 줄씩 더 작성하지 않아도 된다. 또한 메모리 해제를 위한 래퍼도 있다. 예를 들어, 현재 할당된 메모리를 추적하기로 결정했다면 나중에 이 래퍼가 유용할 것이다.

할당이 끝난 후 이제 해당 포인터가 유효한지 확인한다. 이후에는 포인터의 유효성을 확인하지 않아도 되며, 함수 경계를 넘어 전달 받은 포인터도 유효하다고 신뢰할 수 있다. 이 방식은 프로그래밍 오류가 일어나지 않는 한 괜찮지만, 실수로 유효하지 않은 포인터에 접근을 시도한다면 디버그하기 어려운 상황으로 이어질 수 있다. 안전 유지와 코드 개선을 위해 포인터 검사를 사용하기로 결정한다.

포인터 검사

컨텍스트
여러분의 프로그램은 여러 곳에서 메모리를 할당/해제하고 있으며, 포인터를 사용해서 메모리나 다른 리소스에 접근하는 곳도 많다.

문제
유효하지 않은 포인터에 접근하게 만드는 프로그래밍 오류는 통제할 수 없는 프로그램 동작을 유발하며, 디버그하기도 어렵다. 그러나 코드에서 포인터를 사용하는 작업이 빈번하게 이루어지다 보니 이와 같은 프로그래밍 오류가 발생하기 쉽다.

C 프로그래밍은 포인터와의 싸움의 연속이며, 포인터로 작업한 곳이 많을수록 프로그래밍 오류가 일어날 수 있는 위치도 많아진다. 이미 해제된 포인터를 사용하거나 초기화되지 않은 포인터를 사용하면 디버그하기 어려운 오류가 일어날 수 있다.

이러한 오류는 매우 심각한 문제로, 통제되지 않은 프로그램 동작을 유발시키거나 (운이 좋으면) 프로그램 충돌로 이어진다. 운이 나쁘면 프로그램이 실행된 지 한참 후에 오류가 발생하여, 정확한 오류를 찾아내고 디버그하는 데 일주일이 걸릴 수도 있다. 여러분은 이러한 오류에 대해 프로그램이 더 견고해지기를 원하는 동시에 오류의 심각도를 낮추고, 실행 중인 프로그램에서 오류가 발생하는 경우 이 오류 상황의 원인을 쉽게 찾을 수 있도록 만들고자 한다.

솔루션

초기화하지 않았거나 해제된 포인터는 명시적으로 무효화하고, 포인터에 접근하기 전에 항상 유효성을 검사한다.

변수 선언 시점에 포인터 변수를 명시적으로 NULL로 설정한다. free를 호출한 직후에도 명시적으로 NULL로 설정한다. 할당 래퍼를 사용하여 free 함수를 매크로로 래핑한 경우에는 매크로 안에서 포인터를 NULL로 설정하면 모든 포인터 해제 시점에서 무효화시키는 코드를 추가하지 않아도 된다.

래퍼 함수나 매크로를 만들어 포인터가 NULL인지 확인하고, 포인터가 NULL인 경우 프로그램을 중단시킨 다음 오류 기록을 통해 디버그 정보를 보관한다. 프로그램을 중단시킬 필요가 없다면, NULL 포인터를 사용하여 포인터에 접근하지 않고 오류를 적절하게 처리하도록 할 수 있다. 이렇게 하면 프로그램은 제한된 기능으로 계속해서 작동할 수 있다. 다음 코드를 살펴보자.

```
void someFunction()
{
    char* pointer = NULL; /* 초기화되지 않은 pointer를 명시적으로
                            무효화한다. */
    pointer = malloc(1024);

    if (pointer != NULL) /* pointer 접근 전에 유효성을 확인한다. */
    {
        /* pointer를 사용하여 작업한다. */
    }

    free(pointer);
    pointer = NULL; /* 해제시킨 메모리를 가리키는 pointer를
                       명시적으로 무효화한다. */
}
```

결과

이제 여러분의 코드는 포인터 관련 프로그래밍 오류로부터 조금 더 안전해졌다. 이러한 오류들은 식별이 가능하고 미정의 행동으로 이어지지 않는 만큼 짧게는 몇 시간에서 길게는 며칠까지 걸릴지 모르는 디버깅에서 여러분을 구해줄 것이다.

그러나 그 대가로 코드는 더 길어지고 더 복잡해진다. 이곳에서 적용하는 전략은 마치 안전모와 안전화 같은 것이다. 더 안전한 코드를 위해 추가 작업을 진행한다. 즉, 매번 포인터에 접근할 때마다 추가적인 유효성 검사를 수행한다. 이로 인해 코드는 더 읽기 어려워진다. 포인터 접근 전에 진행하는 유효성 검사를 위해 최소한 한 줄 이상의 코드를 추가해야 한다. 프로그램을 중단하지 않고 기능이 저하된 상태로 계속 동작하도록 구현한다면 프로그램은 읽고, 유지·관리하고, 테스트하기 훨씬 더 어려워질 것이다.

실수로 포인터에서 여러 번 free를 호출한 경우에도, 이미 첫 번째 free 호출 직후 포인터를 무효화시킨 덕분에 NULL 포인터에 대한 free 호출은 문제를 일으키지 않는다. 결과적으로 두 번째 free 호출은 오류 상황으로 이어지지 않는다. 뿐만 아니라, 오류 기록을 통해 이렇게 실수로 여러 번 free를 호출시키는 상황을 로깅함으로써 근본 원인을 정확히 찾아낼 수 있다.

하지만 모든 종류의 포인터 관련 오류에서 벗어난 건 아니다. 예를 들어, 일부 메모리 해제를 잊어버려 그 부분에서 메모리 누수가 일어날 수 있다. 혹은 제대로 초기화되지 않은 포인터에 접근할 수도 있지만, 적어도 이 경우에는 충분히 탐지가 가능한 만큼 적절히 대응할 수 있다. 여기에서 생길 법한 문제점을 꼽자면 다음과 같다. 프로그램 성능을 적절히 저하시킨 상태에서 계속 실행되도록 결정한다면 오류 상황을 모호하게 만들어 나중에 오류를 찾기 어려워질 것이다.

알려진 용도

이번 패턴이 적용된 사례들은 다음과 같다.

- C++ 스마트 포인터는 스마트 포인터를 해제할 때 래핑된 원시 포인터를 무

효화하도록 구현되었다.
- 물리 연산(스펙트럴 합성) 소프트웨어인 Cloudy에는 데이터(곤트 인자) 보간을 위한 코드가 포함되어 있다. 이 프로그램은 포인터에 접근하기 전에 포인터 유효성을 점검하며, free를 호출한 직후 포인터를 명시적으로 NULL로 설정한다.
- GNU Compiler Collection(GCC)의 libcpp는 포인터를 해제한 후 무효화한다. 예를 들어, 구현 파일 macro.c에 있는 포인터가 이와 같이 동작한다.
- MySQL 데이터베이스 관리 시스템의 HB_GARBAGE_FUNC 함수는 포인터 ph를 NULL로 설정하여 실수로 접근하거나 나중에 여러 번 해제하는 것을 방지한다.

실행 예제 - 패턴 적용 후

이제 코드는 다음과 같이 개선되었다.

```
/* 'filename'에 해당하는 파일에서 텍스트를 읽은 후
   시저 암호화가 적용된 텍스트를 출력한다.
   이 함수는 파일 내용을 저장해 둘 버퍼를 할당하고 해제하는 역할을 한다. */
void encryptCaesarFile(char* filename)
{
    char* text = NULL;   ❶
    int size = getFileLength(filename);
    if(size>0)
    {
        text = safeMalloc(size);
        if(text != NULL)   ❷
        {
            readFileContent(filename, text, size);
            caesar(text, strnlen(text, size));
            printf("Encrypted text: %s\n", text);
        }
        safeFree(text);
        text = NULL;   ❶
    }
}
```

❶ 이 위치에서는 포인터가 유효하지 않은 만큼, 안전을 위해 명시적으로 NULL로 설정한다.
❷ 포인터 text에 접근하기 전에 유효한지 확인한다. 유효하지 않으면 포인터를 사용하지 않는다(역참조하지 않음).

> **리눅스 오버커밋**
>
> 메모리 포인터가 유효하다고 해서 언제나 그 메모리에 접근 가능하다는 의미는 아니다. 현대 리눅스 시스템은 오버커밋(overcommit) 원칙에 따라 동작한다. 오버커밋 원칙은 할당하는 프로그램이 메모리를 할당받을 때 가상 메모리를 제공하지만, 이 가상 메모리는 물리 메모리와 직접적인 연관이 없다. 필요한 물리 메모리가 사용 가능한지 여부는 해당 메모리에 접근해 보면 알 수 있다. 물리 메모리가 충분치 않으면 리눅스 커널은 메모리를 많이 소비하는 애플리케이션을 강제로 종료한다(그리고 그 애플리케이션이 여러분의 것일 수도 있다). 오버커밋은 메모리 할당이 제대로 동작하는지 검사하는 것이 덜 중요해지고(웬만해서는 할당이 실패하지 않기 때문에), 메모리가 조금만 필요해도 안전하게 많은 메모리를 할당받을 수 있다는 장점이 있다. 그러나 오버커밋은 유효한 포인터라 할지라도 메모리 접근이 제대로 동작하는지, 충돌로 이어지지 않는지를 확신할 수 없다는 큰 단점이 있다. 또 다른 단점은 반환 값을 제대로 할당했는지 검사하고 실제로 필요한 만큼의 메모리 양인지 파악하고 할당받는 작업을 게을리 할 수 있다는 것이다.

다음으로, 파일 이름도 시저 암호화가 적용된 형태로 나타내려고 한다. 이때, 작은 메모리 덩어리(파일 이름용)와 큰 메모리 덩어리(파일 내용용)를 반복적으로 할당받을 때 발생할 수 있는 메모리 단편화를 고려하여 힙으로부터 메모리를 직접 할당받지 않기로 결정하였다. 따라서 동적 메모리를 직접 할당받는 대신 메모리 풀(Memory Pool)을 구현할 것이다.

메모리 풀

컨텍스트
프로그램의 힙에서 거의 동일한 크기의 요소에 대해 반복해서 동적 메모리를 할당/해제한다. 컴파일 시간이나 프로그램 실행 시작 시간에는 언제 어디에서 이러한 요소들이 필요한지 정확히 알 수 없다.

문제
힙에서 객체 할당과 해제를 반복하면 메모리 단편화가 발생한다.

객체를 할당할 때, 특히 크기가 매우 다양한 객체 중 일부를 할당/해제하면 힙 메모리는 단편화된다. 여러분의 코드에서는 거의 동일한 크기를 할당하더라도 병렬로 동시에 실행 중인 다른 프로그램의 할당과 섞일 수 있으며 이로 인해 할당받는 크기에 큰 차이가 생기고 조각화가 발생할 수 있다.

malloc 함수는 사용할 수 있는 연속된 메모리가 충분한 경우에만 성공할 수 있다. 즉, 사용 가능한 여유 메모리가 충분하더라도 메모리가 단편화되어 필요한 크기의 연속된 메모리 덩어리를 확보하지 못하면 malloc 함수는 실패할 수 있다. 메모리 단편화는 메모리가 효율적으로 활용되지 않는다는 의미이다.

단편화는 대부분의 임베디드 시스템과 같이 장시간 실행하는 시스템에서는 심각한 문제다. 시스템이 몇 년 동안 실행되면서 작은 메모리 덩어리의 할당과 해제를 수없이 반복하면 더 큰 메모리 덩어리를 할당할 수 없게 된다. 이 문제 해결을 위해 시스템을 간혹 재부팅해야 한다는 사실을 받아들일 수 없다면 이러한 시스템의 메모리 단편화 문제를 반드시 해결해야 한다.

특히 임베디드 시스템과 함께 동적 메모리를 사용할 때의 또 다른 문제는 힙에서 메모리를 할당하는 데 시간이 걸린다는 점이다. 다른 프로세스도 동일한 힙을 사용하려고 하기 때문에 할당 시 내부 연동 과정에 따른 소요 시간을 예측하기가 매우 어려워진다.

솔루션

프로그램의 전체 실행 시간 동안 커다란 메모리 덩어리(chunk)를 유지한다. 런타임에 힙에서 새로운 메모리를 직접 할당받는 대신 메모리 풀에서 고정된 크기를 갖는 메모리 덩어리를 검색한다.

메모리 풀은 정적 메모리에 배치할 수도 있고 프로그램 시작 시 힙에서 할당받은 후 프로그램 종료 시 해제할 수도 있다. 힙에서 할당받은 경우에는 필요할 때 추가 메모리를 할당받아 메모리 풀의 크기를 늘릴 수 있다는 장점이 있다.

해당 풀에서 미리 구성한 고정 크기의 메모리 덩어리를 검색하고 해제하는 함수를 구현한다. 해당 크기의 메모리가 필요한 모든 코드는 동적 메모리를 획득하고 해제하기 위해 (malloc과 free 대신에) 다음 함수를 사용할 수 있다.

```c
#define MAX_ELEMENTS 20;
#define ELEMENT_SIZE 255;

typedef struct
{
    bool occupied;
    char memory[ELEMENT_SIZE];
}PoolElement;

static PoolElement memory_pool[MAX_ELEMENTS];

/* 최소한 'size' 크기만큼의 메모리를 반환하거나,
   메모리 풀에 더이상 메모리 덩어리가 없을 경우 NULL을 반환한다. */
void* poolTake(size_t size)
{
    if(size <= ELEMENT_SIZE)
    {
        for(int i=0; i<MAX_ELEMENTS; i++)
        {
            if(memory_pool[i].occupied == false)
            {
                memory_pool[i].occupied = true;
                return &(memory_pool[i].memory);
            }
        }
    }
    return NULL;
}

/* 'pointer'에 해당하는 메모리 덩어리를 메모리 풀에 반납한다. */
void poolRelease(void* pointer)
{
    for(int i=0; i<MAX_ELEMENTS; i++)
    {
        if(&(memory_pool[i].memory) == pointer)
        {
            memory_pool[i].occupied = false;
            return;
        }
    }
}
```

이 코드는 간단하게 메모리 풀을 구현한 모습을 보여주며, 이것을 개선할 방법은 많다. 예를 들어, 여유 메모리 덩어리를 별도의 목록에 저장하여 여유 메모

리 덩어리를 찾는 속도를 높일 수 있다. 또한 다중 스레드 환경에서 제대로 동작하도록 하기 위해 뮤텍스(mutex)나 세마포어(semaphores)를 사용할 수도 있다.

메모리 풀의 경우, 런타임 전에 메모리 덩어리의 크기를 가늠하기 위해 어떤 종류의 데이터가 저장되는지 알아야 한다. 같은 크기의 덩어리에 더 작은 데이터를 저장할 수도 있지만, 그건 메모리 낭비다.

그래서 고정 크기 메모리 덩어리를 사용하는 대신 가변 크기 메모리 덩어리를 검색할 수 있는 메모리 풀을 구현할 수도 있다. 이 방법을 사용하면 메모리를 훨씬 더 효율적으로 활용할 수 있지만, 여전히 힙 메모리와 동일하게 단편화 문제가 발생한다.

결과

메모리 단편화를 해결했다. 고정 크기의 메모리 덩어리로 구성된 메모리 풀을 사용하면 메모리 덩어리 하나를 해제하는 즉시 다른 용도로 메모리 덩어리를 사용할 수 있다. 그러나 이를 위해서는 메모리 풀에 저장할 요소들의 종류와 크기를 미리 알아야 한다. 훨씬 작은 요소들도 풀에 저장하기로 결정하면 메모리는 낭비된다.

가변 크기의 풀을 사용하면 더 작은 요소를 사용함에 따른 메모리 낭비를 막을 수 있지만, 풀 내 메모리는 단편화된다. 그래도 이러한 단편화 상황은 해당 메모리의 유일한 사용자가 여러분인 만큼(다른 프로세스는 동일한 메모리를 사용하지 않는다), 힙을 직접 사용하는 것과 비교하면 나은 편이다. 또한 다른 프로세스에서 사용하는 메모리를 단편화하지도 않는다. 그럼에도 단편화 문제는 여전히 존재한다.

풀에서 가변 크기 덩어리를 사용하든 고정 크기 덩어리를 사용하든 성능상의 이점이 있다. 풀에서 메모리를 가져오는 건 힙에서 메모리를 할당받는 것보다 빠르다. 메모리 획득을 위해 다른 프로세스와 상호 배타적으로 동작할 필요가 없기 때문이다. 또한 프로그램이 사용하는 풀의 모든 메모리가 서로 인접하게 배치되어 운영 체제의 페이징 메커니즘으로 인한 시간 오버헤드가 최소화되므로 풀에서 메모리에 접근하는 것이 조금 더 빠를 수 있다. 그러나 초기에 메모리 풀을 생성하는 데 시간이 조금 걸리기 때문에 프로그램의 시작 시간이 늘어난다.

풀 내에서는 프로그램의 다른 곳에서 재사용하기 위해 메모리를 반납한다. 그러나 메모리를 풀에 반납했을 뿐 힙에 할당 해제를 한 것이 아니기 때문에 프로그램은 전체 실행 시간 동안 메모리 풀에 해당하는 메모리를 통째로 보유하며, 따라서 해당 메모리는 다른 사람이 사용할 수 없게 된다. 해당 메모리가 모두 필요하지 않다면 전체 시스템 관점에서는 결과적으로 메모리를 낭비하는 꼴이다.

처음부터 풀의 크기를 고정한다면, 힙에 사용 가능한 메모리가 충분함에도 런타임에 풀 메모리 덩어리를 사용할 수 없다. 런타임에 풀의 크기를 늘릴 수 있는 경우에는 메모리 덩어리를 검색할 때 풀 크기를 늘려야 하는 일이 발생할 수도 있는데, 이때 메모리 덩어리를 검색하는 시간이 예기치 않게 늘어날 수 있다는 단점이 있다.

보안 또는 안전이 중요한 도메인에서의 메모리 풀 사용은 주의가 필요하다. 메모리 풀을 사용하면 코드 테스트도 더 어렵고, 코드 분석 도구로 메모리 접근과 관련된 버그를 찾기도 더 어려워진다. 예를 들어, 실수로 획득한 메모리 덩어리의 경계 바깥에 있는 메모리에 접근할 경우(하지만 메모리 풀 내의 영역에 해당하는 경우) 분석 도구가 이를 탐지해내기 어렵다. 즉, 프로세스는 여러분이 접근하려는 메모리 덩어리 바로 앞 뒤의 메모리 덩어리도 소유하고 있기 때문에 코드 분석 도구는 여러분이 의도치 않게 메모리 풀 덩어리의 경계를 넘어 데이터에 접근하려고 했음을 인지하기 어렵다. 실제로, OpenSSL의 하트블리드(Heartbleed) 버그는 영향 받는 코드가 메모리 풀을 사용하지 않을 경우 코드 분석기를 통해 예방이 가능함이 알려졌다.[5]

---

5 데이비드 A. 휠러(David A. Wheeler), "How to Prevent the Next Heartbleed"(최초 등록일 2014.4.29), *https://dwheeler.com/essays/heartbleed.html* 참조

알려진 용도

이번 패턴이 적용된 사례들은 다음과 같다.

- UNIX 시스템은 프로세스 객체에 대해 고정된 크기의 풀을 사용한다.
- 《C 인터페이스 구현》(케이앤피북스, 2012)은 메모리 풀 구현의 예를 보여준다.
- 메모리 풀 패턴은 《Real-Time Design Patterns: Robust Scalable Architecture for Real-Time Systems》(Addison-Wesley, 2002)와 《Small Memory Software: Patterns for Systems With Limited Memory》(Addison-Wesley, 2000)에도 기술되어 있다.
- Android ION 메모리 관리자는 ion_system_heap.c 파일에서 메모리 풀을 구현한다. 호출자는 메모리 부분을 반납할 때 메모리의 해당 부분이 보안에 중요한 경우 실제로 해제하도록 선택할 수도 있다.
- 《Simulating Computer Systems: Techniques and Tools》(MIT Press, 1987)에서 설명하는 Smpl 불연속 이벤트 시뮬레이션 시스템은 이벤트를 위해 메모리 풀을 사용한다. 이 방식은 각각의 이벤트에 대해 메모리를 할당하고 해제하는 것보다 훨씬 효율적이다. 각 이벤트는 아주 짧은 시간 동작할 뿐만 아니라 시뮬레이션 내에는 이러한 이벤트가 굉장히 많기 때문이다.

실행 예제 - 패턴 적용 후

일을 쉽게 하기 위해, 최대 메모리 덩어리 크기가 고정된 메모리 풀을 구현하기로 결정하였다. 여러 스레드가 해당 메모리 풀에 동시에 접근하는 상황이나 다중 스레드 상황 등을 처리할 필요가 없고 메모리 풀 패턴에 대한 정확한 구현을 사용하기만 하면 된다.

시저 암호화 코드의 최종 버전은 다음과 같이 마무리된다.

```
#define ELEMENT_SIZE 255
#define MAX_ELEMENTS 10

typedef struct
{
    bool occupied;
```

```
        char memory[ELEMENT_SIZE];
}PoolElement;

static PoolElement memory_pool[MAX_ELEMENTS];

void* poolTake(size_t size)
{
    if(size <= ELEMENT_SIZE)
    {
        for(int i=0; i<MAX_ELEMENTS; i++)
        {
            if(memory_pool[i].occupied == false)
            {
                memory_pool[i].occupied = true;
                return &(memory_pool[i].memory);
            }
        }
    }
    return NULL;
}

void poolRelease(void* pointer)
{
    for(int i=0; i<MAX_ELEMENTS; i++)
    {
        if(&(memory_pool[i].memory) == pointer)
        {
            memory_pool[i].occupied = false;
            return;
        }
    }
}

#define MAX_FILENAME_SIZE ELEMENT_SIZE


/* 시저 암호화가 적용된 'filename'을 출력한다.
   파일 내용을 저장하는 데 사용될 버퍼를 할당하고 해제하는 책임은
   이 함수에 부여되었다.
   주의: filename은 반드시 대문자로 구성되어야 하며,
      filename에 '.'이 포함된 경우 '.' 역시 시저 암호화의 적용을 받는다. */
void encryptCaesarFilename(char* filename)
{
    char* buffer = poolTake(MAX_FILENAME_SIZE);
    if(buffer != NULL)
    {
```

```
        strlcpy(buffer, filename, MAX_FILENAME_SIZE);
        caesar(buffer, strnlen(buffer, MAX_FILENAME_SIZE));
        printf("\nEncrypted filename: %s ", buffer);
        poolRelease(buffer);
    }
}

/* 이 함수는 현재 디렉터리의 모든 파일에 대해
   파일에서 텍스트를 읽고 시저 암호화가 적용된 텍스트를 출력한다. */
void encryptDirectoryContent()
{
    struct dirent *directory_entry;
    DIR *directory = opendir(".");
    while((directory_entry = readdir(directory)) != NULL)
    {
        encryptCaesarFilename(directory_entry->d_name);
        encryptCaesarFile(directory_entry->d_name);
    }
    closedir(directory);
}
```

이 최종 버전의 코드를 사용하면 C에서 동적 메모리를 다룰 때 걸릴 수 있는 일반적인 함정에 빠지지 않고 시저 암호화를 수행할 수 있다. 사용하는 메모리 포인터가 유효한지 확인하고, 사용 가능한 메모리가 없는 경우 assert하며, 사전에 정의된 메모리 영역 외부의 단편화도 방지할 수 있다.

   코드를 보면 매우 복잡해졌음을 알 수 있다. 그저 동적 메모리를 조금 사용하여 작업하고 싶었던 것뿐이었는데, 이를 위해 수십 줄의 코드를 구현해야만 했다. 그래도 대부분의 코드는 여러분의 코드베이스 내에서 다른 할당을 구현할 때 재사용할 수 있음을 기억하기 바란다. 여전히 패턴을 하나씩 적용해 갈 때마다 그만큼의 비용이 수반된다. 패턴이 추가될 때마다 코드는 점점 더 복잡해졌다. 하지만 여기서의 목표는 가능한 한 많은 패턴을 적용하는 것이 아니라, 문제 해결에 필요한 만큼만 패턴을 적용하는 것이다. 단편화가 큰 문제가 되지 않는다면 굳이 직접 만든 메모리 풀을 사용할 필요가 없다. 일을 더 간단하게 하고 싶다면 그렇게 하면 된다. 예를 들어, `malloc`이나 `free`를 사용하여 직접 할당하고 해제하면 된다. 선택할 수 있다면, 아예 동적 메모리를 사용하지 않는 게 훨씬 더 좋다.

요약

이번 장에서는 C 프로그램에서의 메모리 처리와 관련된 패턴을 소개하였다. 스택 우선 패턴은 가능하면 변수를 스택에 놓도록 일러준다. 영구적 메모리 패턴은 복잡한 동적 메모리 할당과 해제를 피하기 위해 프로그램과 수명이 동일한 메모리를 사용하도록 권한다. 클린업 지연 패턴은 메모리 해제를 처리하지 않도록 제안함으로써, 프로그래머 입장에서 메모리가 더 쉽게 해제되도록 한다. 반면 지정 소유권 패턴은 누가, 어디에서 메모리를 해제하는지 정의한다. 할당 래퍼 패턴은 할당 관련 오류를 처리하고 포인터를 무효화시키는 핵심 지점을 제공하여 변수 역참조 시 포인터 검사를 구현할 수 있도록 한다. 단편화나 긴 메모리 할당 시간이 문제가 된다면 메모리 풀 패턴이 도움이 될 것이다.

이러한 패턴들을 사용하면 어떤 메모리를 사용할지, 언제 클린업할지 등과 같은, 많은 세부적인 설계 결정을 내려야 하는 프로그래머의 부담이 줄어든다. 프로그래머는 이러한 패턴에 대한 지침을 따라 C 프로그램에서 쉽게 메모리 관리를 할 수 있다.

더 읽을 거리

메모리 관리에 관해서는 다른 고급 C 프로그래밍 주제에 비해 많은 참고 자료가 있다. 대부분은 메모리 할당과 해제에 대한 문법을 기반으로 하지만, 다음과 같이 일부 고급 지침을 제공하는 서적도 있다.

- 《Small Memory Software: Patterns for Systems With Limited Memory》(Addison-Wesley, 2000)에는 메모리 관리에 관한 정교한 패턴이 많이 포함되어 있다. 예를 들어, 메모리 할당에 대한 서로 다른 전략(프로그램 시작 시점 vs. 런타임 도중)을 설명하거나 메모리 풀이나 가비지 컬렉터와 같은 전략을 기술하기도 한다. 모든 패턴에 대해 여러 프로그래밍 언어로 작성된 예제도 제공한다.
- 《Hands-on Design Patterns with C++》(Packt, 2019)는 이름에서 알 수 있듯이 C에 관한 내용은 아니지만, C와 C++의 메모리 관리 개념이 유사한 만큼

C와 관련된 지침도 있다. 특히 메모리 소유권을 집중적으로 다루는 장이 있는데, 스마트 포인터 같은 C++ 메커니즘에 대한 사용법을 살펴보면서 누가, 어떤 메모리를 소유해야 하는가를 아주 명확하게 설명하고 있다.

- 《전문가를 위한 C》(한빛미디어, 2022)는 기본적인 C 문법뿐 아니라 컴파일 절차, 툴체인(toolchain), 단위 테스트(unit-testing), 동시성(concurrency), 프로세스 간 통신 등 다양한 C 프로그래밍 주제를 다룬다. 힙과 스택 메모리에 별도의 장을 할애하여 이러한 메모리가 코드 세그먼트, 데이터 세그먼트, 스택 세그먼트, 힙 세그먼트에서 어떻게 표현되는지에 대해 플랫폼별로 자세히 설명한다.
- 《Real-Time Design Patterns: Robust Scalable Architecture for Real-Time Systems》(Addison-Wesley, 2002)는 실시간 시스템용 패턴이 포함되어 있다. 그중 일부 패턴은 메모리 할당과 클린업을 다룬다.

다음은…

다음 장에서는 인터페이스 경계를 넘어 정보를 전송하는 일반적인 방법에 대한 지침을 제공한다. 함수 간 정보 전송을 위해 C에서 제공하는 여러 종류의 메커니즘과 이러한 메커니즘 중 어떤 것을 사용해야 하는지를 패턴을 통해 자세히 설명한다.

4장

Fluent C

C 함수에서의 데이터 반환

함수 호출에서의 데이터 반환은 코드 길이가 10줄이 넘고 계속해서 유지·관리에 신경써야 하는 모든 종류의 코드를 작성할 때 마주하는 작업이다. 데이터 반환은 간단한 작업이다. 두 함수 간에 공유하고자 하는 데이터를 전달하기만 하면 된다. C에서는 이를 위해 값을 직접 반환하거나 에뮬레이트된 '참조에 의한' 파라미터를 통해 데이터를 반환하는 옵션만 제공한다. 선택지도 별로 없고, 지침도 별로 없다. 그렇지 않은가? 아니다, 절대 그렇지 않다! C 함수에서 데이터를 반환하는 간단한 작업조차 이미 까다로우며, 여러분의 프로그램과 함수 파라미터를 구조화시킬 수 있는 수많은 방법이 있다.

특히 메모리 할당 및 해제를 직접 해야 하는 C에서는 함수 간의 복잡한 데이터 전달이 까다롭다. 데이터를 클린업하는 데 도움을 주는 소멸자나 가비지 컬렉터가 없기 때문이다. 따라서 스스로에게 다음과 같은 질문을 던져야 한다. "데이터를 스택에 넣어야 하나, 할당받아야 하나?" "호출자와 피호출자 중 누가 할당받아야 하는가?"

이번 장에서는 함수 간 데이터를 공유하는 방법에 대한 모범 사례를 제공한다. 이번 장의 패턴들은 초급 C 프로그래머에게는 C에서의 데이터 반환 기법을 이해하는 데 도움이 되며, 전문 C 프로그래머에게는 이러한 다양한 기법들이 왜 적용되는가를 더 잘 이해하는 데 도움이 된다.

그림 4.1은 이번 장에서 논의되는 패턴과 그 관계에 대한 개요를 보여주고 표 4.1에는 패턴 내용을 요약하여 정리해 놓았다.

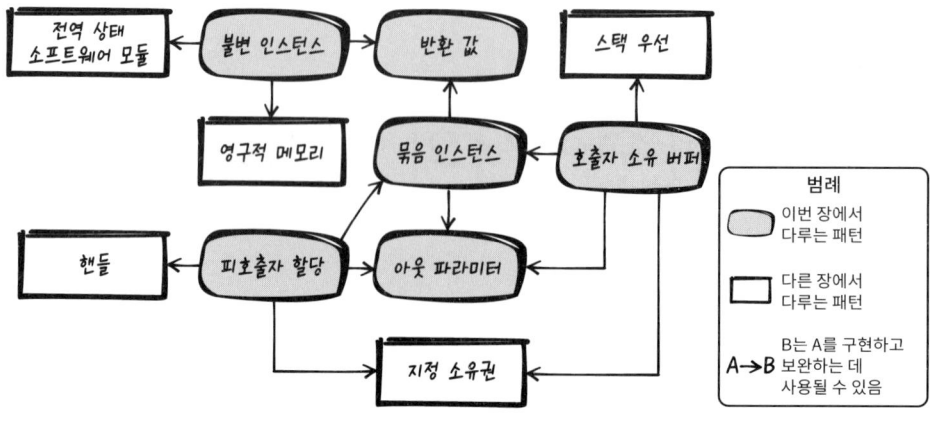

그림 4.1 데이터 반환 패턴 개요

표 4.1 데이터 반환 패턴

패턴 이름	요약
반환 값 (Return Value)	함수로 분리하려는 부분은 서로 독립적이지 않다. 보통 절차적 프로그래밍에서는 어떤 부분의 결과가 다른 부분의 입력으로 사용된다. 분리하려는 함수는 일부 데이터를 공유해야 한다. 따라서, 함수 호출 결과에 대한 정보를 조회할 목적으로 제공되는 C 메커니즘인 반환 값을 사용한다. C에서 데이터를 반환하는 메커니즘은 함수 결과를 복사한 다음 이 복사값에 대한 접근을 호출자에게 제공하는 방식으로 동작한다.
아웃 파라미터 (Out-Parameters)	C는 함수 호출 시 한 개의 데이터 타입만 반환할 수 있기 때문에 여러 정보를 반환하려면 방법이 복잡하다. 따라서, 포인터로 참조 인수를 에뮬레이션함으로써 한 번의 함수 호출로 모든 데이터를 반환한다.
묶음 인스턴스 (Aggregate Instance)	C는 함수 호출 시 한 개의 데이터 타입만 반환할 수 있기 때문에 여러 정보를 반환하려면 방법이 복잡하다. 따라서, 데이터 타입을 새로 정의한 후 연관된 모든 데이터를 새로 정의한 데이터 타입에 넣는다. 이렇게 묶음 인스턴스를 정의하면 공유하고자 하는 모든 연관 데이터를 실을 수 있다. 묶음 인스턴스를 구성 요소의 인터페이스에서 정의하여 호출자가 인스턴스에 저장된 모든 데이터에 직접 접근할 수 있도록 한다.
불변 인스턴스 (Immutable Instance)	호출자에게 구성 요소에서 불변 데이터의 큰 부분을 차지하는 정보를 제공하려 한다. 따라서, 정적 메모리에서 공유할 데이터를 포함하는 인스턴스(예: 구조체)를 만든다. 이 인스턴스를 접근하려는 사용자에게 제공하되, 사용자가 이 데이터를 수정할 수 없도록 해야 한다.

호출자 소유 버퍼 (Caller-Owned Buffer)	호출자에게 크기는 알지만 복잡하거나 크기가 큰 데이터를 제공하려 하며, 해당 데이터는 불변 데이터가 아니다(런타임에 변경된다). 따라서, 크고 복잡한 데이터를 반환하는 함수에 버퍼와 버퍼 크기를 제공하도록 호출자에 요구한다. 함수 구현 시 버퍼 크기가 충분히 크다면 필요한 데이터를 버퍼에 복사한다.
피호출자 할당 (Callee Allocates)	호출자에게 복잡하거나 크기가 큰 데이터를 제공하려 하는데, 크기도 모르고 불변 데이터도 아니다(런타임에 변경된다). 따라서, 크고 복잡한 데이터를 제공하는 함수 내부에서 필요한 크기의 버퍼를 할당받는다. 필요한 데이터를 할당받은 버퍼에 복사하고, 이 버퍼에 대한 포인터를 반환한다.

실행 예제

사용자에게 이더넷 드라이버에 대한 진단 정보를 표시하는 기능을 구현하려 한다. 우선, 이더넷 드라이버가 구현된 파일에 이 기능을 직접 추가하여 필요한 정보를 담고 있는 변수에 직접 접근한다.

```
void ethShow()
{
    printf("%i packets received\n", driver.internal_data.rec);
    printf("%i packets sent\n", driver.internal_data.snd);
}
```

나중에 이더넷 드라이버에 대한 진단 정보를 표시하는 기능이 상당히 확대될 가능성이 높다는 사실을 깨닫는다. 그래서 구현 파일을 분리하여 코드를 깨끗하게 유지하기로 한다. 이제 여러분은 이더넷 드라이버 구성 요소에서 여러분이 구현할 진단 구성 요소로 정보를 전송할 간단한 방법이 필요해졌다.

한 가지 방법은 전역 변수를 사용하여 이 정보를 전송하는 것이다. 하지만 전역 변수를 사용하면 굳이 파일까지 나누면서 구현하려는 노력이 무의미해질 것이다. 파일을 나눈 목적이 나누어진 코드가 강하게 연결되지 않았음을 보여주기 위함인데 전역 변수를 사용하게 되면 코드가 긴밀하게 연결되었음을 확인하는 꼴이 되기 때문이다.

간단하면서도 훨씬 더 좋은 해결 방법은 다음과 같다. 즉, 이더넷 구성 요소에 getter 함수를 추가하여 필요한 정보를 반환 값(Return Value)으로 제공하면 된다.

반환 값

컨텍스트

구현 파일 내 하나의 함수에 모든 것을 담은 코드는 좋은 코드가 아니다. 읽기도 어렵고 디버그하기도 힘들다. 따라서 여러 개의 함수로 분리하려 한다.

문제

함수로 분리하려는 부분은 서로 독립적이지 않다. 보통 절차적 프로그래밍에서는 어떤 부분의 결과가 다른 부분의 입력으로 사용된다. 분리하려는 함수는 일부 데이터를 공유해야 한다.

여러분의 코드를 쉽게 이해할 수 있는 데이터 공유 메커니즘이 필요하다. 즉, 함수 간에 어떤 데이터가 공유되는지 코드상에 명확하게 나타나고, 각 함수들은 코드에 명시되지 않은 별도 채널을 사용하여 통신하지 않도록 해야 한다. 따라서 호출자에게 정보를 제공하기 위해 전역 변수를 사용하는 것은 좋은 해결책이 아니다. 코드 내 다른 부분에서 전역 변수에 쉽게 접근하고 수정할 수 있기 때문이다. 또한, 함수 서명으로는 어떤 전역 변수가 반환 데이터로 사용되는지 정확히 알 수 없다.

전역 변수는 상태 정보를 저장하는 용도로 사용될 수 있어 동일한 함수 호출에 대해 다른 결과를 야기할 수 있다는 단점이 있다. 이렇게 되면 코드를 이해하기가 더 힘들어진다. 그 외에도, 전역 변수를 반환 정보로 사용하는 코드는 재진입(reentrant)이 불가능하며 다중 스레드 환경에서 사용하기에 안전하지 않다.

솔루션

함수 호출 결과에 대한 정보를 조회할 목적으로 제공되는 C 메커니즘인 반환 값을 사용한다. C에서 데이터를 반환하는 메커니즘은 함수 결과를 복사한 다음 이 복사값에 대한 접근을 호출자에게 제공하는 방식으로 동작한다.

그림 4.2와 다음 코드는 반환 값을 구현하는 방법을 보여준다.

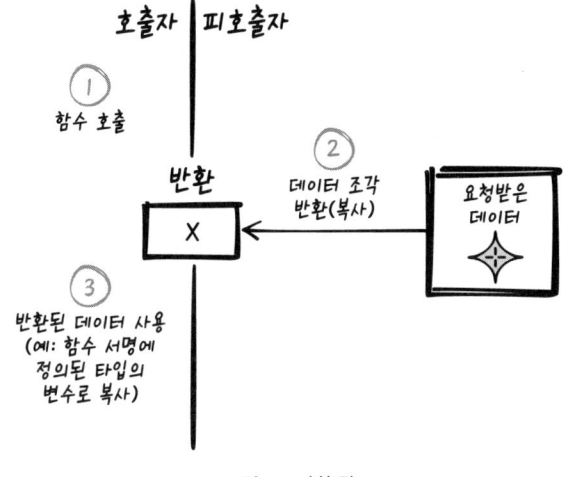

그림 4.2 반환 값

호출자 코드
```
int my_data = getData();
/* my_data를 사용한다. */
```

피호출자 코드
```
int getData()
{
    int requested_data;
    /* .... */
    return requested_data;
}
```

결과

반환 값은 호출자가 함수 결과의 복사본을 조회할 수 있도록 한다. 구현된 함수 외에 다른 코드는 이 값을 수정할 수 없으며, 복사본이므로 함수 호출에서만 이 값을 사용할 수 있다. 전역 변수 사용과 비교하면, 어떤 코드가 함수 호출을 통해 조회된 데이터에 영향을 미치는지 더 명확하게 정의된다.

또한, 전역 변수를 사용하지 않고 함수 결과의 복사본을 사용하면 함수에 재진입할 수 있으며, 다중 스레드 환경에서도 안전하게 사용할 수 있다.

그러나 C의 내장 데이터 타입의 경우 함수는 오직 함수 서명에 명시된 타입의 단일 객체만 반환할 수 있다. 함수 정의 시 여러 종류의 반환 타입을 갖도록 정의할 수 없다. 예를 들어, 세 개의 int 객체를 반환하는 함수는 만들 수 없다. 단일 스칼라(scalar) C 타입이 아닌 더 많은 정보를 반환하고자 한다면 묶음 인스턴스나 아웃 파라미터를 사용해야 한다.

또한, 배열 형태의 데이터를 반환하려 하면 반환 값은 원하는 결과를 얻지 못할 것이다. 반환 값으로 배열의 내용을 복사하는 대신 배열을 가리키는 포인터만 복사하기 때문이다. 그렇게 되면 호출자는 범위를 벗어난 데이터를 가리키는 포인터만 얻게 될 것이다. 배열을 반환하기 위해서는 호출자 소유 버퍼나 피호출자 할당같은 다른 메커니즘을 사용해야 한다.

반환 값 메커니즘만으로 충분하다고 판단되면 데이터 반환에 가장 간단한 이 방법을 사용하여 데이터를 반환하도록 하자. 아웃 파라미터, 묶음 인스턴스, 호출자 소유 버퍼, 피호출자 할당 같은 패턴은 지양하기 바란다. 이 패턴들은 더 강력하지만 그만큼 더 복잡하다.

알려진 용도

이번 패턴이 적용된 사례들은 다음과 같다.

- 이 패턴은 모든 곳에서 찾을 수 있다. 유효한 모든 함수는 이러한 방식으로 데이터를 반환한다.
- 모든 C 프로그램에는 `main` 함수가 있어, 이미 호출자(예: 운영 체제)에게 반환 값을 제공하고 있다.

실행 예제 - 패턴 적용 후

반환 값은 간단하게 적용되었다. 이제 이더넷 드라이버와 별도로 구분된 구현 파일에 새로운 진단 구성 요소가 있으며, 이 구성 요소는 이더넷 드라이버로부터 진단 정보를 받는다. 다음의 이더넷 드라이버 API 코드를 살펴보자.

이더넷 드라이버 API

```
/* 수신한 전체 패킷 수를 반환한다. */
int ethernetDriverGetTotalReceivedPackets();

/* 발송한 전체 패킷 수를 반환한다. */
int ethernetDriverGetTotalSentPackets();
```

호출자 코드

```
void ethShow()
{
    int received_packets = ethernetDriverGetTotalReceivedPackets();
    int sent_packets = ethernetDriverGetTotalSentPackets();
    printf("%i packets received\n", received_packets);
    printf("%i packets sent\n", sent_packets);
}
```

이 코드는 읽기 쉽다. 추가 정보를 넣고 싶다면 이러한 정보를 얻기 위한 함수를 추가하면 된다. 바로 이 작업을 이어서 할 것이다. 즉, 전송에 성공한 패킷과 실패한 패킷 수를 사용자에게 보여주려 한다. 첫 번째 시도로 다음 코드를 작성한다.

```
void ethShow()
{
    int received_packets = ethernetDriverGetTotalReceivedPackets();
    int total_sent_packets = ethernetDriverGetTotalSentPackets();
    int successfully_sent_packets = ethernetDriverGetSuccescullySentPackets();
    int failed_sent_packets = ethernetDriverGetFailedPackets();
    printf("%i packets received\n", received_packets);
    printf("%i packets sent\n", total_sent_packets);
    printf("%i packets successfully sent\n", successfully_sent_packets);
    printf("%i packets failed to send\n", failed_sent_packets);
}
```

이 코드를 사용하면 간혹 예상과는 다른 값이 나오는 것을 볼 수 있을 것이다. 예를 들어 total_sent_packets 값이 successfully_sent_packets 값과 failed_sent_packets 값을 더한 것보다 클 때가 있다. 이러한 일이 발생하는 이유는 이더넷 드라이버는 별도의 스레드에서 동작하고 있어서, 정보 조회를 위한 함수 호출 사이에도 이더넷 드라이버는 계속해서 동작하며 패킷 정보를 업데이트하기 때문이다. 가령 ethernetDriverGetTotalSentPackets 호출과 ethernet

DriverGetSuccescullySentPackets 호출 사이에 이더넷 드라이버에서 패킷 전송 성공이 추가로 일어나면 사용자에게 나타나는 정보는 일관성이 없을 것이다.

패킷 정보를 얻기 위한 함수 호출 과정에서 이더넷 드라이버가 동작하지 않는지 확인하는 것이 실현 가능한 해결 방법이 될 수 있다. 뮤텍스(Mutex)나 세마포어(Semaphore)를 사용하면 이와 같은 문제를 해결할 수 있겠지만, 굳이 패킷 통계를 얻는 수준의 간단한 작업을 하면서 뮤텍스나 세마포어와 씨름할 필요는 없다.

훨씬 더 쉬운 대안으로 아웃 파라미터(Out-Parameters)를 사용하면 함수 호출 한 번으로 다수의 정보를 반환할 수 있다.

아웃 파라미터

컨텍스트

구성 요소와 관련된 정보의 일부를 표현하는 데이터를 호출자에게 제공하고자 한다. 그리고 이러한 정보의 일부는 분리된 함수들을 호출하는 사이에 변경될 수 있다.

문제

C는 함수 호출 시 한 개의 데이터 타입만 반환할 수 있기 때문에 여러 정보를 반환하려면 방법이 복잡하다.

정보의 일부를 표현하는 데이터 전달용으로 전역 변수를 사용하는 것은 좋은 해결 방안이 아니다. 정보를 반환하는 용도로 전역 변수를 사용하는 코드는 재진입이 불가능하고, 다중 스레드 환경에서 사용하기에 안전하지 않기 때문이다. 이와는 별개로 전역 변수는 코드의 어느 곳에서든 접근 및 수정이 가능하다. 그리고 전역 변수를 사용할 때 함수 서명을 통해서는 데이터를 반환하기 위해 어떤 전역 변수가 사용되는지 정확히 알 수 없다. 따라서 전역 변수는 코드를 이해하고 유지·관리하기 어렵게 만들 수 있다. 또한 여러 함수의 반환 값을 사용하는 것도 좋은 옵션은 아니다. 반환하고자 하는 데이터가 서로 연관되어 있는데 이것을 여러 함수 호출을 통해 나누어 받는다면 코드의 가독성은 더 떨어진다.

데이터 조각들이 서로 연관되어 있다 보니 호출자는 이들 데이터 전체에 대한 일관된 스냅샷(snapshot)을 조회하려 한다. 다중 스레드 환경에서 다수의 반환 값을 사용하는 경우 런타임 때 데이터가 변경될 수 있기 때문에 문제가 된다. 이때 호출자가 여러 함수를 호출하는 과정에서 데이터가 변경되지 않도록 보장해주어야 한다. 하지만 호출자가 모든 데이터를 읽었는지 혹은 호출자가 다른 함수 호출을 통해 조회하려는 또 다른 정보가 있는지 알 길이 없다. 따라서 호출자가 함수를 호출하는 사이에 데이터가 변경되지 않도록 보장할 수 없다. 또 연관된 정보를 제공하기 위해 여러 개의 함수를 사용하는 경우, 데이터가 절대 변경되지 않아야 하는 시점을 알 수 없다. 그렇기 때문에 이러한 접근 방식으로는 호출자가 정보에 대한 일관된 스냅샷을 조회하도록 보장해 줄 수 없다.

관련 데이터를 계산하기 위해 대규모 사전 준비 작업이 필요한 경우, 반환 값을 갖는 다수의 함수를 사용하는 건 좋은 해결책이 아니다. 예를 들어, 주소록에서 특정인의 집 전화와 휴대 전화 번호를 반환하려 하고 두 전화번호를 반환하는 함수가 각각 따로 있다면, 각 함수를 호출하여 전체 집 전화와 휴대 전화 목록을 별도로 검색해야 한다. 이렇게 하면 불필요한 계산 시간과 리소스가 들어간다.

솔루션

포인터로 참조 인수를 에뮬레이션함으로써 한 번의 함수 호출로 모든 데이터를 반환한다.

C는 반환 값을 사용하여 여러 데이터 타입을 반환하는 것을 지원하지 않으며, 기본적으로 참조(by-reference) 인수도 지원하지 않지만, 참조 인수는 그림 4.3과 이어지는 코드에 표시된 것처럼 에뮬레이션할 수 있다.

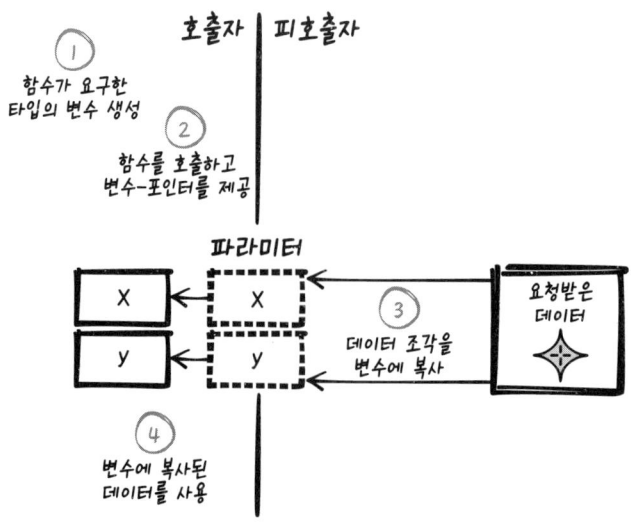

그림 4.3 아웃 파라미터

호출자 코드
```
int x,y;
getData(&x,&y);
/* x,y를 사용한다. */
```

다음은 피호출자 코드다.

```
void getData(int* x, int* y)
{
    *x = 42;
    *y = 78;
}
```

함수 하나에 포인터 인수를 여러 개 사용한다. 함수 구현부에는 포인터를 역참조(dereference)하여 호출자에게 반환하려는 값을 포인터가 가리키는 주소에 해당하는 인스턴스에 복사한다. 함수 구현부에서 데이터를 복사하는 동안 데이터가 변경되지 않도록 해야 한다. 이것은 상호 배제(mutual exclusion)를 통해 구현할 수 있다.

> **다중 스레드 환경**
>
> 현대의 시스템에서는 다중 스레드 환경에서 작업하는 것이 일상이 되었다. 이러한 환경에서 동기화 문제를 피하기 위해서는 불변 데이터를 사용하거나 데이터 또는 함수를 공유하지 않는 것이 상책이다.[1] 하지만 이것은 언제나 사용할 수 있는 방법이 아니다. 임의의 순서로, 또는 동시에 다수의 스레드로부터 안전하게 호출되도록 함수를 구현해야 하기 때문에 모든 게 힘들어진다.
>
> 일단, 구현하려는 함수가 재진입이 가능해야 한다. 이는 언제든 갑자기 중단되었다가 나중에 다시 재개되어도 정상적으로 동작해야 함을 의미한다. 전역 변수와 같이 공유 리소스를 가지고 작업하는 경우, 다른 스레드들이 동시에 접근하는 것으로부터 이 리소스를 보호해야 하므로 이를 위해 뮤텍스나 세마포어 같은 동기화 프리미티브(synchronization primitive)를 사용할 수 있다.
>
> 이 책은 이와 같은 동기화 프리미티브 및 이에 대한 사용법에 초점을 맞추지 않았다. 관심이 있다면 《Real-Time Design Patterns: Robust Scalable Architecture for Real-Time Systems》(Addison-Wesley, 2002)를 참고하기 바란다. 동시성 및 리소스 관리에 대한 C 패턴도 제공한다.

결과

이제 관련 정보의 일부를 표현하는 모든 데이터가 함수 호출 한 번으로 반환되어 일관성을 유지할 수 있게 되었다(예: 뮤텍스나 세마포어로 보호하는 데이터 복사). 이 함수는 재진입이 가능하여 다중 스레드 환경에서 안전하게 사용할 수 있다.

각각의 데이터 항목이 추가될 때마다 함수에 전달되는 포인터도 하나씩 추가된다. 그래서 많은 데이터를 반환할수록 함수의 파라미터 목록이 점점 길어진다는 단점이 있다. 한 개의 함수에 많은 파라미터가 있으면 코드 냄새(code smell)를 유발하고 코드를 읽을 수 없게 되어버린다. 이것이 한 개의 함수에 여

---

[1] 케블린 헤니(Kevlin Henney)의 Thinking Outside the Synchronization Quadrant 동영상 참조, *https://oreil.ly/SI1ta*

러 개의 아웃 파라미터를 거의 사용하지 않는 이유이며, 대신에 코드를 깨끗하게 하기 위해 묶음 인스턴스를 사용하여 연관된 정보를 반환한다.

또한 각각의 데이터 조각마다 호출자는 함수에 해당 포인터를 전달해야 한다. 이는 각각의 데이터 조각에 대한 포인터가 추가로 스택에 들어가야 한다는 뜻이다. 이것은 호출자의 스택 메모리가 매우 제한적인 경우 문제가 될 수 있다.

아웃 파라미터는 함수 서명을 보는 것만으로는 아웃 파라미터인지 명확하게 식별하기 어렵다는 단점이 있다. 호출자는 함수 서명에 있는 포인터를 통해 아웃 파라미터일 수도 있겠다고 추측할 수 있을 뿐이다. 그러나 이러한 포인터 파라미터는 함수의 입력으로 사용될 수도 있다. 따라서 API 문서를 통해 어떤 파라미터가 입력으로 사용되고 어떤 파라미터가 출력(반환용)으로 사용되는지를 명확하게 설명해야 한다.

일을 간단히 하기 위해 C에서는 스칼라 타입들에 대해 호출자가 함수의 인수로 변수에 대한 포인터를 전달할 수 있도록 하였다. 함수 구현부에서 포인터를 해석하기 위한 모든 정보는 지정된 포인터 타입에 따라 결정된다. 배열 등의 복잡한 타입을 갖는 데이터를 반환하기 위해서는 호출자 소유 버퍼를 제공하거나 피호출자 할당을 구현해야 하고, 이때 버퍼 크기 등 데이터에 대한 추가 정보도 함께 제공되어야 한다.

알려진 용도

이번 패턴이 적용된 사례들은 다음과 같다.

- 윈도우 RegQueryInfoKey 함수는 아웃 파라미터를 통해 레지스트리 키에 대한 정보를 반환한다. 호출자가 unsigned long 포인터를 함수에 제공하면 함수는 레지스트리 정보 중 일부에 해당하는 subkey의 개수와 키 값의 크기를 전달받은 포인터가 가리키는 unsigned long 타입의 변수에 기록한다.
- 애플의 C 프로그램용 Cocoa API는 NSError라는 추가 파라미터를 사용하여 함수 호출 중에 발생하는 오류를 저장한다.
- 실시간 운영 체제 VxWorks의 userAuthenticate 함수는 반환 값을 사용하여 제공된 암호가 제공된 로그인 이름에 해당하는지 여부에 대한 정보를 반환

한다. 추가로, 이 함수는 아웃 파라미터를 사용하여 제공된 로그인 이름에 해당하는 사용자 ID를 반환한다.

실행 예제 - 패턴 적용 후

아웃 파라미터를 적용한 코드는 다음과 같다.

이더넷 드라이버 API

```
/* 아웃 파라미터를 통해 드라이버 상태 정보를 반환한다.
    total_sent_packets           : 전송을 시도한 패킷 수(성공, 실패 모두 포함)
    successfully_sent_packets    : 전송에 성공한 패킷 수
    failed_sent_packets          : 전송에 실패한 패킷 수 */
void ethernetDriverGetStatistics(int* total_sent_packets,
                                 int* successfully_sent_packets,
                                 int* failed_sent_packets);   ❶
```

❶ 전송된 패킷 정보를 조회하기 위해 이더넷 드라이버에 대한 함수 호출을 한 번만 수행하면 되고, 이더넷 드라이버는 이 한 번의 함수 호출 동안에 제공되는 데이터에 대한 일관성을 보장할 수 있다.

호출자 코드

```
void ethShow()
{
    int total_sent_packets, successfully_sent_packets,
        failed_sent_packets;
    ethernetDriverGetStatistics(&total_sent_packets,
                                &successfully_sent_packets,
                                &failed_sent_packets);
    printf("%i packets sent\n", total_sent_packets);
    printf("%i packets successfully sent\n", successfully_sent_packets);
    printf("%i packets failed to send\n", failed_sent_packets);

    int received_packets = ethernetDriverGetTotalReceivedPackets();
    printf("%i packets received\n", received_packets);
}
```

아울러, 전송 패킷 수 조회 함수로 received_packets까지 조회토록 하는 것도 괜찮겠다는 생각이 들다가도 그럴수록 함수 호출이 점점 더 복잡해질 것임을 깨닫게 될 것이다. 이미 함수 하나에 세 개의 아웃 파라미터를 사용하는 바람에 쓰고 읽기가 복잡해졌다. 그래서 함수 호출 시 파라미터가 섞이기 쉽다. 네

번째 파라미터를 추가했다가는 코드를 더 악화시킬 뿐이다.

코드를 더 읽기 쉽게 하기 위해 묶음 인스턴스(Aggregate Instance)를 사용할 수 있다.

묶음 인스턴스

컨텍스트

구성 요소의 관련 정보 일부를 표현하는 데이터를 호출자에게 제공하고자 한다. 그리고 이러한 정보의 일부는 분리된 함수들을 호출하는 사이에 변경될 수 있다.

문제

C는 함수 호출 시 한 개의 데이터 타입만 반환할 수 있기 때문에 여러 정보를 반환하려면 방법이 복잡하다.

정보의 일부를 표현하는 데이터를 전달하는 용도로 전역 변수를 사용하는 것은 좋은 해결 방안이 아니다. 정보를 반환하는 용도로 전역 변수를 사용하는 코드는 재진입이 불가능하고, 다중 스레드 환경에서 사용하기에 안전하지 않기 때문이다. 이와는 별개로 전역 변수는 코드의 어느 곳에서든 접근 및 수정이 가능하다. 그리고 전역 변수를 사용할 때 함수 서명을 통해서는 데이터를 반환하기 위해 어떤 전역 변수가 사용되는지 정확히 알 수 없다. 따라서 전역 변수는 코드를 이해하고 유지·관리하기 어렵게 만들 수 있다. 또한 여러 함수의 반환 값을 사용하는 것도 좋은 옵션은 아니다. 반환하고자 하는 데이터가 서로 연관되어 있는데 이것을 여러 함수 호출을 통해 나누어 받는다면 코드의 가독성은 더 떨어진다.

함수 하나에 아웃 파라미터를 많이 쓰는 것도 좋은 방법이 아니다. 아웃 파라미터가 많아지면 혼동하기 쉬워지고 결국에는 코드를 읽을 수 없게 될 것이다. 또한 파라미터 간 밀접한 연관성을 보여주기 위해 동일한 파라미터 세트를 다른 함수에 제공하거나 다른 함수로부터 반환받기를 원할 수도 있다. 이와 같은 방법으로 함수 파라미터를 명시적으로 나타내면 나중에 파라미터 하나를 더 추가하기 위해 관련된 모든 함수를 수정해야 하는 일이 벌어질 것이다.

데이터 조각들이 서로 연관되어 있다 보니 호출자는 이들 데이터 전체에 대한 일관된 스냅샷(snapshot)을 조회하려 한다. 다중 스레드 환경에서 다수의 반환 값을 사용하는 경우, 런타임 때 데이터가 변경될 수 있기 때문에 문제가 된다. 이때 호출자가 여러 함수를 호출하는 과정에서 데이터가 변경되지 않도록 보장해 주어야 한다. 하지만 호출자가 모든 데이터를 읽었는지 혹은 호출자가 다른 함수 호출을 통해 조회하려는 또 다른 정보가 있는지 알 길이 없다. 따라서 호출자가 함수를 호출하는 사이에 데이터가 변경되지 않도록 보장할 수 없다. 또 연관된 정보를 제공하기 위해 여러 개의 함수를 사용하는 경우, 데이터가 절대 변경되지 않아야 하는 시점을 알 수 없다. 그렇기 때문에 이러한 접근 방식으로는 호출자가 정보에 대한 일관된 스냅샷을 조회하도록 보장해줄 수 없다.

관련 데이터를 계산하기 위해 대규모 사전 준비 작업이 필요한 경우, 반환 값을 갖는 다수의 함수를 사용하는 건 좋은 해결책이 아니다. 예를 들어, 주소록에서 특정인의 집 전화와 휴대 전화 번호를 반환하려 하고 두 전화번호를 반환하는 함수가 각각 따로 있다면, 각 함수를 호출하여 전체 집전화와 휴대 전화 목록을 별도로 검색해야 한다. 이렇게 하면 불필요한 계산 시간과 리소스기 들어간다.

솔루션

데이터 타입을 새로 정의한 후 연관된 모든 데이터를 새로 정의한 데이터 타입에 넣는다. 이렇게 묶음 인스턴스를 정의하면 공유하고자 하는 모든 연관 데이터를 실을 수 있다. 묶음 인스턴스를 구성 요소의 인터페이스에서 정의하여 호출자가 인스턴스에 저장된 모든 데이터에 직접 접근할 수 있도록 한다.

묶음 인스턴스를 구현하기 위해서는 헤더 파일에서 구조체를 정의한 다음 호출된 함수에서 반환할 모든 데이터 타입을 이 구조체의 멤버로 정의한다. 함수 구현부에서는 그림 4.4와 같이 반환할 데이터를 구조체 멤버로 복사한다. 이때, 복사하는 동안 데이터가 변경되지 않도록 보장해 주어야 하는데, 이를 위해 뮤텍스나 세마포어를 통한 상호 배제를 적용할 수 있다.

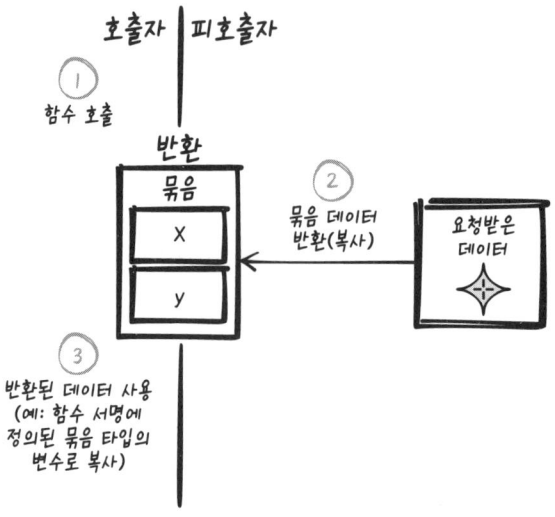

그림 4.4 묶음 인스턴스

실제로 구조체를 호출자에게 반환하기 위한 방법은 두 가지가 있다.

- 구조체 전체를 반환 값으로 전달한다. C는 내장된 데이터 타입뿐만 아니라 구조체와 같은 사용자 정의 데이터 타입도 반환 값으로 전달이 가능하다.
- 아웃 파라미터를 사용하여 구조체를 가리키는 포인터를 전달한다. 그러나 포인터만 전달하는 경우에는 포인터가 가리키는 메모리를 누가 제공하고 소유하는지에 대한 문제가 발생한다. 이 문제는 호출자 소유 버퍼나 피호출자 할당으로 해결할 수 있다. 포인터를 전달하여 호출자가 묶음 인스턴스에 직접 접근토록 하는 대신, 핸들을 사용하여 호출자로부터 구조체를 숨길 수 있다.

다음은 전체 구조체를 전달하는 방식으로 수정한 코드이다.

호출자 코드
```
struct AggregateInstance my_instance;
my_instance = getData();
/* my_instance.x를 사용한다,
   my_instance.y를 사용한다, ... */
```

피호출자 코드

```c
struct AggregateInstance
{
    int x;
    int y;
};

struct AggregateInstance getData()
{
    struct AggregateInstance inst;
    /* inst.x와 inst.y를 채운다. */
    return inst;    ❶
}
```

❶ 반환할 때 (심지어 구조체일지라도) inst의 내용이 복사되기 때문에 호출자는 inst가 범위를 벗어난 후에도 복사된 내용에 접근할 수 있다.

결과

이제 호출자는 묶음 인스턴스를 통해 한 번의 함수 호출로 연관된 정보를 나타내는 여러 데이터를 조회할 수 있다. 이 함수는 재진입이 가능하며 다중 스레드 환경에서도 안전하게 사용할 수 있다.

이는 호출자에게 연관된 정보에 대한 일관된 스냅샷을 제공한다. 또한 여러 함수를 호출하거나 많은 아웃 파라미터가 있는 함수를 호출할 필요가 없어지기 때문에 호출자의 코드도 깨끗해진다.

반환 값을 사용하여 포인터 없이 함수 간에 데이터를 전달하면 이 모든 데이터가 스택에 저장된다. 구조체 한 개를 10개의 중첩된 함수에 전달하면 이 구조체는 스택에 10번 쌓인다. 어떤 경우에는 문제가 되지 않지만 다른 경우에는 문제가 될 수 있다. 특히 구조체가 너무 커서 매번 전체 구조체를 스택에 저장하여 메모리를 낭비하고 싶지 않다면 더욱 그렇다. 이 때문에 구조체를 직접 전달하거나 반환하는 대신 구조체에 대한 포인터를 전달하거나 반환하는 경우가 많다.

구조체에 대한 포인터를 전달할 때 혹은 구조체에 포인터가 포함된 경우 C는 깊은 복사(deep copy)를 수행하지 않는다는 점을 기억하자. C는 포인터 값만 복사할 뿐 포인터가 가리키는 인스턴스는 복사하지 않는다. 이것을 원치 않는다면 포인터를 사용하게 되는 즉시 그 포인터가 가리키는 메모리를 할당받거나 클린업해야 한다. 이 문제는 호출자 소유 버퍼나 피호출자 할당에서 다룬다.

알려진 용도

이번 패턴이 적용된 사례들은 다음과 같다.

- 우베 즈둔(Uwe Zdun)의 논문 〈Patterns of Argument Passing〉에서는 이 패턴을 컨텍스트 객체(Context Object)라고 기술하면서 C++ 예제도 포함하고 있다.[2] 그리고 《리팩터링》(한빛미디어, 2020)에서는 파라미터 객체(Parameter Object)라는 이름으로 설명하고 있다.
- 게임 NetHack의 코드는 묶음 인스턴스에 몬스터 속성치를 저장하고 이 정보를 검색하는 함수를 제공한다.
- 텍스트 편집기 sam의 구현부를 보면 코드를 더 단순하게 유지하기 위해 struct를 함수에 전달하거나 함수에서 구조체를 반환할 때 그냥 복사하도록 놔둔다.

실행 예제 - 패턴 적용 후

묶음 인스턴스를 적용한 코드는 다음과 같다.

이더넷 드라이버 API
```
struct EthernetDriverStat{
    int received_packets;           /* 수신한 패킷 수 */
    int total_sent_packets;         /* 전송한 패킷 수(성공, 실패 모두) */
    int successfully_sent_packets;  /* 전송에 성공한 패킷 수 */
    int failed_sent_packets;        /* 전송에 실패한 패킷 수 */
};

/* 이더넷 드라이버의 통계 정보를 반환한다. */
struct EthernetDriverStat ethernetDriverGetStatistics();
```

---

2 https://oreil.ly/VlCgm

호출자 코드
```
void ethShow()
{
    struct EthernetDriverStat eth_stat = ethernetDriverGetStatistics();
    printf("%i packets received\n", eth_stat.received_packets);
    printf("%i packets sent\n", eth_stat.total_sent_packets);
    printf("%i packets successfully sent\n", eth_stat.successfully_sent_packets);
    printf("%i packets failed to send\n", eth_stat.failed_sent_packets);
}
```

이제 이더넷 드라이버에 대한 한 번의 호출만으로 이더넷 드라이버는 이 호출이 일어나는 동안 전달된 데이터에 일관성을 보장할 수 있다. 뿐만 아니라, 연관된 데이터가 이제 하나의 구조체로 묶이면서 코드가 훨씬 깨끗하게 보인다.

다음으로, 이더넷 드라이버에 대한 더 많은 정보를 사용자에게 표시하려고 한다. 즉, 패킷 통계 정보가 어떤 이더넷 인터페이스에 해당하는지 사용자에게 알려주기 위해 드라이버 이름과 드라이버에 대한 텍스트 설명을 보여주려 한다. 두 정보 모두 이더넷 드라이버 구성 요소에 문자열 형태로 저장되어 있다. 문자열은 제법 길어서 문자열의 길이를 정확히 알지는 못하지만, 다행히 런타임 중에 문자열이 변경될 일은 없다. 따라서 불변 인스턴스(Immutable instance)를 구현하여 접근할 수 있다.

불변 인스턴스

컨텍스트
구성 요소에 많은 데이터가 포함되어 있고, 다른 구성 요소가 이 데이터에 접근하려 한다.

문제
호출자에게 구성 요소에서 불변 데이터의 큰 부분을 차지하는 정보를 제공하려 한다.

모든 호출자마다 데이터를 복사하는 것이 메모리 낭비라고 해서 묶음 인스턴스 반환을 통해 모든 데이터를 제공하거나 아웃 파라미터에 모든 데이터를 복사하는 방법은 스택 메모리 제한 때문에 선택할 수 없다.

일반적으로 이러한 데이터에 대한 포인터를 반환하는 것은 까다로운 문제다. 포인터를 사용하면 이러한 데이터가 수정될 수도 있고, 여러 호출자가 동일한 데이터를 읽고 쓰는 즉시 접근하려는 데이터가 최근 값으로 일관되게 유지되도록 보장하는 메커니즘을 갖추어야 한다. 다행히도 현재 상황은 호출자에게 제공하려는 데이터가 컴파일 시간이나 부팅 시간에 고정되어 런타임에는 변경되지 않는다는 것이다.

솔루션

정적 메모리에서 공유할 데이터를 포함하는 인스턴스(예: 구조체)를 만든다. 이 인스턴스를 접근하려는 사용자에게 제공하되, 사용자가 이 데이터를 수정할 수 없도록 해야 한다.

컴파일 시간이나 부팅 시간에 인스턴스에 포함될 데이터를 작성한 후 런타임에는 더이상 변경되지 못하도록 한다. 프로그램에 하드코딩된 형태로 데이터를 작성하거나 프로그램 시작 시점에 초기화할 수도 있다(초기화에 대한 다른 패턴은 157쪽 "전역 상태 소프트웨어 모듈"을, 저장소에 대한 다른 패턴은 80쪽 "영구적 메모리"를 참조하자). 심지어 그림 4.5와 같이 다수의 호출자(와 다중 스레드)가 동시에 인스턴스에 접근할 때도 걱정할 필요가 없다. 인스턴스는 변경되지 않고 항상 일관된 상태를 유지하면서 필요한 정보를 그대로 보유하고 있기 때문이다.

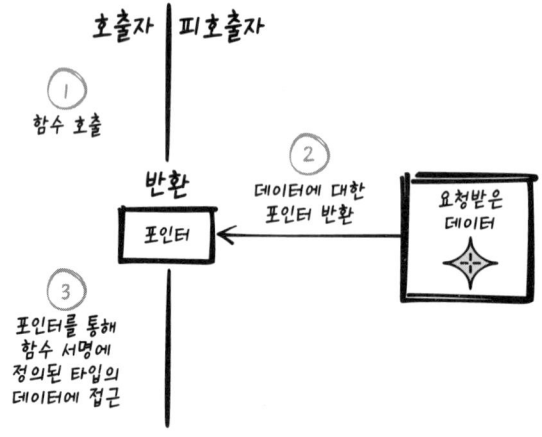

그림 4.5 불변 인스턴스

데이터에 대한 포인터를 반환하는 함수를 구현한다. 또는, 어쨌든 데이터가 런타임에 변경되지 않기 때문에 데이터를 보유한 변수를 직접 전역 변수로 만들어 API에 넣을 수도 있다. 그럼에도 전역 변수보다 getter 함수가 더 나은 이유는 유닛 테스트를 더 쉽게 작성할 수 있고, 추후에 코드의 동작이 변하는 경우(예: 데이터 변경이 가능해짐)에도 인터페이스를 변경하지 않아도 되기 때문이다.

호출자가 데이터를 수정할 수 없도록 하려면 데이터에 대한 포인터를 반환할 때 다음 코드와 같이 데이터가 const를 가리키도록 하면 된다.

호출자 코드

```
const struct ImmutableInstance* my_instance;
my_instance = getData();         ❶
/* my_instance->x를 사용한다,
   my_instance->y를 사용한다, ... */
```

❶ 호출자는 포인터 참조는 얻을 수 있지만 메모리 소유권은 얻지 못한다.

피호출자 API

```
struct ImmutableInstance
{
    int x;
    int y;
};
```

피호출자 구현

```
static struct ImmutableInstance inst = {12, 42};
const struct ImmutableInstance* getData()
{
    return &inst;
}
```

결과

호출자는 간단한 함수 하나만 호출해도 복잡하거나 큰 데이터에 접근할 수 있으며, 이 데이터가 어디에 저장되어 있는지도 신경쓸 필요가 없다. 호출자는 데이터를 저장할 버퍼 제공이나 클린업, 데이터 수명 등에 신경쓸 필요가 없다. 해당 데이터는 그저 항상 존재할 뿐이다.

호출자는 포인터 탐색을 통해 모든 데이터를 읽을 수 있다. 포인터를 탐색하는 간단한 함수는 재진입이 가능하며 다중 스레드 환경에서 안전하게 사용할 수 있다. 또한 데이터는 런타임 동안 변경되지 않기 때문에 다중 스레드 환경에서도 안전하게 접근할 수 있다. 아무리 스레드가 많더라도 데이터를 읽기만 한다면 문제가 되지 않는다.

그러나 별도의 조치를 취하지 않는 한 런타임 동안 데이터를 변경할 수 없다. 호출자가 데이터를 변경할 수 있어야 한다면 copy-on-write[3] 같은 것을 구현하는 방법도 있다. 일반적으로 데이터가 런타임 동안 변경될 수 있다면 불변 인스턴스를 사용해서는 안 되며, 대신 복잡하고 큰 데이터를 공유하기 위해 호출자 소유 버퍼를 사용하거나 피호출자 할당을 사용해야 한다.

알려진 용도

이번 패턴이 적용된 사례들은 다음과 같다.

- 케블린 헤니는 자신의 논문 〈Patterns in Java: Patterns of Value〉에서 이와 유사한 개념인 Immutable Object 패턴을 자세히 설명하고 C++ 코드 예제도 제공한다.[4]
- 게임 NetHack의 코드는 불변 인스턴스에 변할 일이 없는 몬스터 속성 값을 저장하고 이 정보를 조회하는 기능을 제공한다.

실행 예제 - 패턴 적용 후

일반적으로 구성 요소 내에 저장된 데이터에 접근하는 용도로 포인터를 반환하는 것은 까다로운 일이다. 여러 호출자가 이 데이터에 접근(혹은 쓰기)하는 경우 기본 포인터는 해결책이 될 수 없다. 사용 중인 포인터가 여전히 유효한지, 이 포인터에 포함된 데이터가 일관성이 있는지 알 수 없기 때문이다. 하지만 지금과 같은 경우에는 운이 좋게도 불변 인스턴스가 있다. 드라이버 이름과 설명은 모두 컴파일 시간에 결정되는 정보이며 이후에도 변경되지 않는다. 따

---

[3] (옮긴이) Copy-on-write(COW)는 말 그대로 '쓰기 시점에 복사'하는 것으로, 동일한 메모리 또는 객체를 참조하는 포인터 중 특정 포인터에서 참조하는 메모리 또는 객체를 수정(변경)하는 일이 발생할 때 아예 그 복사본을 만들어 수정(변경)하는 것이다.

[4] https://oreil.ly/cVY9N

라서 간단하게 이 데이터에 대한 상수 포인터로 조회할 수 있다.

이더넷 드라이버 API
```
struct EthernetDriverInfo{
    char name[64];
    char description[1024];
};

/* 드라이버 이름과 설명을 반환한다. */
const struct EthernetDriverInfo* ethernetDriverGetInfo();
```

호출자 코드
```
void ethShow()
{
    struct EthernetDriverStat eth_stat = ethernetDriverGetStatistics();
    printf("%i packets received\n", eth_stat.received_packets);
    printf("%i packets sent\n", eth_stat.total_sent_packets);
    printf("%i packets successfully sent\n",eth_stat.successfully_sent_packets);
    printf("%i packets failed to send\n", eth_stat.failed_sent_packets);

    const struct EthernetDriverInfo* eth_info = ethernetDriverGetInfo();
    printf("Driver name: %s\n", eth_info->name);
    printf("Driver description: %s\n", eth_info->description);
}
```

다음 단계로 이더넷 인터페이스의 이름과 설명에 추가로 사용자에게 현재 구성된 IP 주소와 서브넷 마스크를 표시하려 한다. 주소와 마스크는 이더넷 드라이버에 문자열로 저장된다. 주소와 마스크 모두 런타임 중에 변경 가능한 정보이므로 단순히 불변 인스턴스에 대한 포인터를 반환할 수 없다.

    이더넷 드라이버가 이러한 문자열들을 묶음 인스턴스로 합친 후 이 인스턴스를 반환하는 것도 가능하겠지만(구조체를 반환할 때 구조체에 포함된 배열도 복사됨), 데이터 양이 많으면 그만큼의 스택 메모리가 필요하기 때문에 흔히 선택하는 방법은 아니다. 그 대신, 일반적으로 포인터를 사용한다.

    포인터를 사용하는 것이 여러분이 찾고 있는 정확한 솔루션이다. 호출자 소유 버퍼(Caller-Owned Buffer)를 사용하면 된다.

호출자 소유 버퍼

컨텍스트

서로 다른 구성 요소 간에 공유하려는 대용량 데이터가 있다.

문제

호출자에게 크기는 알지만 복잡하거나 크기가 큰 데이터를 제공하려 하며, 해당 데이터는 불변 데이터가 아니다(런타임에 변경된다).

런타임 동안 데이터가 변경되기 때문에(아마도 호출자에 데이터 쓰기 함수를 제공하기 때문일 수도 있다), 불변 인스턴스의 경우처럼 단순히 호출자에 정적 데이터에 대한 포인터를 제공할 수는 없다. 호출자에 이러한 포인터를 그냥 제공하면 호출자가 일관성이 상실된(부분적으로 덮어쓴) 데이터를 읽는 문제가 생길 수 있다. 다중 스레드 환경에서 다른 호출자가 동시에 해당 데이터를 쓸 수 있기 때문이다.

단순히 모든 데이터를 묶음 인스턴스에 복사하고 반환 값을 통해 호출자에 전달하는 방법을 선택할 수도 없다. 데이터가 커서 메모리가 매우 제한적인 스택을 통해 전달할 수 없기 때문이다.

대신 묶음 인스턴스에 대한 포인터만 반환할 수도 있는데, 이렇게 하면 스택 메모리 제한 문제는 해결되지만 C가 깊은 복사 작업을 수행하지 않는다는 점에 주의해야 한다. C는 포인터만 반환할 뿐이다. 함수 호출 후에도 포인터가 가리키는 (묶음 인스턴스 또는 배열에 저장된) 데이터가 여전히 유효하도록 보장해 주어야 한다. 예를 들어 함수 내 자동 변수에 데이터를 저장한 후 이에 대한 포인터를 반환해서는 안 된다. 왜냐하면 이 변수는 함수 호출이 끝남과 동시에 범위를 벗어나기 때문이다.

이제 데이터를 어디에 저장해야 하는지에 대한 질문이 생긴다. 호출자와 피호출자 중 누가 필요한 메모리를 제공해야 하는지, 그리고 어느 쪽이 메모리 관리 및 클린업을 담당하는지를 명확히 해야 한다.

솔루션

크고 복잡한 데이터를 반환하는 함수에 버퍼와 버퍼 크기를 제공하도록 호출자에게 요구한다. 함수 구현 시 버퍼 크기가 충분히 크다면 필요한 데이터를 버퍼에 복사한다.

복사가 진행되는 동안 데이터가 변경되지 않았는지 확인해야 한다. 이를 위한 상호 배제 구현을 위해 뮤텍스 또는 세마포어를 사용할 수 있다. 그러면 호출자는 버퍼의 데이터 스냅샷을 갖게 되고, 호출자가 이 스냅샷의 유일한 소유자가 되기 때문에 원래의 데이터가 계속 변경되더라도 호출자는 이미 획득한 스냅샷에 지속적으로 접근할 수 있다.

호출자는 버퍼와 버퍼 크기를 각각 별도의 함수 파라미터로 제공할 수도 있고, 아예 버퍼와 버퍼 크기를 묶음 인스턴스로 합친 후 묶음 인스턴스에 대한 포인터를 함수에 전달할 수도 있다.

호출자는 버퍼와 버퍼 크기를 함수에 제공해야 하므로 버퍼 크기를 미리 알고 있어야 한다. 호출자가 버퍼 크기를 알게 하려면 API에 버퍼 크기에 대한 요구 사항이 있어야 한다. 이 요구 사항은 API 내에서 매크로를 이용하여 버퍼 크기를 정의하거나 필요한 크기의 버퍼를 포함하는 구조체를 정의하는 것으로 구현할 수 있다.

그림 4.6과 다음 코드는 호출자 소유 버퍼의 개념을 보여준다.

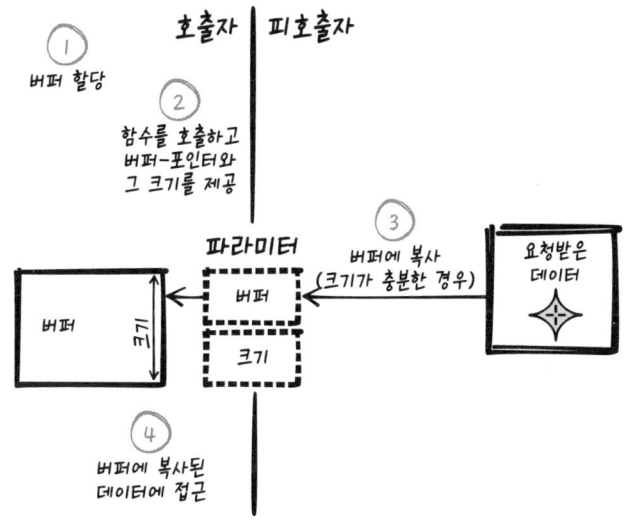

그림 4.6 호출자 소유 버퍼

호출자 코드
```
struct Buffer buffer;

getData(&buffer);
/* buffer.data를 사용한다. */
```

피호출자 API
```
#define BUFFER_SIZE 256
struct Buffer
{
    char data[BUFFER_SIZE];
};

void getData(struct Buffer* buffer);
```

피호출자 구현
```
void getData(struct Buffer* buffer)
{
    memcpy(buffer->data, some_data, BUFFER_SIZE);
}
```

결과

한 개의 함수 호출로 크고 복잡한 데이터를 호출자에게 일관되게 제공할 수 있다. 이 함수는 재진입이 가능하며 다중 스레드 환경에서 안전하게 사용할 수 있다. 또한 호출자가 버퍼의 유일한 소유자이기 때문에 다중 스레드 환경에서 안전하게 데이터에 접근할 수 있다.

호출자는 예상되는 크기의 버퍼를 제공하면서 해당 버퍼에 대한 메모리 종류를 결정할 수도 있다. 가령, 호출자는 버퍼를 스택에 배치하여(76쪽 "스택 우선" 참조) 변수가 범위를 벗어난 후 스택 메모리가 정리되는 이점을 누릴 수 있다. 혹은 메모리를 힙에 배치하여 변수의 수명을 결정하거나 스택 메모리를 낭비하지 않을 수도 있다. 아울러, 호출 함수는 함수 호출로 얻은 버퍼에 대한 참조만 가질 수 있다. 이 경우 이 버퍼는 간단하게 전달할 수 있으며 버퍼가 여러 개일 필요가 없어진다.

함수 호출 중에는 시간이 많이 소요되는 메모리 할당과 해제 작업이 수행되지 않는다. 호출자는 이러한 작업이 동작하는 시점을 결정할 수 있으므로 함수 호출은 더 빠르게 이루어지며 호출 시간에 대한 편차도 거의 없다.

API를 통해 호출자가 버퍼에 대한 지정 소유권을 가지고 있음이 명백해진다. 즉, 호출자는 버퍼를 제공한 후 나중에 클린업을 해야 한다. 호출자가 버퍼를 할당받았다면 나중에 버퍼 할당을 해제할 책임이 있다.

호출자는 버퍼의 크기를 미리 알고 있어야 하며, 버퍼 크기를 알고 있기 때문에 함수가 버퍼에서 안전하게 동작할 수 있다. 그러나 경우에 따라 호출자도 필요한 크기를 정확하게 모를 수도 있기 때문에, 이때는 피호출자 할당을 적용하는 편이 더 나을 수 있다.

알려진 용도

이번 패턴이 적용된 사례들은 다음과 같다.

- NetHack 코드는 이 패턴을 사용하여 게임 저장 정보를 구성 요소에 제공한 후 실제로 게임 진행 상황을 디스크에 저장한다.
- B&R Automation Runtime 운영 체제는 IP 주소를 조회하는 함수에서 이 패턴을 사용한다.
- C stdlib 함수 중 하나인 `fgets`는 스트림에서 입력을 읽고 그것을 제공받은 버퍼에 저장한다.

실행 예제 - 패턴 적용 후

이제 이더넷 드라이버 함수에 호출자 소유 버퍼를 제공하면 함수는 데이터를 이 버퍼에 복사한다. 단, 버퍼의 크기가 얼마나 되는지 미리 알고 있어야 한다. 다행히 IP 주소 문자열을 얻는 경우 문자열의 크기가 고정되어 있으므로 버퍼의 크기는 문제가 되지 않는다. 따라서 IP 주소에 대한 버퍼를 스택에 놓고 이 스택 변수를 이더넷 드라이버에 제공하기만 하면 된다. 다른 방법으로, 힙에 버퍼를 할당하는 것도 가능하지만 이 경우에는 IP 주소의 크기가 알려져 있고 데이터 크기가 스택에 들어갈 만큼 작기 때문에 (힙에 버퍼를 할당하는 것까지는) 필요하지 않다.

이더넷 드라이버 API
```
struct IpAddress{
    char address[16];
    char subnet[16];
};

/* IP 정보를 'ip'에 저장한다. 'ip'는 호출자가 제공해야 한다. */
void ethernetDriverGetIp(struct IpAddress* ip);
```

호출자 코드
```
void ethShow()
{
    struct EthernetDriverStat eth_stat = ethernetDriverGetStatistics();
    printf("%i packets received\n", eth_stat.received_packets);
    printf("%i packets sent\n", eth_stat.total_sent_packets);
    printf("%i packets successfully sent\n", eth_stat.successfully_sent_packets);
    printf("%i packets failed to send\n", eth_stat.failed_sent_packets);

    const struct EthernetDriverInfo* eth_info = ethernetDriverGetInfo();
    printf("Driver name: %s\n", eth_info->name);
    printf("Driver description: %s\n", eth_info->description);

    struct IpAddress ip;
    ethernetDriverGetIp(&ip);
    printf("IP address: %s\n", ip.address);
}
```

다음으로 진단 구성 요소를 확장하여 마지막으로 수신된 패킷에 대한 덤프(dump)도 인쇄하고자 한다. 이것은 스택에 넣기에는 너무 큰 정보이며, 이더넷 패킷은 크기가 다양하기 때문에 패킷에 대한 버퍼가 얼마나 커야 하는지도 미리 알 수 없다. 따라서 이런 경우에는 호출자 소유 버퍼를 선택할 수 없다.

물론 단순히 두 개의 함수 EthernetDriverGetPacketSize()와 EthernetDriverGetPacket(buffer)로 구현할 수도 있지만, 그렇게 하면 함수를 두 번 호출해야 하는 문제가 있다. 즉, 두 함수 호출 사이에서 이더넷 드라이버가 다른 패킷을 수신할 수 있으며 이로 인해 데이터 일관성이 손상된다. 또한 이 솔루션은 하나의 목적을 달성하기 위해 두 개의 서로 다른 함수를 호출해야 하기 때문에 그다지 우아하지도 않다. 이렇게 하는 대신 피호출자 할당(Callee Allocates)을 적용하는 것이 훨씬 쉽다.

피호출자 할당

컨텍스트
서로 다른 구성 요소 간에 공유하려는 대용량 데이터가 있다.

문제
호출자에게 복잡하거나 크기가 큰 데이터를 제공하려 하는데, 크기도 모르고 불변 데이터도 아니다(런타임에 변경된다).

    런타임 동안 데이터가 변경되기 때문에(아마도 호출자에 데이터 쓰기 함수를 제공하기 때문일 수도 있다), 불변 인스턴스의 경우처럼 단순히 호출자에 정적 데이터에 대한 포인터를 제공할 수는 없다. 호출자에 이러한 포인터를 그냥 제공하면 호출자가 일관성이 상실된(부분적으로 덮어쓴) 데이터를 읽는 문제가 생길 수 있다. 다중 스레드 환경에서 다른 호출자가 동시에 해당 데이터를 쓸 수 있기 때문이다.

    단순히 모든 데이터를 묶음 인스턴스에 복사하고 반환 값을 통해 호출자에게 전달하는 방법을 선택할 수도 없다. 반환 값을 사용하면 알려진 크기의 데이터만 전달할 수 있으며, 데이터가 크기 때문에 메모리가 매우 제한된 스택을 통해 전달할 수 없기 때문이다.

    대신 묶음 인스턴스에 대한 포인터만 반환할 수도 있는데, 이렇게 하면 스택 메모리 제한 문제는 해결되지만 C가 깊은 복사 작업을 수행하지 않는다는 점에 주의해야 한다. C는 포인터만 반환할 뿐이다. 함수 호출 후에도 포인터가 가리키는 (묶음 인스턴스 또는 배열에 저장된) 데이터가 여전히 유효하도록 보장해 주어야 한다. 예를 들어 함수 내 자동 변수에 데이터를 저장한 후 이에 대한 포인터를 반환해서는 안 된다. 왜냐하면 이 변수는 함수 호출이 끝남과 동시에 범위를 벗어나고 클린업되기 때문이다.

    이제 데이터를 어디에 저장해야 하는지에 대한 질문이 생긴다. 즉, 호출자와 피호출자 중 누가 필요한 메모리를 제공해야 하는지, 그리고 어느 쪽이 메모리 관리 및 클린업을 담당하는지를 명확히 해야 한다.

    제공할 데이터의 양은 컴파일 시간에 고정되지 않는다. 예를 들어 사전에 크기를 알 수 없는 문자열을 반환하려고 한다고 하자. 이 경우 호출자가 버퍼의 크기를 미리 알지 못하기 때문에 호출자 소유 버퍼를 사용해도 의미가 없다. 호출자는 사전에 필요한 버퍼 크기를 요청할 수 있지만(예: getRequiredBufferSize() 함수 사용), 해당 데이터를 조회하기 위해서는 결국 여러 함수를 호출해야 하기 때문에 비효율적이다. 또한 제공하려는 데이터는 이러한 함수 호출 사이에 잠재적으로 변경될 수 있으며 따라서 호출자는 다시 잘못된 크기의 버퍼를 제공할 가능성이 있다.

솔루션

크고 복잡한 데이터를 제공하는 함수 내부에서 필요한 크기의 버퍼를 할당받는다. 필요한 데이터를 할당받은 버퍼에 복사하고, 이 버퍼에 대한 포인터를 반환한다.

버퍼에 대한 포인터와 버퍼 크기를 아웃 파라미터로 호출자에 제공한다. 함수 호출이 끝난 후 호출자는 (제공받은) 버퍼에서 작업을 수행할 수 있고, 버퍼의 크기를 알 수 있으며 버퍼에 대한 단독 소유권까지 갖는다. 호출자는 버퍼의 수명을 결정하므로 버퍼를 클린업해야 하는 책임이 있다. 그림 4.7과 이어지는 코드에서 이 내용을 확인할 수 있다.

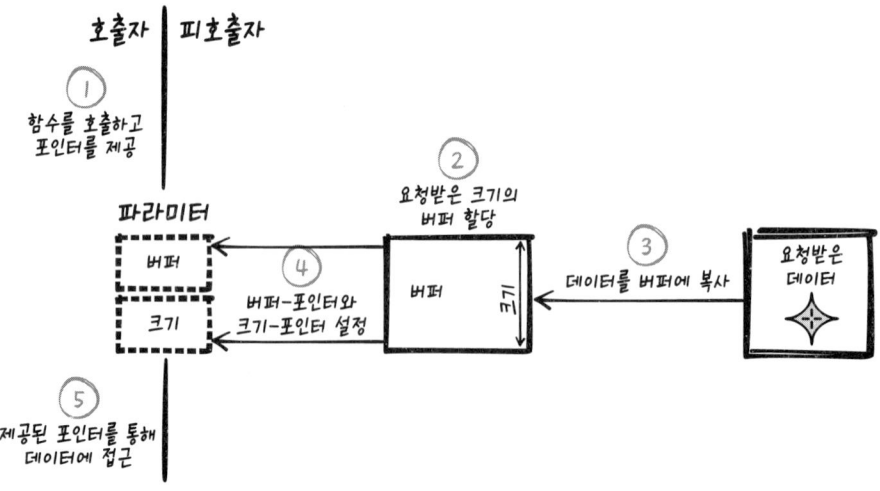

그림 4.7 피호출자 할당

호출자 코드
```
char* buffer;
int size;
getData(&buffer, &size);
/* buffer를 사용한다. */
free(buffer);
```

피호출자 코드
```
void getData(char** buffer, int* size)
{
    *size = data_size;
    *buffer = malloc(data_size);
    /* buffer에 데이터를 쓴다. */  ❶
}
```

> ❶ 버퍼에 데이터를 복사하는 사이에 데이터가 변경되지 않았는지 확인해야 한다. 이는 뮤텍스 또는 세마포어를 이용한 상호 배제를 통해 달성할 수 있다.

또 다른 방법으로 버퍼를 가리키는 포인터와 버퍼 크기를 묶음 인스턴스에 넣은 후 반환 값으로 제공할 수도 있다. 여기에 묶음 인스턴스 내에 반드시 할당을 해제해야 하는 포인터가 있음을 호출자에게 명확하게 하기 위해 API를 통해 별도의 클린업 함수를 제공할 수도 있다. 이와 같이 클린업 함수를 제공할 때의 API는 핸들(Handle)을 사용하는 API와 상당히 유사해 보인다. 핸들이 있는 API는 API 호환성을 유지하면서도 유연성이라는 추가적인 이점을 제공한다.

피호출 함수가 버퍼를 제공하는 방식이 묶음 인스턴스이든 아웃 파라미터이든 상관 없이 버퍼를 소유하는 것은 호출자이고, 따라서 해당 버퍼를 할당 해제시키는 책임도 호출자에게 있음을 분명하게 알려주어야 한다. 이 지정 소유권은 API에 잘 문서화해야 한다.

결과

호출자는 한 번의 함수 호출로 사전에 주어지지 않은 크기의 버퍼를 조회할 수 있다. 이 함수는 재진입이 가능하고 다중 스레드 환경에서도 안전하게 사용할 수 있으며, 호출자에 버퍼와 버퍼 크기에 대한 일관된 정보를 제공한다. 버퍼 크기를 알면 호출자가 안전하게 데이터를 다룰 수 있다. 예를 들어, 호출자는 이러한 버퍼를 통해 종료 문자가 없는 문자열이 전송돼도 처리할 수 있다.

호출자는 버퍼의 소유권을 갖고 있고, 수명을 결정하며, 해제할 책임이 있다 (핸들을 사용하는 경우와 마찬가지다). 인터페이스를 보면 호출자가 이 작업들을 수행해야 함이 매우 명확해야 한다. 이를 명확하게 나타내는 방법 중 하나는 API에 문서화하는 것이다. 또 다른 접근 방법으로는, 명시적으로 클린업 함수를 제공함으로써 무언가를 클린업해야 함을 더 명확하게 나타내는 것이다. 클린업 함수를 사용하면 추가적인 이점이 있는데, 그것은 동일한 구성 요소가 메모리를 할당하기도 하고 해제하기도 한다는 것이다. 이는 관련된 두 구성 요소가 서로 다른 컴파일러로 컴파일되거나 서로 다른 플랫폼에서 실행되는 경우에 중요하다. 이와 같은 상황에서는 구성 요소 간 메모리 할당 및 해제 함수가 다를 수 있기 때문에 동일한 구성 요소가 메모리를 할당하고 해제하도록 강제해야 한다.

호출자는 버퍼에 어떤 종류의 메모리를 사용할 것인지 선택할 수 없다. 호출자 소유 버퍼를 사용할 때는 가능했던 일이다. 이제 호출자는 호출한 함수 내부에서 할당받은 메모리를 사용할 수밖에 없다.

할당에는 시간이 걸린다. 즉, 호출자 소유 버퍼에 비해 함수 호출이 더 느려지고 호출 시간에 대한 편차도 커진다.

알려진 용도

이번 패턴이 적용된 사례들은 다음과 같다.

- `malloc` 함수가 정확히 이렇게 한다. 일부 메모리를 할당하고 호출자에게 그것을 제공한다.
- `strdup` 함수는 문자열을 입력으로 받아 중복된 문자열을 할당하고 반환한다.
- 리눅스 함수 `getifaddrs`는 설정된 IP 주소에 대한 정보를 제공한다. 이 정보를 담고 있는 데이터는 함수가 할당한 버퍼에 저장된다.
- NetHack 코드는 이 패턴을 사용하여 버퍼를 조회한다.

실행 예제 - 패턴 적용 후

진단 구성 요소의 최종 코드는 다음과 같다. 피호출자 할당으로 얻은 버퍼를 통해 패킷 데이터를 조회한다.

이더넷 드라이버 API

```
struct Packet
{
    char data[1500];    /* 패킷당 최대 1500 바이트 */
    int size;           /* 패킷 내 실제 데이터 크기 */
};

/* 패킷에 대한 포인터를 반환한다. 이 포인터는 호출자가 해제해야 한다. */
struct Packet* ethernetDriverGetPacket();
```

호출자 코드

```
void ethShow()
{
    struct EthernetDriverStat eth_stat = ethernetDriverGetStatistics();
    printf("%i packets received\n", eth_stat.received_packets);
    printf("%i packets sent\n", eth_stat.total_sent_packets);
    printf("%i packets successfully sent\n",
           eth_stat.successfully_sent_packets);
    printf("%i packets failed to send\n", eth_stat.failed_sent_packets);

    const struct EthernetDriverInfo* eth_info = ethernetDriverGetInfo();
    printf("Driver name: %s\n", eth_info->name);
    printf("Driver description: %s\n", eth_info->description);

    struct IpAddress ip;
    ethernetDriverGetIp(&ip);
    printf("IP address: %s\n", ip.address);

    struct Packet* packet = ethernetDriverGetPacket();
    printf("Packet Dump:");
    fwrite(packet->data, 1, packet->size, stdout);
    free(packet);
}
```

진단 구성 요소의 최종 버전을 통해 다른 함수에서 정보를 조회하는 방법의 전체 옵션을 볼 수 있다. 하나의 코드 안에 이런 모든 방법을 혼합하는 걸 실제로 원하지는 않을 것이다. 데이터의 일부는 스택에서, 다른 부분은 힙에서 사용한다는 것이 조금 혼란스럽기 때문이다. 버퍼를 할당하자마자 서로 다른 접근 방식을 혼합하여 사용하고 싶지 않을 것이다. 즉, 단일 함수에서 호출자 소유 버퍼와 피호출자 할당을 동시에 사용하는 것은 여러분이 원하는 방식이 아닐 것이다. 그 대신, 모든 요구 사항에 맞는 하나의 접근 방식을 선택한 후 한 개의 함수 또는 구성 요소와 함께 그 방식을 고수하는 편이 코드가 더 통일성을 띠고 이해하기도 쉬워질 것이다.

그러나 다른 구성 요소에서 필요한 데이터는 단 한 조각뿐이고, 데이터를 검색하기 위해 더 쉬운 대안(이번 장의 앞부분에서 다룬 패턴)을 사용할 수 있다면 항상 쉬운 방법을 선택하여 코드를 단순하게 유지하기 바란다. 예를 들어, 스택에 버퍼를 넣을 수 있다면 그쪽을 선택해서 버퍼를 해제하는 데 들이는 노력을 아낀다.

요약

이번 장에서는 함수에서 데이터를 반환하고 C에서 버퍼를 처리하는 여러 가지 방법에 대해 설명했다. 가장 간단한 방법은 반환 값 패턴을 사용하여 단일 데이터를 반환하는 것이지만, 연관된 데이터를 여러 개 반환해야 하는 경우에는 아웃 파라미터나 혹은 더 좋은 묶음 인스턴스 패턴을 사용한다. 반환할 데이터가 런타임 동안 변경되지 않으면 불변 인스턴스 패턴을 사용할 수도 있다. 버퍼에 있는 데이터를 반환하는 경우 버퍼의 크기를 미리 알고 있으면 호출자 소유 버퍼를, 크기를 모르면 피호출자 할당 패턴을 사용할 수 있다.

이번 장의 패턴들을 통해 C 프로그래머는 함수 간에 데이터를 전송하는 방법과 함께 버퍼 반환, 할당, 해제를 다루는 방법에 대한 몇 가지 기본적인 도구와 지침을 얻게 될 것이다.

다음은...

다음 장에서는 더 큰 프로그램을 소프트웨어 모듈로 구성하는 방법과 이러한 소프트웨어 모듈로 데이터의 수명 및 소유권을 처리하는 방법을 다룬다. 이러한 패턴은 더 큰 C 코드를 구성하는 데 사용되는 구성 요소에 대한 큰 그림을 제공한다.

5장

데이터 수명과 소유권

C와 같은 절차적 프로그래밍 언어를 살펴보면 객체 지향 메커니즘을 기본적으로 지원하지 않는다. 그러나 대부분의 설계 지침(예: 《GoF의 디자인 패턴》)이 객체 지향 소프트웨어에 맞춰져 있다 보니 절차적 프로그래밍 언어를 사용하는 프로그래머는 객체 지향 개념으로 확장하는 데 난관이 많다.

이번 장에서는 유사 객체 요소(object-like element)로 C 프로그램을 구조화하는 방법과 관련된 패턴에 대해 설명한다. 이러한 유사 객체 요소에 대해 패턴은 유사 객체 생성 및 소멸에 대한 책임이 어디에 있는지에 초점을 둔다. 다시 말해 수명과 소유권에 특히 중점을 둔다는 뜻이다. 이러한 주제는 특히 C에서 중요하다. C에는 자동 소멸자나 가비지 수집 메커니즘이 없기 때문이다. 따라서 리소스 클린업에 특별한 주의를 기울여야 한다.

그렇다면 유사 객체 요소(object-like element)란 무엇이고, C에서 어떤 의미를 가질까? 객체(object)라는 용어는 객체 지향 프로그래밍 언어에서는 잘 정의되어 있지만 비(非) 객체 지향 프로그래밍 언어에서는 무엇을 의미하는지 명확하지 않다. C의 경우 객체에 대한 간단한 정의는 다음과 같다.

"객체는 이름이 붙은 저장소 영역이다."
- 브라이언 커니핸(Brian Kernighan)과 데니스 리치(Dennis Ritchie)

대체로 이러한 객체(오브젝트)가 기술하는 관련 데이터에는 아이디와 속성이 있으며 이 데이터는 현실 세계에 대한 설명(표현)을 저장하는 데 사용된다. 객체 지향 프로그래밍에서 객체는 추가로 다형성(polymorphism)과 상속(inheritance) 기능을 갖는다. 이 책 전체에서 설명하는 유사 객체 요소는 다형성이나 상속의 개념이 없으므로 객체라는 용어를 사용하지 않을 것이다. 대신, 이와 같은 유사 객체 요소를 단순히 자료 구조의 인스턴스로 간주하고 인스턴스(instance)라고 부를 것이다.

이러한 인스턴스는 자체적으로 존재하지는 않지만 통상적으로 인스턴스에서 동작이 가능하도록 해주는 관련 코드와 함께 제공된다. 이때 제공되는 코드는 보통 인터페이스용 헤더 파일 세트와 구현용 구현 파일 세트로 구성된다. 이번 장에서는 객체 지향 클래스와 유사하고 인스턴스에서 수행할 수 있는 작업들이 정의하는, 연관된 모든 코드를 모아 놓은 코드의 합을 소프트웨어 모듈(software-module)이라 부를 것이다.

C로 프로그래밍할 때 앞에서 설명한 데이터 인스턴스는 주로 추상 데이터 타입(abstract data type)으로 구현된다(예: 구조체 멤버에 접근하는 함수가 포함된 구조체의 인스턴스를 가짐). 이러한 인스턴스의 예로 C stdlib **FILE** 구조체를 들 수 있는데, **FILE** 구조체는 파일 포인터나 파일 내 위치와 같은 정보를 저장한다. 해당 소프트웨어 모듈은 stdio.h API와 **FILE** 인스턴스에 대한 접근을 제공하는 **fopen** 및 **fclose**와 같은 함수 구현이 된다.

그림 5.1은 이번 장에서 설명하는 패턴과 그 관계에 대한 개요를 보여주고, 표 5.1은 패턴의 내용을 정리한 것이다.

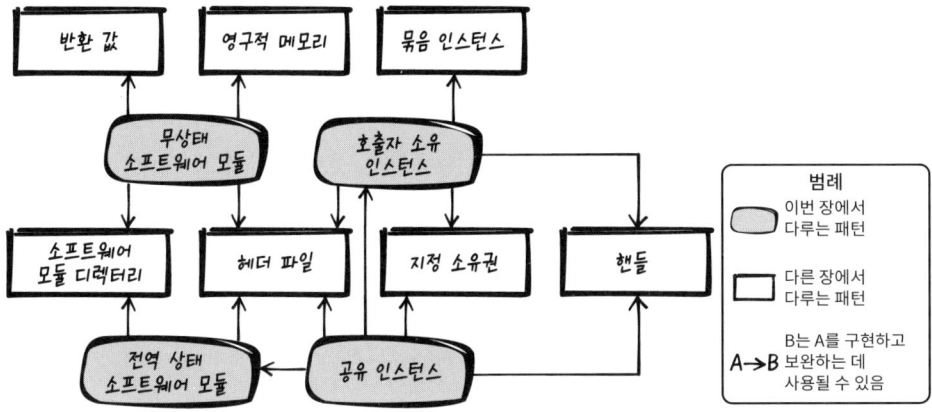

그림 5.1 수명과 소유권에 대한 패턴 개요

표 5.1 수명과 소유권에 대한 패턴

패턴 이름	요약
무상태 소프트웨어 모듈 (Stateless Software-Module)	호출자에게 논리적으로 연관된 기능을 제공하고 호출자가 해당 기능을 최대한 쉽게 사용할 수 있도록 만들고자 한다. 따라서, 함수를 단순하게 유지하고 구현할 때 상태 정보를 구축하지 않는다. 관련된 모든 함수를 하나의 헤더 파일에 넣고, 호출자에게 이 인터페이스를 제공하여 소프트웨어 모듈을 사용할 수 있도록 한다.
전역 상태 소프트웨어 모듈 (Software-Module with Global State)	논리적으로 연관이 있고 공통 상태 정보가 필요한 코드를 구조화하고, 호출자가 이를 최대한 쉽게 사용할 수 있도록 만들고자 한다. 따라서, 하나의 전역 인스턴스를 만들어 관련 함수들이 공통 리소스를 공유할 수 있도록 구현한다. 이 인스턴스에서 동작하는 모든 함수를 하나의 헤더 파일에 넣은 다음 이 인터페이스를 호출자에게 제공하여 소프트웨어 모듈을 사용할 수 있도록 한다.
호출자 소유 인스턴스 (Caller-Owned Instance)	서로 의존하는 함수로 구성된 기능에 대한 접근을 여러 호출자 또는 스레드에 제공하려 한다. 이때, 호출자와 함수 간의 상호 작용을 통해 상태 정보가 구축된다. 따라서, 호출자로 하여금 함수와 작업하기 위해 필요한 리소스와 상태 정보를 저장하기 위한 인스턴스를 전달하도록 요구한다. 이 인스턴스를 관리하는 데 필요한 생성 함수와 소멸 함수를 명시적으로 제공하여 호출자가 인스턴스의 수명을 결정할 수 있도록 한다.
공유 인스턴스 (Shared Instance)	서로 의존하는 함수로 구성된 기능에 대한 접근을 여러 호출자 또는 스레드에 제공하려 한다. 이때, 호출자와 함수 간의 상호 작용을 통해 호출자가 공유하려는 상태 정보가 구축된다. 따라서, 호출자에게 함수와 작업하는 데 필요한 리소스와 상태 정보를 저장하기 위한 인스턴스를 전달하도록 요구한다. 여러 호출자에 동일한 인스턴스를 사용하고 소프트웨어 모듈에서 인스턴스의 소유권을 유지토록 한다.

이번 장의 예제는 이더넷 네트워크 인터페이스 카드용 장치 드라이버를 구현하는 것이다. 이더넷 네트워크 인터페이스 카드는 소프트웨어가 실행되는 운영 체제에 설치되므로 POSIX 소켓(socket) 함수를 사용하여 네트워크 데이터를 주고받을 수 있다. 하지만, 소켓 함수를 사용하는 것보다 더 쉽게 데이터를 보내고 받을 수 있는 방법을 제공하고, 이더넷 드라이버에 몇 가지 부가 기능을 추가하기 위해 사용자를 위한 추상화를 구축하려고 한다. 즉, 모든 소켓 세부 정보를 캡슐화하는 무언가를 구현하려고 한다. 이를 달성하기 위해 우선 간단하게 상태가 없는 형태인 무상태 소프트웨어 모듈(stateless software-module)로 시작할 것이다.

무상태 소프트웨어 모듈

컨텍스트

호출자에게 관련 기능이 포함된 함수를 제공하려 한다. 함수는 서로 공유되는 공통 데이터에서는 동작하지 않는다. 따라서 함수 호출 전에 메모리 초기화와 같은 리소스 준비는 필요치 않다.

문제

호출자에게 논리적으로 연관된 기능을 제공하고 호출자가 해당 기능을 최대한 쉽게 사용할 수 있도록 만들고자 한다.

제공하는 기능에 호출자가 쉽게 접근할 수 있도록 하고 싶다. 호출자는 제공된 함수와 관련해 초기화 및 클린업을 처리할 필요가 없으며, 세부 구현 부분에 접근할 수 없어야 한다.

함수가 이전 버전과의 호환성을 유지하면서도 미래의 변경 사항에 대해 유연하게 동작하도록 만들 필요는 없다. 대신 함수는 구현된 기능에 접근하기 위해 사용하기 쉬운 추상화를 제공해야 한다.

헤더 및 구현 파일을 구성하기 위한 많은 선택 사항이 있고, 구현하려는 모든 기능에 대해 각각의 선택 사항을 검토하고 평가해야 한다면 이 과정을 수행하는 데 많은 노력이 필요할 것이다.

솔루션

함수를 단순하게 유지하고 구현할 때 상태 정보를 구축하지 않는다. 관련된 모든 함수를 하나의 헤더 파일에 넣고, 호출자에게 이 인터페이스를 제공하여 소프트웨어 모듈을 사용할 수 있도록 한다.

함수 간에는 내부/외부 상태 정보에 대한 통신이나 공유가 일어나지 않으며, 상태 정보는 함수 호출 사이에 저장되지 않는다. 즉, 함수가 결과를 계산하거나 API(헤더 파일) 내 다른 함수 호출 또는 이전 함수 호출에 의존하지 않는 작업을 수행한다. 오직 호출자와 피호출 함수 간에 발생하는 통신만이 있을 뿐이다(예: 반환 값 형태로).

함수에 힙 메모리와 같은 리소스가 필요하다면, 리소스는 호출자를 위해 투명하게 처리되어야 한다. 즉, 함수 호출 내에서 리소스의 획득, 사용 전 암시적 초기화, 클린업의 모든 과정이 이루어져야 한다. 이렇게 함으로써 서로 완전히 독립적으로 함수를 호출할 수 있다.

그렇지만 함수들은 서로 연관되어 있기 때문에 하나의 API로 통합된다. 서로 연관되어 있다는 것은 통상적으로 호출자에 의해 함께 적용되고(인터페이스 분리 원칙), 변경할 때는 동일한 이유로 변경한다는 것을 의미한다(공통 폐쇄 원칙). 이러한 원칙은 《클린 아키텍처》(인사이트, 2019)에서 설명하고 있다.

한 개의 헤더 파일에 연관된 함수 선언을 넣은 후 한 개 이상의 구현 파일에서 이들 함수를 구현한다. 이때, 헤더 파일과 구현 파일은 동일한 소프트웨어 모듈 디렉터리에 넣는다. 함수들이 모두 논리적으로 같은 공간에 속해 있기 때문에 서로 연관되었다고는 하지만, 함수 간에 공통 상태를 공유하거나 서로의 상태에 영향을 미치지 않는다. 전역 변수를 통해 함수 간에 정보를 공유하거나 함수 간에 인스턴스를 전달하는 식으로 이 정보를 캡슐화할 필요가 없다. 그렇기 때문에 각각의 단일 함수 구현부를 분리된 구현 파일에 넣을 수 있다.

다음 코드는 간단한 무상태 소프트웨어 모듈의 예를 보여준다.

호출자 코드
```
int result = sum(10, 20);
```

API (헤더 파일)

```
/* 두 개의 숫자 파라미터의 합을 반환한다. */
int sum(int summand1, int summand2);
```

구현

```
int sum(int summand1, int summand2)
{
    /* 오직 파라미터 값에만 의존하여 결과를 계산하고
       어떠한 상태 정보도 요구하지 않는다. */
    return summand1 + summand2;
}
```

호출자는 sum을 호출하고 함수 결과의 복사본을 조회한다. 무상태 소프트웨어 모듈에서는 어떠한 상태 정보도 유지되지 않기 때문에 동일한 입력 파라미터로 같은 함수를 두 번 호출하면 정확히 똑같은 값을 받을 것이다. 이 특수한 경우에서는 상태 정보를 보유하는 어떠한 함수도 호출되지 않는다.

그림 5.2는 무상태 소프트웨어 모듈의 개요를 보여준다.

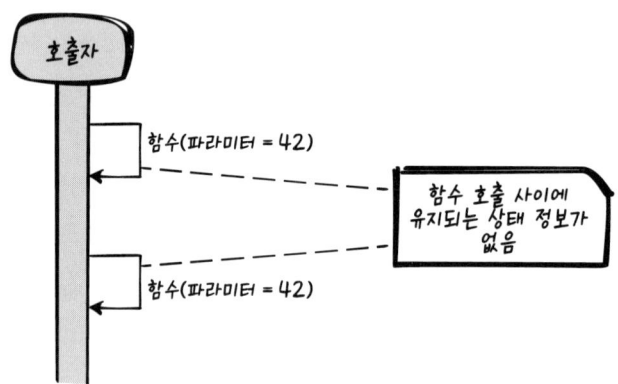

그림 5.2 무상태 소프트웨어 모듈

결과

인터페이스는 아주 간단하고, 호출자는 소프트웨어 모듈을 위해 아무것도 초기화하거나 클린업할 필요가 없다. 호출자는 이전 함수 호출이나 프로그램의 다른 부분(예: 소프트웨어 모듈에 동시에 액세스하는 다른 스레드)과 독립적으로 함수 중 하나를 호출할 수 있다. 상태 정보가 없기 때문에 함수가 무슨 일을 하는지 훨씬 쉽게 이해할 수 있다.

호출자는 소유권에 대한 질문을 고민할 필요가 없다. 소유할 것이 없기 때문이다. 이 함수는 상태가 없다. 함수에 필요한 리소스는 함수 호출 내에서 할당하고 정리하므로 호출자 입장에서는 투명하다.

그러나 이러한 단순한 인터페이스로는 모든 기능을 제공할 수 없다. 만일 API 내 함수들이 상태 정보나 데이터를 공유하는 경우(예: 다른 함수에서 필요로 하는 리소스를 할당해야 하는 경우), 이를 위해 전역 상태 소프트웨어 모듈이나 호출자 소유 인스턴스와 같이 다른 접근 방식을 취해야 한다.

알려진 용도

이렇게 연관된 함수들이 하나의 API로 모이는 유형은 API에 속하는 함수가 공유 정보나 상태 정보를 필요로 하지 않을 때마다 발견된다. 다음은 이 패턴이 적용된 사례를 보여준다.

- math.h의 sin 및 cos 함수는 동일한 헤더 파일에 제공되며 함수 입력만을 기반으로 결과를 계산한다. 이 함수들은 상태 정보를 유지하지 않으므로 동일한 입력을 넣고 호출하면 동일한 결과물을 생성한다.
- string.h 함수 strcpy 또는 strcat은 서로 의존하지 않는다. 이 함수들은 정보를 공유하지 않지만 함께 속해 있기 때문에 동일한 API의 일부가 된다.
- 윈도우 헤더 파일 VersionHelpers.h는 현재 실행 중인 MS 윈도우 버전 정보를 제공한다. IsWindows7OrGreater 또는 IsWindowsServer와 같은 함수는 관련 정보를 제공하지만 여전히 함수들 간에 정보를 공유하지 않으며 서로 독립적이다.
- 리눅스 헤더 파일 parser.h에는 match_int 또는 match_hex와 같은 함수가 있다. 이러한 함수는 구문 분석을 시도해 하위 문자열에서 정수 또는 16진수 값을 추출한다. 함수는 서로 독립적이지만 여전히 동일한 API에 함께 속해 있다.
- NetHack 게임의 소스 코드에도 이 패턴이 적용된 부분을 많이 볼 수 있다. 예를 들어 vision.h 헤더 파일에는 플레이어가 게임 지도에서 특정 항목을

볼 수 있는지 계산하는 함수가 포함되어 있다. 함수 couldsee(x,y)와 cansee(x,y)는 플레이어와 아이템 사이에 가려진 것이 없는지, 플레이어도 해당 아이템을 향하고 있는지를 계산한다. 두 함수는 서로 독립적이며 상태 정보를 공유하지 않는다.

- 헤더 파일 패턴은 무상태 소프트웨어 모듈 패턴의 변형으로, API 유연성에 더 중점을 둔다.
- 《Remoting Patterns》(Wiley, 2007)를 보면 Per-Request Instance라고 부르는 패턴은 분산 객체 미들웨어(distributed object middleware)의 서버가 각각의 호출에 대해 새로운 서번트(servant)를 활성화해야 하며, 서번트가 요청을 처리하고 나면 그 결과를 반환하고 서번트를 비활성화시켜야 한다고 설명한다. 이러한 서버 호출은 상태 정보를 유지하지 않으며 무상태 소프트웨어 모듈의 호출과도 유사하지만, 무상태 소프트웨어 모듈은 원격 엔티티를 처리하지 않는다는 차이가 있다.

실행 예제 - 패턴 적용 후

첫 번째 장치 드라이버 코드는 다음과 같다.

API (헤더 파일)
```
void sendByte(char data, char* destination_ip);
char receiveByte();
```

구현
```
void sendByte(char data, char* destination_ip)
{
    /* destination_ip에 대한 소켓을 열고,
       이 소켓을 통해 data를 전송한 다음
       소켓을 닫는다. */
}

char receiveByte()
{
    /* 데이터 수신을 위한 소켓을 열고,
       일정 시간을 기다린 후 수신한 데이터를
       반환한다. */
}
```

이더넷 드라이버 사용자는 소켓에 접근하는 방법과 같은 세부 구현에 대처할 필요 없이 제공된 API를 사용하기만 하면 된다. 이 API의 두 함수는 언제든지 서로 독립적으로 호출할 수 있으며, 호출자는 소유권 및 리소스 해제를 고민할 필요 없이 함수에서 제공하는 데이터를 얻을 수 있다. 이 API를 사용하는 것은 간단하지만 매우 제한적이다.

다음으로 드라이버에 추가 기능을 제공하려 한다. 사용자가 이더넷 통신의 동작 여부를 확인할 수 있도록 송수신된 바이트 수를 보여주는 통계를 제공코자 한다. 단순한 무상태 소프트웨어 모듈로는 이를 구현할 수 없다. 하나의 함수 호출에서 다른 함수 호출까지 상태 정보를 보관하기 위해 별도로 확보한 메모리가 없기 때문이다.

이를 달성하기 위해서는 전역 상태 소프트웨어 모듈(Software Module with Global State)이 필요하다.

전역 상태 소프트웨어 모듈

컨텍스트

호출자에게 관련 기능이 포함된 함수를 제공하려 한다. 함수는 서로 공유되는 공통 데이터를 가지고 작업하며, 제공하는 기능을 사용할 수 있도록 함수 사용 전에 메모리를 초기화하는 등의 리소스 준비가 필요할 수 있지만, 함수는 호출자에 종속된 상태 정보를 필요로 하지는 않는다.

문제

논리적으로 연관이 있고 공통의 상태 정보가 필요한 코드를 구조화하고, 호출자가 해당 기능을 최대한 쉽게 사용할 수 있도록 만들고자 한다.

여러분이 제공하는 기능에 호출자가 간단하게 접근하도록 만들고 싶다. 호출자는 함수의 초기화 및 클린업에 대해 고민할 필요가 없으며, 세부 구현에 접근할 수 없어야 한다. 그리고 함수들이 공통 데이터에 접근한다는 것을 호출자가 반드시 인지해야 할 필요는 없다.

함수가 이전 버전과의 호환성을 유지하면서도 향후 변경 사항에 유연하게 동작하도록 만들 필요는 없다. 대신 함수는 구현된 기능에 접근하기 위해 사용하기 쉬운 추상화를 제공해야 한다.

솔루션

하나의 전역 인스턴스(global instance)를 만들어 관련 함수들이 공통 리소스를 공유할 수 있도록 구현한다. 이 인스턴스에서 동작하는 모든 함수를 하나의 헤더 파일에 넣은 다음 이 인터페이스를 호출자에 제공하여 소프트웨어 모듈을 사용할 수 있도록 한다.

한 개의 헤더 파일에 함수 선언을 넣은 다음 소프트웨어 모듈에 대한 모든 구현을 소프트웨어 모듈 디렉터리에 있는 한 개의 구현 파일에 넣는다. 이 구현 파일에는 전역 인스턴스(한 개의 파일에 대한 파일 전역 정적 구조체(file-global static struct) 또는 여러 개의 파일에 대한 파일 전역 정적 변수(file-global static variable), "영구적 메모리" 참조)를 두어, 여러분이 구현한 함수들이 공통의 공유 리소스를 보유하도록 한다. 이렇게 하면 객체 지향 프로그래밍 언어에서 private 변수가 동작하는 방식과 유사하게 함수 구현부가 공유 리소스에 접근할 수 있다.

리소스 초기화 및 리소스별 수명은 소프트웨어 모듈에서 투명하게 관리되며 호출자의 수명과 독립적으로 동작한다. 리소스를 초기화해야 한다면 프로그램 시작 시간에 리소스를 초기화하거나 지연 획득(lazy acquisition)을 사용하여 리소스가 필요한 시점 직전에 리소스를 초기화할 수도 있다.

호출자는 함수 호출 구문만으로는 함수가 공통 리소스를 가지고 작업한다는 것을 인식하지 못하기 때문에, 호출자가 알 수 있도록 문서화해야 한다. 소프트웨어 모듈 내에서 이러한 파일 전역 리소스에 대한 접근은 뮤텍스와 같은 기본 동기화로 보호되어야 할 수 있다. 이렇게 해야 서로 다른 스레드의 여러 호출자가 접근하는 데 문제가 없다. 함수 구현부에서 이러한 동기화를 구현하면 호출자는 동기화 처리를 신경쓰지 않아도 된다.

전역 상태 소프트웨어 모듈의 간단한 예는 다음과 같다.

<u>호출자 코드</u>
```
int result;
result = addNext(10);
result = addNext(20);
```

API (헤더 파일)

```
/* 파라미터 'value' 값을 현재까지 이 함수를 호출해서 나왔던 결과에 더한다. */
int addNext(int value);
```

구현

```
static int sum = 0;

int addNext(int value)
{
    /* 파라미터와 앞에서 이 함수를 호출하면서 저장된 상태 정보에 의존하여
       결괏값을 계산한다. */
    sum = sum + value;
    return sum;
}
```

호출자는 addNext를 호출하고 결과에 대한 복사본을 조회한다. 이제 함수가 상태 정보를 유지하고 있기 때문에 동일한 입력 파라미터 값으로 함수를 두 번 호출하면 다른 결과가 나올 것이다.

그림 5.3은 전역 상태 소프트웨어 모듈의 개요를 보여준다.

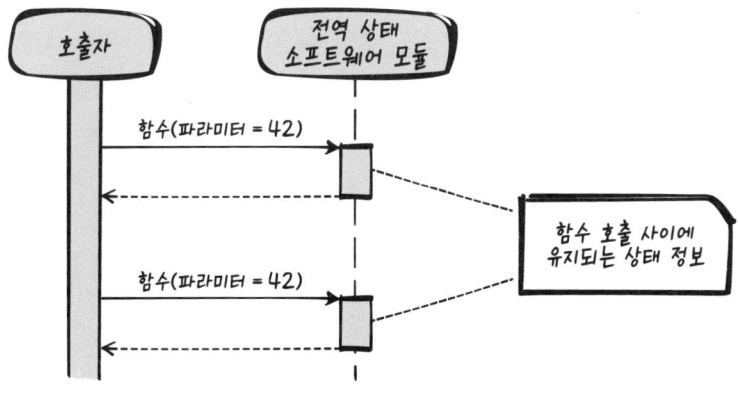

그림 5.3 전역 상태 소프트웨어 모듈

결과

이제 여러분의 함수는 정보 또는 리소스를 공유할 수 있다. 호출자가 이러한 공유 정보를 포함하는 파라미터를 전달할 의무도 없고 리소스를 할당받거나 클린업할 책임도 없다. 소프트웨어 모듈에서 이러한 정보 공유가 가능하게 하

기 위해서 결과적으로 C 버전의 싱글턴(singleton)을 구현한 것이다. 단, 싱글턴은 조심해서 다루어야 한다. 많은 사람들이 이 패턴의 단점을 언급하였으며, 안티패턴(antipattern)으로도 자주 불린다.

그럼에도 C에서는 전역 상태 소프트웨어 모듈이 널리 퍼져 있다. 변수 앞에 **static** 키워드를 쓰기가 매우 쉽고, 그렇게 하면 바로 싱글턴이 만들어지기 때문이다. 어떤 경우에는 싱글턴을 사용하는 것도 괜찮다. 구현 파일이 짧은 경우, 파일 전역 정적 변수를 갖는 것은 객체 지향 프로그래밍에서 private 변수를 갖는 것과 매우 유사하다. 함수에 상태 정보가 필요하지 않거나 다중 스레드 환경에서 동작하지 않는 경우라면 괜찮을 수 있다. 그러나 다중 스레딩 환경이나 상태 정보를 고민해야 하는 상황에서 구현 파일이 점점 더 길어진다면 문제가 생길 것이고, 그때는 전역 상태 소프트웨어 모듈은 좋은 해결책이 되지 못할 것이다.

전역 상태 소프트웨어 모듈에 초기화가 필요하다면 시스템 시작 시와 같은 초기화 단계에서 초기화하거나 지연 획득을 사용하여 리소스를 처음 사용하는 시점 직전에 초기화해야 한다. 그러나 후자의 경우, 첫 번째 함수 호출에서는 암시적으로 추가 초기화 코드가 호출되기 때문에 함수 호출 시간이 달라진다는 단점이 있다. 어느 경우에든 호출자 입장에서는 리소스 획득이 투명하게 이루어진다. 소프트웨어 모듈이 리소스를 소유하기 때문에 호출자는 리소스 소유권에 대한 부담이 없으며, 리소스를 명시적으로 획득하거나 해제할 필요도 없다.

그러나 이러한 간단한 인터페이스로 모든 기능을 제공할 수는 없다. 가령, API 내의 함수가 호출자별로 상태 정보를 공유해야 하는 경우에는 다른 접근 방식을 취해야 한다. 이럴 때 호출자 소유 인스턴스 같은 패턴을 사용한다.

알려진 용도

이번 패턴이 적용된 사례들은 다음과 같다.

- string.h 함수 **strtok**는 문자열을 토큰으로 분할한다. 함수가 호출될 때마다 문자열의 다음 토큰이 전달된다. 다음에 전달할 토큰에 대한 상태 정보를

얻기 위해 strtok 함수는 정적 변수를 사용한다.
- TPM(Trusted Platform Module)[1]을 사용하면 읽어 들인 소프트웨어의 해시 값을 누적할 수 있다. TPM-Emulator v0.7 코드의 해당 함수를 살펴보면 정적 변수를 사용하여 이 누적된 해시 값을 저장하는 것을 확인할 수 있다.
- math 라이브러리는 난수 생성을 위해 상태를 이용한다. rand를 호출할 때마다 이전 rand 호출로 계산된 숫자를 기반으로 새로운 의사 난수(pseudo random number)를 계산한다. rand로 호출되는 의사 난수 생성기(pseudo random number generator)에 대한 시드값(초기 정적 정보)을 설정하려면 srand를 먼저 호출해야 한다.
- 불변 인스턴스는 인스턴스가 런타임에 수정되지 않는 특수한 경우에 한하여 전역 상태 소프트웨어 모듈의 일부로 볼 수 있다.
- NetHack 게임의 소스 코드는 컴파일 시간에 정의된 정적 리스트에 아이템(검, 방패) 정보를 저장하고, 이 공유 정보에 접근할 수 있는 함수를 제공한다.
- 마커스 뵐터(Markus Vöelter)의 책 《Remoting Patterns》(Wiley, 2007)에서는 'Static Instance'라는 패턴을 통해 호출자의 수명과 분리된 수명을 가진 원격 객체(remote object)를 제공할 것을 제안한다. 예를 들어, 원격 객체는 시작 시간에 초기화되어 호출자가 요청하는 시점에 호출자에게 제공된다. 전역 상태 소프트웨어 모듈이 정적 데이터를 갖는다는 아이디어는 같지만, 서로 다른 호출자를 위해 여러 인스턴스를 갖는다는 의미는 아니다.

실행 예제 - 패턴 적용 후

이제 이더넷 드라이버의 코드는 다음과 같이 개선되었다.

API (헤더 파일)
```
void sendByte(char data, char* destination_ip);
char receiveByte();
```

---

[1] (옮긴이) TPM(Trusted Platform Module)은 컴퓨터 하드웨어 보안을 향상시키기 위한 목적으로 메인보드에 장착된 암호화 모듈이다. TPM의 주요 기능으로는 암호화에 필요한 난수 생성, 저장 장치 암호화를 위한 암호 키 생성 등이 있으며, 운영 체제는 이러한 기능을 활용하여 펌웨어 변조나 운영 체제 변조를 감지한다. 윈도우 11부터는 TPM 2.0이 필수 요구 사항이다.

```
int getNumberOfSentBytes();
int getNumberOfReceivedBytes();
```

구현

```
static int number_of_sent_bytes = 0;
static int number_of_received_bytes = 0;

void sendByte(char data, char* destination_ip)
{
    number_of_sent_bytes++;
    /* 소켓 작업 */
}

char receiveByte()
{
    number_of_received_bytes++;
    /* 소켓 작업 */
}

int getNumberOfSentBytes()
{
    return number_of_sent_bytes;
}

int getNumberOfReceivedBytes()
{
    return number_of_received_bytes;
}
```

API는 무상태 소프트웨어 모듈의 API와 매우 유사해 보이지만, 이제 이 API 뒤에는 함수 호출 간에 송신 및 수신 바이트 카운터를 위해 필요한 정보를 유지하는 기능이 추가되었다. 이 API를 사용하는 사용자가 단 하나(하나의 스레드)라면 모든 것이 정상적으로 동작한다. 그러나 스레드가 여러 개 있는 경우, 정적 변수를 사용할 때 정적 변수 접근에 대한 상호 배제를 구현하지 않으면 경합 조건(race condition)에 빠지는 문제가 항상 발생할 것이다.

이제 이더넷 드라이버의 효율성을 높이고 더 많은 데이터를 전송하려 한다. 물론 sendByte 함수를 자주 호출하는 방법도 가능하지만, 이렇게 하면 이더넷 드라이버 구현에서 sendByte를 호출할 때마다 소켓 연결을 맺고 데이터를 전송한 후 소켓 연결을 닫는 일련의 과정을 반복할 것이다. 대부분의 통신 시간이 소켓 연결을 맺고 닫는 데 소요된다.

이는 매우 비효율적이다. 소켓 연결을 한 번 연 다음 sendByte 함수를 여러 번 호출하여 모든 데이터를 보낸 후 소켓 연결을 닫는 것이 훨씬 효율적이다. 따라서 이제 sendByte 함수에는 준비 및 해제 단계가 필요하다. 하지만 이 상태는 전역 상태 소프트웨어 모듈에 저장할 수 없다. 둘 이상의 호출자(즉, 두 개 이상의 스레드)가 되는 즉시 문제가 발생하거나 여러 호출자가 동시에 데이터를 보내려는 경우가 발생할 수 있기 때문이다. 심지어 목적지가 서로 다를 수도 있다.

이를 달성하기 위해서는 각각의 호출자별로 호출자 소유 인스턴스(Caller-Owned Instance)를 제공해야 한다.

호출자 소유 인스턴스

컨텍스트

호출자에게 관련 기능이 포함된 함수를 제공하려 한다. 함수는 서로 공유하는 공통 데이터로 작업한다. 제공하는 기능을 사용할 수 있도록 함수 사용 전에 메모리 초기화 등의 리소스 준비가 필요할 수 있고, 함수 간에 호출자별 상태 정보를 서로 공유한다.

문제

서로 의존하는 함수로 구성된 기능에 대한 접근을 여러 호출자 또는 스레드에 제공하려 한다. 이때, 호출자와 함수 간의 상호 작용을 통해 상태 정보가 구축된다.

어떤 함수를 다른 함수보다 먼저 호출해야 할 수도 있다. 다른 함수가 필요로 하는 소프트웨어 모듈의 저장 상태에 이 함수가 영향을 미치기 때문이다. 물론 전역 상태 소프트웨어 모듈로도 구현할 수 있다. 그러나 이 패턴은 호출자가 하나일 때만 사용할 수 있다. 여러 호출자로 구성된 다중 스레드 환경에서는 하나의 중앙 소프트웨어 모듈로는 호출자에 종속적인 모든 상태 정보를 다룰 수 없다.

호출자에게 구현 세부 내용은 숨기면서 제공하는 기능에 최대한 쉽게 접근하도록 만들고자 한다. 아울러, 호출자가 리소스 할당과 클린업을 수행하는지 여부에 대해서도 명확하게 정의해야 한다.

솔루션

호출자로 하여금 함수와 작업하기 위해 필요한 리소스와 상태 정보를 저장하기 위한 인스턴스를 전달하도록 요구한다. 이 인스턴스를 관리하는 데 필요한 생성 함수와 소멸 함수를 명시적으로 제공하여 호출자가 인스턴스의 수명을 결정할 수 있도록 한다.

여러 함수가 인스턴스에 접근할 수 있도록 구현하려면 리소스나 상태 정보 공유가 필요한 모든 함수에 해당 구조체 포인터를 전달하면 된다. 이렇게 하면 함수는 객체 지향 언어의 private 변수와 유사하게 구조체 멤버를 사용하여 리소스나 상태 정보를 저장하고 읽을 수 있게 된다.

API에서 구조체를 선언하면 호출자는 편리하게 해당 멤버에 직접 접근할 수 있다. 다른 방법으로, 구현부에서 구조체를 선언한 다음 API에서 구조체에 대한 포인터만 선언할 수도 있다("핸들"에서 제안). 이렇게 하면 호출자는 구조체 멤버를 알 수 없으며(private 변수와 동일하게 동작) 구조체를 다루는 함수로만 작업이 가능하다.

인스턴스는 여러 함수에 의해 처리되어야 하고 호출자가 언제 함수 호출을 끝낼지 알 수 없기 때문에 인스턴스의 수명은 호출자가 결정해야 한다. 따라서 호출자에게 지정 소유권을 부여하고 명시적으로 인스턴스를 생성하고 소멸시키는 함수를 제공한다. 이로써 호출자는 인스턴스와 묶음 관계(aggregate relationship)를 이루게 된다.

> **묶음(Aggregation) vs 연관(Association)**
> 인스턴스가 다른 인스턴스와 의미상으로 연관되어 있으면 두 인스턴스는 연관 관계(association relationship)를 갖는다고 한다. 연관 관계보다 더 강력한 유형은 묶음 관계(aggregation relationship)로, 하나의 인스턴스에 다른 인스턴스의 소유권이 있다.

다음은 호출자 소유 인스턴스의 간단한 예이다.

호출자 코드
```
struct INSTANCE* inst;
inst = createInstance();
operateOnInstance(inst);
/* inst->x나 inst->y에 접근 */
destroyInstance(inst);
```

API (헤더 파일)
```
struct INSTANCE
{
    int x;
    int y;
};

/* 'operateOnInstance()' 함수에서 필요한 인스턴스를 생성한다. */
struct INSTANCE* createInstance();

/* 인스턴스에 저장된 데이터로 작업한다. */
void operateOnInstance(struct INSTANCE* inst);

/* 'createInstance' 함수로 생성했던 인스턴스를 클린업한다. */
void destroyInstance(struct INSTANCE* inst);
```

구현
```
struct INSTANCE* createInstance()
{
    struct INSTANCE* inst;
    inst = malloc(sizeof(struct INSTANCE));
    return inst;
}

void operateOnInstance(struct INSTANCE* inst)
{
    /* inst->x와 inst->y를 가지고 작업한다. */
}

void destroyInstance(struct INSTANCE* inst)
{
    free(inst);
}
```

operateOnInstance 함수는 먼저 호출된 createInstance 함수를 통해 생성된 리소스를 사용하여 작업한다. 이 두 함수 호출 사이의 리소스나 상태 정보는 호출자가 전달해야 한다. 즉, 호출자는 각 함수에 INSTANCE를 제공해야 하며, destroyInstance 호출을 통해 모든 리소스를 클린업해야 한다.

그림 5.4는 호출자 소유 인스턴스의 개요를 보여준다.

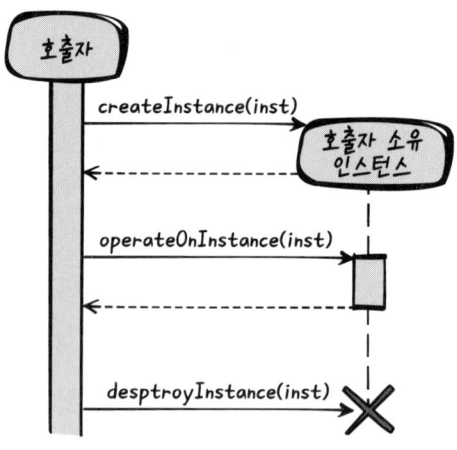

그림 5.4 호출자 소유 인스턴스

결과

API를 통해 제공되는 함수는 더욱 강력해졌다. 상태 정보를 공유하고 공유 데이터 작업이 가능할 뿐만 아니라, 다수의 호출자(다중 스레드)가 있는 상황에서도 잘 동작한다. 각각의 생성된 호출자 소유 인스턴스는 고유한 private 변수를 가지며, 이러한 호출자 소유 인스턴스가 두 개 이상 생성되더라도(예: 다중 스레드 환경에서 여러 호출자에 의해 생성) 문제가 생기지 않는다.

하지만 이것을 가능하게 만드느라 API는 더 복잡해졌다. C는 생성자와 소멸자를 지원하지 않기 때문에 인스턴스의 수명을 관리하기 위해 명시적으로 create()와 destroy() 호출을 만들어야 한다. 호출자가 직접 인스턴스에 대한 소유권을 획득하고 클린업을 해야 하는 만큼 인스턴스를 다루기가 더 어려워진다. 객체 지향 프로그래밍 언어에서 제공하는 자동 소멸자 대신 직접 destroy() 호출을 해야 하기 때문에 메모리 누수에 빠지는 위험 요인이 된다.

이 문제는 "객체 기반 오류 처리"에서 설명했다. 더 명확하게 클린업 작업이 이루어지도록 호출자는 반드시 지정된 클린업 함수를 보유해야 한다.

또, 무상태 소프트웨어 모듈과 비교해 보면 각각의 함수를 호출하는 것이 좀 더 복잡해졌다. 각각의 함수는 인스턴스 참조를 위해 추가 파라미터를 취해야 하며, 임의의 순서로 함수를 호출할 수도 없다. 호출자는 어떤 함수를 먼저 호출해야 하는지 알고 있어야 한다. 이는 함수 서명을 통해 명시적으로 이루어진다.

알려진 용도

이번 패턴이 적용된 사례들은 다음과 같다.

- 호출자 소유 인스턴스를 사용하는 예로 glibc 라이브러리와 함께 제공되는 이중 연결 리스트(doubly linked list)를 들 수 있다. 호출자는 g_list_alloc으로 리스트를 생성한 다음 g_list_insert로 리스트에 항목을 삽입할 수 있다. 리스트 작업이 끝나면 호출자는 반드시 g_list_free로 리스트를 클린업해야 한다.
- 이 패턴은 로버트 스트랜드(Robert Strandh)의 논문 〈Modular C〉[2]에 기술되어 있다. 이 논문에서는 모듈 형태의 C 프로그램을 작성하는 방법을 설명한다. 아울러, 응용 프로그램에서 함수를 통해 처리 및 접근이 가능한 추상 데이터 타입을 식별하는 것이 얼마나 중요한지도 언급한다.
- 메뉴 바에 메뉴를 생성하는 Windows API에는 메뉴 인스턴스를 생성하는 함수(CreateMenu), 메뉴에서 동작하는 함수(InsertMenuItem 등), 메뉴 인스턴스를 삭제하는 함수(DestroyMenu)가 제공된다. 이들 함수에는 메뉴 인스턴스에 대한 핸들을 전달하는 용도로 사용되는 파라미터가 하나씩 있다.
- HTTP 요청(request)을 처리하기 위한 아파치의 소프트웨어 모듈은 필요한 모든 요청 정보를 생성하고(ap_sub_req_lookup_uri), 이를 처리하고(ap_run_sub_req), 소멸시키는(ap_destroy_sub_req) 함수를 제공한다. 이 함수

---

[2] https://oreil.ly/UVodl

— Fluent

들은 요청 정보를 공유하기 위해 요청 인스턴스에 대한 구조체 포인터를 취한다.
- NetHack 게임의 소스 코드는 구조체 인스턴스를 사용하여 몬스터를 표현하고, 함수를 통해 몬스터를 생성하거나 없앤다. 또한 NetHack 코드는 몬스터로부터 정보를 얻는 함수(is_starting_pet, is_vampshifter)도 제공한다.
- 《Remoting Patterns》(Wiley, 2007)에서는 Client-Dependent Instance라는 패턴을 통해 클라이언트가 수명을 제어하는 원격 객체를 제공하는 분산 객체 미들웨어를 제안한다. 서버는 클라이언트를 위한 새 인스턴스를 만들고, 클라이언트는 이 인스턴스를 사용하여 작업하거나 인스턴스를 전달, 제거할 수 있다.

실행 예제 - 패턴 적용 후

이제 이더넷 드라이버 코드는 다음과 같이 개선되었다.

API (헤더 파일)

```
struct Sender
{
    char destination_ip[16];
    int socket;
};

struct Sender* createSender(char* destination_ip);
void sendByte(struct Sender* s, char data);
void destroySender(struct Sender* s);
```

구현

```
struct Sender* createSender(char* destination_ip)
{
    struct Sender* s = malloc(sizeof(struct Sender));
    /* destination_ip로 향하는 소켓을 생성하여 Sender s에 저장한다. */
    return s;
}

void sendByte(struct Sender* s, char data)
{
    number_of_sent_bytes++;
    /* Sender s에 저장된 소켓을 통해 데이터를 전송한다. */
}
```

```
void destroySender(struct Sender* s)
{
    /* Sender s에 저장된 소켓을 닫는다. */
    free(s);
}
```

호출자는 먼저 Sender를 생성하고, 이어서 모든 데이터를 보낸 후에야 Sender를 소멸시킬 수 있다. 따라서, 호출자는 sendByte() 호출 시 매번 반복해서 소켓 연결이 설정되지 않도록 해야 한다. 호출자는 생성된 Sender의 소유권을 갖고 있으며, Sender의 수명에 대한 완전한 통제권뿐만 아니라 이를 클린업해야 하는 책임도 갖는다.

호출자 코드
```
struct Sender* s = createSender("192.168.0.1");
char* dataToSend = "Hello World!";
char* pointer = dataToSend;
while(*pointer != '\0')
{
    sendByte(s, *pointer);
    pointer++;
}
destroySender(s);
```

다음으로, 여러분이 이 API의 유일한 사용자가 아니라고 가정해 보자. API를 사용하는 다수의 스레드가 있을 수 있다. 이때 하나의 스레드는 IP 주소 X로 전송하기 위한 sender를, 다른 스레드는 주소 Y로 전송하기 위한 sender를 생성한다면, 이더넷 드라이버는 두 스레드 모두에 대해 독립적인 소켓을 생성하게 되고, 큰 문제가 없을 것이다.

그러나 두 스레드가 동일한 수신자에게 데이터를 전송하려 한다고 가정해 보자. 이더넷 드라이버는 하나의 특정 포트에 대해 목적지 IP당 한 개의 소켓만 열 수 있기 때문에 문제가 생긴다. 이 문제를 해결하기 위해서는 두 개의 서로 다른 스레드가 동일한 목적지로 전송하는 것을 허용하지 않으면 된다. 두 번째 스레드가 sender를 생성하려고 하면 오류만 수신하도록 하는 것이다. 하지만 두 스레드가 동일한 sender를 사용하여 데이터를 보내도록 하는 것도 가능하다.

이를 위해서는 공유 인스턴스(Shared Instance)를 구성하기만 하면 된다.

공유 인스턴스

컨텍스트
호출자에게 관련 기능이 포함된 함수를 제공하려 한다. 함수는 서로 공유하는 공통 데이터로 작업하며, 제공하는 기능을 사용할 수 있도록 함수 사용 전에 메모리 초기화 등의 리소스 준비가 필요할 수 있다. 이 기능을 호출할 수 있는 여러 컨텍스트가 있으며 이러한 컨텍스트는 호출자 간에 공유된다.

문제
서로 의존하는 함수로 구성된 기능에 대한 접근을 여러 호출자 또는 스레드에 제공하려 한다. 이때, 호출자와 함수 간의 상호 작용을 통해 호출자가 공유하려는 상태 정보가 구축된다.

서로 다른 상태 정보를 구축하려는 호출자가 다수 있기 때문에 전역 상태 소프트웨어 모듈에 상태 정보를 저장할 수는 없다. 또한 호출자별 상태 정보를 호출자 소유 인스턴스에 저장하는 것도 호출자 중 일부가 동일한 인스턴스에 접근해서 작업하기를 원하거나 리소스 비용을 낮게 유지하기 위해 모든 호출자에 대해 새로운 인스턴스 생성을 허용하지 않기 때문에 선택할 수 없다.

그럼에도 호출자에게 구현 세부 내용을 숨기면서 제공하는 기능에 최대한 쉽게 접근하도록 만들고자 한다. 아울러, 호출자가 리소스 할당과 클린업을 수행하는지 여부에 대해서도 명확하게 정의해야 한다.

솔루션
호출자에게 함수와 작업하는 데 필요한 리소스와 상태 정보를 저장하기 위한 인스턴스를 전달하도록 요구한다. 여러 호출자에 동일한 인스턴스를 사용하고 소프트웨어 모듈에서 해당 인스턴스의 소유권을 유지토록 한다.

호출자 소유 인스턴스와 마찬가지로, 구조체 포인터나 핸들을 제공하여 호출자가 함수 호출을 따라 전달하도록 한다. 인스턴스를 생성할 때, 호출자는 식별자(예: 고유한 이름)를 제공하여 생성할 인스턴스의 종류를 지정해야 한다. 식별자를 사용하면 동일한 종류의 인스턴스가 이미 생성되었는지 여부를 판별할 수 있다. 존재한다면 새로운 인스턴스를 생성하지 않고, 기존에 생성하여 다른 호출자에게 제공한 인스턴스에 대한 구조체 포인터 또는 핸들을 반환한다.

인스턴스의 존재 여부를 확인하기 위해 소프트웨어 모듈에 이미 생성된 인스턴스 목록을 보유해야 한다. 이는 전역 상태 소프트웨어 모듈이 목록을 보유하도록 하여 구현할 수 있다. 인스턴스가 이미 생성되었는지 여부에 대한 정보 외에도 추가로 누가 현재 어떤 인스턴스에 접근 중인지, 또는 현재 인스턴스에 접근 중인 호출자가 최소 몇인지에 대한 정보도 저장할 수 있다. 이러한 추가 정보가 필요한 이유는 인스턴스에 대한 지정 소유권을 갖고 있기 때문이다. 모두가 인스턴스에 대한 접근을 마치면 책임지고 인스턴스를 클린업해야 한다.

아울러, 동일한 인스턴스에 대해 다른 호출자가 함수를 동시에 호출할 수 있는지 여부도 확인해야 한다. 더 쉬운 것은 읽기만 가능한 경우로, 읽기만 가능하기 때문에 서로 다른 호출자의 접근에 대해 상호 배제해야 하는 데이터는 없을 것이다. 이러한 경우 불변 인스턴스를 통해 호출자가 인스턴스를 변경하지 못하도록 구현할 수도 있다. 하지만 그 외의 경우, 인스턴스를 통해 공유되는 리소스에 대한 상호 배제를 함수에 구현해야 한다.

다음 코드는 공유 인스턴스의 간단한 예를 보여준다.

1번 호출자 코드
```
struct INSTANCE* inst = openInstance(INSTANCE_TYPE_B);
/* 2번 호출자와 동일한 인스턴스로 작업한다. */
operateOnInstance(inst);
closeInstance(inst);
```

2번 호출자 코드
```
struct INSTANCE* inst = openInstance(INSTANCE_TYPE_B);
/* 1번 호출자와 동일한 인스턴스로 작업한다. */
operateOnInstance(inst);
closeInstance(inst);
```

API (헤더 파일)

```
struct INSTANCE
{
    int x;
    int y;
};

/* openInstance 함수에서 사용하는 ID */
#define INSTANCE_TYPE_A 1
#define INSTANCE_TYPE_B 2
#define INSTANCE_TYPE_C 3

/* 'id' 파라미터를 통해 식별된 인스턴스를 조회한다.
    다른 호출자로부터 'id'에 해당하는 인스턴스가 조회되지 않을 경우
    해당 인스턴스를 생성한다. */
struct INSTANCE* openInstance(int id);

/* 인스턴스에 저장된 데이터를 가지고 작업한다. */
void operateOnInstance(struct INSTANCE* inst);

/* 'openInstance'로 조회된 인스턴스를 해제한다.
    모든 호출자가 인스턴스를 해제한 경우, 이 인스턴스를 소멸시킨다. */
void closeInstance(struct INSTANCE* inst);
```

구현

```
#define MAX_INSTANCES 4

struct INSTANCELIST
{
    struct INSTANCE* inst;
    int count;
};

static struct INSTANCELIST list[MAX_INSTANCES];

struct INSTANCE* openInstance(int id)
{
    if(list[id].count == 0)
    {
        list[id].inst = malloc(sizeof(struct INSTANCE));
    }
    list[id].count++;
    return list[id].inst;
}
```

```
void operateOnInstance(struct INSTANCE* inst)
{
    /* inst->x와 inst->y를 가지고 작업한다. */
}

static int getInstanceId(struct INSTANCE* inst)
{
    int i;
    for(i=0; i<MAX_INSTANCES; i++)
    {
        if(inst == list[i].inst)
        {
            break;
        }
    }
    return i;
}

void closeInstance(struct INSTANCE* inst)
{
    int id = getInstanceId(inst);
    list[id].count--;
    if(list[id].count == 0)
    {
        free(inst);
    }
}
```

호출자는 openInstance를 호출하여 INSTANCE를 검색한다. INSTANCE는 이 함수 호출에 의해 생성될 수도 있고, 이전 함수 호출에 의해 이미 생성되어 다른 호출자가 사용중일 수도 있다. 그런 다음 호출자는 INSTANCE를 operateOnInstance 함수에 전달하여 이 함수에서 필요로 하는 리소스 또는 INSTANCE의 상태 정보를 제공한다. 작업이 끝나서 더 이상 다른 호출자가 INSTANCE로 작업하지 않으면 호출자는 closeInstance를 호출하여 리소스를 클린업한다.

그림 5.5는 공유 인스턴스의 개요를 보여준다.

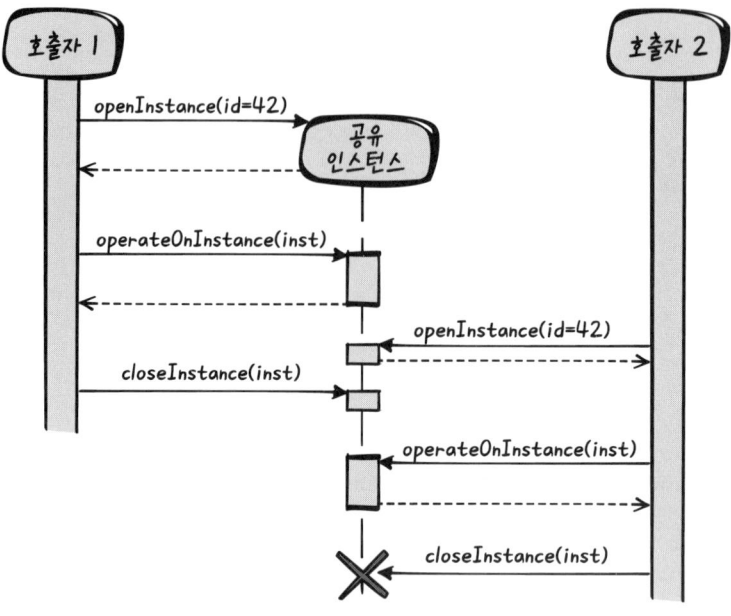

그림 5.5 공유 인스턴스

결과

이제 여러 호출자가 단일 인스턴스에 동시에 접근할 수 있다. 이는 사용자에게 이러한 문제로 부담을 주지 않기 위해 구현에 상호 배제를 추가해야 한다는 의미로 볼 수 있다. 또한 함수 호출 시간이 가변적이라는 사실도 내포하고 있다. 호출자는 현재 다른 호출자가 같은 리소스를 사용하고 있어서 리소스가 차단되었다는 것을 절대로 알 수 없기 때문이다.

호출자가 아닌 소프트웨어 모듈이 인스턴스에 대한 소유권을 가지고 있기 때문에 리소스 클린업에 대한 책임은 소프트웨어 모듈에 있다. 호출자는 여전히 리소스 해제에 대한 책임이 있으며, 소프트웨어 모듈은 이를 통해 언제 모든 것을 클린업해야 하는지 알 수 있다. 이 부분은 호출자 소유 인스턴스와 마찬가지로 메모리 누수의 위험으로 이어진다.

소프트웨어 모듈이 인스턴스에 대한 소유권을 가지고 있기 때문에 호출자에 클린업 시작을 요구하지 않고 인스턴스를 클린업할 수 있다. 예를 들어 소프트웨어 모듈이 운영 체제로부터 종료 신호(shutdown signal)를 받으면 그 즉시 모든 인스턴스를 클린업할 수 있다. 이것은 소프트웨어 모듈이 인스턴스에 대한 소유권을 갖고 있기 때문에 가능하다.

알려진 용도

이번 패턴이 적용된 사례들은 다음과 같다.

- 공유 인스턴스를 사용하는 예로 stdio.h 파일 함수가 있다. `fopen` 함수를 통해 여러 호출자가 파일을 열 수 있다. 호출자는 파일에 대한 핸들을 검색하고 파일에서 읽거나 쓸 수 있다(`fread`, `fprintf`). 파일은 공유 리소스이다. 예를 들어 파일에는 모든 호출자에 대한 하나의 전역 커서 위치가 있다. 호출자가 파일 작업을 마치면 `fclose`로 닫아야 한다.
- 케블린 헤니의 논문 〈C++ Patterns: Reference Accounting〉[3]에서는 Counting Handle이라는 명칭으로 객체 지향 프로그래밍 언어에서의 이 패턴과 세부 구현 내용을 설명한다. 힙에 있는 공유 객체에 접근하는 방법과 그 수명을 투명하게 처리하는 방법도 설명한다.
- `RegCreateKey`(이미 키가 존재하는 경우 키를 연다) 함수를 사용하여 여러 스레드에서 윈도우 레지스트리에 동시에 접근할 수 있다. 이 함수는 다른 함수가 레지스트리 키로 작업하기 위해 필요한 핸들을 제공한다. 레지스트리 작업이 끝나면 키를 열었던 모두가 `RegCloseKey` 함수를 호출해야 한다.
- 뮤텍스에 접근하는 윈도우 함수(`CreateMutex`)를 사용하면 여러 스레드가 공유 리소스(뮤텍스)에 접근할 수 있다. 뮤텍스를 사용하면 프로세스 간 동기화를 구현할 수 있다. 뮤텍스 작업이 끝나면 각 호출자는 `CloseHandle` 함수를 사용하여 뮤텍스를 닫아야 한다.
- B&R Automation Runtime 운영 체제는 여러 호출자가 장치 드라이버에 동시에 접근할 수 있도록 한다. 호출자는 `DmDeviceOpen` 함수를 사용하여 사용

---

[3] https://oreil.ly/inThj

가능한 장치 중 하나를 선택한다. 장치 드라이버 프레임워크는 선택한 드라이버가 사용 가능한지 확인한 다음 호출자에게 핸들을 제공한다. 여러 호출자가 동일한 드라이버에서 작동하는 경우 호출자들은 핸들을 공유한다. 이렇게 함으로써 호출자들은 동시에 드라이버와 상호 작용(데이터 전송 또는 읽기, I/O 컨트롤을 통한 상호 작용 등)을 할 수 있으며, 상호 작용이 끝나면 `DmDeviceClose`를 호출하여 장치 드라이버 프레임워크에 상호 작용이 끝났음을 알린다.

실행 예제 - 패턴 적용 후

이제 드라이버는 다음 함수를 추가로 구현한다.

API (헤더 파일)

```c
struct Sender* openSender(char* destination_ip);
void sendByte(struct Sender* s, char data);
void closeSender(struct Sender* s);
```

구현

```c
struct Sender* openSender(char* destination_ip)
{
    struct Sender* s;
    if(isInSenderList(destination_ip))
    {
        s = getSenderFromList(destination_ip);
    }
    else
    {
        s = createSender(destination_ip);
    }
    increaseNumberOfCallers(s);
    return s;
}

void sendByte(struct Sender* s, char data)
{
    number_of_sent_bytes++;
    /* 저장된 소켓을 통해 Sender s에 데이터를 전송한다. */
}

void closeSender(struct Sender* s)
```

```
{
    decreaseNumberOfCallers(s);
    if(numberOfCallers(s) == 0)
    {
        /* Sender s에 저장된 소켓을 닫는다. */
        free(s);
    }
}
```

실행 예제의 API는 많이 변경되지 않았다. create/destroy 함수를 갖는 대신 이제 드라이버가 open/close 함수를 제공한다. 이러한 함수 호출을 통해 호출자는 sender에 대한 핸들을 조회하고 이 호출자가 현재 sender를 사용하고 있음을 드라이버에 알려주지만, 드라이버가 이 시점에 반드시 sender를 생성하는 것은 아니다. 즉, 드라이버에 대한 이전 호출에 의해 이미 sender가 생성되었을 수도 있다(다른 스레드가 수행했을 수 있다). 또한 close 호출이 실제로 sender를 소멸시키지 않을 수도 있다. 이 sender의 소유권은 드라이버 구현부에 남아 있어서 드라이버 구현부에서 sender 소멸 시기를 결정할 수 있다(예: 모든 호출자가 발신자를 닫거나 특정 종료 신호를 수신하는 경우).

이제 호출자 소유 인스턴스 대신 공유 인스턴스를 사용함으로써 호출자 입장에서는 인스턴스 사용이 훨씬 투명해진 것은 사실이다. 그러나 드라이버 구현이 변경되었다. 특정 sender가 이미 생성되었는지를 기억하여 새로운 인스턴스를 생성하는 대신 기존의 공유 인스턴스를 제공해야 한다. Sender를 열 때 호출자는 이 sender가 새로 생성된 것인지 혹은 기존의 sender가 조회된 것인지 알 수 없다. 이로 인해 함수 호출 시간은 달라질 수 있다.

지금까지 살펴본 드라이버 실행 예제는 하나의 예제를 통해 다양한 종류의 소유권 및 데이터 수명을 보여주었다. 간단한 이더넷 드라이버에 기능을 추가함으로써 어떻게 진화되는지 살펴보았다. 우선, 드라이버에 상태 정보가 필요하지 않은 경우 무상태 소프트웨어 모듈이면 충분했다. 특정 상태 정보가 필요한 경우, 드라이버에 전역 상태 소프트웨어 모듈을 두는 것으로 구현할 수 있었다. 보다 뛰어난 성능의 send 함수와 이러한 send 함수에 대한 여러 호출자 구현 요구가 제기되면서 처음에는 호출자 소유 인스턴스 방식으로, 다음 단계에서는 공유 인스턴스 방식으로 구현하였다.

요약

이번 장의 패턴들은 C 프로그램을 구조화하는 다양한 방법과 프로그램이 실행되는 동안 다양한 인스턴스가 얼마나 지속되는지를 보여주었다. 표 5.2는 패턴의 개요 및 그 결과를 비교한 것이다.

표 5.2 수명과 소유권에 대한 패턴 비교

	무상태 소프트웨어 모듈	전역 상태 소프트웨어 모듈	호출자 소유 인스턴스	공유 인스턴스
함수 간 리소스 공유	불가능	단일 리소스 모음	인트턴스별 (= 호출자별) 리소스 모음	인스턴스별 리소스 모음(다수의 호출자에 의해 공유됨)
리소스 소유권	소유할 것이 없음	소프트웨어 모듈이 정적 데이터를 소유	호출자가 인스턴스를 소유	소프트웨어 모듈이 인스턴스와 제공된 레퍼런스를 소유
리소스 수명	함수 호출 시간보다 더 길게 지속되는 리소스는 없음	소프트웨어 모듈에 있는 정적 데이터는 계속 살아 있음	인스턴스는 호출자가 소멸시킬 때까지 살아 있음	인스턴스는 소프트웨어 모듈이 소멸시킬 때까지 살아 있음
리소스 초기화	초기화할 것이 없음	컴파일 시간 또는 실행 시작 시	인스턴스 생성 시 호출자가 초기화	호출자가 최초로 인스턴스를 오픈할 때 소프트웨어 모듈이 초기화

이러한 패턴들을 통해 C 프로그래머는 프로그램을 소프트웨어 모듈로 구성하기 위한 설계 옵션과 인스턴스를 구성할 때의 소유권 및 수명에 관한 설계 옵션에 대한 몇 가지 기본 지침을 갖게 될 것이다.

더 읽을 거리

이번 장의 패턴은 어떻게 인스턴스에 대한 접근을 제공하는지와 누가 이러한 인스턴스의 소유권을 갖는가에 대해 다루었다. 《Remoting Patterns》(Wiley, 2007)에서 패턴들의 하위 집합에 관한 내용을 찾아볼 수 있다. 이 책은 분산 객체 미들웨어를 구축하기 위한 패턴을 제시하며, 이 중 세 가지 패턴은 원격 서버에서 생성된 객체의 수명과 소유권에 중점을 둔다. 이에 비해 이번 챕터에서 제시된 패턴들은 조금 다른 맥락에 초점을 맞추고 있다. 즉, 원격 시스템이 아니라 로컬 시스템의 절차적 프로그램에 대한 패턴들이다. 이 패턴들은 C 프로그래밍에 맞춘 것이지만 다른 절차적 프로그래밍 언어에서도 충분히 사용할 수 있다. 그래도 패턴의 기본 아이디어 중 일부는 《Remoting Patterns》의 아이디어와 매우 유사하다.

다음은...

다음 장에서는 인터페이스를 유연하게 만드는 방법에 특별히 중점을 둔 소프트웨어 모듈을 위한 다양한 종류의 인터페이스를 제시한다. 이러한 패턴들은 단순성과 유연성 사이의 균형에 대해 자세히 설명한다.

6장

유연한 API

적정 수준의 유연성과 추상화를 고려하여 인터페이스를 설계하는 것은 소프트웨어 작성에서 가장 중요한 부분 중 하나다. 인터페이스는 일종의 계약으로, 일단 시스템이 동작하기 시작하면 거의 바꿀 수 없기 때문이다. 이 때문에 인터페이스에는 안정적인(고정된) 선언문을 넣고, 세부 구현부는 추상화하여 향후 변경 가능한 유연성을 제공하는 것이 중요하다.

객체 지향 프로그래밍 언어의 경우, 인터페이스를 설계하는 방법과 관련된 수많은 지침을 찾을 수 있지만(예: 디자인 패턴), C와 같은 절차적 프로그래밍 언어에 대한 이러한 종류의 지침은 그다지 많지 않다. 물론 일반론적인 훌륭한 소프트웨어 설계 방법론으로 SOLID 설계 원칙이 있다. 그러나 C 프로그래밍 언어의 인터페이스 설계 방법에 대한 자세한 설계 지침을 찾기가 어려운 만큼 이번 장의 패턴이 도움이 될 것이다.

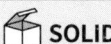 **SOLID**

SOLID 원칙은 훌륭하고 유연하며 유지·관리 가능한 소프트웨어를 구현하는 방법을 알려준다.

단일 책임 원칙(Single-responsibility principle)
코드에는 책임이 하나만 있어야 하고 변경해야 할 이유도 하나여야만 한다.

개방-폐쇄 원칙(Open-closed principle)

코드는 기존 코드를 변경하지 않으면서도(닫혀 있으면서도) 동작 변경(확장)에는 열려 있어야 한다.

리스코프 치환 원칙(Liskov substitution principle)

동일한 인터페이스를 구현하는 코드는 호출자에 따라 상호 교환이 가능해야 한다.

인터페이스 분리 원칙(Interface segregation principle)

인터페이스는 간결해야 하고 호출자의 요구에 맞게 조정되어야 한다.

의존 관계 역전 원칙(Dependency inversion principle)

고수준 모듈은 저수준 모듈로부터 독립적이어야 한다.

제임스 그레닝(James Grenning)의 논문 <SOLID Design for Embedded C>[1]에서는 C에서 SOLID 원칙을 구현하는 방법에 대한 자세한 내용을 볼 수 있다.

그림 6.1은 이번 장에서 다루는 네 가지 패턴과 함께 연관된 패턴을 보여주며, 표 6.1에는 네 가지 패턴에 대한 간략한 설명을 정리해 놓았다. 모든 패턴이 모든 가능한 컨텍스트에 항상 적용되어야 하는 것은 아니다. 일반적으로 시스템을 필요 이상으로 복잡하게 설계하지 않는 것이 바람직하다. 즉, 제시된 패턴 중 일부는 API에서 필요로 하는 유연성을 제공하거나 향후 필요할 가능성이 있는 경우에만 적용되어야 한다. 필요하지 않다면 굳이 패턴을 적용하지 말고 API를 가능한 한 단순하게 유지하도록 한다.

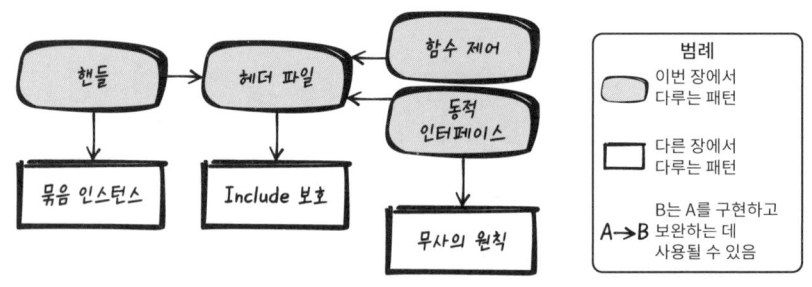

그림 6.1 유연한 API 패턴 개요

1 *https://oreil.ly/xrCtb*

표 6.1 유연한 API 패턴

패턴 이름	요약
헤더 파일 (Header Files)	다른 구현 파일의 코드가 구현한 기능에 접근할 수 있도록 하면서도 호출자에게는 세부 구현 내용은 숨기고자 한다. 따라서, 사용자에게 제공하려는 기능을 API에서 함수 선언 형태로 제공한다. 구현 파일 내의 내부 함수, 내부 데이터, 함수 정의(구현부)를 숨기고 이 구현 파일을 사용자에게 제공하지 않는다.
핸들 (Handle)	함수 구현부에서 상태 정보를 공유하거나 공유 리소스를 가지고 작업하면서도 호출자가 모든 상태 정보 및 공유 리소스를 보거나 접근하지 못하게 구현하려 한다. 따라서, 호출자가 작업할 컨텍스트를 생성하고 해당 컨텍스트에 대한 내부 데이터를 가리키는 추상 포인터를 반환하는 함수를 만든다. 호출자에게 이 포인터를 모든 함수에 전달하도록 하면, 함수들은 내부 데이터를 사용하여 상태 정보와 리소스를 저장할 수 있게 된다.
동적 인터페이스 (Dynamic Interface)	동작이 약간 다른 구현을 호출하고 싶지만 제어 논리 구현이나 인터페이스 선언을 포함한 어떤 코드도 복제되지 않도록 하려 한다. 따라서, API에서 다른 기능에 대한 공통 인터페이스를 정의하고 호출자에게 해당 기능에 대한 콜백 함수를 제공하도록 요구한 다음 함수 구현에서 콜백 함수를 호출한다.
함수 제어 (Function Control)	동작이 약간 다른 구현을 호출하고 싶지만 제어 논리 구현이나 인터페이스 선언을 포함한 어떤 코드도 복제되지 않도록 하려 한다. 따라서, 함수에 파라미터를 추가하여 함수 호출에 대한 메타 정보를 전달하고 수행할 실제 기능을 지정한다.

이번 장에서는 실행 예제로 이더넷 네트워크 인터페이스 카드용 장치 드라이버를 구현하려고 한다. 이 카드의 펌웨어는 데이터를 송수신하고 카드 환경 설정에 필요한 여러 레지스터를 제공한다. 여러분은 이러한 하드웨어 세부 정보에 대한 추상화를 일부 구축하고, 구현한 코드의 일부를 변경하는 경우에도 API 사용자가 영향 받지 않도록 할 것이다. 이를 달성하기 위해 헤더(Header File) 파일로 구성된 API를 구축한다.

헤더 파일

컨텍스트

C로 더 큰 소프트웨어를 작성하게 되었다. 프로그램을 모듈식으로 만들면서 쉽게 유지·관리하고 싶기 때문에 소프트웨어를 여러 함수로 나누고, 이 함수들을 여러 파일에 분할했다.

— Fluent

문제

다른 구현 파일의 코드가 구현한 기능에 접근할 수 있도록 하면서도 호출자에게 세부 구현 내용은 숨기고자 한다.

많은 객체 지향 언어와 달리, C는 API를 정의하고 기능을 추상화한 다음 호출자가 이 추상화에만 접근할 수 있도록 강제하는 것을 자체적으로 지원하지 않는다. C는 파일을 다른 파일에 포함시키는(include) 메커니즘만 제공한다.

이 메커니즘을 사용하면 코드 호출자가 여러분의 구현 파일을 쉽게 포함시킬 수 있다. 그러면 호출자는 내부적으로만 사용하려던 파일 범위의 변수나 함수와 같은, 해당 파일의 모든 내부 데이터에 접근할 수 있게 된다. 이러한 내부 기능을 호출자가 사용하게 되면 원하지 않는 위치에서 코드가 밀접하게 결합되면서 나중에 이 기능을 변경하기가 어려워질 것이다. 또한, 호출자가 구현 파일을 포함하는 경우 내부 변수와 함수의 이름이 호출자가 사용하는 것과 충돌할 수도 있다.

솔루션

사용자에게 제공하려는 기능을 API에서 함수 선언 형태로 제공한다. 구현 파일 내의 내부 함수, 내부 데이터, 함수 정의(구현부)를 숨기고 이 구현 파일을 사용자에게 제공하지 않는다.

C에서 소프트웨어의 함수를 사용하는 경우 헤더 파일(*.h 파일)에 정의된 함수만 사용하고 구현부(*.c 파일)에 있는 다른 함수는 사용하지 않는 것이 통상적인 규칙이다. 어떤 경우에는 이러한 추상화를 부분적으로 강제하는 것이 가능하다(예: 다른 파일의 static 함수를 사용할 수 없음). 그러나 C 언어가 이러한 강제성을 완전히 지원하는 것은 아니다. 따라서 다른 구현 파일에 접근하지 못하도록 하는 규칙이 강제성 메커니즘보다 훨씬 더 중요하다.

헤더 파일에는 헤더 파일에 있는 함수가 필요로 하는 연관된 모든 것을 포함시켜야 한다. 호출자가 여러분의 헤더 파일에 있는 기능을 사용하기 위해 다른 헤더 파일을 include할 필요는 없다. 만일 여러 헤더 파일에서 공통적으로 필요한 선언이 있다면(예: 데이터 타입 또는 #define), 이러한 선언을 별도의 헤더 파일에 넣은 다음 이 헤더 파일을 선언이 필요한 다른 헤더 파일에 포함시킨다. 컴파일 결과물에 헤더 파일이 여러 번 포함되지 않도록 하려면 Include 보호로 헤더 파일을 보호하면 된다.

서로 관련이 있는 함수만 같은 헤더 파일에 넣는다. 함수가 동일한 핸들에서 동작하거나 (수학 계산과 같이) 동일한 도메인에서 명령을 수행한다면, 이는 함수를 같은 헤더 파일에 넣어야 한다는 표시이다. 일반적으로 모든 함수에서 필요한 연관 사례를 떠올릴 수 있다면 동일한 헤더 파일에 넣어야 한다.

API가 어떻게 동작하는지에 대해 헤더 파일에 명확하게 문서화해야 한다. 사용자가 API에서 제공되는 함수가 어떻게 동작하는지 이해하기 위해 구현부를 살펴보도록 해서는 안 된다.

다음 코드는 헤더 파일의 예이다.

API (h-파일)
```
/* 'array'의 숫자를 오름차순으로 정렬한다.
   'length'는 'array'의 요소 개수를 정의한다. */
void sort(int* array, int length);
```

구현 (c-파일)
```
void sort(int* array, int length)
{
    /* 여기부터 구현부이다. */
}
```

결과

호출자와 관련된 부분(*.h 파일)과 호출자가 신경쓰지 않아도 되는 세부 구현 정보(*.c 파일)를 아주 확실하게 분리했다. 이로써 호출자에 대한 일부 기능을 추상화했다.

헤더 파일이 많으면 빌드 시간에 영향을 미친다. 헤더 파일을 나누면 구현을 별도의 파일로 분할할 수 있으며, 그러면 툴체인은 변경된 파일만 재빌드(rebuild)하면 되는 증분 빌드(incremental build) 적용이 가능하다. 반면에 완전히 재빌드하는 경우 빌드를 위해 모든 파일을 열고 읽어야 하기 때문에 하나의 파일에 모든 코드를 포함했을 때와 비교하면 빌드 시간이 다소 증가할 것이다.

함수 간에 더 많은 상호 작용이 필요하거나 서로 다른 내부 상태 정보를 사용하는 서로 다른 컨텍스트 내에서 함수들이 호출되어야 한다는 사실을 발견하게 되면, 이를 API로 어떻게 실현시킬지 고민해야 한다. 이러한 경우 핸들이 도움이 될 수 있다.

함수 호출자는 이제 추상화에 의존하게 되었으며, 이 함수들의 동작이 변경되지 않는다는 사실에도 의존할 것이다. 따라서 API를 안정적으로 유지해야 할 것이다. 새로운 기능을 추가하기 위해 언제든지 API에 새로운 함수를 추가한다. 하지만 때로는 기존 함수를 확장하려 할 수도 있으며, 미래의 변화에 대처할 수 있도록 함수를 안정적으로 유지하면서도 유연하게 만드는 방법을 고민해야 한다. 이러한 경우에 핸들, 동적 인터페이스, 함수 제어가 도움이 될 수 있다.

알려진 용도

이번 패턴이 적용된 사례들은 다음과 같다.

- 간단한 "Hello World" 프로그램보다 큰, 거의 대부분의 C 프로그램은 헤더 파일을 포함한다.
- C에서 헤더 파일을 사용하는 것은 Java에서 인터페이스를 사용하거나 C++에서 추상 클래스를 사용하는 것과 유사하다.
- Pimpl Idiom은 private 구현에 대한 세부 정보를 숨기고 헤더 파일에 넣지 않는 방법을 설명한다. 포틀랜드 패턴 저장소에서 해당 관용구에 대한 설명을 찾을 수 있다.

실행 예제 - 패턴 적용 후

디바이스 드라이버의 첫 번째 API는 다음과 같다.

```
void sendByte(char byte);
char receiveByte();
void setIpAddress(char* ip);
void setMacAddress(char* mac);
```

API 사용자는 이더넷 레지스터에 접근하는 방법과 같은 세부 구현에 신경쓸 필요가 없으며, 여러분은 사용자에게 영향을 주지 않고 세부 사항을 자유롭게 변경할 수 있다.

이제 드라이버에 대한 요구 사항이 바뀐다. 시스템에 동일한 이더넷 네트워크 인터페이스 카드를 한 개 더 장착했으며, 두 개 모두 사용할 수 있어야 한다. 다음은 이를 달성하기 위한 두 가지 간단한 방법이다.

- 코드를 복사하고 각각의 네트워크 인터페이스 카드에 대해 코드를 하나씩 둔다. 복사된 코드에서 접근에 필요한 정확한 인터페이스 주소만 수정한다. 그러나 이러한 코드 복제는 결코 좋은 생각이 아니며, 코드 유지·관리를 훨씬 더 어렵게 만든다.
- 네트워크 인터페이스 카드를 지정하는(예: 장치 이름 문자열) 파라미터를 각 함수에 추가한다. 그러나 함수들 간에 하나 이상의 파라미터를 공유하게 될 가능성이 높아지며, 각각의 파라미터를 모든 함수에 전달하면 API 사용이 번거로워진다.

여러 개의 이더넷 네트워크 인터페이스 카드를 지원하기 위한 더 좋은 아이디어는 API에 핸들(Handle)을 도입하는 것이다.

핸들

컨텍스트

호출자에게 일련의 함수를 제공하려고 한다. 제공하는 함수는 공유 리소스에서 동작하거나 상태 정보를 공유한다.

문제

함수 구현부에서 상태 정보를 공유하거나 공유 리소스를 가지고 작업하면서도 호출자가 모든 상태 정보 및 공유 리소스를 보거나 접근하지 못하게 구현하려 한다.

상태 정보와 공유 리소스는 계속해서 호출자에게 보이지 않도록 해야 한다. 나중에 상태 정보나 공유 리소스를 변경할 일이 생겼을 때 호출자의 코드를 변경하지 않기 위해서이다.

객체 지향 프로그래밍 언어에서 함수가 동작할 수 있도록 하는 데이터는 클래스 멤버 변수로 구현된다. 이러한 클래스 멤버 변수는 private으로 지정함으로써 호출자가 접근할 수 없도록 만들 수 있다. 그러나 C는 기본적으로 클래스와 private 멤버 변수를 지원하지 않는다.

전역 상태 소프트웨어 모듈 패턴을 적용하여 함수 간 공유 데이터를 저장하기 위해 구현 파일 안에 정적 전역 변수를 두는 방법은 선택할 수 없다. 여러 컨텍스트에서 함수를 호출할 수 있어야 하기 때문이다. 각 호출자에 대한 함수 호출을 통해 각자의 상태 정보를 구축할 수 있어야 한다. 그리고 이러한 상태 정보는 여전히 호출자에게는 보이지 않는 상태로 유지되어야 하지만, 여러분은 어떤 정보가 어떤 특정 호출자에 귀속되는지 식별하는 방법과 함수 구현 시 이 정보에 접근하는 방법을 강구해야 한다.

솔루션

호출자가 작업할 컨텍스트를 생성하고 해당 컨텍스트에 대한 내부 데이터를 가리키는 추상 포인터를 반환하는 함수를 만든다. 호출자에게 이 포인터를 모든 함수에 전달하도록 하면, 함수들은 내부 데이터를 사용하여 상태 정보와 리소스를 저장할 수 있게 된다.

함수는 이 추상 포인터를 해석하는 방법을 알고 있다. 이 투명하지 않은 데이터 타입의 추상 포인터를 일컬어 '핸들(Handle)'이라고 한다. 그러나 가리키는 자료 구조는 절대 API의 일부로 나타나서는 안 된다. API는 오직 숨겨진 데이터를 함수에 전달하는 기능만 제공할 뿐이다.

핸들은 구조체 같은 묶음 인스턴스에 대한 포인터로 구현될 수 있다. 구조체는 필요한 모든 상태 정보 또는 기타 변수를 포함해야 한다. 일반적으로 객체 지향 프로그래밍에서 객체에 대한 멤버 변수로 선언하는 것과 유사한 변수를 포함한다. 이 구조체는 구현부로 숨겨야 하며, API에는 다음 코드와 같이 구조체에 대한 포인터 정의만 있으면 된다.

API
```
typedef struct SORT_STRUCT* SORT_HANDLE;

SORT_HANDLE prepareSort(int* array, int length);
void sort(SORT_HANDLE context);
```

구현

```c
struct SORT_STRUCT
{
    int* array;
    int length;
    /* 정렬 순서 등 기타 파라미터 */
};

SORT_HANDLE prepareSort(int* array, int length)
{
    struct SORT_STRUCT* context = malloc(sizeof(struct SORT_STRUCT));
    context->array = array;
    context->length = length;

    /* 필요한 데이터 또는 상태 정보로 context를 채운다. */

    return context;
}

void sort(SORT_HANDLE context)
{
    /* context 데이터를 가지고 작업한다. */
}
```

API에 핸들 생성을 위한 함수가 하나 있다. 이 함수가 호출자에게 핸들을 반환하면 호출자는 핸들을 필요로 하는 API의 다른 함수를 호출할 수 있게 된다. 대부분의 경우 할당받은 리소스를 모두 클린업하여 핸들을 삭제하는 기능도 필요하다.

결과

이제 함수 간 상태 정보와 리소스를 공유할 수 있게 되었다. 호출자는 함수 간에 공유되는 내용에 대해 고민할 필요가 없으며, 호출자가 내부 메커니즘에 종속되도록 코드를 작성할 여지도 주지 않는다.

데이터에 대한 여러 개의 인스턴스도 지원한다. 핸들 생성 함수를 여러 번 호출하여 다수의 컨텍스트를 확보할 수 있으며, 이렇게 얻은 컨텍스트는 서로 독립적으로 사용할 수 있다.

핸들을 사용하여 작업한 함수가 나중에 변경되어 다른 데이터나 추가 데이터를 공유하게 되더라도 호출자 코드 변경 없이 간단하게 구조체 멤버를 변경할 수 있다.

함수 선언문은 모두 핸들이 필요하기 때문에 서로 밀접하게 결합되어 있음을 명시적으로 보여준다. 이렇게 하면 어떤 함수가 동일한 헤더 파일에 들어가야 하는지 쉽게 알 수 있고, 다른 한편으로는 호출자가 어떤 함수를 함께 적용해야 하는지 쉽게 찾을 수 있다.

핸들을 사용하면 호출자는 모든 함수 호출에 대해 한 개의 파라미터를 추가로 제공해야 하며, 각각의 추가 파라미터로 인해 코드는 읽기가 더 어려워진다.

알려진 용도

이번 패턴이 적용된 사례들은 다음과 같다.

- C 표준 라이브러리는 stdio.h에 FILE의 정의를 포함한다. 이 FILE은 대부분의 구현에서 구조체에 대한 포인터로 정의되며 구조체는 헤더 파일에 속하지 않는다. FILE 핸들은 fopen 함수에 의해 생성되며, 열린 파일에 대해 여러 다른 함수(fwrite, fread 등)를 호출할 수 있다.
- OpenSSL 코드의 AES_KEY 구조체는 AES 암호화와 관련된 여러 함수(AES_set_decrypt_key, AES_set_encrypt_key) 간 컨텍스트 교환에 사용된다. 구조체와 구조체 멤버는 구현부에 숨기지 않고 헤더 파일에 두는데, 그 이유는 다른 OpenSSL 코드의 일부가 구조체의 크기를 알아야 하기 때문이다.
- Subversion 프로젝트의 로깅 기능에 대한 코드는 핸들에서 동작한다. logger_t 구조체는 로깅 기능의 구현 파일에 정의되어 있으며, 이 구조체에 대한 포인터는 해당 헤더 파일에 정의되어 있다.
- 이 패턴은 《C 인터페이스 구현》(케이앤피북스, 2012)에서 불투명 포인터 타입으로, 《Patterns in C》(Leanpub, 2014)에서 "1급 추상 데이터 타입 패턴"으로 설명하고 있다.

실행 예제 - 패턴 적용 후

이제 원하는 만큼 이더넷 인터페이스 카드를 지원할 수 있다. 생성된 각 드라이버 인스턴스는 자체 데이터 컨텍스트를 만들어서, 핸들을 통해 함수에 전달된다. 이제 장치 드라이버 API는 다음과 같이 된다.

```
/* INTERNAL_DRIVER_STRUCT에는 함수 간 공유 데이터가 포함된다.
   (드라이버가 담당하는 인터페이스 카드를 선택하는 방법 등) */
typedef struct INTERNAL_DRIVER_STRUCT* DRIVER_HANDLE;

/* 'initArg'에는 드라이버 인스턴스의 정확한 인터페이스를 식별하기 위한
   구현 정보가 포함되어 있다. */
DRIVER_HANDLE driverCreate(void* initArg);
void driverDestroy(DRIVER_HANDLE h);
void sendByte(DRIVER_HANDLE h, char byte);
char receiveByte(DRIVER_HANDLE h);
void setIpAddress(DRIVER_HANDLE h, char* ip);
void setMacAddress(DRIVER_HANDLE h, char* mac);
```

다시 한번 요구 사항이 변경된다. 이제 서로 다른 종류(예: 서로 다른 제조사)의 이더넷 네트워크 인터페이스 카드를 사용하게 되었다. 카드는 비슷한 기능들을 제공하지만 레지스터에 접근하는 세부 방법이 다르므로 드라이버별로 각각 구현해 주어야 한다. 이를 지원하는 두 가지 간단한 방법은 다음과 같다.

- 드라이버별로 API를 둘 수 있다. 이 접근 방식은 사용자가 런타임에 드라이버를 선택하는 메커니즘을 구축해야 해서 번거롭다는 단점이 있다. 또한 드라이버별로 API를 사용하면 최소 두 개 이상의 장치 드라이버가 공통 제어 흐름(예: 드라이버 생성 또는 제거)을 공유하기 때문에 코드가 중복된다.
- sendByteDriverA 및 sendByteDriverB와 같은 기능을 API에 추가한다. 그러나 단일 API에 모든 드라이버 기능을 포함하면 API 사용자에게 혼란을 줄 수 있기 때문에 일반적으로 API는 가급적 최소화하는 방향으로 구현하려고 한다. 또한 사용자의 코드는 API에 포함된 모든 함수 서명에 따라 달라지므로 코드가 의존하는 것을 최소화해야 한다(인터페이스 분리 원칙에 명시).

종류가 다른 여러 개의 이더넷 네트워크 인터페이스 카드를 지원하는 더 좋은 아이디어는 동적 인터페이스(Dynamic Interface)를 제공하는 것이다.

동적 인터페이스

컨텍스트
여러분 또는 여러분의 호출자는 비슷한 제어 논리(control logic)를 따르면서도 동작이 다른 여러 기능을 구현하려 한다.

문제
동작이 약간 다른 구현을 호출하고 싶지만 제어 논리 구현이나 인터페이스 선언을 포함한 어떤 코드도 복제되지 않도록 하려 한다.

기존에 선언한 인터페이스에 추가적인 동작 구현을 추가할 수 있도록 하고 싶다. 이때, 기존 버전의 동작에 대한 구현을 사용하는 호출자 코드는 변경할 필요가 없어야 한다.

자신의 코드를 복제하지 않으면서도 호출자에게 다양한 동작을 제공하고, 여기에 호출자가 자체적으로 구현한 동작까지 가져올 수 있는 메커니즘을 제공하고 싶을 수도 있다.

솔루션
API에서 다른 기능에 대한 공통 인터페이스를 정의하고 호출자에게 해당 기능에 대한 콜백 함수를 제공하도록 요구한 다음 함수 구현에서 콜백 함수를 호출한다.

C에서 이러한 인터페이스를 구현하기 위해서는 API에서 함수 서명을 정의하면 된다. 그러면 호출자는 이러한 서명에 따라 함수를 구현하고 함수 포인터를 통해 첨부한다. 함수 포인터는 소프트웨어 모듈 내부에 영구적으로 연결 및 저장하거나 다음 코드와 같이 각 함수 호출에 연결할 수 있다.

API
```
/* 비교 함수는 x가 y보다 작으면 true를, 그렇지 않으면 false를 반환한다. */
typedef bool (*COMPARE_FP)(int x, int y);

void sort(COMPARE_FP compare, int* array, int length);
```

구현
```c
void sort(COMPARE_FP compare, int* array, int length)
{
    int i, j;
    for(i=0; i<length; i++)
    {
        for(j=i; j<length; j++)
        {
            /* 제공된 사용자 함수 호출 */
            if(compare(array[i], array[j]))
            {
                swap(&array[i], &array[j]);
            }
        }
    }
}
```

호출자
```c
#define ARRAY_SIZE 4

bool compareFunction(int x, int y)
{
    return x<y;
}

void sortData()
{
    int array[ARRAY_SIZE] = {3, 5, 6, 1};
    sort(compareFunction, array, ARRAY_SIZE);
}
```

함수 서명에 대한 정의 옆에 함수가 어떻게 동작하도록 구현해야 하는지를 명확하게 문서화해야 한다. 또한 해당 함수 구현이 함수 호출에 연결되지 않은 경우에는 어떻게 동작해야 하는지도 문서화해야 한다. 그렇게 함으로써 프로그램을 중단시키거나(무사의 원칙) 대체 기능으로 일부 기본 기능을 제공할 수 있다.

결과

호출자가 다른 구현을 사용할 수 있으면서도 코드 복제는 일어나지 않는다. 제어 논리, 인터페이스, 인터페이스 문서 역시 복제되지 않는다.

API 변경 없이 나중에 호출자가 구현을 추가할 수도 있다. 이는 API 설계자와 구현 제공자의 역할이 완전히 분리될 수 있음을 의미한다.

이제 코드에서 호출자의 코드를 실행한다. 이는 곧 함수가 무엇을 해야 하는지 호출자가 알고 있다고 믿어야 한다는 뜻이다. 호출자의 코드에 버그가 있는 경우에도 여러분의 코드 컨텍스트에서 잘못된 동작이 발생하기 때문에 처음에는 여러분의 코드를 의심할 수 있다.

함수 포인터를 사용한다는 것은 플랫폼별, 프로그래밍 언어별로 특화된 인터페이스가 있음을 의미한다. 이 패턴은 호출자의 코드도 C로 작성된 경우에만 사용할 수 있다. 이 인터페이스에는 마셜링(marshaling)[2] 기능을 추가할 수 없으며, 예를 들어 자바 코드로 애플리케이션을 작성한 호출자에게도 제공할 수 없다.

알려진 용도

이번 패턴이 적용된 사례들은 다음과 같다.

- 제임스 그레닝(James Grenning)의 논문 〈SOLID Design for Embedded C〉에서 이 패턴과 이 패턴의 변형을 각각 동적 인터페이스 및 타입별 동적 인터페이스라고 설명한다.
- 제시된 솔루션은 전략 패턴의 C 버전이다. 《Patterns in C》(Leanpub, 2014)와 《C 인터페이스 구현》(케이앤피북스, 2012)에서 해당 패턴에 대한 C 구현의 다른 예를 볼 수 있다.
- 장치 드라이버 프레임워크는 시작할 때 드라이버에 자신의 함수를 넣기 위해 종종 함수 포인터를 사용한다. 일반적으로 리눅스 커널의 장치 드라이버가 이와 같은 방식으로 동작한다.
- Subversion 프로젝트 소스 코드의 svn_sort__hash 함수는 일부 키 값에 따

---

2 (옮긴이) 마셜링(marshaling)은 직렬화(serialization), 인코딩(encoding)으로 부르기도 하며, 송신 측에서 데이터 전송을 위해 자료 구조를 바이트 스트림(byte stream)으로 변환시키는 것을 의미한다. 반대로 수신 측에서 바이트 스트림을 자료 구조로 환원시키는 것을 언마셜링(unmarshaling)이라고 한다. 마셜링은 원래 운송 용어로, 컨테이너들을 선적하기 좋게 가지런히 놓는 것을 의미하는데, 이것이 컴퓨터 통신 용어로 확대되었다.

라 목록을 정렬한다. 이 함수는 함수 포인터 comparison_func을 파라미터로 사용한다. comparison_func은 제공된 두 키 값 중 어느 쪽이 더 큰지에 대한 정보를 반환한다.
- OpenSSL의 `OPENSSL_LH_new` 함수는 해시 테이블을 생성한다. 호출자는 해시 함수에 함수 포인터를 제공해야 한다. 이것은 해시 테이블에서 작업할 때 콜백(callback)으로 사용된다.
- Wireshark 코드에는 트리 구조를 순회할 때 함수 파라미터로 제공되는 함수 포인터 `proto_tree_foreach_func`가 포함되어 있다. 이 함수 포인터는 트리 요소에서 수행할 작업을 결정하는 데 사용된다.

실행 예제 - 패턴 적용 후

이제 드라이버 API는 여러 다른 이더넷 네트워크 인터페이스 카드를 지원한다. 이러한 네트워크 인터페이스 카드용 특정 드라이버는 송수신 함수를 구현하고 이를 별도의 헤더 파일에 제공해야 한다. 이렇게 함으로써 API 사용자는 이러한 특정 드라이버에 대한 송수신 함수를 include하고 API에 연결할 수 있다.

API 사용자가 자체적으로 구현한 드라이버를 가져올 수 있다는 이점이 생겼다. 따라서 API 설계자는 드라이버 구현 공급자로부터 독립적이다. 새로운 드라이버를 통합하기 위해 API를 변경할 필요가 없다. API 설계자로서 어떤 추가 작업도 할 필요가 없다. 이 모든 것은 다음의 API로 가능하다.

```
typedef struct INTERNAL_DRIVER_STRUCT* DRIVER_HANDLE;
typedef void (*DriverSend_FP)(char byte);    /* 이것이 인터페이스를  */
typedef char (*DriverReceive_FP)();          /* 정의한 것이다.        */

struct DriverFunctions
{
    DriverSend_FP fpSend;
    DriverReceive_FP fpReceive;
};

DRIVER_HANDLE driverCreate(void* initArg, struct DriverFunctions f);
void driverDestroy(DRIVER_HANDLE h);
```

```
void sendByte(DRIVER_HANDLE h, char byte);    /* 내부적으로 fpSend를 호출    */
char receiveByte(DRIVER_HANDLE h);            /* 내부적으로 fpReceive를 호출 */
void setIpAddress(DRIVER_HANDLE h, char* ip);
void setMacAddress(DRIVER_HANDLE h, char* mac);
```

또다시 요구 사항이 변경되었다. 이제 이더넷 네트워크 인터페이스 카드뿐만 아니라 다른 인터페이스 카드(예: USB 인터페이스 카드)도 지원해야 한다. API의 관점에서 볼 때 이러한 인터페이스에는 몇 가지 유사한 기능(데이터 송수신 함수)이 있지만 완전히 다른 기능도 있다(예: USB 인터페이스에는 설정할 IP 주소는 없지만 다른 구성이 필요할 수 있음).

이를 위한 간단한 해결책은 서로 다른 드라이버 유형에 따라 두 가지 서로 다른 API를 제공하는 것이다. 그러나 이렇게 하면 송신/수신 및 생성/소멸 함수에 대한 코드가 중복된다.

단일 추상 API에서 다양한 종류의 장치 드라이버를 지원하기 위한 더 좋은 솔루션은 함수 제어(Function Control)를 도입하는 것이다.

함수 제어

컨텍스트

유사한 제어 논리를 따르지만 동작이 다른 여러 기능을 구현하려 한다.

문제

동작이 약간 다른 구현을 호출하고 싶지만 제어 논리 구현이나 인터페이스 선언을 포함한 어떤 코드도 복제되지 않도록 하려 한다.

호출자는 기존에 구현한 특정 동작을 사용할 수 있어야 한다. 동시에, 기존 구현을 건드리지 않고 기존 호출자의 코드를 변경하지 않으면서 나중에 새로운 동작을 추가하는 것도 가능해야 한다.

호출자에게 자체 구현을 연결할 수 있는 유연성은 더이상 제공하지 않으려 하기 때문에 동적 인터페이스는 선택할 수 없다. 아마도 호출자가 인터페이스를 보다 쉽게 사용할 수 있어야 하기 때문일 것이다. 또는 호출자의 구현을 쉽게 연결할 수 없기 때문일 수도 있다. 호출자가 다른 프로그래밍 언어를 사용하여 여러분의 기능에 접근하는 경우가 이에 해당된다.

솔루션

함수에 파라미터를 추가하여 함수 호출에 대한 메타 정보를 전달하고 수행할 실제 기능을 지정한다.

동적 인터페이스와 비교했을 때, 호출자는 구현을 제공할 필요 없이 기존에 구현된 것들 중에서 선택하면 된다.

이 패턴을 구현하려면 데이터 기반 추상화를 적용해야 한다. 즉, 함수의 동작을 결정하는 별도의 파라미터(예: enum 또는 #define으로 지정된 정수 값)를 추가해야 한다. 그러면 파라미터는 구현부에서 평가되고, 파라미터 값에 따라 다른 구현이 호출된다.

API
```
#define QUICK_SORT 1
#define MERGE_SORT 2
#define RADIX_SORT 3

void sort(int algo, int* array, int length);
```

구현
```
void sort(int algo, int* array, int length)
{
    switch(algo)
    {
        case QUICK_SORT:    ❶
            quicksort(array, length);
        break;
        case MERGE_SORT:
            mergesort(array, length);
        break;
        case RADIX_SORT:
            radixsort(array, length);
        break;
    }
}
```

❶ 추후에 새로운 기능을 추가해야 한다면, 새로운 enum이나 #define 값을 추가하고 해당하는 새로운 구현을 선택하면 된다.

결과

호출자는 다른 구현을 사용할 수 있으면서도 코드 복제는 일어나지 않는다. 제어 논리, 인터페이스, 인터페이스 문서도 복제되지 않는다. 나중에 새로운 기능을 쉽게 추가할 수도 있다. 이를 위해 기존 구현을 건드릴 필요가 없으며, 기존 호출자의 코드 역시 변경 사항의 영향을 받지 않는다.

동적 인터페이스와 비교할 때 이 패턴은 프로그램에 특화된 포인터가 API를 통해 전달되지 않기 때문에 다양한 프로그램이나 플랫폼에서 기능(예: 원격 프로시저 호출)을 선택하기가 더 쉽다.

하나의 함수에서 다양한 동작 구현에 대한 선택을 제공할 때, 단일 함수에 밀접하게 속하지 않는 여러 기능들을 묶고 싶은 유혹을 느낄 수도 있다. 하지만 이는 단일 책임 원칙(single-responsibility principle)에 위배된다.

알려진 용도

이번 패턴이 적용된 사례들은 다음과 같다.

- 장치 드라이버는 종종 함수 제어를 사용하여 일반적인 init/read/write 함수에 적합하지 않은 특정 기능을 전달한다. 장치 드라이버의 경우 이 패턴은 일반적으로 I/O 컨트롤이라고 한다. 이 개념은 《디자인 패턴을 적용한 임베디드 시스템》(한빛미디어, 2013)에서 설명하고 있다.
- 일부 리눅스 syscall은 이전 코드를 손상시키지 않으면서 플래그 값에 따라 syscall의 기능을 확장하는 플래그를 갖도록 확장되었다.
- 데이터 주도(data-driven) API의 일반적인 개념은 《C++ API 디자인》(지앤선, 2014)에서 기술하고 있다.
- OpenSSL 코드는 `CTerr` 함수를 사용하여 오류를 기록한다. 이 함수는 `enum` 파라미터를 사용하여 오류를 기록하는 방법과 위치를 지정한다.
- POSIX 소켓 함수 `ioctl`은 소켓에서 수행할 실제 작업을 결정하는 숫자 파라미터 `cmd`를 사용한다. 파라미터에 허용되는 값은 헤더 파일에 정의하고 문서화하며, 최초 버전의 헤더 파일 배포 이후로 많은 값과 함수 동작이 추가되었다.

- Subversion 프로젝트의 `svn_fs_ioctl` 함수는 일부 파일 시스템 관련 입력 또는 출력 작업을 수행한다. 이 함수는 구조체 `svn_fs_ioctl_code_t`를 파라미터로 사용하는데, 이 구조체에는 수행해야 하는 작업 종류를 결정하는 숫자 값이 포함되어 있다.

실행 예제 - 패턴 적용 후

다음 코드는 장치 드라이버 API의 최종 버전을 보여준다.

Driver.h
```
typedef struct INTERNAL_DRIVER_STRUCT* DRIVER_HANDLE;
typedef void (*DriverSend_FP)(char byte);
typedef char (*DriverReceive_FP)();
typedef void (*DriverIOCTL_FP)(int ioctl, void* context);

struct DriverFunctions
{
    DriverSend_FP fpSend;
    DriverReceive_FP fpReceive;
    DriverIOCTL_FP fpIOCTL;
};

DRIVER_HANDLE driverCreate(void* initArg, struct DriverFunctions f);
void driverDestroy(DRIVER_HANDLE h);
void sendByte(DRIVER_HANDLE h, char byte);
char receiveByte(DRIVER_HANDLE h);
void driverIOCTL(DRIVER_HANDLE h, int ioctl, void* context);
/* IP 주소 값과 같이 구성에 필요한 정보를 구현부에 전달하기 위해서는
    'context' 파라미터가 필요하다. */
```

EthIOCTL.h
```
#define SET_IP_ADDRESS 1
#define SET_MAC_ADDRESS 2
```

UsbIOCTL.h
```
#define SET_USB_PROTOCOL_TYPE 3
```

이더넷 또는 USB 특화 함수(예: 인터페이스를 통해 실제로 데이터를 송수신하는 애플리케이션)를 사용하려는 사용자는 올바른 I/O 컨트롤을 호출하기 위해 어떤 유형의 드라이버를 사용해야 하는지 알아야 하고, EthIOCTL.h와

UsbIOCTL.h 중 하나를 포함해야 한다.

그림 6.2는 장치 드라이버 API의 최종 버전 소스 코드 파일에 대한 include 관계를 보여준다. 이때, EthApplication.c 코드는 USB 관련 헤더 파일에 의존하지 않는다. 예를 들어, 새로운 USB-IOCTL이 추가되어도 코드에 표시된 EthApplication.c는 종속 파일이 변경되지 않기 때문에 다시 컴파일할 필요조차 없다.

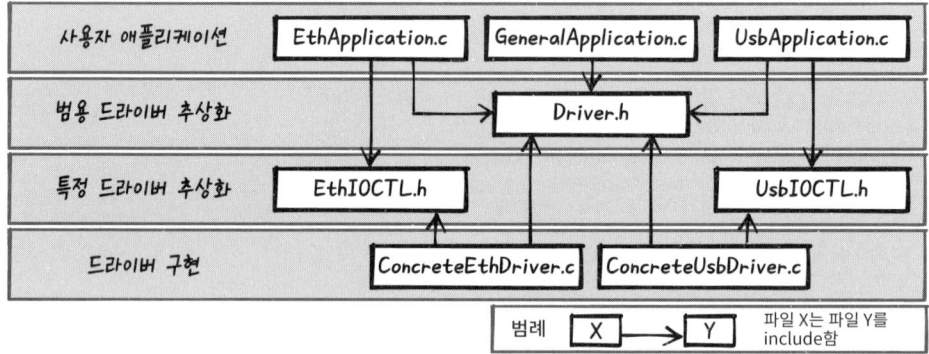

그림 6.2 함수 제어를 위한 파일 관계

이번 장에서 제시된 모든 코드 조각 중에서 가장 마지막 버전이 장치 드라이버의 가장 유연한 코드 조각이지만 여러분이 원하는 것이 아닐 수도 있음을 명심해야 한다. 인터페이스가 복잡할수록 유연성은 커진다. 코드를 필요한 만큼 유연하게 만드는 동시에 최대한 단순하게 유지하려 노력해야 한다.

요약

이번 장에서는 C에 대한 네 가지 API 패턴에 대해 설명하고, 장치 드라이버를 설계하는 방법의 실행 예제를 통해 패턴의 적용 사례를 살펴보았다. 헤더 파일 패턴은 .h 파일에 잘 정의된 인터페이스를 제공하면서 .c 파일에 세부 구현을 숨겨야 한다는 기본 개념을 알려준다. 핸들 패턴은 상태 정보를 공유하기 위해 함수 간에 불투명한 데이터 타입을 전달하는 잘 알려진 개념에 관한 내용이다. 동적 인터페이스 패턴은 콜백 함수를 통해 호출자별로 자체 코드를 삽입할 수 있도록 함으로써 프로그램 논리를 복제하지 않도록 한다. 함수 제어 패턴은 함수를 호출하여 수행해야 하는 실제 동작을 지정하는 추가적인 함수 파라미터를 사용한다. 이러한 패턴은 추상화를 도입하여 인터페이스를 보다 유연하게 만드는 기본적인 C 설계 옵션을 보여준다.

더 읽을 거리

더 많은 내용이 궁금하다면, API 설계에 대한 지식을 넓히는 데 도움이 되는 다음의 몇 가지 자료를 참고하자.

- 〈SOLID Design for Embedded C〉에서는 일반적인 다섯 가지 SOLID 설계 원칙을 다루고 C 인터페이스의 유연성을 구현하는 방법을 제시한다. 특히 C에 대한 인터페이스 주제를 다루고 자세한 코드 조각도 제시하는 유일한 논문이다.
- 《Patterns in C》(Leanpub, 2014)는 몇 가지 패턴과 그에 따른 C 코드 조각을 제시한다. 패턴들은 전략(Strategy) 패턴이나 옵저버(Observer) 패턴과 같은, 《GoF의 디자인 패턴》의 C 버전을 비롯하여 C에 특화된 패턴과 관용구도 포함한다. 이 책은 명시적으로 인터페이스에 중점을 두지 않지만 일부 패턴은 인터페이스 수준에서의 상호 작용을 설명한다.
- 《C++ API 디자인》(지앤선, 2014)에서는 인터페이스의 설계 원칙, C++ 예제가 포함된 객체 지향 인터페이스 패턴, 테스트 및 문서화와 같은 인터페이스의 품질 문제를 다룬다. 이 책은 C++ 설계를 다루지만 내용 중 일부는 C와도 관련이 있다.
- 《C 인터페이스 구현》(케이앤피북스, 2012)은 인터페이스 설계를 소개하는데, C로 구현된 특정 구성 요소에 대한 C 코드도 볼 수 있다.

다음은…

다음 장에서는 특정 종류의 응용 프로그램에 적합한 추상화 수준과 올바른 인터페이스를 찾는 방법에 대해 자세히 설명한다. 또한 반복자(iterator)를 설계하고 구현하는 방법도 알아본다.

7장

F l u e n t C

반복자 인터페이스

요소들로 구성된 집합을 반복(iteration)하는 것은 많은 프로그램에서 사용되는 공통 연산이다. 일부 프로그래밍 언어는 요소를 반복하는 기능을 기본 구문으로 제공하며, 객체 지향 프로그래밍 언어에는 일반적인 반복 기능 구현을 위한 디자인 패턴 형식의 지침이 있다. 그러나 C와 같은 절차적 프로그래밍 언어에는 이와 같은 지침이 거의 없다.

반복(iterate)은 같은 일을 여러 번 하는 것을 의미한다. 프로그래밍에서 '반복'은 주로 여러 데이터 요소에 대해 같은 프로그램 코드를 실행하는 것을 말한다. 이러한 작업이 자주 필요한 만큼, C도 배열에 대해서는 기본적으로 반복을 지원한다. 다음 코드는 배열을 반복하는 예이다.

```
for (i=0; i<MAX_ARRAY_SIZE; i++)
{
    doSomethingWith(my_array[i]);
}
```

하지만 예를 들어 레드-블랙 트리(red-black tree)[1]와 같이 다른 자료 구조를 반

---

1 (옮긴이) 레드-블랙 트리(red-black tree)는 이진 탐색 트리(binary search tree)의 특수한 형태인 자가 균형 이진 탐색 트리(self-balancing binary search tree)로, 루트 노드로부터 가장 먼 리프 노드 경로까지의 거리가 가장 가까운 리프 노드 경로까지의 거리의 두 배보다 항상 작다는 특성을 갖는다. 이렇게 함으로써 이진 탐색 트리가 한쪽으로 치우쳐 탐색 시간이 $O(n)$에 가까워지는 것을 방지한다. 이를 위해 노드에 레드(red), 블랙(black)의 색깔을 입혀 노드를 삽입할 때마다 레드-블랙 트리의 원칙(루트 노드는 블랙, 레드 노드 자식은 항상 블랙 등)을 지키도록 하여, 최악의 경우에도 삽입, 삭제, 검색 연산에 대한 일정한 실행 시간을 보장하도록 한다. 레드-블랙 트리의 탐색 시간은 $O(\log n)$에 가깝다.

복하려면 별도의 반복 함수를 구현해야 한다. 이 함수에는 자료 구조에 특화된 반복 옵션(깊이 우선 또는 너비 우선 순회)을 추가할 수 있다. 이러한 특정 자료 구조를 어떻게 구현하는지와 자료 구조를 위한 반복 인터페이스를 어떻게 구성할 것인가에 대해서는 자료 구조 관련 서적에서 확인할 수 있다. 반복을 위해 이러한 자료 구조에 특화된 인터페이스를 사용할 때 기본 자료 구조를 변경한다면, 반복 함수뿐만 아니라 반복 함수를 호출하는 다른 모든 코드까지 수정해야 할 것이다. 어떤 경우에는 이것이 인정될 뿐 아니라 심지어 필요할 수도 있다. 코드 성능을 최적화하기 위해 기본 자료 구조에 특화된 반복 수행을 원할 수도 있기 때문이다.

때로는 구성 요소 경계를 넘어 반복 인터페이스를 제공해야 하는 경우도 있는데, 세부 구현 내용을 유출하는 추상화를 사용하는 방법은 나중에 인터페이스 변경이 필요할 수 있으므로 선택할 수 없다. 예를 들어, 고객에게 반복 함수를 제공하는 구성 요소를 판매하고 고객이 이러한 함수를 사용하여 코드를 작성한다고 하자. 판매자가 다른 자료 구조를 사용하는 최신 버전의 구성 요소를 제공했을 때 고객은 코드를 수정하지 않아도 잘 동작할 것이라 기대할 수 있다. 이 경우 고객의 인터페이스가 호환성을 유지하여 고객이 코드를 변경할 필요가 없도록(또는 재컴파일하지 않도록) 구현 시 추가적으로 노력해야 한다.

이번 장은 여기에서 출발한다. 이번 장에서는 여러분이 반복자를 구현할 때 사용자(고객)에게 안정적인 반복자 인터페이스를 제공할 수 있는 방법에 대한 세 가지 패턴을 보여줄 것이다. 패턴은 특정 종류의 자료 구조를 위해 특정 종류의 반복자를 만들지 않는다. 대신 패턴은 구현 내에 기본 자료 구조로부터 요소를 검색하는 함수가 이미 있다고 가정한다. 패턴들은 안정적인 반복 인터페이스를 제공하기 위해 이러한 함수들을 추상화하는 방법을 보여준다.

그림 7.1은 이번 장에서 다루는 패턴과 그 관계에 대한 개요를 보여주고, 표 7.1은 패턴에 대한 간략한 설명을 정리해 놓았다.

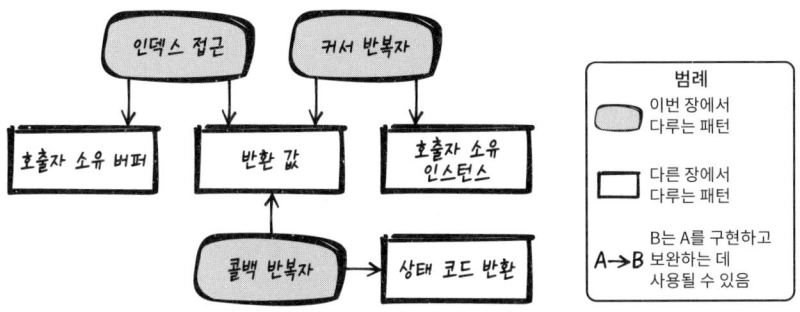

그림 7.1 반복자 인터페이스 패턴 개요

표 7.1 반복자 인터페이스 패턴

패턴 이름	요약
인덱스 접근 (Index Access)	사용자가 편리한 방식으로 자료 구조의 요소를 반복할 수 있도록 하면서, 사용자 코드의 수정 없이 자료 구조의 내부 변경이 가능해야 한다. 따라서, 기본 자료 구조의 요소별 인덱스를 취하여 해당 요소의 내용을 반환하는 함수를 제공한다. 사용자는 루프 내에서 이 함수를 호출함으로써 모든 요소를 반복한다.
커서 반복자 (Cursor Iterator)	반복 중에 요소가 변경되는 경우에도 견고하면서도, 나중에 사용자 코드를 변경할 필요 없이 기본 자료 구조를 변경할 수 있는 반복 인터페이스를 사용자에게 제공하려 한다. 따라서, 기본 자료 구조의 요소를 가리키는 반복자 인스턴스를 만든다. 반복 함수는 이 반복자 인스턴스를 인수로 사용하고, 반복자가 현재 가리키는 요소를 검색한 후, 다음 요소를 가리키도록 반복 인스턴스를 수정한다. 그런 다음 사용자는 이 함수를 반복적으로 호출하여 한 번에 하나의 요소를 검색한다.
콜백 반복자 (Callback Iterator)	사용자가 모든 원소를 반복하기 위해 코드 내에 루프를 구현하지 않아도 되고, 나중에 사용자 코드를 변경할 필요 없이 기본 자료 구조를 수정할 수 있는 견고한 반복 인터페이스를 제공하려 한다. 따라서, 기존 자료 구조에 특화된 연산을 사용하여 구현 내 모든 요소를 반복하고 이 반복이 수행되는 동안 각 요소에서 제공된 일부 사용자 함수를 호출한다. 이 사용자 함수는 요소 콘텐츠를 파라미터로 가져온 다음 이 요소에 대한 작업을 수행할 수 있다. 사용자가 반복을 일으키는 한 개의 함수만 호출하면 구현 내에서 전체 반복이 이루어진다.

실행 예제

여러분은 임의의 요소에 무작위로 접근하는 함수가 있는 기본 자료 구조를 사용하여 애플리케이션에 대한 접근 제어 구성 요소(access control component)를 구현했다. 보다 구체적으로, 다음 코드에는 로그인 이름 및 비밀번호와 같은 계정 정보를 보유하는 구조체 배열이 있다.

```
struct ACCOUNT
{
    char loginname[MAX_NAME_LENGTH];
    char password[MAX_PWD_LENGTH];
};
struct ACCOUNT accountData[MAX_USERS];
```

이어지는 코드는 사용자가 로그인 이름과 같은 특정 정보를 읽기 위해 이 구조체에 접근하는 방법을 보여준다.

```
void accessData()
{
    char* loginname;

    loginname = accountData[0].loginname;
    /* loginname으로 작업 수행 */

    loginname = accountData[1].loginname;
    /* loginname으로 작업 수행 */
}
```

물론 자료 구조에 대한 접근을 추상화하는 것에 대해 고민할 필요 없이 그냥 다른 프로그래머가 이 구조체에 대한 포인터에 직접 접근하여 구조체 요소를 반복하고 구조체의 모든 정보에 접근하도록 할 수도 있다. 그러나 자료 구조에 클라이언트 쪽에 제공하면 안되는 정보가 있을 수 있으므로 좋은 방법이라 할 수 없다. 클라이언트에 대한 인터페이스를 안정적으로 유지해야 하는 경우, 클라이언트에 일단 공개한 정보는 제거할 수 없다. 클라이언트가 해당 정보를 사용할 수 있고, 클라이언트의 코드를 망가뜨리고 싶지 않기 때문이다.

이 문제를 피하기 위해서는 사용자가 필요한 정보에만 접근토록 하는 것이 좋다. 인덱스 접근(Index Access) 제공이 간단한 솔루션이 될 수 있다.

인덱스 접근

컨텍스트

무작위 접근(random access)이 가능한 자료 구조에 저장된 요소 집합이 있다. 예를 들어, 단일 요소를 무작위로 검색하는 함수가 있는 배열 또는 데이터베이스가 있다. 사용자는 이러한 요소를 반복하려 한다.

문제

사용자가 편리한 방식으로 자료 구조의 요소를 반복할 수 있도록 하면서, 사용자 코드의 수정 없이 자료 구조의 내부 변경이 가능해야 한다.

사용자는 여러분의 코드베이스를 사용하면서 버전 관리나 배포 관리 없이 코드를 작성하는 사람일 수도 있으므로, 현재 버전 구현을 사용하는 사용자 코드가 미래 버전 구현에서도 잘 동작하는지 확인해야 한다. 그러므로 사용자는 구현한 요소를 유지하는 데 사용되는 기본 자료 구조 등의 내부 세부 구현 정보에 접근할 수 없어야 한다. 이렇게 해야 향후 자료 구조를 변경하는 데 문제가 없다.

솔루션

기본 자료 구조의 요소별 인덱스를 취하여 해당 요소의 내용을 반환하는 함수를 제공한다. 사용자는 루프 내에서 이 함수를 호출함으로써 모든 요소를 반복한다(그림 7.2).

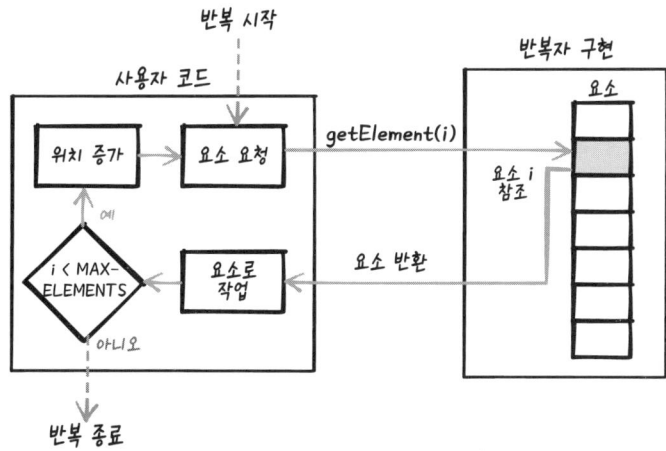

그림 7.2 인덱스 접근 반복

이 접근 방식과 똑같은 것으로 배열을 들 수 있다. 사용자는 인덱스를 사용하여 하나의 배열 요소 값을 조회하거나 모든 요소를 반복한다. 그러나 이러한 인덱스를 사용하는 함수가 있다면, 사용자의 지식을 요구하지 않고 더 복잡한 기본 자료 구조를 반복할 수 있다.

이를 달성하기 위해, 사용자가 관심 있어 하는 데이터만 제공하고 기본 자료 구조의 모든 요소를 공개해서는 안 된다. 예를 들어, 전체 구조체 요소에 대한 포인터를 반환하지 않고 사용자가 관심을 갖는 구조체 멤버에 대한 포인터만 반환한다.

호출자 코드
```
void* element;

element = getElement(1);
/* element 1로 작업 수행 */

element = getElement(2);
/* element 2로 작업 수행 */
```

반복자 API
```
#define MAX_ELEMENTS 42

/* 제공된 'index'로 식별되는 단일 요소를 조회한다. */
void* getElement(int index);
```

결과

사용자는 인덱스를 사용하여 사용자 코드에 있는 요소를 편리하게 반복함으로써 요소를 조회할 수 있다. 사용자는 이 데이터가 수집된 내부 자료 구조를 다룰 필요가 없다. 구현에서 변경 사항이 있는 경우(예: 조회된 구조체 멤버의 이름 변경)에도 사용자는 코드를 재컴파일할 필요가 없다.

기본 자료 구조에 대한 다른 변경은 더 어려울 수 있다. 예를 들어, 기본 자료 구조를 배열(무작위 접근)에서 연결 리스트(순차적 접근)로 바꾸면 요청된 인덱스에 도달할 때까지 매번 리스트를 반복해야 한다. 이 방법은 전혀 효율적이지 않기 때문에, 기본 자료 구조에서도 이러한 변경을 허용하려면 커서 반복자나 콜백 반복자를 사용하는 것이 좋다.

사용자가 C 함수의 반환 값으로 반환될 수 있는 기본 데이터 타입만 검색하는 경우 사용자는 암묵적으로 이 요소의 복사본을 검색하게 된다. 그동안 기본 자료 구조의 해당 요소가 변경되는 것은 사용자에게 영향을 미치지 않았다. 그러나 사용자가 더 복잡한 데이터 타입(예: 문자열)을 검색하는 경우, 단순히 기본 자료 구조에 대한 직접 접근을 제공하는 것과 비교할 때 인덱스 접근 방식은 스레드로부터 안전한 방식(예: 호출자 소유 버퍼 사용)이어서 현재의 데이터 요소를 복사하여 사용자에게 제공할 수 있다는 이점이 있다. 다중 스레드 환경에서 작업하는 것이 아니라면 그냥 복잡한 데이터 타입에 대한 포인터를 반환해도 된다.

요소 집합에 접근할 때 사용자는 종종 모든 요소를 반복하려 한다. 그동안 다른 사람이 기본 데이터에서 요소를 추가하거나 제거하면 사용자가 알고 있던 요소 접근을 위한 인덱스는 유효하지 않을 수 있으며, 그래서 반복 중에 의도치 않게 요소를 두 번 검색할 수도 있다. 이에 대한 간단한 해결책은 사용자가 필요로 하는 모든 요소를 배열에 복사하고, 이 배타적인 배열을 사용자에게 제공하는 것이다. 그렇게 하면 사용자는 이 배열을 편리하게 반복할 수 있다. 사용자는 해당 복사본에 대한 지정 소유권을 가지며 요소를 수정할 수도 있다. 그러나 이것이 분명히 필요한 경우가 아니라면 모든 요소를 복사하는 것은 의미 없는 일이다. 훨씬 더 편리한 솔루션인 콜백 반복자를 제공하면, 사용자는 반복 중에 기본 데이터 순서 변경이 일어날까봐 걱정할 필요가 없다.

알려진 용도

이번 패턴이 적용된 사례들은 다음과 같다.

- 제임스 노블(James Noble)의 논문 〈Iterators and Encapsulation〉[2]에서 External Iterator 패턴을 설명한다. 이것은 인덱스 접근 패턴에서 설명한 개념의 객체 지향 버전이다.
- 《Data Structures and Problem Solving Using Java》(Addison-Wesley, 2006)에서는 이 접근 방식을 설명하고 이를 배열형 인터페이스를 통한 접근이라고 부른다.

2 *https://oreil.ly/fganK*

- Wireshark 코드의 service_response_time_get_column_name 함수는 통계 테이블의 열 이름을 반환한다. 반환될 이름은 사용자가 제공한 인덱스 파라미터로 처리된다. 열 이름은 런타임에 변경할 수 없으므로, 이러한 방법을 사용하면 다중 스레드 환경에서도 안전하게 데이터에 접근하거나 열 이름을 반복할 수 있다.
- Subversion 프로젝트에는 문자열 테이블을 만드는 데 사용되는 코드가 포함되어 있다. 이러한 문자열은 svn_fs_x__string_table_get 함수를 사용하여 접근할 수 있다. 이 함수는 인덱스를 파라미터로 사용하여 검색할 문자열의 주소를 지정하는 데 사용한다. 검색된 문자열은 제공된 버퍼에 복사된다.
- OpenSSL 함수 TXT_DB_get_by_index는 인덱스를 이용하여 텍스트 데이터베이스에서 선택된 문자열을 검색하고 제공된 버퍼에 저장한다.

실행 예제 - 패턴 적용 후

이제 로그인 이름을 읽기 위한 명확한 추상화가 이루어졌고, 사용자에게 내부 구현에 대한 세부 정보를 공개하지 않는다.

```
char* getLoginName(int index)
{
    return accountData[index].loginname;
}
```

사용자는 기본 구조체 배열 접근에 대처하지 않아도 된다. 이 방식은 필요한 데이터에 대한 접근이 더 쉽고 의도하지 않은 정보를 사용할 수 없도록 만든다는 이점이 있다. 예를 들어, 사용자는 나중에 변경할 수도 있는 구조체의 하위 요소에 접근할 수 없으며, 사용자 코드가 손상되는 것을 원하지 않기 때문에 이 데이터에 아무도 접근하지 않을 때만 변경할 수 있다.

이 인터페이스를 사용하여 "X"로 시작하는 로그인 이름이 있는지 확인하는 함수를 작성하려는 사람은 다음과 같은 코드를 작성할 것이다.

```
bool anyoneWithX()
{
    int i;
```

```
    for(i=0; i<MAX_USERS; i++)
    {
        char* loginName = getLoginName(i);
        if(loginName[0] == 'X')
        {
            return true;
        }
    }
    return false;
}
```

로그인 이름을 저장하는 데 사용하는 자료 구조가 변경될 때까지는 이 구현이면 된다. 계정 데이터를 삽입하고 삭제하는 보다 편리한 방법이 필요하기 때문이다. 데이터를 일반 배열로 저장할 때는 계정 데이터의 삽입과 삭제가 상당히 어렵다. 이제 로그인 이름은 더 이상 단일 일반 배열에 저장되지 않는다. 요소에 무작위로 접근하는 작업 대신 한 요소에서 다음 요소로 이동하는 작업을 제공하는 기본 자료 구조에 저장된다. 보다 구체적으로, 다음 코드와 같이 접근을 위한 연결 리스트를 사용한다.

```
struct ACCOUNT_NODE
{
    char loginname[MAX_NAME_LENGTH];
    char password[MAX_PWD_LENGTH];
    struct ACCOUNT_NODE* next;
};

struct ACCOUNT_NODE* accountList;

struct ACCOUNT_NODE* getFirst()
{
    return accountList;
}

struct ACCOUNT_NODE* getNext(struct ACCOUNT_NODE* current)
{
    return current->next;
}

void accessData()
{
    struct ACCOUNT_NODE* account = getFirst();
```

```
    char* loginname = account->loginname;
    account = getNext(account);
    loginname = account->loginname;
    ...
}
```

현재의 인터페이스에서는 한 번에 한 개의 무작위 인덱스 접근 로그인 이름을 제공하기 때문에 상황이 어려워진다. 추가로 이것을 지원하기 위해서는 getNext 함수를 호출하고 인덱싱된 요소에 도달할 때까지 세는 것으로 인덱스를 에뮬레이트해야 한다. 이는 상당히 비효율적이다. 충분히 유연하게 인터페이스를 설계하지 않아서 발생한 문제다.

작업을 더 쉽게 하려면 로그인 이름에 접근할 수 있는 커서 반복자(Cursor Iterator)를 제공하면 된다.

커서 반복자

컨텍스트

무작위로 또는 순차적으로 접근할 수 있는 자료 구조에 저장된 요소 집합이 있다. 예를 들어 배열, 연결 리스트, 해시 맵, 트리 등의 자료 구조가 있다. 사용자는 이러한 요소를 반복하려 한다.

문제

반복 중에 요소가 변경되는 경우에도 견고하면서도, 나중에 사용자 코드를 변경할 필요 없이 기본 자료 구조를 변경할 수 있는 반복 인터페이스를 사용자에게 제공하려 한다.

사용자는 코드베이스를 사용하면서 버전 관리나 배포 관리 없이 코드를 작성하는 사람일 수도 있으므로, 현재 버전 구현을 사용하는 사용자 코드가 미래 버전 구현에서도 잘 동작하는지 확인해야 한다. 그러므로 사용자는 구현한 요소를 유지하는 데 사용되는 기본 자료 구조 등의 내부 세부 구현 정보에 접근할 수 없어야 한다. 이렇게 해야 향후 자료 구조를 변경하는 데 문제가 없다.

그 외에도 다중 스레드 환경에서 작업할 때 사용자가 요소를 반복하는 동안 요소의 콘텐츠가 변경되더라도 강력하고 명확하게 정의된 동작을 사용자에게 제공하려 한다. 심지어 문자열과 같은 복잡한 데이터의 경우에도 사용자는 데이터를 읽으려고 하는 동안 다른 스레드가 데이터를 변경하는 것에 대해 걱정할 필요가 없다.

이 모든 것을 달성하기 위해 추가적인 구현 노력을 들여야 하는지 여부에 신경쓰지 않아도 된다. 많은 사용자가 여러분의 코드를 사용하기 때문에 여러분의 구현 노력을 통해 다른 사용자의 구현 노력을 덜어줄 수 있다면 전체적인 노력이 줄어들 것이기 때문이다.

솔루션

기본 자료 구조의 요소를 가리키는 반복자 인스턴스(iterator instance)를 만든다. 반복 함수(iteration function)는 이 반복자 인스턴스를 인수로 사용하고 반복자가 현재 가리키는 요소를 검색한 후, 다음 요소를 가리키도록 반복 인스턴스(iteration instance)를 수정한다. 그런 다음 사용자는 이 함수를 반복적으로 호출하여 한 번에 하나의 요소를 검색한다(그림 7.3).

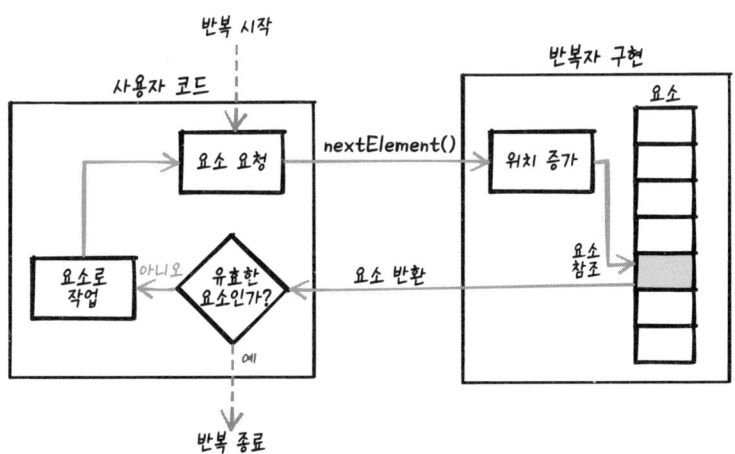

그림 7.3 커서 반복자를 이용한 반복

반복자 인터페이스에는 두 개의 반복자 인스턴스 생성/소멸 함수와 함께, 실제 반복을 수행하면서 현재의 요소를 조회하는 한 개의 함수가 필요하다. 명시적

— Fluent

인 생성/소멸 함수를 사용하면 내부 반복 데이터(위치, 현재 요소의 데이터 등)를 저장하는 인스턴스를 사용할 수 있다. 그런 다음 사용자는 다음 코드와 같이 이 인스턴스를 모든 반복 함수 호출에 전달하면 된다.

호출자 코드
```
void* element;
ITERATOR* it = createIterator();

while(element = getNext(it))
{
    /* element로 작업 수행 */
}

destroyIterator(it);
```

반복자 API
```
/* 반복자를 생성하고 반복자가 첫 번째 요소를 가리키도록 한다. */
ITERATOR* createIterator();

/* 현재 가리키는 요소를 반환하고, 반복자가 다음 요소를 가리키도록 한다.
   요소가 존재하지 않는 경우 NULL을 반환한다. */
void* getNext(ITERATOR* iterator);

/* createIterator() 함수로 생성했던 반복자를 제거한다. */
void destroyIterator(ITERATOR* iterator);
```

사용자가 이 내부 데이터에 접근하지 못하도록 하려면, 이를 숨기고 대신 사용자에게 핸들을 제공할 수 있다. 따라서 반복 인스턴스의 내부 데이터를 변경해도 사용자에게는 영향을 주지 않는다.

현재 요소를 검색할 때 반환 값으로 기본 데이터 타입을 직접 제공할 수도 있다. 복합 데이터 타입은 참조로 반환되거나 반복자 인스턴스에 복사될 수 있다. 반복자 인스턴스에 복사하면 기본 자료 구조의 데이터가 그동안 변경되더라도(예: 다중 스레드 환경에서 다른 사람이 수정하는 경우) 데이터가 일관성을 유지할 수 있다는 이점이 있다.

결과

유효한 요소를 검색한다면 사용자는 간단히 getNext 함수를 호출하여 데이터를 반복할 수 있다. 사용자는 이 데이터가 수집된 내부 자료 구조를 처리할 필요가 없으며, 요소 인덱스나 최대 요소 개수에 대해서도 걱정할 필요가 없다. 그러나 요소를 인덱싱할 수 없다는 것은 사용자가 요소에 무작위로 접근할 수 없다는 의미이기도 하다(인덱스 접근으로 수행 가능).

예를 들어 기본 자료 구조가 연결 리스트에서 배열과 같이 무작위 접근이 가능한 자료 구조로 변경되더라도 해당 변경 사항은 반복자 구현에 숨길 수 있으며, 따라서 사용자는 코드를 변경하거나 재컴파일할 필요가 없다.

사용자가 검색하는 데이터의 종류(단순 또는 복합 데이터 타입)에 관계없이 사용자는 기본 요소가 중간에 바뀌거나 없어지면서 검색된 요소가 유효하지 않게 될까봐 걱정하지 않아도 된다. 이를 가능하게 하기 위해 사용자는 명시적인 함수 호출을 통해 반복자 인스턴스를 만들고 제거해야 한다. 인덱스 접근에 비해 더 많은 함수 호출이 필요하다.

요소 집합에 접근할 때 사용자는 종종 모든 요소를 반복하고자 한다. 그동안 다른 사람이 기본 데이터에 요소를 추가하면 사용자는 반복 중에 이 요소를 놓칠 수 있다. 이것이 문제가 된다면, 전체 반복 중에 요소가 전혀 변경되지 않도록 하기 위해 콜백 반복자를 사용하는 것이 더 쉬운 방법이다.

알려진 용도

이번 패턴이 적용된 사례들은 다음과 같다.

- 〈Iterators and Encapsulation〉에서는 Magic Cookie 패턴으로 이 반복자의 객체 지향 버전을 설명한다.
- 제드 리우(Jed Liu)외 두 명이 쓴 논문 〈Interruptible Iterators〉[3]에서는 제시된 개념을 커서 객체(cursor object)로 설명한다.
- 파일 접근에서 이러한 종류의 반복이 사용된다. 예를 들어, C 함수 `getline`은 파일의 행을 반복하며, 반복자 위치는 `FILE` 포인터에 저장된다.
- OpenSSL 코드는 암호화 엔진 리스트를 반복하기 위해 `ENGINE_get_first` 및

3 *https://oreil.ly/BzFJJ*

ENGINE_get_next 함수를 제공한다. 이 함수들은 ENGINE 구조체에 대한 포인터를 파라미터로 사용한다. 이 구조체는 반복에서의 현재 위치를 저장한다.
- Wireshark 코드에는 proto_get_first_protocol 및 proto_get_next_protocol 함수가 포함되어 있다. 이 함수들을 통해 사용자는 네트워크 프로토콜 리스트를 반복할 수 있다. 이 함수는 void 포인터를 아웃 파라미터로 취하여 상태 정보를 저장하고 전달하는 용도로 사용한다.
- Subversion 코드에는 파일 간의 diff를 생성하기 위해 datasource_get_next_token 함수를 포함하고 있다. 이 함수는 반복 위치를 저장하기 위해 제공된 데이터 소스 객체로부터 다음 diff 토큰을 가져오기 위해 루프에서 호출된다.

실행 예제 - 패턴 적용 후

이제 로그인 이름을 검색하는 함수를 추가하였다. 다음 코드를 살펴보자.

```
struct ITERATOR
{
    char buffer[MAX_NAME_LENGTH];
    struct ACCOUNT_NODE* element;
};

struct ITERATOR* createIterator()
{
    struct ITERATOR* iterator = malloc(sizeof(struct ITERATOR));
    iterator->element = getFirst();
    return iterator;
}

char* getNextLoginName(struct ITERATOR* iterator)
{
    if(iterator->element != NULL)
    {
        strcpy(iterator->buffer, iterator->element->loginname);
        iterator->element = getNext(iterator->element);
        return iterator->buffer;
    }
    else
    {
```

```
        return NULL;
    }
}

void destroyIterator(struct ITERATOR* iterator)
{
    free(iterator);
}
```

다음 코드에서 이 인터페이스가 사용되는 방법을 볼 수 있다.

```
bool anyoneWithX()
{
    char* loginName;
    struct ITERATOR* iterator = createIterator();
    while(loginName = getNextLoginName(iterator))   ❶
    {
        if(loginName[0] == 'X')
        {
            destroyIterator(iterator);   ❶
            return true;
        }
    }
    destroyIterator(iterator);   ❷
    return false;
}
```

❶ 애플리케이션은 더 이상 인덱스나 최대 요소 개수를 처리하지 않아도 된다.
❷ 이 경우 iterator를 소멸시키기 위해 필요한 클린업 코드는 코드 중복으로 이어진다.

다음으로, anyoneWithX 함수에서 만족하지 않고 추가 함수를 구현하고자 한다. 문자 Y로 시작하는 로그인 이름이 몇 개인지 알려주는 함수가 이에 해당한다. 물론, 단순히 코드를 복제하고 while 루프의 본문을 수정해서 Y 발생 횟수를 계산해도 되겠지만, 이 방법을 사용하면 두 함수 모두 반복자를 생성하고 삭제하는 루프 작업 수행을 위한 동일한 코드를 포함하기 때문에 코드가 중복된다. 이 코드 중복을 방지하기 위해서는 콜백 반복자(Callback Iterator)를 대신 사용할 수 있다.

콜백 반복자

컨텍스트
무작위로 또는 순차적으로 접근할 수 있는 자료 구조에 저장된 요소 집합이 있다. 예를 들어 배열, 연결 리스트, 해시 맵, 트리 등의 자료 구조가 있다. 사용자는 이러한 요소를 반복하려 한다.

문제
사용자가 모든 요소를 반복하기 위해 코드 내에 루프를 구현하지 않아도 되고, 나중에 사용자 코드를 변경할 필요 없이 기본 자료 구조를 수정할 수 있는 견고한 반복 인터페이스를 제공하려 한다.

사용자는 여러분의 코드베이스를 사용하면서 버전 관리나 배포 관리 없이 코드를 작성하는 사람일 수도 있으므로, 현재 버전 구현을 사용하는 사용자 코드가 미래 버전 구현에서도 잘 동작하는지 확인해야 한다. 그러므로 사용자는 구현한 요소를 유지하는 데 사용되는 기본 자료 구조 등의 내부 세부 구현 정보에 접근할 수 없어야 한다. 이렇게 해야 향후 자료 구조를 변경하는 데 문제가 없다.

그 외에도 다중 스레드 환경에서 작업할 때 사용자가 요소를 반복하는 동안 요소의 콘텐츠가 변경되더라도 강력하고 명확하게 정의된 동작을 사용자에게 제공하려 한다. 심지어 문자열과 같은 복잡한 데이터의 경우에도 사용자는 데이터를 읽으려고 하는 동안 다른 스레드가 데이터를 변경하는 것에 대해 걱정할 필요가 없다. 또한 사용자가 각 요소를 정확히 한 번만 반복하도록 보장하고자 한다. 이것은 다른 스레드가 반복 중에 새 요소를 만들거나 기존 요소를 삭제하려고 시도하는 경우에도 유지되어야 한다.

이 모든 것을 달성하기 위해 사용자 입장에서 별도의 구현 노력을 들이지 않도록 하고자 한다. 많은 사용자가 여러분의 코드를 사용할 것이기 때문에 코드에 반복을 구현하여 사용자가 반복을 구현하는 수고를 덜어준다면 전체적인 노력은 줄어들 것이다.

최대한 쉽게 요소에 접근할 수 있도록 하려 한다. 특히 사용자는 인덱스와 요소 간의 매핑이나 사용 가능한 요소 개수 등 반복에 대한 세부 사항에 대처할 필요가 없어야 한다. 또한 사용자 코드에 루프를 구현하면 사용자 코드가 중복될 수 있으므로 인덱스 접근이나 커서 반복자를 선택할 수도 없다.

솔루션

기존 자료 구조에 특화된 연산을 사용하여 구현 내 모든 요소를 반복하고, 이 반복이 수행되는 동안 각 요소에서 제공된 일부 사용자 함수를 호출한다. 이 사용자 함수는 요소 콘텐츠를 파라미터로 가져온 다음 이 요소에 대한 작업을 수행할 수 있다. 사용자가 반복을 일으키는 한 개의 함수만 호출하면 구현 내에서 전체 반복이 이루어진다(그림 7.4).

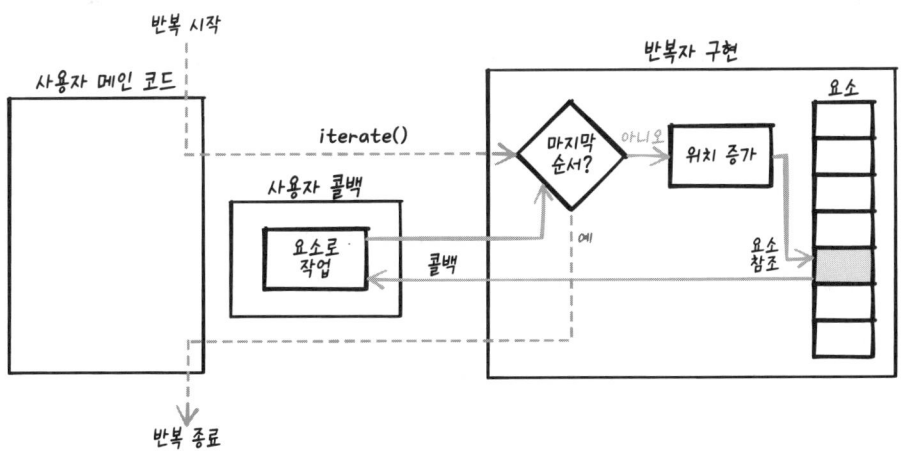

그림 7.4 콜백 반복자를 사용한 반복

이를 실현하려면 인터페이스에서 함수 포인터를 선언해야 한다. 선언된 함수는 반복되어야 하는 요소를 파라미터로 사용한다. 사용자는 이러한 함수를 구현하고 반복 함수에 전달한다. 구현 내에서 모든 요소를 반복하면서 각각의 요소에 대한 사용자의 함수를 호출하는데, 이때 현재의 요소를 파라미터로 전달한다.

반복 함수와 함수 포인터 선언에 추가적인 void* 파라미터를 추가할 수 있다. 반복 함수를 구현할 때 해당 파라미터를 사용자의 함수에 전달하기만 하면 된다. 이를 통해 사용자는 일부 컨텍스트 정보를 함수에 전달할 수 있다.

호출자 코드
```
void myCallback(void* element, void* arg)
{
    /* element로 작업 수행 */
}

void doIteration()
{
    iterate(myCallback, NULL);
}
```

반복자 API
```
/* 반복 시 사용할 콜백 함수이다. 이 함수는 호출자에 의해 구현되어야 한다. */
typedef void (*FP_CALLBACK)(void* element, void* arg);

/* 모든 요소를 반복하면서 각각의 요소에 대해 callback(element, arg) 함수를
   호출한다. */
void iterate(FP_CALLBACK callback, void* arg);
```

간혹 사용자가 모든 요소를 반복하는 대신 한 개의 특정 요소를 찾으려 할 때도 있다. 이 경우 좀더 효율적으로 하기 위해 반복 함수에 중단 조건을 추가할 수도 있다. 예를 들어, bool 타입을 반환하는 요소에서 동작하는 사용자 함수를 위해 함수 포인터를 선언할 수 있으며, 사용자 함수가 반환 값으로 true를 반환하면 반복을 중단한다. 그렇게 하면 사용자는 원하는 요소를 찾자마자 신호를 보내고, 나머지 모든 요소를 반복하지 않아도 되어 시간을 절약할 수 있다.

다중 스레드 환경을 위한 반복 함수를 구현할 때는 반복 중에 현재 요소가 변경되거나, 새 요소가 추가되거나, 요소가 다른 스레드에 의해 삭제되는 상황에 적절히 대처해야 한다. 이러한 변경이 일어날 때 현재 반복하는 사용자에게 상태 코드 반환을 실행하거나 반복 중에 요소에 대한 쓰기 접근을 막아서 반복 중에 이러한 변경을 방지할 수 있다.

반복 도중에 데이터가 변경되지 않도록 구현할 수 있기 때문에, 사용자가 작업할 요소를 복사할 필요가 없다. 따라서 사용자는 이 데이터에 대한 포인터를 참조하여 원본 데이터로 작업하면 된다.

결과

모든 요소를 반복하기 위한 사용자 코드는 이제 단 한 줄이면 된다. 요소 인덱스나 최대 요소 개수와 같은 모든 세부 구현은 반복자 구현 내부에 숨긴다. 사용자는 요소를 반복하기 위해 루프를 구현할 필요조차 없다. 또한 반복자 인스턴스를 만들거나 삭제할 필요도 없으며, 요소가 수집되는 내부 자료 구조에 대처할 필요도 없다. 심지어 여러분의 구현에서 기본 자료 구조의 타입을 변경하더라도 코드를 재컴파일할 필요가 없다.

반복 중에 기본 요소가 변경되면 반복자 구현이 그에 따라 대응할 수 있으므로, 사용자 코드에 잠금(lock) 기능에 대해 고민할 필요 없이 사용자는 일관된 데이터 집합을 반복할 수 있다. 이 모든 것이 가능한 이유는 제어 흐름이 사용자 코드와 반복자 코드 사이를 건너뛰지 않기 때문이다. 제어 흐름은 반복자 구현 내부에 유지되므로 반복자 구현은 반복 중에 요소가 변경되었는지 감지하고 그에 따라 대응할 수 있다.

사용자는 모든 요소를 반복할 수 있지만 반복 루프는 반복자 구현부 내부에서 구현되므로, 사용자는 인덱스 접근처럼 요소에 무작위로 접근할 수 없다.

콜백에서는 구현이 각 요소의 사용자 코드를 실행시킨다. 즉, 사용자 코드가 제대로 동작한다고 믿어야 한다는 뜻이다. 예를 들어, 반복자 구현이 반복 중에 모든 요소를 잠그면, 사용자 코드가 조회된 요소로 빠르게 작업하고 시간이 소요되는 작업은 하지 않는다고 예상할 것이다. 이 반복이 진행되는 동안 데이터에 접근하려는 다른 모든 호출이 막히기 때문이다.

콜백을 사용한다는 것은 플랫폼이나 프로그래밍 언어에 특화된 인터페이스가 있다는 의미이다. 호출자가 구현 코드를 호출하고 동일한 호출 규칙(예: 같은 방식으로 함수 파라미터를 제공하고 데이터를 반환함)을 사용하는 경우에만 그렇게 할 수 있기 때문이다. C에서 반복자를 구현했다면 사용자 코드도 C로 작성된 경우에만 이 패턴을 사용할 수 있다. 예를 들어, 자바로 코드를 작성한 사용자에게는 C 콜백 반복자를 제공할 수 없다(약간의 노력을 들이면 다른 반복자 패턴을 사용하여 수행할 수 있음).

코드를 읽을 때 콜백이 있으면 프로그램 흐름을 따라가기가 더 어렵다. 코드에서 직접 간단한 while 루프를 사용하는 것과 비교하면 콜백 파라미터가 있는 사용자 코드 한 줄만 보면서 프로그램이 요소를 반복한다는 것을 찾아내기는 더 힘들 것이다. 따라서 이 함수가 반복을 수행한다는 것이 명확하게 표현되도록 반복 함수의 이름을 지정하는 것이 중요하다.

알려진 용도

이번 패턴이 적용된 사례들은 다음과 같다:

- 〈Iterators and Encapsulation〉에서는 이 반복자의 객체 지향 버전을 Internal Iterator 패턴으로 설명한다.
- Subversion 프로젝트의 `svn_iter_apr_hash` 함수는 함수에 파라미터로 전달된 해시 테이블의 모든 요소를 반복한다. 해시 테이블의 각 요소에 대해 호출자가 제공해야 하는 함수 포인터가 호출되고 해당 호출이 `SVN_ERR_ITER_BREAK`를 반환하면 반복은 중단된다.
- OpenSSL 함수 `ossl_provider_forall_loaded`는 OpenSSL 공급자 객체 집합을 반복한다. 이 함수는 함수 포인터를 파라미터로 사용하며 해당 함수 포인터는 각 공급자 객체에 대해 호출된다. 반복 함수 호출에 `void*` 파라미터를 제공할 수 있으며, 이 파라미터는 반복의 각 호출에 제공되어 사용자가 자신의 컨텍스트를 전달할 수 있도록 한다.
- Wireshark 함수 `conversation_table_iterate_tables`는 'conversation' 객체의 리스트를 반복한다. 각각의 객체는 스니핑된 네트워크 데이터에 대한 정보를 저장한다. 이 함수는 함수 포인터와 `void*`를 파라미터로 사용한다. 각 conversation 객체에 대해 함수 포인터는 `void*`를 컨텍스트로 사용하여 호출된다.

실행 예제 - 패턴 적용 후

이제 로그인 이름에 접근하는 함수는 다음과 같이 개선되었다.

```
typedef void (*FP_CALLBACK)(char* loginName, void* arg);

void iterateLoginNames(FP_CALLBACK callback, void* arg)
{
```

```
    struct ACCOUNT_NODE* account = getFirst(accountList);
    while(account != NULL)
    {
        callback(account->loginname, arg);
        account = getNext(account);
    }
}
```

이어지는 코드는 이 인터페이스를 사용하는 방법을 보여준다.

```
void findX(char* loginName, void* arg)
{
    bool* found = (bool*) arg;
    if(loginName[0] == 'X')
    {
        *found = true;
    }
}

void countY(char* loginName, void* arg)
{
    int* count = (int*) arg;
    if(loginName[0] == 'Y')
    {
        (*count)++;
    }
}

bool anyoneWithX()
{
    bool found=false;
    iterateLoginNames(findX, &found);    ❶
    return found;
}

int numberOfUsersWithY()
{
    int count=0;
    iterateLoginNames(countY, &count);   ❶
    return count;
}
```

❶ 애플리케이션은 더 이상 명시적인 루프 명령문을 포함하지 않는다.

가능한 개선 사항으로, 콜백 함수는 반복을 계속할 것인지 여부를 결정하는 반환 값을 가질 수 있다. 예를 들어, findX 함수가 X로 시작하는 첫 번째 사용자를 반복하면 반복이 중단될 수 있다.

요약

이번 장에서는 반복 기능을 제공하는 인터페이스를 구현하는 세 가지 방법을 보여 주었다. 표 7.2는 세 가지 패턴에 대한 개요를 정리하고 그 결과를 비교한 것이다.

표 7.2 반복자 패턴 비교

	인덱스 접근	커서 반복자	콜백 반복자
요소 접근	무작위 접근 허용	순차적 접근만 가능	순차적 접근만 가능
자료 구조 변경	기본 자료 구조는 다른 무작위 접근 자료 구조로만 쉽게 변경이 가능	기본 자료 구조는 다른 자료 구조로 쉽게 변경 가능	기본 자료 구조는 다른 자료 구조로 쉽게 변경 가능
인터페이스를 통한 정보 유출	요소 개수: 무작위 접근 자료 구조의 사용	반복자 위치(사용자는 반복을 멈추었다 나중에 계속할 수 있음)	-
코드 중복	사용자 코드의 루프: 사용자 코드의 인덱스 증가	사용자 코드의 루프	-
견고함	견고한 반복 동작 구현이 어려움	견고한 반복 동작 구현이 어려움	견고한 반복 동작 구현이 쉬움: 제어 흐름이 반복 코드 내에 유지되고 반복 중에 삽입/삭제/수정 작업을 잠글 수 있기 때문(단, 해당 시간 동안 다른 반복은 차단됨)
플랫폼	다양한 언어와 플랫폼에서 인터페이스 사용 가능	다양한 언어와 플랫폼에서 인터페이스 사용 가능	구현과 동일한 언어와 플랫폼에서만(동일한 호출 규칙으로) 사용 가능

더 읽을 거리

더 많은 내용이 궁금하다면, 반복자 인터페이스 설계에 대한 지식을 넓히는 데 도움이 되는 다음의 몇 가지 자료를 살펴보자.

- C의 반복자와 가장 밀접하게 관련된 자료는 제임스 애스프네스(James Aspnes)의 온라인 대학 수업 자료이다.[4] 수업 자료는 다양한 C 반복자 설계를 설명하고 장단점을 논의하며 소스 코드 예제를 제공한다.
- 다른 프로그래밍 언어의 반복자에 대해서는 더 많은 지침이 있으며, 많은 개념을 C에도 적용할 수 있다. 예를 들어 〈Iterators and Encapsulation〉에서는 객체 지향 반복자를 설계하는 방법에 대한 8가지 패턴을 설명하고, 《Data Structures and Problem Solving Using Java》에서는 자바에 대한 다양한 반복자 설계를 설명한다. 《Higher-Order Perl》(Morgan Kaufmann, 2005)에서는 Perl의 다양한 반복자 설계를 설명한다.
- 오웬 아스트라찬(Owen Astrachan)과 유진 웨일링포드(Eugene Wailingford)의 논문 〈Loop Patterns〉[5]에서는 루프 구현을 위한 모범 사례를 설명하고 있고, C++ 및 자바 코드 조각이 포함된 패턴을 제공한다. 대부분의 아이디어는 C와도 관련이 있다.
- 《C 인터페이스 구현》에서는 연결 리스트나 해시 테이블과 같은 몇 가지 일반적인 자료 구조에 대한 C 구현과 해당 인터페이스를 설명한다. 물론 여기에는 이러한 자료 구조를 순회하는 함수도 포함되어 있다.

다음은…

다음 장에서는 대규모 프로그램에서 코드 파일을 구성하는 방법에 중점을 둔다. 이전 챕터들의 패턴을 적용하여 인터페이스를 정의하고 구현을 프로그래밍하면 그 결과로 많은 파일이 생성될 것이다. 모듈식 대규모 프로그램을 구현하기 위해서는 이러한 파일 구성을 해결해야 한다.

---

4 *https://oreil.ly/2fuPK*
5 *https://oreil.ly/JsEKb*

8장

Fluent C

모듈화 프로그램에서의 파일 구성

더 큰 소프트웨어를 구현하면서도 해당 소프트웨어를 유지·관리할 수 있게 만들고자 하는 모든 프로그래머는 어떻게 소프트웨어를 모듈화할 것인가라는 문제에 직면한다. 소프트웨어 모듈 간 종속성과 관련된, 이 질문의 가장 중요한 부분에 관해서는 《클린 코드》(인사이트, 2013)에서 설명하는 SOLID 설계 원칙이나 《GoF의 디자인 패턴》(프로텍미디어, 2015)에 설명된 디자인 패턴 등에서 답을 얻을 수 있다.

   그러나 소프트웨어 모듈화는 '소스 파일을 어떻게 구성해야 누구나 그 방식으로 소프트웨어를 모듈화하도록 만들 수 있는가'에 대한 질문도 뒤따른다. 이 질문에는 아직 좋은 답이 나오지 않았고, 그 결과 코드베이스 내에는 잘못된 파일 구조만 남게 되었다. 지속해서 코드베이스를 모듈화하도록 만드는 것은 어려운 일이다. 어떤 파일을 다른 소프트웨어 모듈이나 다른 코드베이스로 분리해야 하는지 모르기 때문이다. 또한, 사용하려는 API를 보유한 파일을 찾기가 어렵다보니 사용하지 않을 API까지 종속성을 부여할 수도 있다. 이는 특히 C의 경우 문제가 되는데, C는 내부용으로 API를 지정하여 접근을 제한하는 것과 같은 메커니즘을 지원하지 않기 때문이다.

   다른 프로그래밍 언어에는 이와 같은 메커니즘이 있으며, 파일을 구조화하는 방법에 대한 조언도 있다. 예를 들어, 자바에는 패키지라는 개념이 있고 개발자가 이러한 패키지의 클래스와 패키지 내의 파일을 구성하기 위한 기본적인 방법을 제공한다. C와 같은 절차적 프로그래밍 언어의 경우 파일을 구조화하는 방법에 대한 지침이나 조언이 없다. 따라서 개발자는 자신만의 방법으로 C 함수 선언을 포함하는 헤더 파일과 C 함수 정의를 포함하는 구현 파일을 구조화해야 한다.

이번 장에서는 C 프로그래머에게 구현 파일을 구조화하는 방법, 특히 대형 모듈화 C 프로그램 개발을 위해 어떻게 헤더 파일(API)을 구조화할 것인지 지침을 제공함으로써 이 문제를 해결하는 방법을 보여준다.

그림 8.1은 이번 챕터에서 다루는 패턴의 개요를 보여주고, 표 8.1은 패턴에 대한 간략한 설명을 정리해 놓았다.

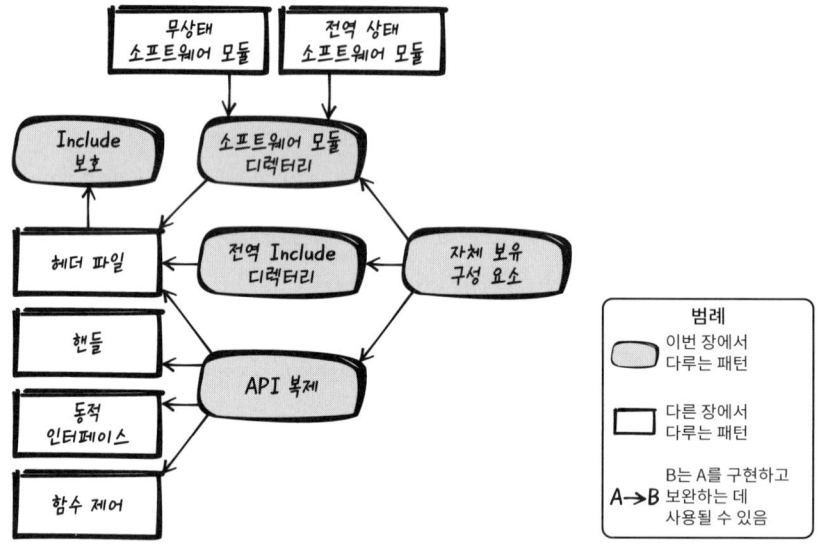

그림 8.1 코드 파일을 구조화하는 방법에 대한 패턴 개요

표 8.1 코드 파일을 구조화하는 방법에 대한 패턴

패턴 이름	요약
Include 보호 (Include Guard)	헤더 파일을 여러 번 include하기는 쉽지만, 동일한 헤더 파일을 include하면 타입이나 특정 매크로가 포함된 경우 컴파일 중에 재정의되기 때문에 컴파일 오류가 발생한다. 따라서, `#ifdef` 구문 세트나 `#pragma once` 구문을 사용해서 헤더 파일의 내용이 여러 번 include되는 것을 방지한다. 이렇게 하면 개발자가 이 헤더 파일이 여러 번 include되었는지 여부에 대해 신경쓰지 않아도 된다.

소프트웨어 모듈 디렉터리 (Software-Module Directories)	코드를 여러 파일로 분할하면 코드베이스의 파일 개수가 늘어난다. 대규모 코드베이스의 경우 모든 파일을 하나의 디렉터리에 넣으면 모든 파일의 개요를 유지하기가 어렵다. 따라서, 기능이 밀접하게 결부된 헤더 파일과 구현 파일을 같은 디렉터리에 넣는다. 헤더 파일이 제공하는 기능에 따라 해당 디렉터리의 이름을 지정한다.
전역 Include 디렉터리 (Global Include Directory)	다른 소프트웨어 모듈의 파일을 include하기 위해서는 ../othersoftwaremodule/file.h 와 같이 상대 경로를 사용해야 한다. 그러려면 다른 헤더 파일의 정확한 위치를 알아야 한다. 따라서, 모든 소프트웨어 모듈 API를 포함하는 코드베이스에 하나의 전역 디렉터리를 만든다. 툴체인의 전역 include 경로에 이 디렉터리를 추가한다.
자체 보유 컴포넌트 (Self-Contained Component)	디렉터리 구조만으로 코드의 종속성을 파악하기가 불가능하다. 모든 소프트웨어 모듈은 다른 소프트웨어 모듈의 헤더 파일을 include할 수 있기 때문에 컴파일러를 통해 코드의 종속성을 확인할 수 없다. 따라서, 기능이 유사해서 함께 배포해야 하는 소프트웨어 모듈을 구분한 다음 이러한 소프트웨어 모듈을 공통 디렉터리에 넣고 호출자와 관련된 헤더 파일은 별도로 지정된 하위 디렉터리에 넣는다.
API 복제 (API Copy)	코드베이스 내 각 부분들에 대한 개발, 버전 지정, 배포가 독립적으로 이루어지도록 하고자 한다. 그러나 그렇게 하려면 코드 부분 사이에 명확하게 정의된 인터페이스와 해당 코드를 다른 저장소로 분리하는 기능이 필요하다. 따라서, 다른 컴포넌트의 기능을 사용하기 위해 해당 API를 복제한다. 다른 컴포넌트를 별도로 빌드하고 빌드 결과물과 해당 public 헤더 파일을 복사한다. 이러한 파일을 컴포넌트 내부의 디렉터리에 넣은 뒤 이 디렉터리를 전역 include 경로로 구성한다.

실행 예제

일부 파일 콘텐츠에 대한 해시 값을 출력하는 소프트웨어를 구현한다고 가정해 보자. 그러면 다음과 같은 간단한 해시 함수로 시작할 것이다.

main.c
```c
#include <stdio.h>

static unsigned int adler32hash(const char* buffer, int length)
{
    unsigned int s1=1;
    unsigned int s2=0;
    int i=0;

    for(i=0; i<length; i++)
    {
        s1=(s1+buffer[i]) % 65521;
        s2=(s1+s2) % 65521;
    }
```

```c
        return (s2<<16) | s1;
}

int main(int argc, char* argv[])
{
    char* buffer = "Some Text";
    unsigned int hash = adler32hash(buffer, 100);
    printf("Hash value: %u", hash);
    return 0;
}
```

위의 코드는 단순히 고정 문자열에 대한 해시 값을 콘솔에 출력한다. 앞으로 이 코드를 확장해 나갈 것이다. 파일 내용을 읽고 그에 대한 해시 값을 출력하는 것이다. 단순히 이 모든 코드를 main.c 파일에 추가할 수도 있겠지만, 이렇게 하면 파일이 매우 길어지기 때문에 유지·관리가 더 어려워질 것이다.

그보다는 별도의 구현 파일을 만들고 헤더 파일로 해당 기능에 접근하는 것이 훨씬 좋다. 이제, 다음과 같이 파일 내용을 읽고 파일 내용에 대한 해시를 출력하는 코드로 발전하였다. 변경된 코드 부분을 쉽게 확인할 수 있도록 변경되지 않은 부분은 생략했다.

main.c
```c
#include <stdio.h>
#include <stdlib.h>
#include "hash.h"
#include "filereader.h"

int main(int argc, char* argv[])
{
    char* buffer = malloc(100);
    getFileContent(buffer, 100);
    unsigned int hash = adler32hash(buffer, 100);
    printf("Hash value: %u", hash);
    return 0;
}
```

hash.h
```c
/* 제공된 버퍼의 크기가 "length"인 "buffer"의 해시 값을 반환한다.
   해시는 Adler32 알고리즘에 따라 계산된다. */
unsigned int adler32hash(const char* buffer, int length);
```

hash.c
```c
#include "hash.h"

unsigned int adler32hash(const char* buffer, int length)
{
    /* 변경사항 없음 */
}
```

filereader.h
```c
/* 파일의 내용을 읽고 제공된 "buffer"에 저장한다.
   내용의 크기는 "length"를 넘을 수 없다. */
void getFileContent(char* buffer, int length);
```

filereader.c
```c
#include <stdio.h>
#include "filereader.h"

void getFileContent(char* buffer, int length)
{
    FILE* file = fopen("SomeFile", "rb");
    fread(buffer, length, 1, file);
    fclose(file);
}
```

코드를 별도의 파일로 구성하면 코드는 더 모듈화된다. 모든 관련 기능이 같은 파일에 배치되므로 코드의 종속성을 명시적으로 보여줄 수 있기 때문이다. 코드베이스 파일은 현재 그림 8.2와 같이 모두 동일한 디렉터리에 저장되어 있다.

이제 별도의 헤더 파일이 있으므로 이러한 헤더 파일을 구현 파일에 포함할 수 있다. 그러나 곧 헤더 파일을 여러 번 포함시킬 때 발생하는 빌드 오류 문제를 접하게 될 것이다. 이 문제를 해결하기 위해 Include 보호를 적용할 수 있다.

- filereader.h
- filereader.c
- hash.h
- hash.c
- main.c

그림 8.2 파일 구성

Include 보호

컨텍스트
구현을 여러 파일로 분할한다. 구현 내부에서 헤더 파일을 include하여 호출하거나 사용하려는 다른 코드의 전방 선언(forward declaration)을 가져온다.

문제
헤더 파일을 여러 번 include하기는 쉽지만, 동일한 헤더 파일을 include하면 타입이나 특정 매크로가 포함된 경우 컴파일 중에 재정의되기 때문에 컴파일 오류가 발생한다.

C에서 컴파일하는 동안 #include 지시문을 사용하면 C 전처리기가 포함된 파일을 컴파일 유닛에 통째로 복사할 수 있다. 예를 들어, 헤더 파일에 구조체가 정의되어 있고 이 헤더 파일을 여러 번 include하는 경우, 해당 구조체 정의가 여러 번 복사되어 컴파일 유닛에 여러 번 나타나게 되면서 컴파일 오류가 발생한다.

이를 방지하기 위해 파일을 두 번 이상 포함하지 않으려 노력할 수도 있다. 그러나 헤더 파일을 포함할 때 일반적으로 해당 헤더 파일 내에 다른 추가 헤더 파일이 포함되어 있는지에 대해 미리 알 수 없다. 그런 이유로 같은 파일을 여러 번 include하기 쉽다.

솔루션
#ifdef 구문 세트나 #pragma once 구문을 사용해서 헤더 파일의 내용이 여러 번 include되는 것을 방지한다. 이렇게 하면 개발자가 이 헤더 파일이 여러 번 include되었는지 여부에 대해 신경쓰지 않아도 된다.

다음 코드는 Include 보호를 사용하는 방법을 보여준다.

somecode.h
```
#ifndef SOMECODE_H
#define SOMECODE_H
     /* 여기에 헤더 파일의 내용을 넣는다. */
#endif
```

othercode.h
```
#pragma once
    /* 여기에 헤더 파일의 내용을 넣는다. */
```

빌드 절차가 진행되는 동안 연동된 `#ifdef` 또는 `#pragma once` 문은 헤더 파일의 내용이 컴파일 유닛에서 여러 번 컴파일되지 않도록 보호한다.

`#pragma once` 문은 C 표준에 정의되어 있지 않지만 대부분의 C 전처리기에서 지원된다. 하지만 다른 C 전처리기가 있는 툴체인으로 전환할 때 이 전처리문에서 문제가 생길 수 있음을 명심해야 한다.

연동된 `#ifdef` 문은 모든 C 전처리기와 함께 동작하지만 정의된 매크로에 대해 고유한 이름을 사용해야 한다는 어려움이 있다. 일반적으로 헤더 파일의 이름과 관련된 이름 체계를 사용하지만, 파일 이름을 바꾸고 Include 보호를 변경하는 것을 잊어버릴 경우 만료된 이름이 될 수 있다. 또한 서드 파티 코드를 사용하는 경우 Include 보호와 이름이 충돌할 수 있기 때문에 문제가 생길 수 있다. 이러한 문제를 피하기 위해서는 헤더 파일의 이름을 사용하지 않고, 현재 타임스탬프 또는 UUID와 같은 다른 고유한 이름을 사용하면 된다.

결과

헤더 파일을 include하는 개발자는 이제 해당 파일이 여러 번 포함되는지 여부를 걱정할 필요가 없다. 특히 중첩된 `#include` 문이 있는 경우 어떤 파일이 이미 포함되어 있는지 정확히 알기 어렵기 때문에 이 방법을 취하면 작업이 훨씬 쉬워진다.

비표준 `#pragma once` 문을 사용하거나 연동된 `#ifdef` 문에 대해 고유한 이름 체계를 만들어야 한다. 파일 이름은 대부분의 경우 고유한 이름으로 동작하지만 서드 파티 코드를 사용할 경우 유사한 이름으로 인해 문제가 발생할 수 있다. 또한 헤더 파일 이름을 바꿀 때 `#define` 문의 이름과 일치하지 않을 수도 있지만, 일부 IDE가 이런 상황에서 도움이 되기도 한다. 즉, 새로운 헤더 파일을 만들 때 바로 Include 보호를 생성해주기도 하고, 헤더 파일의 이름을 바꿀 때 `#define` 이름을 자동으로 바꿔주기도 한다.

연동된 #ifdef 문은 파일을 여러 번 include하는 경우에 컴파일 오류를 방지하지만, 컴파일 유닛에 해당 파일을 여러 번 열고 복사하는 것 자체를 막지는 못한다. 이는 컴파일 시간에서 불필요한 부분이며 최적화할 수 있다. 최적화를 위한 접근 방법 중 하나는 각 #include 문 주위에 추가로 Include 보호를 두는 것이지만 이렇게 하면 파일을 include하는 것이 더 번거로워진다. 또한 대부분의 최신 컴파일러는 자체적으로 컴파일을 최적화하기 때문에(예: 헤더 파일 내용을 캐시(cache)하거나 이미 include된 파일을 기억함) 고민하지 않아도 된다.

알려진 용도

이번 패턴이 적용된 사례들은 다음과 같다.

- 한 개 이상의 파일로 구성된 거의 모든 C 코드가 이 패턴을 적용한다.
- 《Large-Scale C++ Software Design》(Addison-Wesley, 1996)에서는 각 #include 문 주위에 추가 보호 구문을 두는 것으로 Include 보호의 성능을 최적화하는 방법을 설명한다.
- 포틀랜드 패턴 저장소는 Include 보호 패턴을 설명하고 각 #include 문 주위에 추가 보호 구문을 두어 컴파일 시간을 최적화하는 패턴도 설명한다.

실행 예제 - 패턴 적용 후

다음 코드의 Include 보호는 헤더 파일이 여러 번 포함되더라도 빌드 오류가 발생하지 않도록 한다.

hash.h
```
#ifndef HASH_H
#define HASH_H
/* 제공된 버퍼의 크기가 "length"인 "buffer"의 해시 값을 반환한다.
   해시는 Adler32 알고리즘에 따라 계산된다. */
unsigned int adler32hash(const char* buffer, int length);
#endif
```

filereader.h
```
#ifndef FILEREADER_H
#define FILEREADER_H
```

```
/* 파일의 내용을 읽고 제공된 "buffer"에 저장한다.
   내용의 크기는 "length"를 넘을 수 없다. */
void getFileContent(char* buffer, int length);
#endif
```

이어서 코드에 기능을 추가해 보자. 다른 종류의 해시 함수로 계산된 해시 값을 출력하려 한다. 디렉터리 안에 들어가는 파일 이름은 고유해야 하기 때문에 다른 해시 함수 추가를 위해 hash.c 파일을 추가할 수는 없다. 물론 새로운 이름을 부여하는 방법도 있지만, 그렇게 하면 시간이 지날수록 같은 디렉터리에 점점 더 많은 파일이 쌓이게 되고, 파일 개요를 파악하고 파일 간의 연관성을 확인하기 어려워진다. 이 상황을 개선하기 위해 소프트웨어 모듈 디렉터리를 사용할 수 있다.

소프트웨어 모듈 디렉터리

컨텍스트

소스 코드를 여러 개의 다른 구현 파일로 분할하고, 헤더 파일을 활용하여 다른 구현 파일의 기능을 사용한다. 점점 더 많은 파일이 코드베이스에 추가되고 있다.

문제

코드를 여러 파일로 분할하면 코드베이스의 파일 개수가 늘어난다. 대규모 코드베이스의 경우 모든 파일을 하나의 디렉터리에 넣으면 모든 파일의 개요를 유지하기가 어렵다.

    파일을 다른 디렉터리로 분류하려 한다면 어떤 파일을 어느 디렉터리에 넣을 것인지에 대한 고민이 생긴다. 유사한 종류의 파일을 쉽게 찾을 수 있어야 하며, 나중에 파일을 추가할 때 어디에 넣어야 할지 쉽게 알 수 있어야 하기 때문이다.

솔루션

기능이 밀접하게 결부된 헤더 파일과 구현 파일을 같은 디렉터리에 넣는다. 헤더 파일이 제공하는 기능에 따라 해당 디렉터리의 이름을 지정한다.

디렉터리와 그 내용을 일컬어 소프트웨어 모듈이라고도 한다. 간혹 소프트웨어 모듈에 핸들로 지정된 인스턴스에 대한 작업을 제공하는 모든 코드가 포함되기도 하는데, 이 경우 소프트웨어 모듈은 비(非) 객체 지향 방식에서 객체 지향의 클래스와 같은 것으로 보면 된다. 소프트웨어 모듈에 대한 모든 파일을 하나의 디렉터리에 두는 것은 클래스에 대한 모든 파일을 하나의 디렉터리에 두는 것과 같다.

소프트웨어 모듈은 단일 헤더 파일과 단일 구현 파일, 혹은 이러한 파일을 여러 개 포함할 수 있다. 파일을 하나의 디렉터리에 저장하기 위한 주요 기준은 디렉터리 내 파일 간의 응집력은 높고 다른 소프트웨어 모듈 디렉터리와의 결합성은 낮은 것이다.

소프트웨어 모듈 내부에서만 사용되는 헤더 파일과 소프트웨어 모듈 외부에서 사용되는 헤더 파일이 있는 경우, 어떤 헤더 파일이 소프트웨어 모듈 외부에서 사용되지 않는지 명확하게 알 수 있도록 파일 이름을 지정해야 한다. 예를 들면 그림 8.3과 이어지는 코드에 표시된 것처럼 'internal'과 같은 접미어를 붙인다.

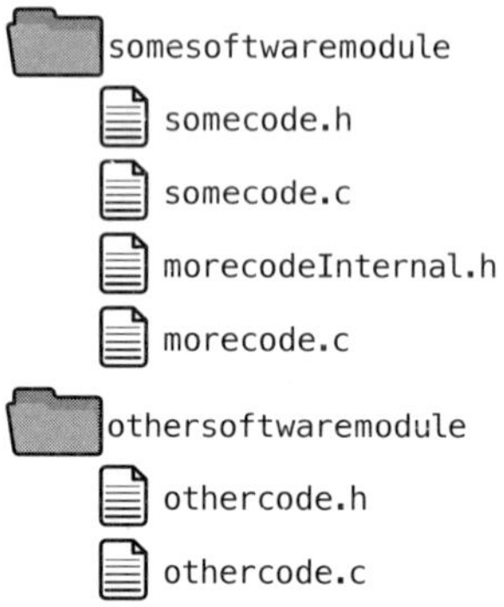

```
📁 somesoftwaremodule
  📄 somecode.h
  📄 somecode.c
  📄 morecodeInternal.h
  📄 morecode.c
📁 othersoftwaremodule
  📄 othercode.h
  📄 othercode.c
```

그림 8.3 파일 구성

somecode.c
```
#include "somecode.h"
#include "morecodeInternal.h"
#include "../othersoftwaremodule/othercode.h"
...
```

morecode.c
```
#include "morecodeInternal.h"
...
```

othercode.c
```
#include "othercode.h"
...
```

이 코드는 파일이 어떻게 include되는지 보여주지만 그 구현 내용은 보여주지 않는다. 동일한 소프트웨어 모듈의 파일은 쉽게 include할 수 있지만 다른 소프트웨어 모듈의 헤더 파일을 포함하기 위해서는 해당 소프트웨어 모듈의 경로를 알아야 한다.

파일이 여러 디렉터리에 분산되어 있는 경우, 툴체인이 분산된 모든 파일을 컴파일하도록 구성되어 있는지 확인해야 한다. IDE는 코드베이스의 하위 디렉터리에 있는 모든 파일을 자동으로 컴파일할 수 있지만 새 디렉터리에서 파일을 컴파일하려면 빌드 설정을 조정하거나 Makefile을 수정해야 할 것이다.

> ✅ **컴파일하기 위한 Include 디렉터리와 파일 구성**
> 최신 C 프로그래밍 IDE는 일반적으로 C 프로그래머가 프로그래밍에 집중할 수 있고 빌드 절차에 관여하지 않아도 되는 환경을 제공한다. 이러한 IDE는 빌드 설정 제공을 통해 빌드할 구현 파일이 포함된 디렉터리와 include 파일이 포함된 디렉터리를 쉽게 구성할 수 있도록 한다. 이렇게 함으로써 C 프로그래머는 Makefile이나 컴파일러 명령 작성이 아닌 프로그래밍에 집중할 수 있다. 이번 장은 여러분이 이와 같은 IDE를 사용한다고 가정하고 Makefile과 그 구문에는 초점을 맞추지 않는다.

결과

코드 파일을 다른 디렉터리로 나누면 다른 디렉터리에서 동일한 파일 이름을 쓸 수 있게 된다. 이 방식은 서드 파티 코드를 사용할 때 편리하다. 그렇지 않으면 해당 파일 이름이 여러분의 자체 코드베이스 내 파일 이름과 충돌할 수 있다.

그러나 서로 다른 디렉터리에 있더라도 비슷한 파일 이름을 사용하지 않는 것이 좋다. 특히 헤더 파일의 경우, include할 파일이 include 경로를 검색하는 순서에 따라 달라지지 않도록 고유한 파일 이름을 지정하는 것이 좋다. 파일 이름을 고유하게 만들기 위해 소프트웨어 모듈의 모든 파일에 짧고 유일한 접두어를 사용할 수 있다.

소프트웨어 모듈과 관련된 모든 파일을 하나의 디렉터리에 넣으면 연관된 파일을 쉽게 찾을 수 있다. 소프트웨어 모듈의 이름만 알면 되기 때문이다. 소프트웨어 모듈 내부의 파일 개수는 해당 디렉터리에서 파일을 빠르게 찾을 수 있을 정도로 적당히 유지한다.

대부분의 코드 종속성은 각각의 소프트웨어 모듈 범위에 한정되는 만큼, 동일한 디렉터리 내에는 종속성이 높은 파일을 둔다. 이렇게 하면 코드 일부를 이해하려는 프로그래머 입장에서는 어떤 파일이 서로 관련이 있는지 훨씬 쉽게 확인할 수 있다. 소프트웨어 모듈 디렉터리 외부의 일부 구현 파일들은 일반적으로 해당 소프트웨어 모듈의 기능을 이해하는 데 도움이 안 된다.

알려진 용도

이번 패턴이 적용된 사례들은 다음과 같다.

- Git 소스 코드는 코드 중 일부를 디렉터리로 구성하고, 다른 코드는 상대 경로를 사용하여 이러한 헤더 파일을 include한다. 예를 들어, kwset.c는 compat/obstack.h를 include한다.
- Netdata 실시간 성능 모니터링 및 시각화 시스템은 코드 파일을 데이터베이스나 레지스트리 같은 디렉터리로 구성한다. 각 디렉터리에는 몇 개의 파일만 보유한다. 다른 디렉터리의 파일을 포함하기 위해 상대 경로 include를 사용한다.
- 네트워크 도구 Nmap은 소프트웨어 모듈을 ncat 또는 ndiff와 같은 디렉터리로 구성한다. 다른 소프트웨어 모듈의 헤더 파일은 상대 경로를 사용하여 include한다.

실행 예제 - 패턴 적용 후

코드는 크게 바뀌지 않았다. 새로운 해시 함수를 위한 새로운 헤더 파일과 새로운 구현 파일만 추가되었을 뿐이다. include 경로에서 볼 수 있듯이 파일 위치가 변경되었다. 파일을 별도의 디렉터리에 넣는 것 외에도 파일 이름을 고유하게 만들기 위해 이름도 변경했다.

main.c
```
#include <stdio.h>
#include <stdlib.h>
#include "adler/adlerhash.h"
#include "bernstein/bernsteinhash.h"
```

```c
#include "filereader/filereader.h"

int main(int argc, char* argv[])
{
    char* buffer = malloc(100);
    getFileContent(buffer, 100);

    unsigned int hash = adler32hash(buffer, 100);
    printf("Adler32 hash value: %u", hash);

    unsigned int hash = bernsteinHash(buffer, 100);
    printf("Bernstein hash value: %u", hash);

    return 0;
}
```

bernstein/bernsteinhash.h

```c
#ifndef BERNSTEINHASH_H
#define BERNSTEINHASH_H
/* 제공된 버퍼의 크기가 "length"인 "buffer"의 해시 값을 반환한다.
   해시는 D.J. 번스타인 알고리즘에 따라 계산된다. */
unsigned int bernsteinHash(const char* buffer, int length);
#endif
```

bernstein/bernsteinhash.c

```c
#include "bernsteinhash.h"

unsigned int bernsteinHash(const char* buffer, int length)
{
    unsigned int hash = 5381;
    int i;
    for(i=0; i<length; i++)
    {
        hash = 33 * hash ^ buffer[i];
    }
    return hash;
}
```

코드 파일을 별도의 디렉터리로 분리하는 것은 아주 일반적인 일이다. 이렇게 하면 파일을 더 쉽게 찾을 수 있고, 비슷한 이름을 가진 파일도 만들 수 있다. 하지만 비슷한 파일 이름을 사용하기보다 고유한 파일 이름, 예를 들어 소프트웨어 모듈마다 고유한 파일 이름 접두어를 사용하는 것이 더 좋은 방법이다. 이러한 접두어를 쓰지 않으면, 그림 8.4와 같은 형태의 디렉터리 구조와 파일 이름을 갖게 될 것이다.

이제 서로 관련된 모든 파일이 동일한 디렉터리에 있다. 파일은 디렉터리로 잘 구성되어 있으며 상대 경로를 사용하여 다른 디렉터리의 헤더 파일에 접근할 수 있다.

그러나 상대 경로를 사용하면 디렉터리 이름을 바꾸는 경우 include 경로 수정을 위해 다른 소스 파일도 건드려야 하는 문제가 생긴다. 이것은 우리가 원하는 종속성이 아니며, 전역 include 디렉터리를 사용하여 이 문제를 해결할 수 있다.

그림 8.4 파일 구성

전역 Include 디렉터리

컨텍스트

헤더 파일이 있고, 코드를 소프트웨어 모듈 디렉터리로 구조화했다.

문제

다른 소프트웨어 모듈의 파일을 include하기 위해서는 ../othersoftwaremodule/file.h와 같이 상대 경로를 사용해야 한다. 그러려면 다른 헤더 파일의 정확한 위치를 알아야 한다.

어떤 헤더 파일의 경로가 변경되면 이 헤더 파일을 포함하는 코드도 수정해 주어야 한다. 예를 들어, 다른 소프트웨어 모듈의 이름이 바뀌면 코드를 변경해야 한다. 따라서 다른 소프트웨어 모듈의 이름과 위치에 종속된다.

개발자로서 여러분은 어떤 헤더 파일이 사용해야 하는 소프트웨어 모듈의 API에 속하는지, 어떤 헤더 파일이 소프트웨어 모듈 외부에서 사용하면 안 되는 내부용 헤더 파일인지를 명확하게 확인하고 싶다.

솔루션

모든 소프트웨어 모듈 API를 포함하는 코드베이스에 하나의 전역 디렉터리를 만든다. 툴체인의 전역 include 경로에 이 디렉터리를 추가한다.

해당 소프트웨어 모듈의 디렉터리에 그 소프트웨어 모듈에서만 사용되는 모든 구현 파일과 헤더 파일을 그대로 둔다. 헤더 파일이 다른 코드에서도 사용되는 경우 일반적으로 많이 사용되는 '/include'라는 이름의 전역 디렉터리에 넣는다. 그림 8.5와 이어지는 코드를 살펴보자.

구성된 글로벌 include 경로는 /include이다.

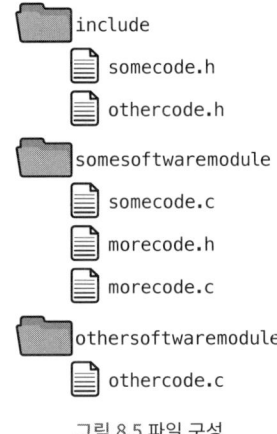

그림 8.5 파일 구성

somecode.c
```
#include <somecode.h>
#include <othercode.h>
#include "morecode.h"
...
```

morecode.c
```
#include "morecode.h"
...
```

othercode.c
```
#include <othercode.h>
...
```

이 코드는 파일이 어떻게 include 되는지 보여준다. 이제 더 이상 상대 경로가 없다는 점에 주목하자. 전역 include 경로로부터 어떤 파일이 포함되는지 이 코드에서 더 명확하게 보여주기 위해, include 경로에서 include되는 모든 파일은 #include 문에서 홑화살괄호[1]로 표현된다.

---

[1] (옮긴이) '< >'의 정확한 표현은 '홑화살괄호'이다. 통상적으로 자주 인용되는 꺾쇠괄호는 '[ ]'을 의미한다.

> ✓ **#include 문법**
>
> 모든 include 파일에 대해 include 구문 사용 시 따옴표를 붙이는 것이 가능하다 (`#include "stdio.h"`). 대부분의 C 전처리기는 이러한 include 파일을 상대 경로에서 먼저 조회한 다음, 찾지 못하면 시스템이 구성하고 툴체인이 사용하는 전역 디렉터리에서 찾는다. C에서는 일반적으로 코드베이스 외부의 파일을 include할 때 전역 디렉터리만 검색하는 홑화살괄호(`#include <stdio.h>`)가 있는 구문을 사용한다. 그러나 이 구문은 상대 경로를 통해 include되지 않은 경우 자신의 코드베이스에 있는 파일을 대상으로도 사용할 수 있다.

전역 include 경로는 툴체인의 빌드 설정에서 구성해야 한다. Makefile 및 컴파일러 명령을 수동으로 작성하는 경우에는 거기에 include 경로를 추가해야 한다.

이 디렉터리의 헤더 파일 수가 많아지거나 소수의 소프트웨어 모듈에서만 사용하는 매우 특정한 헤더 파일이 있는 경우, 코드베이스를 자체 보유 컴포넌트로 분할하는 것을 고려해야 한다.

결과

어떤 헤더 파일이 다른 소프트웨어 모듈에서 사용되어야 하고, 어떤 헤더 파일이 내부 파일이면서 이 소프트웨어 모듈 내에서만 사용되어야 하는지 아주 분명해진다.

이제 더 이상 다른 소프트웨어 모듈의 파일을 include하기 위해 상대 경로 디렉터리를 사용할 필요가 없다. 다른 소프트웨어 모듈의 코드는 더 이상 단일 디렉터리 내에 있지 않으며 코드베이스 바깥쪽으로 구분된다.

하나의 디렉터리에 모든 API를 넣으면 디렉터리 안에 파일이 너무 많아지고, 함께 속한 파일을 찾기가 어려워진다. 따라서 include 디렉터리 한 곳에 전체 코드베이스의 모든 헤더 파일이 포함되지 않도록 주의해야 한다. 그렇지 않으면 소프트웨어 모듈 디렉터리를 만드는 이점이 줄어든다. 그리고 만일 소프트웨어 모듈 A가 소프트웨어 모듈 B의 인터페이스를 필요로 하는 유일한 모듈이라면 어떻게 할 것인가? 제안된 솔루션을 사용한다면 소프트웨어 모듈 B의 인터페이스를 전역 Include 디렉터리에 넣을 수 있다. 그러나 아무도 이러한 인터페이스를 필요로 하지 않는다면, 굳이 코드베이스의 모든 사람이 사용할 수 있는 인터페이스로 만들 필요가 없을 것이다. 이 문제를 피하기 위해 자체 보유 컴포넌트(Self-Contained Component)를 사용한다.

알려진 용도

이번 패턴이 적용된 사례들은 다음과 같다.

- OpenSSL 코드에는 여러 소프트웨어 모듈에서 사용되는 모든 헤더 파일이 포함된 /include 디렉터리가 있다.
- 게임 NetHack의 코드의 모든 헤더 파일은 /include 디렉터리에 있다. 구현은 소프트웨어 모듈로 구성되지 않고 모두 하나의 /src 디렉터리에 있다.
- 리눅스용 OpenZFS 코드에는 모든 헤더 파일을 포함하는 /include라는 하나의 전역 디렉터리가 있다. 이 디렉터리는 구현 파일들이 포함된 디렉터리에 있는 Makefile의 include 경로로 구성된다.

실행 예제 - 패턴 적용 후

코드베이스에서 헤더 파일의 위치가 변경되었다. 즉, 툴체인에서 구성된 전역 Include 디렉터리로 이동했다. 이제 상대 파일 경로를 검색하지 않고 파일을 간단히 include할 수 있게 되었다. 이로 인해 이제 #include 문에 큰따옴표 대신 홑화살괄호(〈〉)가 사용된다.

main.c
```c
#include <stdio.h>
#include <stdlib.h>
#include <adlerhash.h>
#include <bernsteinhash.h>
#include <filereader.h>

int main(int argc, char* argv[])
{
    char* buffer = malloc(100);
    getFileContent(buffer, 100);

    unsigned int hash = adler32hash(buffer, 100);
```

```
    printf("Adler32 hash value: %u", hash);

    hash = bernsteinHash(buffer, 100);
    printf("Bernstein hash value: %u", hash);

    return 0;
}
```

이제 코드에서 툴체인에 파일 구성 및 전역 include 경로인 /include가 구성되었다(그림 8.6).

이제 디렉터리 중 하나의 이름을 바꿔도 구현 파일을 건드릴 필요가 없다. 따라서 구현을 조금 더 분리하는 것이 가능해졌다.

이제 코드를 좀 더 확장하려 한다. 파일 내용 해시뿐만 아니라 다른 애플리케이션 컨텍스트에서도 해시 함수를 사용하여 의사 난수(pseudorandom number)를 계산하도록 할 것이다. 같은 해시 함수를 사용하지만 서로 독립적으로 애플리케이션을 개발할 수 있고, 더 나아가 독립적으로 분리된 개발팀에서 개발을 진행할 수도 있다.

그림 8.6 파일 구성

한 개의 전역 include 디렉터리를 다른 개발 팀과 공유하는 방안은 다른 팀과 코드 파일이 섞일 가능성이 있어서 선택할 수 없다. 가능한 한 두 애플리케이션을 멀찌감치 분리하고 싶고, 이를 위해서는 자체 보유 컴포넌트로 구성하면 된다.

자체 보유 컴포넌트

컨텍스트

소프트웨어 모듈 디렉터리가 있고 전역 Include 디렉터리도 보유하고 있을 것이다. 이 상황에서 소프트웨어 모듈 개수는 계속 늘어나고 코드는 더 커진다.

문제

디렉터리 구조만으로는 코드의 종속성을 파악하기가 불가능하다. 모든 소프트웨어 모듈은 다른 소프트웨어 모듈의 헤더 파일을 include할 수 있기 때문에 컴파일러를 통해 코드의 종속성을 확인할 수 없다.

상대 경로를 사용하여 헤더 파일을 include하는 것이 가능하다는 말은 어떤 소프트웨어 모듈이든 다른 소프트웨어 모듈의 헤더 파일을 include할 수 있다는 뜻이다.

소프트웨어 모듈 수가 증가함에 따라 소프트웨어 모듈 개요를 유지하기가 어려워진다. 앞에서 소프트웨어 모듈 디렉터리를 사용할 때 단일 디렉터리에 너무 많은 파일이 있던 것처럼 이제는 소프트웨어 모듈 디렉터리가 너무 많아졌다.

종속성과 마찬가지로, 코드 구조를 통해 코드 책임을 파악하는 것도 불가능하다. 다수의 개발팀이 코드 작업을 하는 경우라면 누가 어떤 소프트웨어 모듈을 담당하는지 지정하고 싶을 것이다.

솔루션

기능이 유사해서 함께 배포해야 하는 소프트웨어 모듈을 구분한 다음, 이러한 소프트웨어 모듈을 공통 디렉터리에 넣고 호출자와 관련된 헤더 파일은 별도로 지정된 하위 디렉터리에 넣는다.

이때, 모든 헤더 파일을 포함하는 이러한 소프트웨어 모듈 그룹을 컴포넌트(component)라고 한다. 일반적으로 컴포넌트는 소프트웨어 모듈에 비해 더 크고 나머지 코드베이스와 독립적으로 배포할 수 있다.

소프트웨어 모듈을 그룹화할 때 코드의 어떤 부분이 코드베이스의 나머지 부분과 분리하여 독립적으로 배포할 수 있는지 점검한다. 코드의 어느 부분이 별도의 팀에서 개발되어 나머지 코드베이스와 느슨하게 연결된 방식으로 개발되었는지 점검한다. 이러한 소프트웨어 모듈 그룹이 컴포넌트의 후보가 된다.

전역 Include 디렉터리가 한 개인 경우, 컴포넌트의 모든 헤더 파일을 컴포넌트의 지정된 디렉터리(예: myComponent/include)로 옮긴다. 컴포넌트를 사용하는 개발자는 이 경로를 툴체인의 전역 include 경로에 추가할 수 있으며, Makefile과 컴파일러 명령을 수정할 수 있다.

툴체인을 사용하면 컴포넌트 중 하나의 코드가 사용이 허용된 기능만 사용하는지 점검할 수 있다. 예를 들어 운영 체제를 추상화하는 컴포넌트가 있는데, 다른 모든 코드가 이 추상화를 사용할 수 있게 하면서 운영 체제에 특화된 함수는 사용하지 못하도록 하고 싶다고 가정해 보자. 그러면 툴체인 구성을 통해 운영 체제를 추상화하는 컴포넌트에 대해서만 운영 체제 특화 함수의 include 경로가 설정되도록 할 수 있다. 다른 모든 코드에 대해서는 운영 체제 추상화에 대한 인터페이스가 있는 디렉터리만 include 경로로 설정되도록 한다. 그렇게 하면, 운영 체제 추상화가 있다는 걸 모르고 운영 체제 특화 함수를 직접 사용하려고 하는 경험이 없는 개발자는 코드 컴파일을 위해 이러한 함수 선언에 대한 include 상대 경로를 사용하려고 할 것이다(그리고 그렇게 하면 그 개발자는 아마도 실망하게 될 것이다).

그림 8.7과 다음 코드는 파일 구조와 include 파일 경로를 보여준다.

전역 include 경로 구성

- /somecomponent/include
- /nextcomponent/include

somecode.c
```
#include <somecode.h>
#include <othercode.h>
#include "morecode.h"
...
```

morecode.c
```
#include "morecode.h"
...
```

othercode.c
```
#include <othercode.h>
...
```

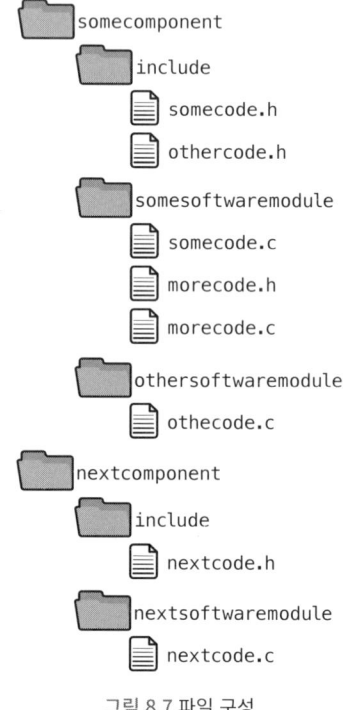

그림 8.7 파일 구성

```
nextcode.c
#include <nextcode.h>
#include <othercode.h> // other 컴포넌트의 API 사용
...
```

결과

소프트웨어 모듈을 잘 정리해서 서로 연관성 있는 소프트웨어 모듈을 찾기가 더 쉬워졌다. 컴포넌트가 잘 분리되어 있으면 어떤 컴포넌트에 어떤 종류의 새로운 코드를 추가해야 하는지도 명확해진다.

연관성 있는 모든 내용을 단일 디렉터리에 두면 툴체인에서 해당 컴포넌트에 대한 특정 항목을 더 쉽게 구성할 수 있다. 예를 들어, 코드베이스에서 생성하는 새 컴포넌트에 대해 더 엄격한 컴파일러 경고를 적용할 수 있으며, 이를 통해 컴포넌트 간의 코드 종속성을 자동으로 확인할 수 있다.

컴포넌트 디렉터리는 여러 팀에서 코드를 개발할 때 팀별 책임을 더 쉽게 설정할 수 있도록 해준다. 이러한 컴포넌트들은 서로의 결합도가 매우 낮기 때문이다. 심지어 전체 제품의 기능이 이러한 컴포넌트에 의존하지 않을 수도 있다. 소프트웨어 모듈 수준보다 컴포넌트 수준에서 책임을 나누는 것이 더 쉽다.

알려진 용도

이번 패턴이 적용된 사례들은 다음과 같다.

- GCC 코드에는 헤더 파일을 수집하는 자체 디렉터리가 있는 별도의 컴포넌트가 있다. 대표적으로 /libffi/include, libcpp/include 등이다.
- RIOT 운영 체제는 잘 분리된 디렉터리에 드라이버를 구성한다. 예를 들어 /drivers/xbee 및 /drivers/soft_spi 디렉터리에는 각각 해당 소프트웨어 모듈에 대한 모든 인터페이스를 포함하는 하위 include 디렉터리가 있다.
- Radare 리버스 엔지니어링 프레임워크에는 잘 분리된 컴포넌트가 있으며, 각 컴포넌트에는 모든 인터페이스를 포함하는 고유한 include 디렉터리가 있다.

실행 예제 - 패턴 적용 후

해시 함수 중 하나를 사용하는 의사 난수 구현을 추가했다. 그 외에도 코드를 다음과 같이 세 개의 다른 부분으로 분리했다.

- 해시 함수
- 파일 내용에 대한 해시 계산
- 의사 난수 계산

이제 코드가 세 부분으로 잘 분리되어 서로 다른 팀에서 쉽게 개발하거나 서로 독립적으로 배포할 수도 있게 되었다.

main.c
```c
#include <stdio.h>
#include <stdlib.h>
#include <adlerhash.h>
#include <bernsteinhash.h>
#include <filereader.h>
#include <pseudorandom.h>

int main(int argc, char* argv[])
{
    char* buffer = malloc(100);
    getFileContent(buffer, 100);

    unsigned int hash = adler32hash(buffer, 100);
    printf("Adler32 hash value: %u", hash);

    hash = bernsteinHash(buffer, 100);
    printf("Bernstein hash value: %u", hash);

    unsigned int random = getRandomNumber(50);
    printf("Random value: %u", random);

    return 0;
}
```

randrandomapplication/include/pseudorandom.h
```c
#ifndef PSEUDORANDOM_H
#define PSEUDORANDOM_H
/* 의사 난수를 반환할 때 최댓값(파라미터 'max')보다 작은 값을 반환한다. */
```

```
unsigned int getRandomNumber(int max);
#endif
```

randomapplication/pseudorandom/pseudorandom.c
```
#include <pseudorandom.h>
#include <adlerhash.h>

unsigned int getRandomNumber(int max)
{
    char* seed = "seed-text";
    unsigned int random = adler32hash(seed, 10);
    return random % max;
}
```

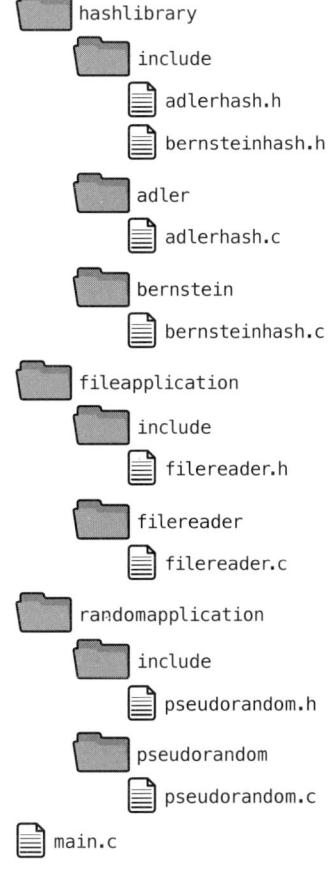

이제 코드의 디렉터리 구조는 그림 8.8과 같이 된다. 코드 파일의 각 부분이 다른 부분과 어떻게 잘 분리되어 있는지 확인하기 바란다. 예를 들어, 해시와 관련된 모든 코드는 하나의 디렉터리에 있다. 이러한 함수를 사용하는 개발자는 include 디렉터리를 살펴보면 함수에 대한 API를 쉽게 찾을 수 있다.

이 코드의 경우, 툴체인에 다음과 같은 전역 include 디렉터리가 구성된다.

- /hashlibrary/include
- /fileapplication/include
- /randomapplication/include

이제 코드는 서로 다른 디렉터리로 잘 분리되었다. 그러나 여전히 제거 가능한 종속성이 있다. include 경로를 살펴보면, 하나의 코드베이스가 있고 모든 include 경로가 모든 해당 코드에 사용되는 것을 알 수 있다. 그러나 해시 함수 코드는 파일 처리 include 경로가 필요하지 않다.

그림 8.8 파일 구성

또한, 모든 코드를 컴파일하고 모든 객체를 하나의 실행 파일에 연결하기만 하면 된다. 그러나 이 코드를 분할하고 독립적으로 배포하고 싶을 수도 있다. 가령, 해시 결과를 출력하는 애플리케이션 하나와 유사 난수를 출력하는 애플리케이션 하나를 원할 수도 있을 것이다. 이 두 애플리케이션은 독립적으로 개발되어야 하지만, 둘 다 동일한 해시 함수 코드를 사용해야 한다면 해당 코드를 복제하지 않으면서 개발하기를 바랄 것이다.

애플리케이션을 분리하고 해당 부분에 대한 include 경로와 같은 private 정보를 공유할 필요 없이 기능에 접근하기 위한 정의된 방법을 갖기 위해서는 API 복제가 필요하다.

API 복제

컨텍스트
다른 팀이 개발하는 대규모 코드베이스가 있다. 소프트웨어 모듈 디렉터리에 구성된 헤더 파일을 통해 코드베이스 내 기능이 추상화된다. 가장 좋은 경우는 잘 정리된 자체 보유 컴포넌트가 있고, 한동안 인터페이스가 존재했기 때문에 안정적이라고 확신하는 것이다.

문제
코드베이스 내 각 부분들에 대한 개발, 버전 지정, 배포가 독립적으로 이루어지도록 하고자 한다. 그러나 그렇게 하려면 코드 부분 사이에 명확하게 정의된 인터페이스와 해당 코드를 다른 저장소로 분리하는 기능이 필요하다.

자체 보유 컴포넌트가 있으면 거의 다 왔다고 할 수 있다. 컴포넌트에는 잘 정의된 인터페이스가 있고 이러한 컴포넌트에 대한 모든 코드는 이미 별도의 디렉터리에 있으므로, 분리된 저장소로 쉽게 이동할 수 있다.

그러나 컴포넌트 간에는 여전히 디렉터리 구조 의존성이 있다. 구성된 include 경로가 여기에 해당된다. 이 경로에는 여전히 다른 컴포넌트의 코드에 대한 전체 경로가 포함되어 있다. 예를 들어 해당 컴포넌트의 이름이 변경되면 구성된 include 경로도 변경해야 한다. 이러한 의존성은 없애는 게 좋다.

솔루션

다른 컴포넌트의 기능을 사용하기 위해 해당 API를 복제한다. 다른 컴포넌트를 별도로 빌드하고 빌드 결과물과 해당 public 헤더 파일을 복사한다. 이러한 파일을 컴포넌트 내부의 디렉터리에 넣은 뒤 이 디렉터리를 전역 include 경로로 구성한다.

코드를 복제하는 게 나쁜 생각처럼 보일 수 있다. 일반적으로는 그렇지만 여기에서는 오직 다른 컴포넌트의 인터페이스만 복제한다. 헤더 파일의 함수 선언을 복제하는 것이므로 구현은 여러 개로 복제되지 않는다. 서드 파티 라이브러리를 설치할 때 라이브러리 기능에 접근하기 위해 인터페이스 사본을 복제하는 것과 똑같다.

복제된 헤더 파일 외에도, 컴포넌트를 빌드하는 동안 다른 빌드 결과물을 사용해야 한다. 컴포넌트와 연결해야 하는 별도의 라이브러리로 다른 컴포넌트의 버전을 지정하고 배포할 수도 있다. 그림 8.9와 이어지는 코드는 관련된 파일의 개요를 보여준다.

somecomponent에 대한 전역 include 경로 구성

- /include
- /include-from-nextcomponent

somecode.c
```
#include <somecode.h>
#include <othercode.h>
#include "morecode.h"
...
```

morecode.c
```
#include "morecode.h"
...
```

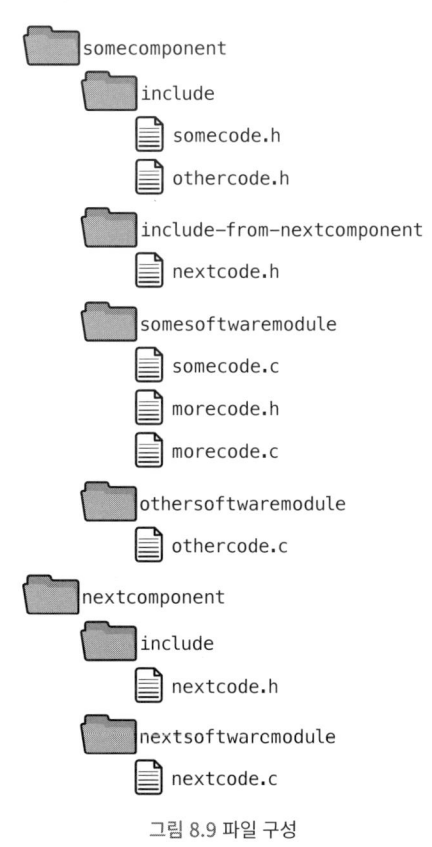

그림 8.9 파일 구성

API 복제   **251**

othercode.c
```
#include <othercode.h>
...
```

nextcomponent에 대한 전역 include 경로 구성

- /include

nextcode.c
```
#include <nextcode.h>
...
```

위 코드는 이제 두 개의 서로 다른 코드 블록으로 분리된다. 코드를 분리하여 별도의 저장소에 넣을 수 있게 되었다. 즉, 별도의 코드베이스를 갖게 되는 것이다. 디렉터리 구조와 관련된 컴포넌트 간의 의존성은 없어졌다. 그러나 이제는 각각의 컴포넌트의 구현이 변경되어도 인터페이스 호환성은 유지해야 하는 상황에 처하게 되었다. 따라서 배포 전략에 따라 어떤 종류의 인터페이스 호환성(API 호환 또는 ABI 호환)을 제공할지 결정해야 한다. 호환성을 유지하면서 인터페이스를 유연하게 하기 위해 핸들, 동적 인터페이스, 함수 제어를 사용할 수 있다.

> ✅ **인터페이스 호환성**
>
> API(Application Programming Interface)는 호출자의 코드를 변경할 필요가 없는 경우 호환성이 유지된다. 예를 들어, 기존 함수에 다른 파라미터를 추가하거나 반환 값, 또는 파라미터의 데이터 타입을 변경하면 API 호환성이 깨진다.
>
> ABI(Application Binary Interface)는 호출자의 코드를 다시 컴파일할 필요가 없는 경우 호환성이 유지된다. 예를 들어 코드를 컴파일하는 플랫폼을 변경하거나, 이전 컴파일러 버전과 비교했을 때 다른 함수가 있거나, 다른 호출 규칙이 있는 최신 버전으로 업데이트하는 경우 ABI 호환성이 깨진다.

결과

이제 디렉터리 구조와 관련된 컴포넌트 간의 의존성은 없다. 다른 컴포넌트(또는 지금 호출할 수 있는 다른 코드베이스)에서 코드의 include 지시문을 변경

하지 않으면서도 컴포넌트 중 하나의 이름을 바꿀 수 있다.

이제 코드를 다른 저장소에 넣을 수 있게 되었으며, 헤더 파일을 include하기 위해 다른 컴포넌트의 경로를 알아야 할 필요도 없다. 다른 컴포넌트의 헤더 파일에 접근하려면 해당 파일을 복제하면 된다. 따라서 처음에는 어디에서 헤더 파일과 빌드 결과물을 가져와야 하는지 알아야 한다. 다른 컴포넌트가 일종의 설치 프로그램을 제공하거나 필요한 모든 파일의 버전 목록만 제공할 수도 있다.

분리된 코드베이스의 주요 이점인 독립된 개발과 버전 관리를 사용하기 위해서는 컴포넌트의 인터페이스 호환성을 계속해서 유지한다는 동의가 필요하다. 인터페이스 호환성에 대한 요구 사항은 이러한 인터페이스를 제공하는 컴포넌트의 개발을 제한한다. 다른 사람이 함수를 한 번이라도 사용하면 더 이상 함수를 자유롭게 변경할 수 없기 때문이다. 기존 헤더 파일에 새로운 함수를 추가하는 등의 호환성 변경은 더 어려워질 수 있다. 여러 버전의 헤더 파일로 서로 다른 기능 집합을 제공하게 되면 호출자 입장에서는 어떤 버전의 헤더 파일을 사용해야 할지 결정하기가 더 힘들어지기 때문이다. 또한 모든 버전의 헤더 파일에서 동작하는 코드를 작성하는 것도 어려운 일이다.

코드베이스 분리를 통해 유연성을 획득한 대신, API 호환성 요구 사항 처리와 빌드 절차(헤더 파일 복사, 동기화 유지, 다른 컴포넌트 연결, 인터페이스 버전 관리)의 복잡성이 커지는 부분을 감수해야 한다.

> ✓ **버전 번호(Version Number)**
> 인터페이스 버전 지정 방법을 통해 새로운 버전이 호환성이 깨지는 변경 사항을 수반하는지 여부를 알려주어야 한다. 일반적으로 시맨틱 버저닝(semantic versioning)[2]은 버전 번호를 통해 주요 변경 사항이 있는지 여부를 표시한다. 시맨틱 버저닝 사용 시 인터페이스에 대한 3자리 버전 번호(예: 1.0.7)를 사용하며, 첫 번째 번호가 변경되는 경우에 호환성이 깨지는 것으로 간주한다.

---

[2] *https://semver.org*

알려진 용도

이번 패턴이 적용된 사례들은 다음과 같다.

- Wireshark는 예외 에뮬레이션 기능을 사용하기 위해 독립적으로 배포된 Kazlib의 API를 복사한다.
- B&R Visual Components 소프트웨어는 기본 Automation Runtime 운영 체제 기능에 접근한다. Visual Components 소프트웨어는 Automation Runtime에서 독립적으로 배포되고 버전이 지정된다. Automation Runtime 기능에 접근하기 위해 Visual Components 코드베이스에 공용 헤더 파일이 복사된다.
- Education First는 디지털 학습 제품을 개발하는 회사다. 제품의 C 코드를 보면, 소프트웨어를 빌드할 때 코드베이스에서 컴포넌트를 분리하기 위해 전역 include 디렉터리에 include 파일을 복제한다.

실행 예제 - 패턴 적용 후

이제 코드를 여러 부분으로 잘 분리했다. 해시 구현부에는 파일 해시 출력용 코드와 의사 난수 생성용 코드에 대해 잘 정의된 인터페이스가 있다. 또한, 이들 코드를 디렉터리별로 잘 분리했다. 심지어 다른 컴포넌트의 API도 복제되므로, 컴포넌트 중 하나가 접근해야 하는 모든 코드는 자체 디렉터리에 있다. 각 컴포넌트의 코드는 자체 저장소에 저장되고, 다른 컴포넌트와 독립적으로 배포 및 버전 지정이 가능하다.

구현은 전혀 변경되지 않았다. 다른 컴포넌트의 API를 복제하고 코드베이스의 include 경로만 변경되었을 뿐이다. 해시 코드는 이제 기본 애플리케이션에서도 분리되었다. 해시 코드는 독립적으로 배포되는 컴포넌트로 취급되며 나머지 애플리케이션에만 연결된다. 예제 8.1은 해시 라이브러리에서 분리된 메인 애플리케이션의 코드를 보여준다.

예제 8.1 메인 애플리케이션 코드

main.c
```
#include <stdio.h>
#include <stdlib.h>
```

```c
#include <adlerhash.h>
#include <bernsteinhash.h>
#include <filereader.h>
#include <pseudorandom.h>

int main(int argc, char* argv[])
{
    char* buffer = malloc(100);
    getFileContent(buffer, 100);

    unsigned int hash = adler32hash(buffer, 100);
    printf("Adler32 hash value: %u\n", hash);

    hash = bernsteinHash(buffer, 100);
    printf("Bernstein hash value: %u\n", hash);

    unsigned int random = getRandomNumber(50);
    printf("Random value: %u\n", random);

    return 0;
}
```

randomapplication/include/pseudorandom.h

```c
#ifndef PSEUDORANDOM_H
#define PSEUDORANDOM_H
/* 의사 난수를 반환한다.
   제공된 최댓값(파라미터 'max')보다 작은 값을 반환한다. */
unsigned int getRandomNumber(int max);
#endif
```

randomapplication/pseudorandom/pseudorandom.c

```c
#include <pseudorandom.h>
#include <adlerhash.h>

unsigned int getRandomNumber(int max)
{
    char* seed = "seed-text";
    unsigned int random = adler32hash(seed, 10);
    return random % max;
}
```

fileapplication/include/filereader.h

```c
#ifndef FILEREADER_H
#define FILEREADER_H
```

```
/* 파일의 내용을 읽고 제공된 "buffer"에 저장한다.
   내용의 크기는 "length"를 넘을 수 없다. */
void getFileContent(char* buffer, int length);
#endif
```

fileapplication/filereader/filereader.c
```
#include <stdio.h>
#include "filereader.h"

void getFileContent(char* buffer, int length)
{
    FILE* file = fopen("SomeFile", "rb");
    fread(buffer, length, 1, file);
    fclose(file);
}
```

이 코드에서 그림 8.10과 다음 코드 예제에 표시된 디렉터리 구조, include 경로를 볼 수 있다. 해시 구현과 관련된 소스 코드는 더 이상 이 코드베이스의 일부가 아니다. 해시 기능은 복제된 헤더 파일을 include하여 접근할 수 있으며, 빌드 과정에서 .a 파일을 코드에 연결해 주어야 한다.

include 경로 구성

- /hashlibrary
- /fileapplication/include
- /randomapplication/include

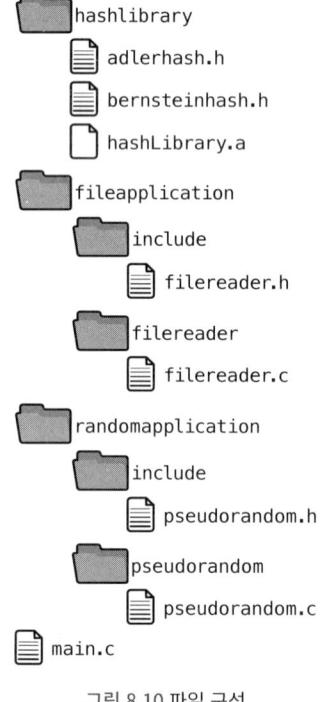

그림 8.10 파일 구성

해시 구현에 대한 예제 8.2는 이제 자체 저장소에서 관리된다. 코드가 변경될 때마다 새로운 버전의 해시 라이브러리가 배포될 수 있다. 즉, 해당 라이브러리에 대해 컴파일된 오브젝트 파일을 다른 코드에 복사해야 하며 해시 라이브러리의 API가 변경되지 않는 한 더 이상 할 일은 없다.

예제 8.2 해시 라이브러리 코드

inc/adlerhash.h
```
#ifndef ADLERHASH_H
#define ADLERHASH_H
/* 제공된 버퍼의 크기가 "length"인 "buffer"의 해시 값을 반환한다.
   해시는 Adler32 알고리즘에 따라 계산된다. */
unsigned int adler32hash(const char* buffer, int length);
#endif
```

adler/adlerhash.c
```
#include "adlerhash.h"

unsigned int adler32hash(const char* buffer, int length)
{
    unsigned int s1=1;
    unsigned int s2=0;
    int i=0;

    for(i=0; i<length; i++)
    {
        s1=(s1+buffer[i]) % 65521;
        s2=(s1+s2) % 65521;
    }
    return (s2<<16) | s1;
}
```

inc/bernsteinhash.h
```
#ifndef BERSTEINHASH_H
#define BERNSTEINHASH_H
/* 제공된 버퍼의 크기가 "length"인 "buffer"의 해시 값을 반환한다.
   해시는 D.J. 번스타인 알고리즘에 따라 계산된다. */
unsigned int bernsteinHash(const char* buffer, int length);
# endif
```

bernstein/bernsteinhash.c
```
#include "bernsteinhash.h"

unsigned int bernsteinHash(const char* buffer, int length)
{
    unsigned int hash = 5381;
    int i;
    for(i=0; i<length; i++)
    {
```

```
        hash = 33 * hash ^ buffer[i];
    }
    return hash;
}
```

이 코드는 그림 8.11과 같은 디렉터리 구조와 in-
clude 경로를 갖는다. 파일 처리 또는 의사 난수
계산과 관련된 소스 코드는 더 이상 이 코드베이스
의 일부가 아니다. 여기에 있는 코드베이스는 일반
적이며 다른 컨텍스트에서도 사용할 수 있다.

include 경로 구성

- /include

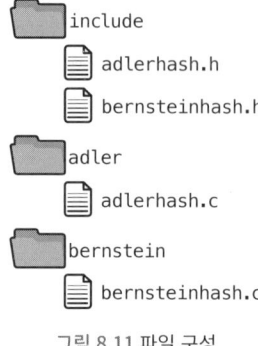

그림 8.11 파일 구성

간단한 해시 애플리케이션에서 시작하여 애플리
케이션과 별도로 해시 코드를 개발하고 배포할 수 있는 코드로 끝났다. 한 단
계 더 나아가, 두 애플리케이션을 별도의 부분으로 분리하여 따로 배포할 수도
있다.

이 코드 예제에서 제안한 대로 디렉터리 구조를 구성하는 게 코드 모듈화에
서 가장 중요한 문제는 아니다. SOLID 원칙을 적용하여 해결할 수 있는 코드
의존성과 같이 이번 챕터와 실행 예제에서 명시적으로 다루지 못한 더 중요한
문제가 많이 있다. 그러나 코드를 모듈화하는 방식으로 의존성을 설정하면, 이
예제에서 살펴본 디렉터리 구조를 통해 코드 소유권을 쉽게 분리하고 코드베
이스의 다른 부분과 독립적으로 코드를 버전화하고 배포할 수 있게 된다.

요약

이번 챕터에서는 대규모 모듈화 C 프로그램을 구축하기 위해 소스 및 헤더 파
일을 구조화하는 방법에 대한 패턴을 살펴보았다.

 Include 보호 패턴은 헤더 파일이 여러 번 포함되지 않도록 한다. 소프트웨
어 모듈 디렉터리 패턴은 소프트웨어 모듈의 모든 파일을 하나의 디렉터리에
넣을 것을 제안한다. 전역 Include 디렉터리 패턴은 여러 소프트웨어 모듈에서

사용하는 모든 헤더 파일을 하나의 전역 디렉터리에 포함시킬 것을 제안한다. 더 큰 프로그램의 경우, 자체 보유 컴포넌트 패턴은 컴포넌트별로 전역 헤더 파일 디렉터리를 하나씩 둘 것을 제안한다. API 복제는 이러한 컴포넌트를 분리하기 위해 다른 컴포넌트에서 사용되는 헤더 파일 및 빌드 결과물 복제를 제안한다.

제시된 패턴은 서로 어느 정도 빌드 확장성을 갖는다. 즉, 이번 챕터의 어떤 패턴을 이미 적용했다면 그 다음 패턴을 더 쉽게 적용할 수 있다. 모든 패턴을 코드베이스에 적용하고 나면, 코드베이스는 각 부분을 개별적으로 개발하고 배포할 수 있는 높은 수준의 유연성에 도달하게 된다. 그러나 이러한 유연성이 항상 필요한 것은 아니며 대가 없이 제공되는 것도 아니다. 각 패턴을 사용할 때마다 코드베이스에는 복잡성이 추가된다. 특히 매우 작은 코드베이스의 경우, 코드베이스의 일부를 별도로 배포할 필요가 없으므로 API 복제를 적용할 필요도 없을 것이다. 헤더 파일과 Include 보호를 적용하는 수준으로 충분할 수 있다. 맹목적으로 모든 패턴을 적용해서는 안 된다. 패턴에 설명된 문제에 직면한 상황에서 복잡성이 커지더라도 이를 감수할 가치가 있는 경우에만 적용하기 바란다.

이러한 패턴을 프로그래밍의 일부로 사용한다면, C 프로그래머는 모듈화 C 프로그램을 빌드하고 파일을 구성하는 방법에 대한 도구 상자와 단계별 지침을 갖게 될 것이다.

다음은...

다음 장에서는 수많은 대규모 프로그램이 직면하는 멀티플랫폼 코드 처리에 대해 다룬다. 아울러, 다중 프로세서 아키텍처 또는 다수의 운영 체제를 위한 단일 코드베이스를 좀 더 쉽게 만들 수 있도록 코드로 구현하는 방법에 대한 패턴을 제시한다.

9장

#ifdef 지옥 탈출

C는 특히 고성능을 요구하거나 또는 하드웨어에 가까운 프로그래밍이 필요한 시스템에서 널리 사용된다. 하드웨어에 가까운 프로그래밍을 하는 경우 하드웨어 변형을 처리해야 한다. 하드웨어 변형 외에도 일부 시스템은 여러 운영체제를 지원하거나 혹은 코드 내에서 제품에 대한 여러 변형을 처리하기도 한다. 이러한 문제를 해결하기 위해 일반적으로 사용되는 접근 방식은 C 전처리기의 #ifdef 문을 통해 코드에서 변형을 구별하는 것이다. C 전처리기는 이렇게 강력한 기능이 함께 제공되지만 이를 구조화된 방식으로 잘 사용해야 한다는 책임도 따른다.

하지만 C 전처리기에서 #ifdef 문을 사용할 수 있다는 게 약점이 되기도 한다. C 전처리기는 #ifdef 문을 사용할 때 관련 규칙을 적용하는 방법 등을 지원하지 않는다. 이는 매우 쉽게 남용될 수 있어 안타까운 부분이다. 하드웨어 변형이나 선택적 기능을 추가해야 하는 경우 또 다른 #ifdef를 추가하면 아주 쉽게 해결할 수 있다. 또한 단일 변형에만 영향을 미치는 버그를 빨리 수정하기 위해 #ifdef 문을 추가할 수도 있다. 이렇게 다양한 변형에 대응하기 위해 코드도 더욱 다양해지고 각 변형에 대해 개별적으로 수정해야 하는 코드도 점점 더 늘어난다.

임시 방편으로 구조화되지 않은 #ifdef 문을 사용하는 것은 지옥으로 가는 확실한 길이다. 코드를 읽을 수 없고 유지·관리할 수 없게 되는 만큼, 이 상황으로 가는 길은 모든 개발자가 피해야 한다. 이번 장에서는 그러한 상황에서 벗어나거나 완전히 피하는 방법을 제시한다.

이번 장에서는 운영 체제 변형이나 하드웨어 변형 등 각각의 변형을 어떻게 C 코드로 구현할지에 대한 자세한 지침을 제공한다. 다섯 개의 패턴을 통해 코드 변형에 대처하는 방법과 #ifdef 문을 구성하는 방법, 더 나아가 제거하는 방법에 대해서도 설명한다. 이번 장의 패턴은 이러한 코드 구성에 대한 개론 또는 구조화되지 않은 #ifdef 코드를 재구성하는 방법에 대한 지침으로 볼 수 있다.

그림 9.1은 #ifdef 악몽에서 벗어나는 방법을 보여주고, 표 9.1은 이번 장에서 논의되는 패턴에 대한 간략한 설명을 정리해 놓았다.

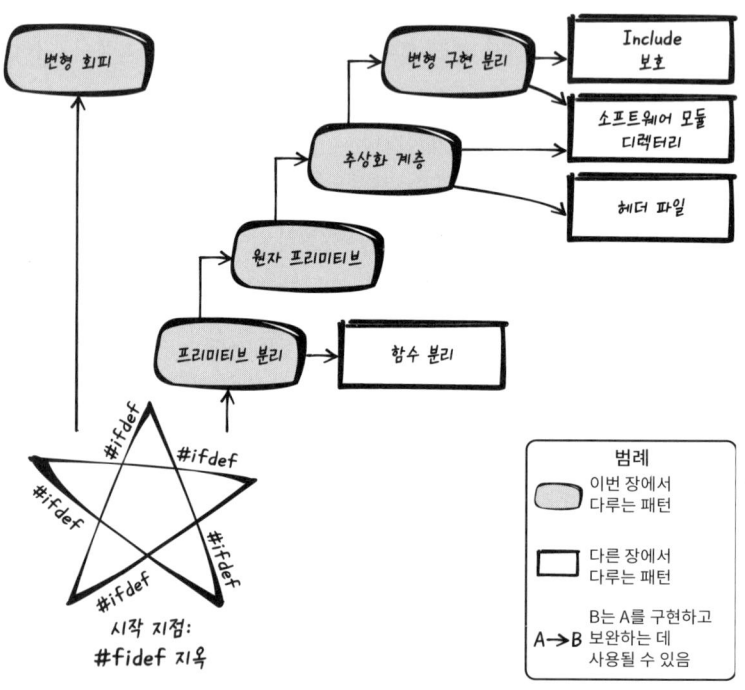

그림 9.1 #ifdef 지옥에서 나가는 길

표 9.1 #ifdef 지옥 탈출 패턴

패턴 이름	요약
변형 회피 (Avoid Variants)	플랫폼마다 다른 함수를 사용하면 코드를 읽고 쓰기가 더 어려워진다. 프로그래머는 플랫폼에 관계 없이 동일한 기능을 제공하기 위해 초기 단계부터 이러한 여러 함수를 이해하고 올바르게 사용하고 테스트해야 한다. 따라서, 모든 플랫폼에서 사용할 수 있는 표준화된 함수를 사용한다. 표준화된 함수가 없다면 해당 기능을 구현하지 않는 것이 좋다.
프리미티브 분리 (Isolated Primitives)	#ifdef 문으로 코드 변형을 구성하면 코드를 읽을 수 없게 된다. 플랫폼별로 여러 번 구현하다 보니 프로그램 흐름을 따라가기가 매우 어렵다. 따라서, 코드 변형을 분리시킨다. 구현 파일에서 변형을 처리하는 코드를 별도의 함수로 분리하고, 메인 프로그램 로직에서 이 함수를 호출하면 플랫폼 독립적인 코드만 포함된다.
원자 프리미티브 (Atomic Primitives)	메인 프로그램에서 호출하고 여러 가지 변형이 포함된 이 함수는 여전히 이해하기 어렵다. 메인 프로그램에서 제거한 온갖 복잡한 #ifdef 코드를 모두 이 함수에 넣어 버렸기 때문이다. 따라서 프리미티브를 원자로 만들어야 한다. 즉, 함수별로 정확히 한 종류의 변형만 처리한다. 여러 종류의 변형(예: 운영 체제 변형 및 하드웨어 변형)을 처리하는 경우 각각 별도의 함수를 둔다.
추상화 계층 (Abstraction Layer)	코드베이스의 여러 위치에서 플랫폼 변형을 처리하는 기능을 사용하고 싶지만 해당 기능에 대한 코드 복제는 원하지 않는다. 따라서, 플랫폼별로 특화된 코드가 필요한 각 기능에 대한 API를 제공한다. 헤더 파일에는 플랫폼 독립적인 함수만 정의하고 플랫폼별로 특화된 #ifdef 코드는 모두 구현 파일에 넣는다. 함수 호출자는 헤더 파일만 include하며 플랫폼별로 특화된 파일을 include할 필요가 없다.
변형 구현 분리 (Split Variant Implementations)	플랫폼별로 특화된 구현에는 여전히 코드 변형을 구별하기 위한 #ifdef 문이 포함되어 있다. 그래서 코드의 어느 부분을 어떤 플랫폼용으로 빌드해야 하는지 확인하고 선택하기가 어렵다. 따라서, 각각의 변형에 대한 구현을 별도의 구현 파일로 분리하고 파일별로 어떤 플랫폼용으로 컴파일할지 선택한다.

실행 예제

어떤 텍스트를 파일에 작성하면 설정 플래그에 따라 현재 디렉터리 또는 홈 디렉터리에 새로운 디렉터리를 만들면서 저장하는 프로그램을 구현하려 한다. 상황을 더 복잡하게 하기 위해, 코드는 리눅스 시스템뿐만 아니라 윈도우 시스템에서도 실행되도록 구현한다고 가정한다.

첫 번째로 모든 구성과 모든 운영 체제를 지원하는 코드를 한 개의 구현 파일에 다 넣을 것이다. 이를 위해 구현 파일에는 코드 변형을 구별하기 위한 많은 #ifdef 문이 포함된다.

```c
#include <string.h>
#include <stdio.h>
#include <stdlib.h>
#ifdef __unix__
    #include <sys/stat.h>
    #include <fcntl.h>
    #include <unistd.h>
#elif defined _WIN32
    #include <windows.h>
#endif

int main()
{
    char dirname[50];
    char filename[60];
    char* my_data = "Write this data to the file";
    #ifdef __unix__
        #ifdef STORE_IN_HOME_DIR
            sprintf(dirname, "%s%s", getenv("HOME"), "/newdir/");
            sprintf(filename, "%s%s", dirname, "newfile");
        #elif defined STORE_IN_CWD
            strcpy(dirname, "newdir");
            strcpy(filename, "newdir/newfile");
        #endif
        mkdir(dirname,S_IRWXU);
        int fd = open (filename, O_RDWR | O_CREAT, 0666);
        write(fd, my_data, strlen(my_data));
        close(fd);
    #elif defined _WIN32
        #ifdef STORE_IN_HOME_DIR
            sprintf(dirname, "%s%s%s", getenv("HOMEDRIVE"),
                    getenv("HOMEPATH"), "\\newdir\\");
            sprintf(filename, "%s%s", dirname, "newfile");
        #elif defined STORE_IN_CWD
            strcpy(dirname, "newdir");
            strcpy(filename, "newdir\\newfile");
        #endif
        CreateDirectory (dirname, NULL);
        HANDLE hFile = CreateFile(filename, GENERIC_WRITE, 0, NULL,
                        CREATE_NEW, FILE_ATTRIBUTE_NORMAL, NULL);
        WriteFile(hFile, my_data, strlen(my_data), NULL, NULL);
        CloseHandle(hFile);
    #endif
    return 0;
}
```

이 코드는 카오스 그 자체이다. 프로그램 논리는 완전히 중복되어 있다. 이것은 운영 체제 독립적인 코드가 아니며, 그냥 하나의 파일에 두 개의 서로 다른 운영 체제별 구현이 들어 있을 뿐이다. 특히, 서로 다른 운영 체제에 대한 직교 코드 변형과 서로 다른 위치별 디렉터리를 생성하는 코드는 중첩된 #ifdef 문으로 이어지기 때문에 이해하기 어렵고 코드를 보기 흉하게 만든다. 코드를 읽을 때도 줄 사이를 계속 건너뛰어야 한다. 즉, 프로그램 논리를 따라가려면 다른 #ifdef 분기의 코드를 건너뛰어야 한다. 이렇게 프로그램 논리가 중복되면 프로그래머가 현재 작업 중인 코드 변형 부분에만 오류를 수정하고 새로운 기능을 추가하도록 유도한다. 이로 인해 코드 조각과 변형에 대한 동작이 분리되어 코드를 유지하기 어렵게 만든다.

어디부터 시작해야 할까? 이 지저분한 코드를 어떻게 정리하면 좋을까? 첫 번째 단계로, 가능하다면 표준화된 함수를 사용하여 변형 회피(avoid variants)를 할 수 있다.

변형 회피

컨텍스트

여러 운영 체제 플랫폼이나 하드웨어 플랫폼에서 사용해야 하는 이식 가능한 코드를 작성하고 있다. 코드에서 호출하는 일부 함수는 특정 플랫폼에서 사용할 수 있지만 다른 플랫폼에서는 정확히 동일한 구문이나 의미 체계를 사용할 수 없다. 이 때문에 각 플랫폼마다 코드 변형을 구현하게 된다. 이제 서로 다른 플랫폼에 대한 서로 다른 코드 조각이 있고 코드 내 #ifdef 문을 통해 변형을 구분할 수 있다.

문제

플랫폼마다 다른 함수를 사용하면 코드를 읽고 쓰기가 더 어려워진다. 프로그래머는 플랫폼에 관계 없이 동일한 기능을 제공하기 위해 초기 단계부터 이러한 여러 함수를 이해하고 올바르게 사용하고 테스트해야 한다.

대부분의 경우 모든 플랫폼에서 정확히 동일하게 동작하는 기능을 구현하는 것이 목표이지만, 플랫폼 종속 함수를 사용하는 경우 이 목표를 달성하기가 더 어려우며 추가 코드를 작성해야 할 수도 있다. 함수의 구문뿐만 아니라 함수의 의미도 플랫폼마다 조금씩 다를 수 있기 때문이다.

여러 플랫폼에 맞춰 여러 함수를 사용하면 코드를 작성하고 읽고 이해하기가 더 어려워진다. `#ifdef` 문을 사용하여 이러한 여러 함수를 구분하게 되면 코드가 길어지고, 코드를 읽는 사람 입장에서는 단일 `#ifdef` 분기에서 코드가 어떤 작업을 수행하는지 파악하기 위해 줄을 건너뛰어야 한다.

이때 작성해야 하는 모든 코드에 대해 노력을 들일 가치가 있는지 자문해 본다. 요구받은 기능이 크게 중요하지 않고, 플랫폼 특화 함수로 인해 해당 기능을 구현하고 지원하기가 매우 어려운 경우라면 해당 기능을 전혀 제공하지 방법도 고려할 수 있다.

솔루션

모든 플랫폼에서 사용할 수 있는 표준화된 함수를 사용한다. 표준화된 함수가 없는 경우 해당 기능을 구현하지 않는 것이 좋다.

사용 가능한 표준화된 함수의 좋은 예는 C 표준 라이브러리 함수와 POSIX 함수다. 지원하려는 플랫폼을 고려하고 이러한 표준화된 기능이 모든 플랫폼에서 사용 가능한지 확인해야 한다. 가능한 한 보다 특화된 플랫폼 종속 함수 대신 이러한 표준화된 함수를 사용해야 한다. 다음 코드를 살펴보자.

호출자 코드

```c
#include <standardizedApi.h>

int main()
{
    /* ifdef로 구분된 여러 함수 대신 단일 함수만 호출함 */
    somePosixFunction();
    return 0;
}
```

표준화된 API

```c
/* 이 함수는 POSIX 표준을 준수하는 모든 운영 체제에서 사용할 수 있다. */
somePosixFunction();
```

다시 말하지만, 원하는 기능에 대한 표준화된 함수가 없다면 기능을 구현하지 않는 게 좋다. 구현하려는 기능에 대해 사용할 수 있는 함수가 플랫폼 특화 함수밖에 없다면 구현, 테스트, 유지·관리 노력을 기울일 가치가 없는 것일 수 있다.

그러나 경우에 따라 사용 가능한 표준화된 함수가 없더라도 제품에 기능을 제공해야 할 수도 있다. 즉, 플랫폼별로 서로 다른 함수를 사용해야 하거나 특정 플랫폼에서 이미 사용 가능한 기능을 다른 플랫폼에서 구현해야 할 수도 있다. 구조화된 방식으로 이를 수행하려면 코드 변형에 대해 프리미티브 분리를 적용해 추상화 계층 뒤에 숨긴다.

예를 들어, 변형을 피하기 위해서는 리눅스의 `open` 또는 윈도우의 `CreateFile` 함수와 같이 운영 체제별 특화 함수를 사용하는 대신 `fopen`과 같은 C 표준 라이브러리의 파일 접근 함수를 사용하면 된다. 또 다른 예로, C 표준 라이브러리 `time` 함수를 들 수 있다. 윈도우의 `GetLocalTime`, 리눅스의 `localtime_r`과 같은 운영 체제별 시간 함수 사용을 피하고, `time.h`의 표준화된 `localtime` 함수를 사용하도록 하자.

결과

여러 플랫폼에서 사용 가능한 단일 코드를 사용하기 때문에 코드를 작성하고 읽기가 쉽다. 프로그래머는 코드를 작성할 때 플랫폼마다 다른 함수를 이해할 필요가 없으며, 코드를 읽을 때 `#ifdef` 분기 사이를 이동할 필요도 없다.

모든 플랫폼에서 동일한 코드가 사용되므로 동작하는 기능도 동일하다. 그러나 표준화된 함수 사용이 각 플랫폼별로 필요한 기능을 달성하는 가장 효율적이거나 고성능을 제공하는 방법이 아닐 수 있다. 예를 들어, 일부 플랫폼은 해당 플랫폼에 맞는 특수한 하드웨어를 사용하여 더 높은 성능을 보여주는 플랫폼 특화 함수를 제공할 수 있다. 표준화된 함수를 사용하면 이러한 장점을 살리지 못할 것이다.

알려진 용도

이번 패턴이 적용된 사례들은 다음과 같다.

- VIM 텍스트 편집기의 코드는 운영 체제에 독립적인 기능인 fopen, fwrite, fread 및 fclose를 사용하여 파일에 접근한다.
- OpenSSL 코드는 현재 현지 시각을 로그 메시지에 기록한다. 이를 위해 운영 체제에 독립적인 함수인 localtime을 사용하여 현재 협정 세계시(UTC)를 현지 시각으로 변환한다.
- OpenSSL 함수 BIO_lookup_ex는 연결할 노드와 서비스를 조회한다. 이 함수는 윈도우와 리눅스에서 컴파일되며 운영 체제 독립적인 함수 htons를 사용하여 값을 네트워크 바이트 순서(network byte order)로 변환한다.

실행 예제 - 패턴 적용 후

파일에 접근하는 기능의 경우 운영 체제 독립적인 기능을 사용할 수 있으므로 운이 좋은 편이다. 다음 코드를 살펴보자.

```c
#include <string.h>
#include <stdio.h>
#include <stdlib.h>
#ifdef __unix__
    #include <sys/stat.h>
#elif defined _WIN32
    #include <windows.h>
#endif

int main()
{
    char dirname[50];
    char filename[60];
    char* my_data = "Write this data to the file";
    #ifdef __unix__
        #ifdef STORE_IN_HOME_DIR
            sprintf(dirname, "%s%s", getenv("HOME"), "/newdir/");
            sprintf(filename, "%s%s", dirname, "newfile");
        #elif defined STORE_IN_CWD
            strcpy(dirname, "newdir");
            strcpy(filename, "newdir/newfile");
        #endif
        mkdir(dirname,S_IRWXU);
    #elif defined _WIN32
        #ifdef STORE_IN_HOME_DIR
```

```
            sprintf(dirname, "%s%s%s", getenv("HOMEDRIVE"),
                    getenv("HOMEPATH"),
                    "\\newdir\\");
            sprintf(filename, "%s%s", dirname, "newfile");
        #elif defined STORE_IN_CWD
            strcpy(dirname, "newdir");
            strcpy(filename, "newdir\\newfile");
        #endif
            CreateDirectory(dirname, NULL);
        #endif
            FILE* f = fopen(filename, "w+");   ❶
            fwrite(my_data, 1, strlen(my_data), f);
            fclose(f);
            return 0;
}
```

> ❶ fopen, fwrite, fclose 함수는 C 표준 라이브러리의 일부이며 리눅스뿐만 아니라 윈도우에서도 사용할 수 있다.

위 코드에서 표준화된 파일 함수 호출을 통해 작업이 훨씬 더 간단해졌다. 윈도우나 리눅스에 대한 별도의 파일 접근 호출 대신 하나의 공통 코드가 있다. 공통 코드는 함수 호출이 두 운영 체제에 대해 동일한 기능을 수행하도록 보장하며, 버그 수정 또는 기능 추가 후에도 두 가지 다른 구현이 분리될 위험이 없다.

그러나 코드는 여전히 #ifdef가 지배하고 있기 때문에 읽기가 매우 어렵다. 코드 변형으로 인해 메인 프로그램 논리가 혼란스럽지 않도록 만들어야 한다. 따라서 메인 프로그램 로직으로부터 코드 변형을 분리시키는 프리미티브 분리(Isolated Primitives)를 사용한다.

프리미티브 분리

컨텍스트

코드가 플랫폼 특화 함수를 호출하고 있다. 플랫폼마다 다른 코드 조각이 있고 `#ifdef` 문을 사용하여 코드 변형을 구분한다. 모든 플랫폼에서 통일된 방식으로 필요한 기능을 제공하는 표준화된 함수가 없기 때문에 단순히 변형 회피를 적용할 수 없다.

문제

#ifdef 문으로 코드 변형을 구성하면 코드를 읽을 수 없게 된다. 플랫폼별로 여러 번 구현하다 보니 프로그램 흐름을 따라가기가 매우 어렵다.

코드를 이해하려고 할 때 일반적으로 하나의 플랫폼에만 집중하지만 #ifdef는 여러분이 관심 있는 코드 변형을 찾기 위해 코드의 줄 사이를 건너뛰도록 강제한다.

#ifdef 문은 또한 코드를 유지·관리하기 어렵게 만든다. 이러한 전처리 지시자는 프로그래머로 하여금 관심 있는 플랫폼 한 곳에 대한 코드만 수정하고 다른 플랫폼에 대한 코드는 깨질 위험 때문에 건드리지 못하도록 한다. 그러나 하나의 플랫폼에 대해서만 버그를 수정하고 새로운 기능을 도입한다는 것은 다른 플랫폼과 코드 동작이 서로 달라진다는 뜻이다. 모든 플랫폼에서 서로 다른 방식으로 이러한 버그를 수정하려면 결국 모든 플랫폼에서 코드를 테스트해야 한다.

코드 변형이 많은 코드는 테스트하기가 어렵다. 가능한 모든 조합을 테스트해야 하는 만큼, 새로운 종류의 #ifdef 문이 추가될 때마다 테스트에 들이는 노력이 두 배로 늘어난다. 설상가상으로 이러한 각 명령문은 빌드하고 테스트해야 하는 바이너리의 수도 두 배로 늘린다. 이는 배포 문제로 이어진다. 빌드 시간이 증가하고 테스트 부서와 고객에게 제공되는 바이너리 수가 늘어나기 때문이다.

솔루션

코드 변형을 분리시킨다. 구현 파일에서 변형을 처리하는 코드를 별도의 함수로 분리하고, 메인 프로그램 로직에서 이 함수를 호출하면 플랫폼 독립적인 코드만 포함된다.

각 함수는 프로그램 논리만 포함하거나 변형 처리에만 집중해야 한다. 어떤 함수도 두 가지를 수행해서는 안 된다. 따라서 함수에 #ifdef 문이 전혀 없거나, #ifdef 분기당 단일 변형에 종속되는 함수 호출이 있는 #ifdef 문이 있거나 둘 중 하나다. 이러한 변형은 빌드 구성에 의해 켜거나 끌 수 있는 소프트웨어 기능일 수도, 다음 코드에서 볼 수 있는 플랫폼 변형일 수도 있다.

```
void handlePlatformVariants()
{
    #ifdef PLATFORM_A
        /* 플랫폼 A 함수 호출 */
    #elif defined PLATFORM_B    ❶
        /* 플랫폼 B 함수 호출 */
    #endif
}

int main()
{
    /* 프로그램 논리가 여기 들어간다. */
    handlePlatformVariants();
    /* 프로그램 논리가 계속된다. */
}
```

❶ else if 문과 유사하게 #elif를 사용하여 상호 배타적인 변형을 잘 표현할 수 있다.

`#ifdef` 분기별 단일 함수 호출을 활용하면 변형을 처리하는 함수에 대해 적절한 추상화 단위(abstraction granularity)를 찾을 수 있다. 통상적으로, 추상화 단위는 래핑(wrapping)할 수 있는 플랫폼 또는 기능에 특화된 함수 수준과 정확히 일치한다.

변형을 처리하는 함수가 여전히 복잡하고 중첩된 `#ifdef`를 포함하는 경우, 원자 변형(atomic variant)만 사용하는 것이 도움이 된다.

결과

이제 코드 변형이 분리되어 있기 때문에 메인 프로그램 논리를 쉽게 따라갈 수 있다. 메인 코드를 읽을 때 더 이상 특정 플랫폼에서 코드가 수행하는 작업을 찾기 위해 줄 사이를 이동할 필요가 없다.

특정 플랫폼에서 코드가 수행하는 작업을 확인하려면, 호출된 함수에서 이 변형이 구현된 부분을 살펴봐야 한다. 분리되어 호출된 함수에 해당 코드가 있으면 파일의 다른 위치에서 호출할 수 있기 때문에 코드 중복을 피할 수 있다는 이점이 있다. 다른 구현 파일에서도 이 기능이 필요하다면 추상화 계층을 구현해야 한다.

변형을 처리하는 함수에 프로그램 논리를 도입해서는 안 되므로, 일부 플랫폼에서만 발생하는 버그를 더 쉽게 찾아낼 수 있다. 코드에서 플랫폼의 동작이 다른 부분을 쉽게 식별할 수 있기 때문이다.

메인 프로그램 논리와 변형 구현이 잘 분리되어 있기 때문에 코드 복제는 큰 문제가 되지 않는다. 프로그램 논리를 복제하려는 유혹이 사라지기 때문에 실수로 이러한 복제 중 하나에서만 버그를 수정하는 위험도 없어진다.

알려진 용도

이번 패턴이 적용된 사례들은 다음과 같다.

- VIM 텍스트 편집기의 코드는 데이터를 네트워크 바이트 순서로 변환하는 함수 `htonl2`를 분리한다. VIM의 프로그램 논리는 `htonl2`를 구현 파일의 매크로로 정의하는데, 매크로는 플랫폼 엔디언(endian)에 따라 다르게 컴파일된다.
- OpenSSL 함수 `BIO_ADDR_make`는 소켓 정보를 내부 구조체에 복사한다. 이 함수는 `#ifdef` 문을 사용하여 리눅스/윈도우와 IPv4/IPv6을 구별하는 운영 체제 및 기능에 특화된 변형을 처리한다. 이 함수는 이러한 변형을 기본 프로그램 논리에서 분리시킨다.
- GNUplot의 `load_rcfile` 함수는 초기화 파일에서 데이터를 읽고 나머지 코드에서 운영 체제에 특화된 파일 접근 작업을 분리시킨다.

실행 예제 - 패턴 적용 후

이제 프리미티브 분리를 적용하여 메인 프로그램 논리를 훨씬 쉽게 읽을 수 있으며, 변형을 구분하기 위해 줄 사이를 이동할 필요가 없다.

```
void getDirectoryName(char* dirname)
{
  #ifdef __unix__
      #ifdef STORE_IN_HOME_DIR
          sprintf(dirname, "%s%s", getenv("HOME"), "/newdir/");
      #elif defined STORE_IN_CWD
          strcpy(dirname, "newdir/");
      #endif
```

```
        #elif defined _WIN32
            #ifdef STORE_IN_HOME_DIR
                sprintf(dirname, "%s%s%s", getenv("HOMEDRIVE"),
                        getenv("HOMEPATH"), "\\newdir\\");
            #elif defined STORE_IN_CWD
                strcpy(dirname, "newdir\\");
            #endif
        #endif
    }

    void createNewDirectory(char* dirname)
    {
        #ifdef __unix__
            mkdir(dirname,S_IRWXU);
        #elif defined _WIN32
            CreateDirectory(dirname, NULL);
        #endif
    }

    int main()
    {
        char dirname[50];
        char filename[60];
        char* my_data = "Write this data to the file";
        getDirectoryName(dirname);
        createNewDirectory(dirname);
        sprintf(filename, "%s%s", dirname, "newfile");
        FILE* f = fopen(filename, "w+");
        fwrite(my_data, 1, strlen(my_data), f);
        fclose(f);
        return 0;
    }
```

이제 코드 변형이 잘 분리되었다. 메인 함수의 프로그램 논리는 변형 없이 읽고 이해하기가 매우 쉽다. 그러나 새로운 함수 getDirectoryName은 여전히 #ifdef에 지배되고 있으며 이해하기 쉽지 않다. 이럴땐 원자 프리미티브 (Atomic Primitives)가 도움이 될 것이다.

원자 프리미티브

컨텍스트
#ifdef 문을 사용하여 코드에서 변형을 구현했고, 이러한 변형을 처리하는 프리미티브 분리를 적용하기 위해 변형을 별도의 함수에 넣었다. 이 프리미티브는 변형을 메인 프로그램 흐름에서 분리하여 메인 프로그램을 잘 구조화하고 이해하기 쉽게 만든다.

문제
메인 프로그램에서 호출하고 변형이 포함된 이 함수는 여전히 이해하기 어렵다. 메인 프로그램에서 제거한 온갖 복잡한 #ifdef 코드를 모두 이 함수에 넣어 버렸기 때문이다.

처리해야 할 변형이 많아지면 단일 함수에서 모든 종류의 변형을 처리하기 어려워진다. 예를 들어 단일 함수가 #ifdef 문을 사용하여 서로 다른 하드웨어 유형과 운영 체제를 구별하는 경우, 운영 체제 변형 하나를 추가하는 순간 해당되는 모든 하드웨어 변형도 추가해야 하므로 작업이 어려워진다. 각 변형을 더 이상 한 곳에서 처리할 수 없다. 그 대신 다양한 변형의 수만큼 필요한 노력은 늘어난다. 이게 문제점이다. 코드의 한 곳에서 새로운 변형을 쉽게 추가할 수 있어야 한다.

솔루션
프리미티브를 원자로 만들어야 한다. 즉, 함수별로 정확히 한 종류의 변형만 처리한다. 여러 종류의 변형(예: 운영 체제 변형 및 하드웨어 변형)을 처리하는 경우 각각 별도의 함수를 둔다.

이러한 함수 중 하나가 이미 한 종류의 변형을 추상화한 다른 함수를 호출하도록 한다. 플랫폼 의존성과 기능 의존성을 추상화하는 경우, 기능 의존적 함수가 플랫폼 의존적 함수를 호출하도록 한다. 일반적으로 모든 플랫폼을 통해 기능을 제공하기 때문이다. 따라서 플랫폼 의존적 함수는 다음 코드와 같이 가장 원자적인 함수여야 한다.

```
void handleHardwareOfFeatureX()
{
    #ifdef HARDWARE_A
        /* 하드웨어 A의 기능 X에 대한 함수를 호출한다. */
    #elif defined HARDWARE_B || defined HARDWARE_C
        /* 하드웨어 B와 C의 기능 X에 대한 함수를 호출한다. */
    #endif
}

void handleHardwareOfFeatureY()
{
    #ifdef HARDWARE_A
        /* 하드웨어 A의 기능 Y에 대한 함수를 호출한다. */
    #elif defined HARDWARE_B
        /* 하드웨어 B의 기능 Y에 대한 함수를 호출한다. */
    #elif defined HARDWARE_C
        /* 하드웨어 C의 기능 Y에 대한 함수를 호출한다. */
    #endif
}

void callFeature()
{
    #ifdef FEATURE_X
        handleHardwareOfFeatureX();
    #elif defined FEATURE_Y
        handleHardwareOfFeatureY();
    #endif
}
```

함수가 여러 종류의 변형에 걸쳐 있는 기능을 제공하면서 이러한 모든 종류의 변형을 처리해야 한다면, 이 함수의 범위는 잘못되었을 수 있다. 어쩌면 함수가 너무 일반적이거나 한 가지 이상의 작업을 수행할 수도 있을 것이다. 이럴 때는 함수 분리 패턴에서 제안한 대로 함수를 분할하면 된다.

프로그램 논리를 포함하는 메인 코드에서 원자 프리미티브를 호출한다. 잘 정의된 인터페이스가 있는 다른 구현 파일에서 원자 프리미티브를 사용하고 싶다면 추상화 계층을 사용하면 된다.

결과

이제 각 함수는 한 종류의 변형만 처리한다. 더 이상 중첩된 #ifdef 문이 없기 때문에 각각의 함수를 쉽게 이해할 수 있다. 각 함수는 이제 한 종류의 변형만 추상화하고 정확히 한 가지 작업만 수행한다. 따라서 함수는 단일 책임 원칙을 따른다.

중첩된 #ifdef를 사용하지 않으면 프로그래머 입장에서는 하나의 함수 안에 변형을 처리하는 코드를 계속해서 추가하고 싶은 유혹에서 벗어날 수 있다. 기존 #ifdef 중첩문을 확장하는 것보다 #ifdef 중첩문을 새로 만드는 것이 더 꺼려지기 때문이다.

분리된 함수를 사용하면 각각의 변형에 대해 추가 변형을 쉽게 확장시킬 수 있다. 이를 달성하기 위해 하나의 함수에 하나의 #ifdef 분기만 추가하면 되며, 다른 종류의 변형을 처리하는 함수는 건드리지 않아도 된다.

알려진 용도

이번 패턴이 적용된 사례들은 다음과 같다.

- OpenSSL 구현 파일 Threads_pthread.c에는 스레드 처리를 위한 함수가 포함되어 있다. 여기에는 운영 체제를 추상화하는 함수와 pthread 사용 가능 여부를 추상화하는 함수 등이 있다.
- SQLite의 코드에는 운영 체제별 파일 접근을 추상화하는 함수(예: fileStat 함수)가 포함되어 있다. 이 코드는 파일 접근 관련 컴파일 시간 기능을 다른 개별 함수로 추상화한다.
- 리눅스 함수 boot_jump_linux는 해당 함수의 #ifdef 문을 통해 처리되는, CPU 아키텍처에 따라 각각의 부팅 작업을 수행하는 또 다른 함수를 호출한다. 그런 다음 boot_jump_linux 함수는 구성된 리소스(USB, 네트워크 등) 중 클린업해야 하는 리소스를 선택하기 위해 #ifdef 문을 사용하는 또 다른 함수를 호출한다.

실행 예제 - 패턴 적용 후

원자 프리미티브를 통해 디렉터리 경로를 결정하는 함수는 다음 코드를 사용한다.

```
void getHomeDirectory(char* dirname)
{
    #ifdef __unix__
        sprintf(dirname, "%s%s", getenv("HOME"), "/newdir/");
    #elif defined _WIN32
        sprintf(dirname, "%s%s%s", getenv("HOMEDRIVE"),
                getenv("HOMEPATH"), "\\newdir\\");
    #endif
}

void getWorkingDirectory(char* dirname)
{
    #ifdef __unix__
        strcpy(dirname, "newdir/");
    #elif defined _WIN32
        strcpy(dirname, "newdir\\");
    #endif
}

void getDirectoryName(char* dirname)
{
    #ifdef STORE_IN_HOME_DIR
        getHomeDirectory(dirname);
    #elif defined STORE_IN_CWD
        getWorkingDirectory(dirname);
    #endif
}
```

이제 코드 변형이 매우 잘 분리되었다. 디렉터리 이름을 얻기 위해 많은 `#ifdef`를 보유하는 한 개의 복잡한 함수 대신 각각 한 개의 `#ifdef`만 있는 여러 함수가 있다. 각각의 함수는 중첩된 `#ifdef` 문을 사용하여 여러 종류의 변형을 구별하는 대신 한 종류의 변형만 처리하기 때문에 코드를 훨씬 쉽게 이해할 수 있다.

함수는 매우 간단하고 읽기 쉬워졌지만, 구현 파일은 여전히 매우 길다. 또한 하나의 구현 파일에 메인 프로그램 논리와 변형을 구별하는 코드가 포함되어 있다. 이로 인해 변형 코드를 병렬로 개발하거나 테스트를 분리하는 것이 거의 불가능하다.

이 부분을 개선하기 위해서는, 구현 파일을 변형 의존적 파일과 변형 독립적 파일로 분할하면 된다. 그렇게 하려면 추상화 계층(Abstraction Layer)을 만들어야 한다.

추상화 계층

컨텍스트

코드 내에 #ifdef 문으로 구별되는 플랫폼 변형이 있다. 프로그램 논리에서 변형을 분리하기 위해 프리미티브 분리를 적용할 수 있으며 원자 프리미티브가 있는지도 확인했다.

문제

코드베이스의 여러 위치에서 플랫폼 변형을 처리하는 기능을 사용하고 싶지만 해당 기능에 대한 코드 복제는 원하지 않는다.

호출자는 플랫폼별로 특화된 함수로 직접 작업하는 데 사용될 수 있지만, 각 호출자가 자체적으로 플랫폼 변형을 구현해야 하므로 이런 방식은 취하고 싶지 않다. 일반적으로 호출자는 플랫폼 변형에 대처할 필요가 없다. 호출자의 코드에서는 다른 플랫폼에 대한 세부 구현 정보를 알아야 할 필요가 없고 호출자는 #ifdef 문을 사용하거나 플랫폼별로 특화된 헤더 파일을 include할 필요도 없다.

플랫폼 의존적 코드를 별도로 개발하고 테스트하기 위해 다른 프로그래머(플랫폼 독립적 코드를 담당하는 사람이 아님)와 협력하는 것도 고려하고 있다.

나중에 플랫폼별로 특화된 코드를 수정하더라도 이 코드 호출자가 이러한 변경 사항에 신경쓰지 않도록 만들고 싶다. 플랫폼 의존적 코드의 프로그래머가 특정 플랫폼에 대한 버그를 수정하거나 새로운 플랫폼을 추가하는 경우에도 호출자의 코드를 변경할 필요가 없어야 한다.

솔루션

플랫폼별로 특화된 코드가 필요한 각 기능에 대한 API를 제공한다. 헤더 파일에는 플랫폼 독립적인 함수만 정의하고 플랫폼별로 특화된 #ifdef 코드는 모두 구현 파일에 넣는다. 함수 호출자는 헤더 파일만 include하며 플랫폼별로 특화된 파일을 include할 필요가 없다.

추상화 계층을 위해 안정적인 API를 설계하도록 노력해야 한다. 나중에 API를 변경하기 위해서는 호출자의 코드를 변경해야 하는데 이는 항상 가능한 일이 아니다. 그러나 안정적인 API를 설계하기란 매우 어렵다. 플랫폼 추상화의 경우, 아직 지원하지 않는 플랫폼을 포함한 다양한 플랫폼을 살펴보아야 한다. 동작 방식과 차이점이 무엇인지 파악하고 나서야 이러한 플랫폼의 기능을 추상화하는 API를 만들 수 있다. 이렇게 하면 다른 플랫폼에 대한 지원을 추가하게 되더라도 나중에 API를 변경할 필요가 없을 것이다.

API를 철저히 문서화해야 한다. 각각의 함수에 이 함수가 어떤 일을 수행하는지 주석으로 기록한다. 또한 전체 코드베이스에서 명확하게 정의되지 않은 경우에도 이 함수들이 어떤 플랫폼에서 지원되는지를 설명해야 한다.

다음 코드는 간단한 추상화 계층을 보여준다.

caller.c
```c
#include "someFeature.h"

int main()
{
    someFeature();
    return 0;
}
```

someFeature.h
```c
/* someFeature에 대한 일반적인 접근을 제공한다.
   플랫폼 A와 플랫폼 B에서 지원된다. */
void someFeature();
```

someFeature.c
```c
void someFeature()
{
    #ifdef PLATFORM_A
        performFeaturePlatformA();
    #elif defined PLATFORM_B
        performFeaturePlatformB();
    #endif
}
```

결과

추상화된 기능은 하나의 단일 구현 파일뿐만 아니라 코드의 어느 위치에서든 사용할 수 있다. 다른 말로 하면, 이제 호출자와 피호출자의 역할을 구분한다는 것이다. 피호출자는 플랫폼 변형에 대처해야 하며 호출자는 플랫폼에 독립적일 수 있다.

이런 설정의 이점은 호출자가 플랫폼별로 특화된 코드에 대처할 필요가 없다는 것이다. 호출자는 단순히 제공된 헤더 파일을 include하면 되고, 플랫폼별로 특화된 헤더 파일을 include할 필요가 없다. 단점은 호출자가 더 이상 모든 플랫폼별로 특화된 함수를 직접 사용할 수 없다는 것이다. 호출자가 이러한 함수에 익숙한 경우 추상화된 기능을 사용하는 것에 만족하지 않을 수 있으며, 추상화된 기능이 사용하기 어렵거나 기능 자체가 최적이 아님을 발견할 수 있다.

이제 플랫폼별로 특화된 코드를 다른 코드와 별도로 개발하고 테스트할 수 있다. 플랫폼이 여러 개일지라도 테스트에 들이는 노력을 감당할 수 있다. 플랫폼 독립적인 코드에 대한 간단한 테스트를 작성하기 위해 하드웨어에 특화된 코드를 모방할 수 있기 때문이다.

플랫폼별로 특화된 모든 함수에 대해 API를 구축할 때, 이러한 기능과 API를 모두 모은 것이 바로 코드베이스에 대한 플랫폼 추상화 계층이다. 플랫폼 추상화 계층을 사용하면 어떤 코드가 플랫폼 종속적이고 어떤 코드가 플랫폼 독립적인지 매우 명확해진다. 플랫폼 추상화 계층은 또한 추가 플랫폼을 지원하기 위해 코드의 어떤 부분을 수정해야 하는지도 명확하게 해준다.

알려진 용도

이번 패턴이 적용된 사례는 다음과 같다.

- 여러 플랫폼에서 실행되는 대부분의 대규모 코드에는 하드웨어 추상화 계층이 있다. 예를 들어 노키아(Nokia)의 Maemo 플랫폼에는 실제 장치 드라이버가 로드되는 추상화 계층이 있다.
- lighttpd 웹 서버의 `sock_addr_inet_pton` 함수는 IP 주소를 텍스트에서 이진

형식으로 변환한다. 구현 시 #ifdef 문을 사용하여 IPv4와 IPv6의 코드 변형을 구분한다. API 호출자는 이러한 구분을 볼 수 없다.
- gzip 데이터 압축 프로그램의 `getprogname` 함수는 호출 프로그램의 이름을 반환한다. 이 이름을 얻는 방법은 운영 체제에 따라 다르며 구현에서 `#ifdef` 문을 통해 구별된다. 호출자는 함수가 호출되는 운영 체제에 신경쓸 필요가 없다.
- 플레밍 번젤(Flemming Bunzel)의 논문 〈Hardware-Abstraction of an Open Source Real-Time Ethernet Stack-Design, Realization and Evaluation〉[1]에 설명된 Time-Triggered Ethernet 프로토콜에 하드웨어 추상화가 사용되었다. 하드웨어 추상화 계층에는 인터럽트와 타이머에 접근하기 위한 함수가 포함되어 있다. 함수는 성능이 저하되지 않도록 `inline`으로 표시된다.

실행 예제 - 패턴 적용 후

이제 코드가 훨씬 더 간소화되었다. 각각의 함수는 하나의 작업만 수행하며 변형에 대한 세부 구현 정보는 API 뒤로 숨긴다.

directoryNames.h
```c
/* 사용자의 홈 디렉터리에 생성되는, 이름이 "newdir"인
   새로운 디렉터리에 대한 경로를 "dirname"에 복사한다.
   리눅스와 윈도우에서 동작한다. */
void getHomeDirectory(char* dirname);

/* 현재 작업 중인 디렉터리에 생성되는, 이름이 "newdir"인
   새로운 디렉터리에 대한 경로를 "dirname"에 복사한다.
   리눅스와 윈도우에서 동작한다. */
void getWorkingDirectory(char* dirname);
```

directoryNames.c
```c
#include "directoryNames.h"
#include <stdio.h>
#include <stdlib.h>
#include <string.h>

void getHomeDirectory(char* dirname)
```

---

[1] https://oreil.ly/hs0Jh

```c
{
    #ifdef __unix__
        sprintf(dirname, "%s%s", getenv("HOME"), "/newdir/");
    #elif defined _WIN32
        sprintf(dirname, "%s%s%s", getenv("HOMEDRIVE"),
                getenv("HOMEPATH"), "\\newdir\\");
    #endif
}

void getWorkingDirectory(char* dirname)
{
    #ifdef __unix__
        strcpy(dirname, "newdir/");
    #elif defined _WIN32
        strcpy(dirname, "newdir\\");
    #endif
}
```

directorySelection.h
```c
/* 이름이 "newdir"인 새로운 디렉터리의 경로를 "dirname"에 복사한다.
   STORE_IN_HOME_DIR이 설정된 경우 새로운 디렉터리는 사용자의 홈 디렉터리에,
   STORE_IN_CWD가 설정된 경우 새로운 디렉터리는 현재 작업 중인 디렉터리에
   생성된다. */
void getDirectoryName(char* dirname);
```

directorySelection.c
```c
#include "directorySelection.h"
#include "directoryNames.h"

void getDirectoryName(char* dirname)
{
    #ifdef STORE_IN_HOME_DIR
        getHomeDirectory(dirname);
    #elif defined STORE_IN_CWD
        getWorkingDirectory(dirname);
    #endif
}
```

directoryHandling.h
```c
/* 제공된 이름("dirname")으로 새로운 디렉터리를 생성한다.
   리눅스와 윈도우에서 동작한다. */
void createNewDirectory(char* dirname);
```

directoryHandling.c
```c
#include "directoryHandling.h"
#ifdef __unix__
    #include <sys/stat.h>
#elif defined _WIN32
    #include <windows.h>
#endif

void createNewDirectory(char* dirname)
{
    #ifdef __unix__
        mkdir(dirname,S_IRWXU);
    #elif defined _WIN32
        CreateDirectory (dirname, NULL);
    #endif
}
```

main.c
```c
#include <stdio.h>
#include <string.h>
#include "directorySelection.h"
#include "directoryHandling.h"

int main()
{
    char dirname[50];
    char filename[60];
    char* my_data = "Write this data to the file";
    getDirectoryName(dirname);
    createNewDirectory(dirname);
    sprintf(filename, "%s%s", dirname, "newfile");
    FILE* f = fopen(filename, "w+");
    fwrite(my_data, 1, strlen(my_data), f);
    fclose(f);
    return 0;
}
```

메인 프로그램 논리가 포함된 파일이 마침내 운영 체제에서 완전히 독립하게 되었다. 운영 체제별로 특화된 헤더 파일은 여기에 include되지도 않는다. 구현 파일을 추상화 계층으로 분리하면 파일을 더 쉽게 이해할 수 있고, 코드의 다른 부분에서 함수를 재사용할 수 있다. 또한 플랫폼 의존적 코드와 플랫폼 독립적 코드별로 개발, 유지·관리, 테스트를 각각 분리시킬 수 있다.

추상화 계층 뒤에 프리미티브 분리를 구현하고 추상화하는 변형의 종류에 따라 구성한 경우라면 하드웨어 추상화 계층 또는 운영 체제 추상화 계층으로 끝날 것이다. 이전보다 훨씬 더 많은 코드 파일(특히 다양한 변형을 처리하는 파일)이 있기 때문에, 이를 소프트웨어 모듈 디렉터리로 구조화하는 것도 고려할 수 있을 것이다.

추상화 계층의 API를 사용하는 코드는 현재 매우 깨끗하지만, 해당 API 아래에 위치한 구현부에는 여전히 다양한 변형에 대한 #ifdef 코드가 포함되어 있다. 예를 들어 추가 운영 체제를 지원해야 하는 상황이라면 구현부를 만져서 확장해야 한다는 단점이 있다. 다른 변형을 추가할 때 기존 구현 파일을 건드리지 않으려면 변형 구현 분리(Split Variant implementation)가 필요하다.

변형 구현 분리

컨텍스트

추상화 계층 뒤에 플랫폼 변형을 숨겨 두었다. 플랫폼별로 특화된 구현에서는 #ifdef 문을 사용하여 코드 변형을 구분한다.

문제

플랫폼별로 특화된 구현에는 여전히 코드 변형을 구별하기 위한 #ifdef 문이 포함되어 있다. 그래서 코드의 어느 부분을 어떤 플랫폼용으로 빌드해야 하는지 확인하고 선택하기가 어렵다.

서로 다른 플랫폼에 대한 코드가 하나의 파일에 들어 있기 때문에 플랫폼별로 특화된 코드를 파일 단위로 선택할 수 없다. 그러나 이는 Make와 같은 도구에서 사용하는 접근 방식으로, 다른 플랫폼에 대한 변형을 만들기 위해 컴파일해야 할 파일을 Makefile을 통해 선택한다.

상위 수준에서 코드를 보면 어떤 부분이 플랫폼에 특화된 부분이고 어떤 부분이 그렇지 않은지 알 수 없지만, 코드를 다른 플랫폼으로 이식할 때 어떤 코드를 건드려야 하는지 빠르게 파악할 수 있다면 아주 좋을 것이다.

개방-폐쇄 원칙(open-closed principle)은 새로운 기능을 도입하기 위해(또는 새로운 플랫폼으로 포팅하기 위해) 기존 코드를 건드릴 필요가 없어야 한다는 원칙이다. 코드는 이런 수정을 위해 열려 있어야 한다. 그러나 `#ifdef` 문으로 분리된 플랫폼 변형을 사용하려면 기존 함수에 다른 `#ifdef` 분기를 배치해야 하므로, 새로운 플랫폼을 도입할 때 기존 구현을 수정해야 한다.

솔루션

각각의 변형에 대한 구현을 별도의 구현 파일로 분리하고 파일별로 어떤 플랫폼용으로 컴파일할지 선택한다.

동일한 플랫폼의 연관 함수들은 여전히 같은 파일에 넣을 수 있다. 예를 들어 윈도우에서의 모든 소켓 처리 함수를 모아놓은 파일과 리눅스에서 동일한 작업을 수행하는 파일이 있을 수 있다.

각 플랫폼마다 별도의 파일이 있는 경우 `#ifdef` 문을 사용하여 특정 플랫폼에서 어떤 코드가 컴파일되는지 확인하는 것이 좋다. 예를 들어 someFeatureWindows.c 파일에는 Include 보호와 유사하게 전체 파일에 대한 `#ifdef _WIN32` 문이 있을 수 있다.

someFeature.h
```
/* someFeature에 대한 일반적인 접근을 제공한다.
   플랫폼 A와 플랫폼 B에서 지원된다. */
someFeature();
```

someFeatureWindows.c
```
#ifdef _WIN32
    someFeature()
    {
        performWindowsFeature();
    }
#endif
```

someFeatureLinux.c
```
#ifdef __unix__
    someFeature()
    {
        performLinuxFeature();
    }
#endif
```

전체 파일에서 **#ifdef** 문을 사용하는 대신 Make와 같은 플랫폼에 독립적인 메커니즘을 사용하여 특정 플랫폼에서 컴파일할 코드를 파일 기반으로 결정할 수 있다. IDE가 Makefile 생성에 도움이 되는 경우 이 방법이 더 편할 수 있지만, IDE를 변경할 때 새 IDE의 어떤 플랫폼에서 어떤 파일을 컴파일할 것인지를 다시 구성해야 할 수도 있다.

플랫폼별로 별도의 파일을 사용하면 이러한 파일을 어디에 배치하고 어떻게 이름을 지정할 것인가에 대한 문제가 생긴다.

- 한 가지 방법은 소프트웨어 모듈별로 플랫폼별 파일을 나란히 배치한 다음 해당 파일이 어떤 플랫폼을 지원하는지 명확하게 알 수 있는 방식으로 이름을 지정하는 것이다(예: fileHandlingWindows.c). 이러한 소프트웨어 모듈 디렉터리는 소프트웨어 모듈의 구현이 같은 위치에 있다는 이점이 있다.
- 또 다른 옵션은 코드베이스의 모든 플랫폼별 파일을 하나의 디렉터리에 넣고 각 플랫폼별로 하위 디렉터리를 두는 것이다. 이 방법의 장점은 한 플랫폼의 모든 파일이 같은 위치에 있기 때문에 IDE에서 어떤 파일을 어떤 플랫폼에서 컴파일할지 설정하기가 더 쉬워진다는 것이다.

결과

이제 코드에 **#ifdef** 문을 전혀 사용하지 않고 Make와 같은 도구를 사용하여 파일 단위로 변형을 구별할 수 있다.

각 구현 파일에는 하나의 코드 변형만 있으므로 코드를 읽을 때 해당 **#ifdef** 분기만 읽기 위해 줄 사이를 건너뛸 필요가 없다. 따라서 코드를 읽고 이해하는 것이 훨씬 쉬워졌다.

또 특정 플랫폼의 버그를 수정할 때 다른 플랫폼의 파일을 건드리지 않아도 된다. 신규 플랫폼을 이식할 때 새로운 파일만 추가하면 되고 기존 파일이나 기존 코드는 수정하지 않아도 된다.

코드의 어느 부분이 플랫폼 의존적인지, 신규 플랫폼을 이식하기 위해 어떤 코드를 추가해야 하는지 쉽게 알 수 있다. 플랫폼별로 특화된 모든 파일을 하나의 디렉터리에 두거나, 파일이 플랫폼 의존적임을 명확하게 알 수 있도록 하는 방법으로 파일 이름을 지정한다.

그러나 각각의 변형을 별도의 파일에 넣으면 새로운 파일이 많이 생성된다. 파일이 많을수록 빌드 절차가 복잡해지고 코드의 컴파일 시간이 길어진다. 따라서 소프트웨어 모듈 디렉터리를 사용하여 파일들을 구조화하는 방법을 고민해야 한다.

알려진 용도
이번 패턴이 적용된 사례들은 다음과 같다.

- 《Write Portable Code: An Introduction to Develop Software for Multiple Platforms》(No Starch Press, 2005)에 제시된 Simple Audio Library는 별도의 구현 파일을 사용하여 리눅스 및 OS X용 스레드와 뮤텍스에 대한 접근을 제공한다. 구현 파일은 #ifdef 문을 사용하여 플랫폼에 맞는 올바른 코드만 컴파일되도록 한다.
- 웹 서버에 대한 접근을 담당하는 아파치 웹 서버의 Multi-Processing-Module은 윈도우와 리눅스에 대해 별도의 구현 파일로 구성하였다. 구현 파일은 #ifdef 문을 사용하여 플랫폼에 맞는 올바른 코드만 컴파일되도록 한다.
- U-Boot 부트로더 코드는 지원하는 각 하드웨어 플랫폼에 대한 소스 코드를 별도의 디렉터리에 넣는다. 이러한 각각의 디렉터리에는 CPU를 재설정하는 기능이 포함된 cpu.c 파일이 포함되어 있다. Makefile은 컴파일해야 하는 디렉터리(와 cpu.c 파일)를 결정한다. 이 파일에는 #ifdef 문이 없다. U-Boot의 주요 프로그램 논리는 CPU를 재설정하는 기능을 호출하며 그 시점에는 하드웨어 플랫폼 세부 사항에 대해 신경쓸 필요가 없다.

실행 예제 - 패턴 적용 후
변형 구현 분리를 적용하고 나면, 다음과 같이 디렉터리를 생성하고 파일에 데이터를 쓰는 기능에 대한 최종 코드를 보게 될 것이다.

directoryNames.h

```c
/* 사용자의 홈 디렉터리에 생성되는, 이름이 "newdir"인
   새로운 디렉터리에 대한 경로를 "dirname"에 복사한다.
   리눅스와 윈도우에서 동작한다. */
void getHomeDirectory(char* dirname);

/* 현재 작업 중인 디렉터리에 생성되는, 이름이 "newdir"인
   새로운 디렉터리에 대한 경로를 "dirname"에 복사한다.
   리눅스와 윈도우에서 동작한다. */
void getWorkingDirectory(char* dirname);
```

directoryNamesLinux.c

```c
#ifdef __unix__
    #include "directoryNames.h"
    #include <string.h>
    #include <stdio.h>
    #include <stdlib.h>

    void getHomeDirectory(char* dirname)
    {
        sprintf(dirname, "%s%s", getenv("HOME"), "/newdir/");
    }

    void getWorkingDirectory(char* dirname)
    {
        strcpy(dirname, "newdir/");
    }
#endif
```

directoryNamesWindows.c

```c
#ifdef _WIN32
    #include "directoryNames.h"
    #include <string.h>
    #include <stdio.h>
    #include <windows.h>

    void getHomeDirectory(char* dirname)
    {
        sprintf(dirname, "%s%s%s", getenv("HOMEDRIVE"),
                getenv("HOMEPATH"), "\\newdir\\");
    }

    void getWorkingDirectory(char* dirname)
    {
```

```
        strcpy(dirname, "newdir\\");
    }
#endif
```

directorySelection.h

```
/* 이름이 "newdir"인 새로운 디렉터리의 경로를 "dirname"에 복사한다.
   STORE_IN_HOME_DIR이 설정된 경우 새로운 디렉터리는 사용자의 홈 디렉터리에,
   STORE_IN_CWD가 설정된 경우 새로운 디렉터리는 현재 작업 중인 디렉터리에
   생성된다. */
void getDirectoryName(char* dirname);
```

directorySelectionHomeDir.c

```
#ifdef STORE_IN_HOME_DIR
    #include "directorySelection.h"
    #include "directoryNames.h"

    void getDirectoryName(char* dirname)
    {
        getHomeDirectory(dirname);
    }
#endif
```

directorySelectionWorkingDir.c

```
#ifdef STORE_IN_CWD
    #include "directorySelection.h"
    #include "directoryNames.h"

    void getDirectoryName(char* dirname)
    {
        return getWorkingDirectory(dirname);
    }
#endif
```

directoryHandling.h

```
/* 제공된 이름("dirname")으로 새로운 디렉터리를 생성한다.
   리눅스와 윈도우에서 동작한다. */
void createNewDirectory(char* dirname);
```

directoryHandlingLinux.c

```
#ifdef __unix__
    #include <sys/stat.h>

    void createNewDirectory(char* dirname)
```

```
    {
        mkdir(dirname,S_IRWXU);
    }
#endif
```

directoryHandlingWindows.c
```
#ifdef _WIN32
    #include <windows.h>

    void createNewDirectory(char* dirname)
    {
        CreateDirectory(dirname, NULL);
    }
#endif
```

main.c
```
#include "directorySelection.h"
#include "directoryHandling.h"
#include <string.h>
#include <stdio.h>

int main()
{
    char dirname[50];
    char filename[60];
    char* my_data = "Write this data to the file";
    getDirectoryName(dirname);
    createNewDirectory(dirname);
    sprintf(filename, "%s%s", dirname, "newfile");
    FILE* f = fopen(filename, "w+");
    fwrite(my_data, 1, strlen(my_data), f);
    fclose(f);
    return 0;
}
```

이 코드에는 여전히 #ifdef 문이 있다. 각각의 구현 파일에는 각 플랫폼 및 변형에 따라 올바른 코드가 컴파일되도록 하기 위해 하나의 거대한 #ifdef가 배치되었다. 이에 대한 대안으로, 어떤 파일을 컴파일해야 하는지 Makefile에 넣어 두고 그에 따라 결정할 수도 있다. 이렇게 하면 #ifdef를 없앨 수 있겠지만, 그대로 두어 다른 메커니즘을 사용할 때 활용할 수도 있다. 사용할 메커니즘을 결정하는 것은 그다지 중요하지 않다. 오히려 이번 장에서 내내 설명한 것처럼 변형을 분리하고 추상화하는 것이 훨씬 더 중요하다.

변형을 처리하기 위해 다른 메커니즘을 사용하면 코드 파일이 더 깔끔해 보일 수도 있겠지만, 복잡성은 없어지지 않는다. Makefile의 목적은 빌드할 파일을 결정하는 것이기 때문에 Makefile에 복잡성을 두는 것이 좋다. 다른 상황에서는 `#ifdef` 문을 사용하는 것이 더 좋다. 예를 들어 운영 체제별 코드를 빌드하는 경우, 빌드할 파일을 결정하는 데 윈도우 전용 IDE와 리눅스용 IDE가 사용될 수 있다. 이러한 상황에서는 코드에서 `#ifdef` 문을 사용하는 솔루션을 적용하는 것이 훨씬 깔끔하다. 단 한 번의 `#ifdef` 문 수행을 통해 어떤 운영 체제에 대해 어떤 파일을 빌드해야 하는지 구성할 수 있으며, 다른 IDE로 변경할 때 이를 건드리지 않아도 된다.

실행 예제의 최종 코드는 운영 체제별 변형 또는 기타 변형이 있는 코드를 단계별로 개선할 수 있는 방법을 매우 명확하게 보여 주었다. 첫 번째 코드 예제와 비교할 때 이 마지막 코드는 읽기 쉽고 추가 기능을 사용하여 쉽게 확장할 수 있으며, 기존 코드를 건드리지 않고 추가 운영 체제로 이식할 수 있다.

요약

이번 장에서는 C 코드에서 하드웨어나 운영 체제 변형과 같은 코드 변형을 처리하는 방법과 `#ifdef` 문을 구성하고 제거하는 방법에 대한 패턴을 제시하였다.

변형 회피 패턴은 변형을 자체적으로 구현하는 대신 표준화된 함수를 사용하도록 제안한다. 이 패턴은 코드 변형 문제를 한방에 해결하기 때문에 적용할 수 있다면 반드시 적용해야 한다. 그러나 항상 사용 가능한 표준화된 함수가 있는 것은 아니며, 이러한 경우 프로그래머는 변형을 추상화하기 위해 자체 함수를 구현해야 한다. 우선, 변형을 별도의 함수에 넣는 방식인 프리미티브 분리를 제안하고, 원자 프리미티브 패턴은 그러한 함수에서 한 종류의 변형만 처리할 것을 제안한다. 추상화 계층 패턴은 프리미티브 구현을 API 뒤로 숨기기 위해 추가적인 단계를 수행한다. 변형 구현 분리 패턴에서는 각 변형을 별도의 구현 파일에 넣을 것을 제안한다.

프로그래밍 어휘의 일부로 이러한 패턴을 사용하면, C 프로그래머는 코드를 구조화하고 `#ifdef` 지옥에서 벗어나기 위해 C 코드 변형을 다루는 방법에 대한 도구 상자와 단계별 지침을 갖게 될 것이다.

숙련된 프로그래머에게는 일부 패턴이 명백한 솔루션처럼 보일 수 있으며 이는 바람직한 일이다. 패턴의 임무 중 하나는 사람들이 올바른 일을 하는 방법을 교육하는 것이다. 올바른 일을 하는 방법을 알게 되면 사람들은 패턴이 제안하는 대로 직관적으로 행동하기 때문에 더 이상 패턴이 필요하지 않게 될 것이다.

더 읽을 거리

더 많은 내용을 알고 싶다면 플랫폼 및 변형 추상화에 대한 지식을 넓히는 데 도움이 되는 다음 자료를 참고하자.

- 《Write Portable Code: An Introduction to Developing Software for Multiple Platforms》(No Starch Press, 2005)에서는 C로 이식 가능한 코드를 작성하는 방법을 설명한다. 이 책은 바이트 순서, 데이터 타입 크기, 줄 구분자 토큰에 대처하는 방법 등 특정 상황에 대한 조언을 제공하며 운영 체제 변형 및 하드웨어 변형을 다룬다.
- 헨리 스펜서(Henry Spencer)와 제프 콜리어(Geoff Collyer)의 논문 〈#ifdef Considered Harmful〉[2]은 `#ifdef` 문 사용에 대해 회의적으로 논의한 최초의 논문 중 하나이다. 이 논문은 구조화되지 않은 방식으로 사용할 때 발생하는 문제에 대해 자세히 설명하고 그 대안을 제시한다.
- 디디에 말렌팡(Didier Malenfant)의 논문 〈Writing Portable Code〉[3]에서는 이식 가능한 코드를 어떻게 구성하는지와 어떤 기능을 추상화 계층 아래에 배치해야 하는지에 대해 설명한다.

---

2 *https://oreil.ly/eZ2CW*
3 *https://oreil.ly/XkTbj*

다음은...

이제 여러분은 엄청난 패턴들로 무장하였다. 다음 단계로, 지금까지 살펴본 패턴들을 실전에서 적용하는 방법을 배울 것이다. 다음 장에서는 더 큰 규모의 코드 예제를 통해 지금까지 다룬 모든 패턴이 적용되는 것을 보게 될 것이다.

Fluent C

제2부

패턴 스토리

스토리텔링은 정보를 전달하는 고유하고 자연스러운 방법이다. 패턴의 세계에서 설명한 패턴이 현실 세계에서 어떻게 적용될 수 있는지 파악하기 어려운 경우가 있다. 2부에서는 이런 패턴 적용의 예를 보여주기 위해 1부에서 다룬 C 프로그래밍 패턴을 적용하여 더 큰 프로그램을 구현하는 이야기를 보여줄 것이다. 내용을 따라가면서 이러한 프로그램을 어떻게 구축하는지 조금씩 배우게 될 것이며, 좋은 설계 결정에 대한 지침을 제공함으로써 패턴이 어떻게 작업을 더 쉽게 만들어 주는지 알게 될 것이다.

10장

로깅 기능 구현

상황에 맞는 패턴을 선택하는 것은 소프트웨어를 설계할 때 많은 도움이 된다. 그러나 때로는 올바른 패턴을 찾기도, 언제 적용할지 결정하기도 어렵다. 이에 대한 지침은 이 책의 1부에 있는 패턴의 "컨텍스트"와 "문제"에서 찾을 수 있다. 그러나 일반적으로는 구체적인 예를 통해 무엇을 어떻게 하는지 훨씬 쉽게 이해할 수 있다.

이번 장에서는 1부에서 살펴본 패턴을 상용 수준의 구현으로 추상화된 로깅 시스템 실행 예제에 적용하는 이야기를 들려준다. 예제 코드를 쉽게 유지하기 위해 원래의 강력한 코드의 모든 부분을 다루지는 않았다. 예를 들어, 코드 설계의 성능이나 테스트 용이성 측면에는 초점을 맞추지 않았다. 그럼에도 불구하고 이 예제는 패턴을 적용하면서 로깅 시스템을 하나씩 구축해 나가는 방법을 잘 보여준다.

패턴 스토리

유지·관리해야 하는 현장에 C 프로그램이 있다고 상상해 보자. 오류가 발생하면 차를 몰아 고객에게 가서 프로그램을 디버깅한다. 이 방식은 고객이 다른 도시로 이사하기 전까지는 잘 동작한다. 하지만 차로 이동하는 데 몇 시간씩 걸리게 되면, 고객은 전혀 만족스러워하지 않는다.

여러분은 시간을 아끼고 스트레스를 덜 받기 위해 책상에 앉아 문제를 해결하고 싶다. 경우에 따라 원격 디버깅을 활용할 수도 있다. 때로는, 오류가 발생한 특정 소프트웨어의 상태에 대한 자세한 데이터가 필요할 수도 있다. 특히 오류가 어쩌다 한 번씩 발생한다면 원격 연결을 통해 데이터를 얻기도 매우 어렵다.

장거리 자동차 운전을 피하는 해결책이 무엇인지 이미 짐작했을 것이다. 여러분의 솔루션은 로깅 기능을 구현하고 오류가 발생한 경우 고객에게 디버그 정보가 포함된 로그 파일을 보내도록 요청하는 것이다. 즉, 로그 오류 패턴을 구현하여 버그가 발생한 후에도 분석이 가능하도록 한다. 그러면 버그를 재현하지 않고도 쉽게 수정할 수 있다. 간단하게 들리지만 로깅 기능을 구현하기 위해 선택해야 할 중요한 설계 결정 사항이 많이 있다.

파일 구성

시작하기 위해 필요할 것으로 예상되는 헤더 및 구현 파일을 구성해 보자. 이미 큰 코드베이스가 있으므로 이러한 파일을 나머지 코드와 명확하게 분리하려 한다. 파일을 어떻게 구성해야 할 것인가? 모든 로깅 관련 파일을 같은 디렉터리에 넣어야 할 것인가? 코드의 모든 헤더 파일을 한 개의 디렉터리에 넣어야 할 것인가?

이러한 질문에 답하기 위한 파일 구성 관련 패턴을 6장과 8장에서 찾을 수 있다. 패턴별 문제 설명을 읽고 솔루션에서 제시한 지식을 받아들인다. 다음의 세 가지 패턴이면 문제를 잘 해결할 수 있을 것이다.

패턴 이름	요약
소프트웨어 모듈 디렉터리	기능이 밀접하게 결부된 헤더 파일과 구현 파일을 같은 디렉터리에 넣는다. 헤더 파일이 제공하는 기능에 따라 해당 디렉터리의 이름을 지정한다.
헤더 파일	사용자에게 제공하려는 기능을 API에서 함수 선언 형태로 제공한다. 구현 파일 내의 내부 함수, 내부 데이터, 함수 정의(구현부)를 숨기고 이 구현 파일을 사용자에게 제공하지 않는다.
전역 Include 디렉터리	모든 소프트웨어 모듈 API를 포함하는 코드베이스에 하나의 전역 디렉터리를 만든다. 툴체인의 전역 include 경로에 이 디렉터리를 추가한다.

구현 파일을 위한 소프트웨어 모듈 디렉터리를 생성하고 로깅 소프트웨어 모듈의 헤더 파일을 코드베이스에 이미 존재하는 전역 Include 디렉터리에 넣는다. 전역 Include 디렉터리에 이 헤더 파일이 있으면 코드 호출자가 사용해야 할 헤더 파일을 확실히 알 수 있다는 이점이 있다.

파일 구성은 그림 10.1과 같을 것이다.

이 파일 구조를 사용하면 로깅 소프트웨어 모듈에 관련된 구현 파일만 logger 디렉터리에 넣을 수 있다. 프로그램의 다른 부분에서 사용할 수 있는 인터페이스는 inc 디렉터리에 넣을 수 있다.

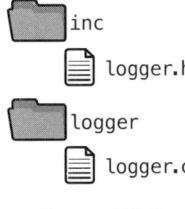

그림 10.1 파일 구조

중앙 로깅 함수

먼저 사용자 오류 텍스트를 가져오고 현재 타임스탬프를 텍스트에 추가한 다음 표준 출력으로 출력하는 오류 로깅을 위한 중앙 함수를 구현한다. 타임스탬프 정보는 나중에 오류 텍스트를 더 쉽게 분석하는 데 도움이 된다.

함수 선언을 logger.h 파일에 넣는다. 여러 번 include하는 것으로부터 헤더 파일을 보호하기 위해 Include 보호를 추가한다. 해당 코드에 정보를 저장하거나 초기화할 필요 없이 무상태 소프트웨어 모듈을 구현하기만 하면 된다. 무상태 logger를 사용하면 여러 이점이 있다. 로깅 코드를 단순하게 유지하고 멀티스레드 환경에서 코드를 호출할 때 작업이 더 쉬워진다.

패턴 이름	요약
Include 보호	`#ifdef` 구문 세트나 `#pragma once` 구문을 사용해서 헤더 파일의 내용이 여러 번 include되는 것을 방지한다. 이렇게 하면 개발자가 이 헤더 파일이 여러 번 include되었는지 여부에 대해 신경쓰지 않아도 된다.
무상태 소프트웨어 모듈	함수를 단순하게 유지하고 구현할 때 상태 정보를 구축하지 않는다. 관련된 모든 함수를 하나의 헤더 파일에 넣고 호출자에게 이 인터페이스를 제공하여 소프트웨어 모듈을 사용할 수 있도록 한다.

logger.h
```
#ifndef LOGGER_H
#define LOGGER_H
void logging(const char* text);
#endif
```

호출자 code
```
logging("Some text to log");
```

logger.h 파일에서 함수를 구현하려면 printf를 호출하여 타임스탬프와 텍스트를 stdout으로 출력하면 된다. 하지만 함수 호출자가 NULL 포인터와 같은 잘못된 로깅 입력을 제공하면 어떻게 될까? 이러한 유효하지 않은 입력을 점검하고 호출자에게 오류 정보를 제공해야 할 것인가? 프로그래밍 오류에 대한 오류 정보를 반환해서는 안 된다는 무사의 원칙을 고수한다.

패턴 이름	요약
무사의 원칙	성공적으로 함수에서 반환하거나 아무것도 반환하지 말아야 한다. 오류를 처리할 수 없다고 판단되는 상황이 발생하면 그냥 프로그램을 중단시켜야 한다.

제공되는 텍스트는 printf 함수로 전달하고, 유효하지 않은 입력의 경우 프로그램이 중단되므로 호출자는 유효하지 않은 입력과 관련된 프로그래밍 오류를 쉽게 찾을 수 있다.

logger.c
```
void logging(const char* text)
{
    time_t mytime = time(NULL);
    printf("%s %s\n", ctime(&mytime), text);
}
```

다중 스레드 프로그램의 컨텍스트에서 함수를 호출하면 어떻게 될까? 함수에 제공된 문자열을 다른 스레드에서 변경할 수 있는가? 아니면 로깅 함수가 완료될 때까지 문자열이 변경되지 않은 상태로 유지되어야 하는가? 앞의 코드 예제에서 호출자는 로깅 함수에 대한 입력으로 텍스트를 제공해야 하며 함수가 반환될 때까지 문자열이 유효한지 확인해야 한다. 따라서 여기에서는 호출자 소유 버퍼를 적용한다. 그 동작은 함수의 인터페이스에 문서화되어야 한다.

패턴 이름	요약
호출자 소유 버퍼	크고 복잡한 데이터를 반환하는 함수에 버퍼와 버퍼 크기를 제공하도록 호출자에 요구한다. 함수 구현 시 버퍼 크기가 충분히 크다면 필요한 데이터를 버퍼에 복사한다.

logger.h
```
/* 제공된 문자열을 현재의 타임스탬프에 이어서 stdout으로 출력한다.
   문자열은 이 함수가 반환될 때까지 유효해야 한다. */
void logging(const char* text);
```

로깅 소스 필터

이제 모든 소프트웨어 모듈이 일부 정보를 기록하기 위해 logging 함수를 호출한다고 생각해 보자. 특히 다중 스레드 프로그램이 있는 경우 출력이 상당히 지저분해질 수 있다.

원하는 정보를 더 쉽게 얻기 위해, 구성된 소프트웨어 모듈에 대한 로깅 정보만 인쇄하도록 코드를 구성하고자 한다. 이를 달성하기 위해서는 현재 소프트웨어 모듈을 식별하는 별도의 파라미터를 함수에 추가해야 한다. 소프트웨어 모듈에 대한 결과물 출력을 활성화시키는 함수를 추가한다. 이 함수가 호출되면 이후에 발생하는 해당 소프트웨어 모듈에 대한 모든 로깅 결과가 출력된다.

logger.h
```
/* 현재의 타임스탬프에 이어서 제공된 문자열을 stdout으로 출력한다.
   문자열은 이 함수가 반환될 때까지 유효해야 한다.
   제공된 module을 통해 이 함수를 호출한 소프트웨어 모듈을 식별한다. */
void logging(const char* module, const char* text);

/* 제공된 module에 대한 결과물 출력을 활성화한다. */
bool enableModule(const char* module);
```

호출자 코드
```
logging("MY-SOFTWARE-MODULE", "Some text to log");
```

어떤 소프트웨어 모듈의 로깅 정보를 출력해야 하는지를 어떻게 추적할 것인가? 이 상태 정보를 전역 변수에 저장할 것인가? 그렇게 하면 각각의 전역 변수는 코드 스멜인가? 아니면 전역 변수를 피하기 위해 이 상태 정보를 저장하는 모든 함수에 추가 파라미터를 전달해야 하나? 프로그램 전체 실행 시간 동안 필요한 메모리를 할당받아야 하는가? 이러한 질문에 대한 답은 영구적 메모리를 이용하여 전역 상태 소프트웨어 모듈을 구현하는 것으로 연결된다.

패턴 이름	요약
전역 상태 소프트웨어 모듈	하나의 전역 인스턴스를 만들어 관련 함수들이 공통 리소스를 공유할 수 있도록 구현한다. 이 인스턴스에서 동작하는 모든 함수를 하나의 헤더 파일에 넣은 다음 이 인터페이스를 호출자에 제공하여 소프트웨어 모듈을 사용할 수 있도록 한다.
영구적 메모리	프로그램 전체 실행 시간 동안 사용 가능한 메모리에 데이터를 넣는다.

logger.c
```c
#define MODULE_SIZE 20
#define LIST_SIZE 10
typedef struct
{
    char module[MODULE_SIZE];
}LIST;
static LIST list[LIST_SIZE];
```

위 예제 코드의 list는 아래의 함수로 소프트웨어 모듈을 활성화하면서 채워진다.

logger.c
```c
bool enableModule(const char* module)
{
    for(int i=0; i<LIST_SIZE; i++)
    {
        if(strcmp(list[i].module, "") == 0)
        {
            strcpy(list[i].module, module);
            return true;
        }
        if(strcmp(list[i].module, module) == 0)
        {
            return false;
        }
    }
    return false;
}
```

앞의 코드는 list의 슬롯이 비어 있고 주어진 이름이 아직 없는 경우 소프트웨어 모듈 이름을 list에 추가한다. 호출자는 반환 값을 통해 오류 발생 여부를 확인하지만 이러한 오류 중 어떤 오류가 발생했는지는 알 수 없다. 상태 코드 반환을 하지 않고 오직 연관된 오류 반환만 하는데, 그 이유는 호출자가 설명된 오류 상황에 따라 다르게 대응할 수 있도록 하는 관련 시나리오가 없기 때문이다. 여러분은 이 동작도 함수 정의에서 문서화해야 한다.

패턴 이름	요약
반환 값	함수 호출 결과에 대한 정보를 조회할 목적으로 제공되는 C 메커니즘인 반환 값을 사용한다. C에서 데이터를 반환하는 메커니즘은 함수 결과를 복사한 다음 이 복사값에 대한 접근을 호출자에게 제공하는 방식으로 동작한다.
연관된 오류 반환	정보가 호출자와 관련된 경우에만 오류 정보를 반환한다. 호출자가 해당 오류에 대응할 수 있는 경우에만 오류 정보가 호출자와 연관이 있다고 간주한다.

logger.h
```
/* 제공된 module에 대한 결과물 출력을 활성화한다. 성공 시 true를,
   오류 발생 시(더 이상 모듈을 활성화할 수 없거나 이미 모듈이 활성화됨)
   false를 반환한다. */
bool enableModule(const char* module);
```

조건부 로깅

이제 list에 활성화된 소프트웨어 모듈이 있으면 다음 코드와 같이 활성화된 모듈에 따라 조건부로 정보를 기록할 수 있다.

logger.c
```
void logging(const char* module, const char* text)
{
    time_t mytime = time(NULL);
    if(isInList(module))
    {
        printf("%s %s\n", ctime(&mytime), text);
    }
}
```

그러면 isInList 함수를 어떻게 구현해야 할까? list를 반복하는 방법에는 여러 가지가 있다. 기본 자료 구조를 추상화하기 위해 커서 반복자를 사용하여 getNext 메소드를 제공할 수도 있다. 하지만 여기서 그렇게까지 할 필요가 있을까? 결국, 자신의 소프트웨어 모듈에 있는 배열만 거치게 된다. 반복되는 데

이터는 호환성을 유지해야 하는 API 경계를 넘어 전달되지 않으므로, 훨씬 더 간단한 솔루션을 적용할 수 있다. 인덱스를 직접 사용하여 반복하려는 요소에 접근하는 인덱스 접근을 적용하면 된다.

패턴 이름	요약
인덱스 접근	기본 자료 구조의 요소별 인덱스를 취하여 해당 요소의 내용을 반환하는 함수를 제공한다. 사용자는 루프 내에서 이 함수를 호출함으로써 모든 요소를 반복한다.

logger.c
```c
bool isInList(const char* module)
{
    for(int i=0; i<LIST_SIZE; i++)
    {
        if(strcmp(list[i].module, module) == 0)
        {
            return true;
        }
    }
    return false;
}
```

이제 소프트웨어 모듈에 특화된 로깅을 위한 모든 코드를 작성했다. 이 코드는 단순히 인덱스를 증가시켜 자료 구조를 반복한다. 동일한 종류의 반복이 enableModule 함수에서 이미 사용되었다.

로깅 출력 대상 다양화

다음으로 로그 항목에 대한 다른 출력 대상을 제공하려고 한다. 지금까지는 모든 결과물이 stdout으로 출력되었지만, 호출자가 파일에 직접 로그할 수 있도록 코드를 구성하려 한다. 이러한 구성은 일반적으로 로그 작업이 시작되기 전에 수행된다. 앞으로의 모든 로깅을 어디로 로깅할 것인지 구성하는 함수로 시작해 보자.

logger.h
```c
/* 이후의 모든 로그 메시지는 stdout에 기록된다. */
void logToStdout();

/* 이후의 모든 로그 메시지는 파일에 기록된다. */
```

```
void logToFile();
```

이렇게 로그 출력 대상을 선택하도록 구현하기 위해 단순히 if나 switch 문을 이용하여 설정된 로깅 대상에 따라 알맞는 함수를 호출할 수도 있을 것이다. 그러나 다른 로깅 대상이 추가될 때마다 이 코드를 건드려야 한다. 이것은 개방-폐쇄 원칙에 비추어 보면 좋은 해결책이 아니다. 더 나은 해결책은 동적 인터페이스를 구현하는 것이다.

패턴 이름	요약
동적 인터페이스	API에서 다른 기능에 대한 공통 인터페이스를 정의하고 호출자에게 해당 기능에 대한 콜백 함수를 제공하도록 요구한 다음 함수 구현에서 콜백 함수를 호출한다.

logger.c
```c
typedef void (*logDestination)(const char*);
static logDestination fp = stdoutLogging;

void stdoutLogging(const char* buffer)
{
    printf("%s", buffer);
}

void fileLogging(const char* buffer)
{
    /* 아직 구현하지 않았음. */
}

void logToStdout()
{
    fp = stdoutLogging;
}

void logToFile()
{
    fp = fileLogging;
}

#define BUFFER_SIZE 100
void logging(const char* module, const char* text)
{
    char buffer[BUFFER_SIZE];
    time_t mytime = time(NULL);
```

```
    if(isInList(module))
    {
        sprintf(buffer, "%s %s\n", ctime(&mytime), text);
        fp(buffer);
    }
}
```

기존 코드에서 많은 부분이 변경되었지만, 이제 logging 함수를 변경하지 않고도 신규 로그 대상을 추가할 수 있다. 앞의 코드에서 stdoutLogging 함수는 이미 구현되었지만 fileLogging 함수는 아직 없다.

파일 로깅

파일에 기록하려면 메시지를 기록할 때마다 파일을 열고 닫으면 된다. 그러나 이 방식은 그리 효율적이지 않으며, 기록하려는 정보량이 많으면 많은 시간이 소요된다. 그렇다면 어떤 대안이 있을까? 파일을 한 번 연 다음 계속 열어 둘 수 있을 것이다. 그러나 언제 파일을 열어야 하는지 어떻게 알 수 있을까? 그리고 언제 닫아야 할까?

이 책의 패턴을 찾아봐도 문제 해결에 적합한 패턴을 찾을 수 없었을 것이다. 그러나 빠른 구글 검색을 통해 문제를 해결하는 패턴인 지연 획득(Lazy Acquisition)을 찾을 수 있을 것이다. 첫 번째 fileLogging 함수 호출 시 파일을 열고 계속 열려 있는 채로 놔둔다. 영구적 메모리에 파일 스크립터(file descriptor)를 저장할 수 있다.

패턴 이름	요약
지연 획득	오브젝트 또는 데이터가 처음으로 사용되는 시점에 암묵적으로 초기화한다. 《Pattern-Oriented Software Architecture: Volume 3: Patterns for Resource Management》(Wiley, 2004)를 참고한다.
영구적 메모리	데이터를 프로그램의 전체 시간 동안 지속되는 메모리에 저장한다.

logger.c
```
void fileLogging(const char* buffer)
{
    static int fd = 0;    ❶
    if(fd == 0)
```

```
    {
        fd = open("log.txt", O_RDWR | O_CREAT, 0666);
    }
    write(fd, buffer, strlen(buffer));
}
```

> ❶ 이러한 정적 변수는 한 번만 초기화되며 함수가 호출될 때마다 초기화되지 않는다.

코드 예제를 단순하게 유지하기 위해 스레드 안전(thread safety)은 고려하지 않았다. 스레드 안전을 위해서는 뮤텍스로 지연 획득을 보호하여 코드에서 획득이 한 번만 이루어지도록 해야 한다.

파일을 닫는 것은 어떤가? 이번 장에서 본 것과 같은 일부 애플리케이션의 경우, 파일을 닫지 않는 것도 가능한 선택이다. 애플리케이션이 실행하는 동안 로그를 남기고 애플리케이션을 종료할 때 운영 체제에 열려 있는 파일 클린업을 맡긴다고 상상해 보자. 시스템 충돌 시 정보가 저장되지 않을까봐 걱정스럽다면 때때로 파일 내용을 플러시(flush)할 수도 있다.

크로스 플랫폼 파일

지금까지는 리눅스 시스템의 파일에 대한 로깅 코드를 구현하였지만, 이제 윈도우 플랫폼으로 코드를 확장하고자 한다. 지금의 코드는 윈도우에서 동작하지 않는다.

여러 플랫폼을 지원하려면 먼저 변형 회피를 통해 모든 플랫폼에 대한 공통 코드만 갖도록 하는 것을 고려해야 한다. 이는 리눅스와 윈도우 시스템 양쪽에서 사용할 수 있는 fopen, fwrite, fclose 함수를 사용하여 파일을 쓰는 것으로 구현할 수 있다.

패턴 이름	요약
변형 회피	모든 플랫폼에서 사용할 수 있는 표준화된 함수를 사용한다. 표준화된 함수가 없다면 해당 기능을 구현하지 않는 것이 좋다.

그러나 파일 로깅 코드를 최대한 효율적으로 만들고 싶다면 파일 접근을 위한 플랫폼별 특화 함수를 사용하는 것이 더 효율적이다. 그러면 플랫폼별로 특화된 코드를 어떻게 구현해야 하는가? 윈도우용 전체 코드 버전 하나와 리눅스용

전체 코드 버전 하나를 각각 코드베이스에 복제하는 방법은 선택할 수 없다. 향후 변경이나 복제 코드의 유지·관리가 악몽이 될 수 있기 때문이다.

그래서 코드에 #ifdef 문을 사용하여 플랫폼을 구분하기로 결정했다. 하지만 그것도 코드 중복 아닌가? 코드에 거대한 #ifdef 블록이 있으면 그 안에 들어가는 모든 프로그램 논리가 복제된다. 어떻게 여러 플랫폼을 계속 지원하면서 코드 중복을 피할 수 있을까?

다시 패턴이 길을 보여준다. 먼저 플랫폼 종속 함수가 필요한 기능에 대해 플랫폼 독립적 인터페이스를 정의한다. 즉, 추상화 계층을 정의한다.

패턴 이름	요약
추상화 계층	플랫폼별로 특화된 코드가 필요한 각 기능에 대한 API를 제공한다. 헤더 파일에는 플랫폼 독립적인 함수만 정의하고 플랫폼별로 특화된 #ifdef 코드는 모두 구현 파일에 넣는다. 함수 호출자는 헤더 파일만 include하며 플랫폼별로 특화된 파일을 include할 필요가 없다.

```
logger.c
void fileLogging(const char* buffer)
{
    void* fileDescriptor = initiallyOpenLogFile();
    writeLogFile(fileDescriptor, buffer);
}

/* 첫 번째 호출에서 logfile을 연다.
   리눅스와 윈도우 시스템에서 동작한다. */
void* initiallyOpenLogFile()
{
    ...
}

/* 제공된 buffer를 logfile에 쓴다.
   리눅스와 윈도우 시스템에서 동작한다. */
void writeLogFile(void* fileDescriptor, const char* buffer)
{
    ...
}
```

이 추상화 계층 뒤에는 코드 변형의 프리미티브 분리가 있다. 즉, 여러 함수에 걸쳐 #ifdef 문을 사용하지 않고 하나의 함수에 대해 하나의 #ifdef를 고수한다. 함수 구현 전체에 걸쳐 #ifdef 문을 사용하는 것이 좋을까, 아니면 플랫폼별로 특화된 부분에 한정해서 사용하는 것이 좋을까?

해결책은 둘 다 사용하는 것이다. 추가적으로 원자 프리미티브가 있어야 한다. 즉, 함수는 플랫폼별로 특화된 코드만 포함하도록 세분화해야 한다. 그렇지 않은 경우 이러한 함수를 더 분할할 수 있다. 이것이 플랫폼 의존적 코드를 관리 가능한 상태로 유지하는 가장 좋은 방법이다.

패턴 이름	요약
프리미티브 분리	코드 변형을 분리시킨다. 구현 파일에서 변형을 처리하는 코드를 별도의 함수로 분리하고, 메인 프로그램 로직에서 이 함수를 호출하면 플랫폼 독립적인 코드만 포함된다.
원자 프리미티브	프리미티브를 원자로 만들어야 한다. 즉, 함수별로 정확히 한 종류의 변형만 처리한다. 여러 종류의 변형(예: 운영 체제 변형 및 하드웨어 변형)을 처리하는 경우 각각 별도의 함수를 둔다.

다음 코드는 원자 프리미티브의 구현을 보여준다.

logger.c
```c
void* initiallyOpenLogFile()
{
#ifdef __unix__
    static int fd = 0;
    if(fd == 0)
    {
        fd = open("log.txt", O_RDWR | O_CREAT, 0666);
    }
    return fd;
#elif defined _WIN32
    static HANDLE hFile = NULL;
    if(hFile == NULL)
    {
        hFile = CreateFile("log.txt", GENERIC_WRITE, 0, NULL,
                            CREATE_NEW, FILE_ATTRIBUTE_NORMAL, NULL);
    }
    return hFile;
#endif
}

void writeLogFile(void* fileDescriptor, const char* buffer)
{
#ifdef __unix__
    write((int)fileDescriptor, buffer, strlen(buffer));
```

```
#elif defined _WIN32
    WriteFile((HANDLE)fileDescriptor, buffer, strlen(buffer), NULL, NULL);
#endif
}
```

위 코드는 보기에 썩 좋지 않다. 그러나 플랫폼 의존적 코드는 대부분 보기에 좋지 않다. 코드를 더 쉽게 읽고 유지·관리할 수 있도록 할 수 있는 다른 방법이 있을까? 상황을 개선할 수 있는 접근 방법은 변형 구현 분리를 통해 별도의 파일로 분리하는 것이다.

패턴 이름	요약
변형 구현 분리	각각의 변형에 대한 구현을 별도의 구현 파일로 분리하고 파일별로 어떤 플랫폼용으로 컴파일할지 선택한다.

fileLinux.c
```
#ifdef __unix__
void* initiallyOpenLogFile()
{
    static int fd = 0;
    if(fd == 0)
    {
        fd = open("log.txt", O_RDWR | O_CREAT, 0666);
    }
    return fd;
}

void writeLogFile(void* fileDescriptor, const char* buffer)
{
    write((int)fileDescriptor, buffer, strlen(buffer));
}
#endif
```

fileWindows.c
```
#ifdef _WIN32
void* initiallyOpenLogFile()
{
    static HANDLE hFile = NULL;
    if(hFile == NULL)
    {
        hFile = CreateFile("log.txt", GENERIC_WRITE, 0, NULL,
                          CREATE_NEW, FILE_ATTRIBUTE_NORMAL, NULL);
```

```
    }
    return hFile;
}

void writeLogFile(void* fileDescriptor, const char* buffer)
{
    WriteFile((HANDLE)fileDescriptor, buffer, strlen(buffer), NULL, NULL);
}
#endif
```

위의 두 코드 파일은 단일 함수 내에 리눅스 및 윈도우 코드를 혼합해 놓은 코드에 비해 훨씬 읽기 쉽다. 또한 #ifdef 문을 통해 플랫폼에서 조건부로 코드를 컴파일하는 대신, 이제 모든 #ifdef 문을 제거하고 Makefile을 사용하여 컴파일할 파일을 선택할 수도 있다.

Logger 사용

로깅 기능에 대한 최종 변경을 통해, 이제 코드에서 구성된 소프트웨어 모듈에 대한 메시지를 stdout 또는 크로스 플랫폼 파일에 로깅할 수 있게 되었다. 다음 코드는 로깅 기능을 사용하는 방법을 보여준다.

```
enableModule("MYMODULE");
logging("MYMODULE", "Log to stdout");
logToFile();
logging("MYMODULE", "Log to file");
logging("MYMODULE", "Log to file some more");
```

이렇게 모든 결정을 내리고 코드로 구현하고 나면 마음에 평화를 찾을 수 있다. 키보드에서 손을 떼고 감탄하며 코드를 보자. 처음에는 어려워 보이던 질문 중 일부가 어떻게 패턴으로 쉽게 해결되는지에 놀랐을 것이다. 패턴 활용의 이점은 혼자서 수백 가지 결정을 내려야 하는 부담을 덜어준다는 것이다.

  현장에서 버그를 수정하기 위해 오랜 시간 차를 타고 이동하는 것은 과거의 일이 되었다. 이제 로그 파일을 통해 필요한 디버그 정보를 얻을 수 있다. 버그 수정은 더 빨라지고 고객도 만족한다. 그보다 더 중요한 것은 여러분의 삶이 개선되었다는 것이다. 보다 전문적인 소프트웨어를 제공할 수 있으며, 일찍 퇴근할 수 있다.

요약

로깅 기능을 위한 코드를 구성하면서 1부에서 제시된 패턴을 단계적으로 적용하여 문제를 차례로 해결하였다. 처음에는 파일을 구성하는 방법이나 오류 처리에 대처하는 방법에 대해 많은 질문이 있었지만, 패턴이 길을 보여주었다. 지침을 제공하고 이 코드를 더 쉽게 구성할 수 있도록 했다. 또한 코드가 왜 그렇게 보이고 왜 그렇게 동작하는지도 이해할 수 있었다. 그림 10.2는 의사 결정에 도움이 된 패턴들의 개요를 보여준다.

물론 코드에 잠재적으로 기능을 개선할 만한 부분은 여전히 많이 있다. 예를 들어, 이 코드는 최대 파일 크기나 로그 파일 순환(logfile rotation)을 처리하지 않으며, 아주 자세한 로깅은 건너뛰는 로그 수준 구성을 지원하지 않는다. 코드를 간단하게 하고 이해하기 쉽게 하기 위해 이러한 기능은 다루지 않지만 코드 예제에 추가할 수 있다.

다음 장에서는 패턴을 적용하여 또 다른 강력한 코드를 구축하는 방법에 대한 다른 이야기를 살펴볼 것이다.

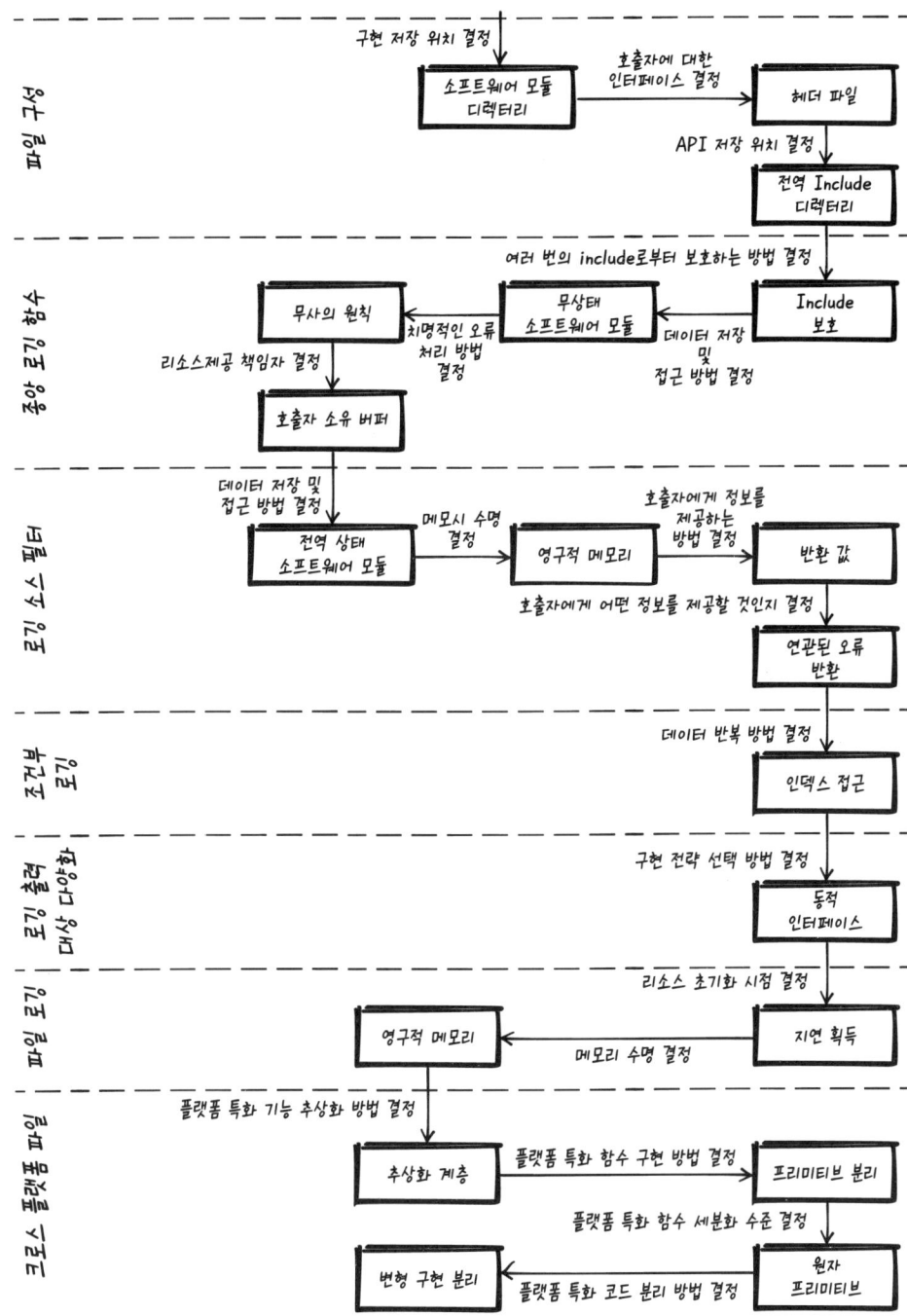

그림 10.2 10장에서 적용한 패턴

11장

Fluent C

사용자 관리 시스템 구축

이번 장에서도 1부의 패턴을 실행 예제에 적용하는 이야기를 살펴본다. 이 예제를 통해 패턴을 활용해 설계를 선택하는 것이 프로그래머에게 얼마나 도움이 되는지 볼 수 있다. 이번 장의 실행 예제는 사용자 관리 시스템을 상용 수준으로 구현한 것에서 추출하였다.

패턴 스토리

대학을 갓 졸업하고 소프트웨어 개발 회사에서 일하기 시작했다고 상상해 보자. 팀장이 사용자 이름과 암호를 저장하는 소프트웨어의 제품 사양을 건네주고 이를 구현하도록 지시한다. 소프트웨어는 사용자가 제공한 암호가 올바른지 여부를 확인하는 기능과 기존 사용자를 생성하고, 삭제하고, 조회하는 기능을 제공해야 한다.

당신은 팀장에게 자신이 좋은 프로그래머임을 보여주고 싶지만 시작하기도 전에 머릿속은 질문으로 가득 차 있다. 모든 코드를 단일 파일에 작성해야 하나? 이것이 나쁜 습관이라고 배웠지만, 그렇다면 적절한 파일 수는 몇 개인가? 코드의 어느 부분을 같은 파일에 넣을 것인가? 각 함수에 대한 입력 파라미터를 확인해야 하나? 함수는 자세한 오류 정보를 반환해야 하나? 대학에서 소프트웨어 프로그램을 구축하고 작동하도록 하는 방법은 배웠지만, 유지·관리가 가능한 좋은 코드를 작성하는 방법은 배우지 못했다. 그래서 여러분은 무엇을 해야 하는가? 그리고 어떻게 시작해야 할까?

데이터 구성

이 질문에 답하기 위해, 이 책의 패턴들을 살펴보고 좋은 C 프로그램을 빌드하는 방법에 대한 지침을 얻기 바란다. 사용자 이름과 암호를 저장하는 시스템 부분부터 시작하면 된다. 이제 질문은 프로그램에 데이터를 저장하는 방법에 초점을 맞춰야 한다. 전역 변수에 데이터를 저장해야 하는가? 함수 내부의 지역 변수에 데이터를 저장해야 하는가? 동적 메모리를 할당해야 하는가?

우선 애플리케이션에서 해결하려는 문제가 정확히 무엇인지 파악해야 한다. 현재 사용자 이름 데이터를 저장하는 방법을 모른다. 현재로서는 이 데이터를 영구적으로 만들 필요가 없다. 런타임에 이 데이터를 구축하고 접근할 수 있기만 하면 된다. 또한 함수 호출자가 데이터의 명시적 할당과 초기화에 대처하도록 만들고 싶지도 않다.

다음으로, 특정 문제를 해결하는 패턴을 찾는다. 누가 어떤 데이터를 보유하는가에 대한 문제를 다룬, 데이터 수명과 소유권에 대한 패턴(5장)을 살펴보자. 5장의 모든 '문제' 섹션을 읽고 문제와 매우 비슷하고 적용 가능한 결과를 설명하는 패턴을 찾아보자. 여기서는 전역 상태 소프트웨어 모듈로, 이 패턴은 해당 파일 내에서 필요한 데이터에 접근할 수 있도록 파일 범위로 제한된 전역 변수의 형태로 영구적 메모리를 사용하도록 제안한다.

패턴 이름	요약
전역 상태 소프트웨어 모듈	하나의 전역 인스턴스를 만들어 관련 함수들이 공통 리소스를 공유할 수 있도록 구현한다. 이 인스턴스에서 동작하는 모든 함수를 하나의 헤더 파일에 넣은 다음 이 인터페이스를 호출자에 제공하여 소프트웨어 모듈을 사용할 수 있도록 한다.
영구적 메모리	프로그램 전체 실행 시간 동안 사용 가능한 메모리에 데이터를 넣는다.

```
#define MAX_SIZE 50
#define MAX_USERS 50

typedef struct
{
```

```
    char name[MAX_SIZE];
    char pwd[MAX_SIZE];
}USER;

static USER userList[MAX_USERS];   ❶
```

> ❶ userList에는 사용자에 대한 데이터가 포함되어 있으며 구현 파일 내에서 접근할 수 있다. 정적 메모리에 보관되기 때문에 직접 할당할 필요가 없다(물론, 직접 할당하면 코드는 더 유연해지지만 그만큼 더 복잡해진다).

> **비밀번호 저장**
> 이 간단한 예에서는 암호를 일반 텍스트로 유지한다. 실제 애플리케이션에서는 절대 이렇게 해서는 안 된다. 비밀번호를 저장할 때는 일반 텍스트 대신 비밀번호의 솔트 해시 값(salted hash)[1]을 저장해야 한다.

파일 구성

다음으로 호출자에 대한 인터페이스를 정의한다. 나중에 구현을 변경할 때 호출자가 코드를 변경할 필요 없이 쉽게 구현을 변경할 수 있도록 해야 한다. 이제 프로그램의 어떤 부분을 인터페이스에 정의하고 어떤 부분을 구현 파일에 정의할 것인지 결정해야 한다.

헤더 파일을 사용하여 이 문제를 해결할 수 있다. 인터페이스(.h 파일)에 가능한 한 적은 항목(호출자와 관련된 항목만)을 넣는다. 나머지는 모두 구현 파일(.c 파일)에 넣는다. 헤더 파일을 여러 번 include하는 것을 방지하려면 Include 보호를 구현해야 한다.

패턴 이름	요약
헤더 파일	사용자에게 제공하려는 기능을 API에서 함수 선언 형태로 제공한다. 구현 파일 내의 내부 함수, 내부 데이터, 함수 정의(구현부)를 숨기고 이 구현 파일을 사용자에게 제공하지 않는다.
Include 보호	`#ifdef` 구문 세트나 `#pragma once` 구문을 사용해서 헤더 파일의 내용이 여러 번 include되는 것을 방지한다. 이렇게 하면 개발자가 이 헤더 파일이 여러 번 include되었는지 여부에 대해 신경쓰지 않아도 된다.

---

1 https://oreil.ly/5y7yO (옮긴이) 솔트 해시(salted hash)는 소금친 해시, 소금에 절인 해시라고 재미있게 표현하기도 하며, 동일한 해시 값이 발생되지 않도록 원래 텍스트에 소금이라고 불리는 무작위 텍스트를 붙여 해시한 것을 뜻한다. 같은 비밀번호는 같은 해시 값이 나온다는 점을 악용한 해킹을 예방하기 위한 장치이다.

user.h
```
#ifndef USER_H
#define USER_H

#define MAX_SIZE 50

#endif
```

user.c
```
#include "user.h"

#define MAX_USERS 50

typedef struct
{
    char name[MAX_SIZE];
    char pwd[MAX_SIZE];
}USER;

static USER userList[MAX_USERS];
```

이제 호출자는 정의된 MAX_SIZE를 사용하여 소프트웨어 모듈에 제공된 문자열의 최대 길이를 알 수 있다. 규칙에 따라 호출자는 .h 파일의 모든 것을 사용할 수 있지만 .c 파일의 어떤 것도 사용해서는 안 된다는 점을 알고 있다.

다음으로 이름 충돌을 피하기 위해 코드 파일이 호출자의 코드와 잘 분리되어 있는지 확인해야 한다. 모든 파일을 한 개의 디렉터리에 넣어야 하는가, 아니면 예를 들어 include하기 쉽도록 전체 코드베이스의 모든 .h 파일을 한 개의 디렉터리에 두어야 하는가?

소프트웨어 모듈 디렉터리를 만들고 소프트웨어 모듈, 인터페이스, 구현에 대한 모든 파일을 디렉터리 한 곳에 넣는다.

패턴 이름	요약
소프트웨어 모듈 디렉터리	기능이 밀접하게 결부된 헤더 파일과 구현 파일을 같은 디렉터리에 넣는다. 헤더 파일이 제공하는 기능에 따라 해당 디렉터리의 이름을 지정한다.

그림 11.1과 같은 디렉터리 구조를 사용하면 코드와 관련된 모든 파일을 쉽게 찾을 수 있다. 이제 구현 파일의 이름이 다른 파일 이름과 충돌할까 봐 걱정할 필요가 없다.

그림 11.1 파일 구성

인증: 오류 처리

이제 데이터에 접근하는 첫 번째 기능을 구현할 차례이다. 입력된 비밀번호가 이전에 저장된 해당 사용자의 비밀번호와 일치하는지 확인하는 함수를 구현하는 것부터 시작하자. 헤더 파일에서 함수를 선언하여 함수 동작을 정의하고 함수 선언 옆에 코드 주석을 달아 함수의 동작을 문서화한다.

함수는 입력된 비밀번호가 해당 사용자의 것과 일치하는지 여부를 호출자에게 알려야 한다. 호출자에게는 함수의 반환 값을 사용하여 알려주면 된다. 이때, 어떤 정보를 반환해야 하는가? 발생한 오류 정보를 호출자에게 제공해야 할까?

보안 관련 기능의 경우, 제공해야 하는 정보만 제공하고 그 이상은 제공하지 않는 것이 일반적이므로 연관된 오류 반환만 한다. 사용자가 존재하지 않는다거나 또는 입력한 암호가 잘못된 것이라는 정보는 호출자에게 제공하지 않는다. 그저 인증이 제대로 작동했는지 여부만 호출자에게 알려준다.

패턴 이름	요약
반환 값	함수 호출 결과에 대한 정보를 조회할 목적으로 제공되는 C 메커니즘인 반환 값을 사용한다. C에서 데이터를 반환하는 메커니즘은 함수 결과를 복사한 다음 이 복사값에 대한 접근을 호출자에게 제공하는 방식으로 동작한다.
연관된 오류 반환	정보가 호출자와 관련된 경우에만 오류 정보를 반환한다. 호출자가 해당 오류에 대응할 수 있는 경우에만 오류 정보가 호출자와 연관이 있다고 간주한다.

user.h
```
/* 제공된 username이 존재하고,
   password가 해당 사용자 것이 맞는 경우 true를 반환한다. */
bool authenticateUser(char* username, char* pwd);
```

이 코드는 함수가 반환하는 값을 매우 잘 정의하고 있지만 잘못된 입력에 대한 동작은 지정하지 않았다. NULL 포인터와 같은 잘못된 입력에 어떻게 대처하는 것이 좋을까? NULL 포인터를 확인해야 할까, 아니면 단순히 잘못된 입력을 무시하면 될까?

사용자에게 유효한 입력을 하도록 요구해야 한다. 왜냐하면 유효하지 않은 입력은 이 코드를 사용하는 사용자의 프로그래밍 오류로 이어질 수 있기 때문이다. 따라서 이러한 오류는 반드시 알려져야만 한다. 입력이 유효하지 않다면 무사의 원칙에 따라 프로그램을 중단시키고 이러한 동작을 헤더 파일에 문서화한다.

패턴 이름	요약
무사의 원칙	성공적으로 함수를 반환하거나 아무것도 반환하지 말아야 한다. 오류를 처리할 수 없다고 판단되는 상황이 발생하면 그냥 프로그램을 중단시켜야 한다.

user.h
```c
/* 제공된 username이 존재하고,
   password가 해당 사용자 것이 맞는 경우 true를 반환한다.
   그 외에는 false를 반환한다.
   유효하지 않은 입력(NULL 문자열)의 경우에는 assert를 일으킨다. */
bool authenticateUser(char* username, char* pwd);
```

user.c
```c
bool authenticateUser(char* username, char* pwd)
{
    assert(username);
    assert(pwd);

    for(int i=0; i<MAX_USERS; i++)
    {
        if(strcmp(username, userList[i].name) == 0 &&
           strcmp(pwd, userList[i].pwd) == 0)
        {
            return true;
        }
    }
    return false;
}
```

무사의 원칙을 적용하면 잘못된 입력을 나타내는 특정 반환 값을 확인해야 하는 호출자의 부담을 덜어줄 수 있다. 대신 입력이 잘못된 경우 프로그램이 충돌한다. 그래서 통제되지 않은 방식(예: 유효하지 않은 입력을 strcmp 함수에 전달)으로 프로그램이 충돌하도록 하는 대신 명시적 assert 문을 사용하기로 결정했다. 보안이 중요한 애플리케이션의 경우, 오류 상황에서도 프로그램이 정의된 동작을 수행하도록 해야 한다.

언뜻 보기에 프로그램 충돌을 허용하는 것은 잔인한 해결책처럼 보이지만, 이러한 동작을 통해 잘못된 파라미터를 사용한 호출이 알려지지 않은 상태로 진행되는 것을 막는다. 장기적 관점에서 이 전략은 코드를 더 안정적으로 만든다. 유효하지 않은 파라미터와 같은 미묘한 버그가 호출자 코드의 다른 위치에 나타나도록 허용해서는 안 된다.

인증: 오류 로깅

다음으로, 잘못된 암호를 제공한 호출자를 추적해야 한다. authenticateUser 함수가 실패하면 오류 기록을 통해 나중에 이 정보를 보안 감사에 사용할 수 있다. 로깅의 경우 앞의 10장에 실린 코드를 가져오거나 혹은 다음과 같이 로깅을 위한 더 간단한 버전을 구현하면 된다.

패턴 이름	요약
오류 기록	별도의 채널을 사용하여 호출 코드와 관련된 오류 정보 및 개발자와 관련된 오류 정보를 제공한다. 예를 들어 디버그 오류 정보는 로그 파일에 기록하고, 세부적인 디버그 오류 정보는 호출자에게 반환하지 않는다.

서로 다른 플랫폼(리눅스와 윈도우)에 로깅 메커니즘을 제공하기는 어렵다. 운영 체제별로 파일 접근을 위해 제공하는 함수가 서로 다르기 때문이다. 또한 멀티 플랫폼 코드는 구현 및 유지·관리가 어렵다. 그렇다면 로깅 기능을 최대한 간단하게 구현하기 위해 어떻게 해야 할까? 변형 회피를 보장하면서 모든 플랫폼에서 사용 가능한 표준화된 함수를 사용하면 된다.

패턴 이름	요약
변형 회피	모든 플랫폼에서 사용할 수 있는 표준화된 함수를 사용한다. 표준화된 함수가 없다면 해당 기능을 구현하지 않는 것이 좋다.

다행히 C 표준은 파일 접근을 위한 함수를 정의하고 있으며, 이러한 함수들은 윈도우와 리눅스 시스템에서도 사용할 수 있다. 파일 접근에 있어 운영 체제별로 더 좋은 성능을 보여주거나 특화된 기능을 제공하는 함수들도 있지만, 여기에서는 굳이 쓰지 않아도 된다. C 표준에서 정의한 파일 접근 함수들이면 충분하다.

로깅 기능 구현을 위해 잘못된 암호 제공 시 다음 함수를 호출한다.

user.c
```
static void logError(char* username)
{
    char logString[200];
    sprintf(logString, "Failed login. User:%s\n", username);
    FILE* f = fopen("logfile", "a+");    ❶
    fwrite(logString, 1, strlen(logString), f);
    fclose(f);
}
```

❶ 플랫폼 독립적 함수인 fopen, fwrite, fclose를 사용한다. 이 코드는 윈도우와 리눅스 플랫폼 양쪽에서 동작하며, 플랫폼 변형 처리를 위한 지저분한 #ifdef 문도 없다.

로그 정보를 저장하기 위해 코드는 스택 우선 패턴을 사용한다. 로그 메시지가 스택에 들어갈 만큼 충분히 작기 때문이다. 또한 메모리 클린업 처리도 필요 없기 때문에 가장 쉽게 구현할 수 있다.

패턴 이름	요약
스택 우선	스택에 변수를 두는 것을 기본값으로 정해서 스택 변수가 자동으로 클린업되는 이득을 얻는다.

사용자 추가: 오류 처리

전체 코드를 살펴보면, 이제 목록에 저장된 사용자 이름에 대한 비밀번호가 올바른지 확인하는 함수를 장착하였지만 사용자 목록은 여전히 비어 있다. 사용자 목록을 채우기 위해서는 호출자가 새로운 사용자를 추가할 수 있는 함수를 구현해야 한다.

사용자 이름이 고유한지 확인하고, 새로운 사용자 추가가 제대로 동작했는지 여부를 호출자에게 알려주어야 한다. 사용자 이름이 이미 존재하거나 사용자 목록에 더 이상 공간이 없어서 사용자를 추가하지 못할 수도 있기 때문이다.

이제 호출자에게 이러한 오류 상황에 대해 어떻게 알려줄 것인지 결정해야 한다. 반환 값을 사용하여 이 정보를 반환하는 것이 좋을까, 아니면 errno 변수를 설정하는 것이 좋을까? 추가로, 호출자에게 어떤 종류의 정보를 제공하고 해당 정보를 반환하기 위해 어떤 데이터 타입을 사용할 것인가?

이 경우에는, 다양한 오류 상황이 있고 호출자에게 이러한 다양한 상황에 대해 알려야 하기 때문에 상태 코드 반환을 사용한다. 또한 잘못된 파라미터가 들어간 경우 프로그램을 중단시킨다(무사의 원칙). 인터페이스에서 오류 코드를 정의함으로써, 여러분과 호출자가 오류 코드와 오류 상황이 어떻게 매핑되는지 상호 이해하여 호출자가 그에 따라 대응하도록 할 수 있다.

패턴 이름	요약
상태 코드 반환	함수의 반환 값을 사용하여 상태 정보를 반환한다. 즉, 특정 상태를 나타내는 값을 반환한다. 이때 피호출자와 호출자 모두 상태 값의 의미를 이해해야 한다.

user.h
```
typedef enum{
    USER_SUCCESSFULLY_ADDED,
    USER_ALREADY_EXISTS,
    USER_ADMINISTRATION_FULL
}USER_ERROR_CODE;

/* 제공된 사용자 이름 'username'과 암호 'pwd'를 사용하여 새로운 사용자를
    추가한다(NULL 입력 시 assert 발생). 성공 시 USER_SUCCESSFULLY_ADDED를 반환하며,
    사용자 이름이 이미 존재하는 경우 USER_ALREADY_EXISTS를,
    사용자를 더 이상 추가할 수 없는 경우 USER_ADMINISTRATION_FULL을 반환한다. */
USER_ERROR_CODE addUser(char* username, char* pwd);
```

다음으로 addUser 함수를 구현한다. 사용자가 이미 존재하는지 확인한 다음 사용자를 추가해야 한다. 이를 위해 함수 분리를 수행하여 작업과 그 책임이 다르면 다른 함수로 분리시킨다. 먼저 사용자가 이미 존재하는지 확인하는 함수부터 구현한다.

패턴 이름	요약
함수 분리	함수를 분리한다. 함수 내에서 그 자체로 유용한 부분만 분리하여 새로운 함수로 만든 다음 기존 함수에서 새 함수를 호출한다.

user.c
```c
static bool userExists(char* username)
{
    for(int i=0; i<MAX_USERS; i++)
    {
        if(strcmp(username, userList[i].name) == 0)
        {
            return true;
        }
    }
    return false;
}
```

해당 사용자가 아직 존재하지 않는 경우에만 새로운 사용자를 추가하기 위해, 사용자를 추가하는 함수 내에서 이 함수를 호출할 수 있다. 그러면 기존 사용자를 함수 시작 시점에 확인해야 할까, 아니면 사용자 목록에 추가하기 직전에 확인해야 할까? 두 가지 중 더 쉽게 함수를 읽고 유지·관리할 수 있는 방법은 무엇일까?

함수 시작 지점에 보호 구문을 넣어서 사용자가 이미 존재하여 작업을 수행할 수 없을 경우 즉시 반환하도록 한다. 함수 시작 부분에 바로 확인하면 프로그램 흐름을 더 쉽게 따라갈 수 있다.

패턴 이름	요약
보호 구문	필수 사전 조건이 있는지 확인하고 사전 조건이 충족되지 않으면 즉시 함수에서 반환한다.

user.c
```c
USER_ERROR_CODE addUser(char* username, char* pwd)
{
    assert(username);
    assert(pwd);

    if(userExists(username))
    {
```

```
        return USER_ALREADY_EXISTS;
    }

    for(int i=0; i<MAX_USERS; i++)
    {
        if(strcmp(userList[i].name, "") == 0)
        {
            strcpy(userList[i].name, username);
            strcpy(userList[i].pwd, pwd);
            return USER_SUCCESSFULLY_ADDED;
        }
    }

    return USER_ADMINISTRATION_FULL;
}
```

지금까지 구현한 코드 조각들을 사용하여 사용자 관리 목록을 사용자로 채우고 제공된 비밀번호가 해당 사용자의 것과 일치하는지 확인할 수 있다.

반복

다음으로 반복자를 구현하여 모든 사용자 이름을 읽을 수 있는 몇 가지 기능을 제공한다. 호출자가 인덱스로 userList 배열에 접근할 수 있도록 하는 인터페이스를 제공하고 싶을 수도 있지만, 기본 자료 구조가 변경되거나(예: 연결 리스트) 특정 호출자가 배열을 수정하는 동안 또 다른 호출자가 배열에 접근하려는 경우 문제가 발생할 수 있다.

이 문제를 해결하는 반복자 인터페이스를 호출자에게 제공하기 위해서는 핸들을 사용하여 호출자에 기본 자료 구조를 숨기는 커서 반복자를 구현하면 된다.

패턴 이름	요약
커서 반복자	기본 자료 구조의 요소를 가리키는 반복자 인스턴스를 만든다. 반복 함수는 이 반복자 인스턴스를 인수로 사용하고 반복자가 현재 가리키는 요소를 검색한 후 다음 요소를 가리키도록 반복 인스턴스를 수정한다. 그런 다음 사용자는 이 함수를 반복적으로 호출하여 한 번에 하나의 요소를 검색한다.
핸들 (Handle)	호출자가 작업할 컨텍스트를 생성하고 해당 컨텍스트에 대한 내부 데이터를 가리키는 추상 포인터를 반환하는 함수를 만든다. 호출자에게 이 포인터를 모든 함수에 전달하도록 하면, 함수들은 내부 데이터를 사용하여 상태 정보와 리소스를 저장할 수 있게 된다.

user.h
```
typedef struct ITERATOR* ITERATOR;

/* 반복자 인스턴스를 만든다. 오류 시 NULL을 반환한다. */
ITERATOR createIterator();

/* 반복자 인스턴스에서 다음 요소를 검색한다. */
char* getNextElement(ITERATOR iterator);

/* 반복자 인스턴스를 소멸시킨다. */
void destroyIterator(ITERATOR iterator);
```

호출자는 반복자의 생성/소멸 시점을 완전히 통제할 수 있다. 따라서, 여러분은 호출자 소유 인스턴스가 포함된 지정 소유권을 갖고 있는 것이다. 호출자는 반복자 핸들을 만들고 이를 사용하여 사용자 이름 목록에 접근할 수 있다. 생성에 실패하면 특수 반환 값 NULL로 이를 알려준다. 명시적인 오류 코드 대신 이 특수 반환 값을 사용하면 오류 정보 반환을 위한 별도의 함수 파라미터가 필요하지 않기 때문에 함수를 더 쉽게 사용할 수 있다. 호출자가 반복 작업을 완료하면 호출자는 핸들을 소멸시킬 수 있다.

패턴 이름	요약
지정 소유권	메모리 할당을 구현할 때 메모리를 누가, 어디에서 클린업할 것인지를 명확하게 정의하고 문서화해야 한다.
호출자 소유 인스턴스	호출자로 하여금 함수와 작업하기 위해 필요한 리소스와 상태 정보를 저장하기 위한 인스턴스를 전달하도록 요구한다. 이 인스턴스를 관리하는 데 필요한 생성 함수와 소멸 함수를 명시적으로 제공하여 호출자가 인스턴스의 수명을 결정할 수 있도록 한다.
특수 반환 값	함수의 반환 값을 사용하여 함수에서 계산된 데이터를 반환한다. 이때, 한 개 이상의 특수 값을 예약해 두어 오류 발생 시 반환한다.

인터페이스는 호출자에게 반복자를 생성하고 소멸시키는 함수를 명시적으로 제공하고, 이는 자연스럽게 구현부에서 반복자의 리소스를 초기화하고 클린업하기 위한 별도의 함수로 이어진다. 이러한 객체 기반 오류 처리는 함수별로 책임을 분리하여 이후에 필요한 경우 쉽게 확장할 수 있다. 다음 코드에서 모든 초기화 코드가 한 개의 함수에 있고 모든 클린업 코드는 또 다른 함수로 분리한 것을 볼 수 있다.

패턴 이름	요약
객체 기반 오류 처리	객체 지향 프로그래밍의 생성자/소멸자 개념과 유사하게 초기화와 클린업을 별도의 함수로 구현한다.

user.c
```c
struct ITERATOR
{
    int currentPosition;
    char currentElement[MAX_SIZE];
};

ITERATOR createIterator()
{
    ITERATOR iterator = (ITERATOR) calloc(sizeof(struct ITERATOR),1);
    return iterator;
}

char* getNextElement(ITERATOR iterator)
{
    if(iterator->currentPosition < MAX_USERS)
    {
        strcpy(iterator->currentElement,userList[iterator->currentPosition].name);
        iterator->currentPosition++;
    }
    else
    {
        strcpy(iterator->currentElement, "");
    }
    return iterator->currentElement;
}

void destroyIterator(ITERATOR iterator)
{
    free(iterator);
}
```

위의 코드를 구현할 때 호출자에게 사용자 이름 데이터를 어떻게 제공하는 것이 좋을까? 단순히 호출자에게 해당 데이터에 대한 포인터를 제공하면 될까? 이 데이터를 버퍼에 복사한다면 버퍼는 누가 할당해야 할까?

이 상황에서는 피호출자 할당을 통해 문자열 버퍼를 할당한다. 이렇게 하면 호출자는 userList의 데이터를 변경할 수는 없고 해당 문자열에 대한 전체 접근 권한만 가질 수 있다. 또한 호출자는 다른 호출자가 변경할 수 있는 데이터에 대한 동시 접근을 피한다.

패턴 이름	요약
피호출자 할당	크고 복잡한 데이터를 제공하는 함수 내부에서 필요한 크기의 버퍼를 할당받는다. 필요한 데이터를 할당받은 버퍼에 복사하고, 이 버퍼에 대한 포인터를 반환한다.

사용자 관리 시스템 사용

이제 사용자 관리 코드를 완료했다. 다음 코드는 사용자 관리 시스템을 사용하는 방법을 보여준다.

```
char* element;
addUser("A", "pass");
addUser("B", "pass");
addUser("C", "pass");

ITERATOR it = createIterator();

while(true)
{
    element = getNextElement(it);
    if(strcmp(element, "") == 0)
    {
        break;
    }

    printf("User: %s ", element);
    printf("Authentication success? %d\n",
           authenticateUser(element, "pass"));
}

destroyIterator(it);
```

이번 장 전체에 걸쳐 패턴을 적용한 결과, 이 마지막 코드 조각을 만들어냈다. 이제 팀장이 요청한 사용자 이름과 암호를 저장하는 시스템 구현 작업을 완료했다고 팀장에게 말할 수 있다. 해당 시스템에 패턴 기반 설계를 활용하면 검증되고 문서화된 솔루션에 의존할 수 있다.

요약

이번 장에서는 주어진 문제를 하나씩 해결하기 위해 1부에서 제시된 패턴을 단계적으로 적용하여 코드를 구성하였다. 처음에는 파일을 구성하는 방법이나 오류 처리에 대처하는 방법에 대해 많은 질문이 있었지만, 패턴이 길을 보여주었다. 패턴이 지침을 제공하고 코드를 더 쉽게 구성할 수 있도록 했다. 또한 코드가 왜 그렇게 보이고 왜 그렇게 동작하는지도 이해할 수 있었다. 이번 장 전체에 걸쳐 그림 11.2에 표시된 패턴들을 적용하였다. 그림 11.2를 통해 얼마나 많은 결정을 내려야 했는지, 그 과정에서 패턴의 도움을 얼마나 많이 받았는지 확인할 수 있을 것이다.

구축된 사용자 관리 시스템은 사용자 추가, 검색, 인증을 위한 기본 기능을 포함하고 있다. 다시 말하지만, 이 시스템에 추가할 수 있는 다른 기능은 이 외에도 많다. 예를 들어, 암호를 변경하는 기능, 암호를 일반 텍스트로 저장하지 않도록 하는 기능, 암호가 일부 보안 기준을 충족하는지 확인하는 기능 등을 들 수 있다. 이번 장에서는 패턴 애플리케이션을 보다 쉽게 파악할 수 있도록 고급 기능은 다루지 않았다.

— Fluent

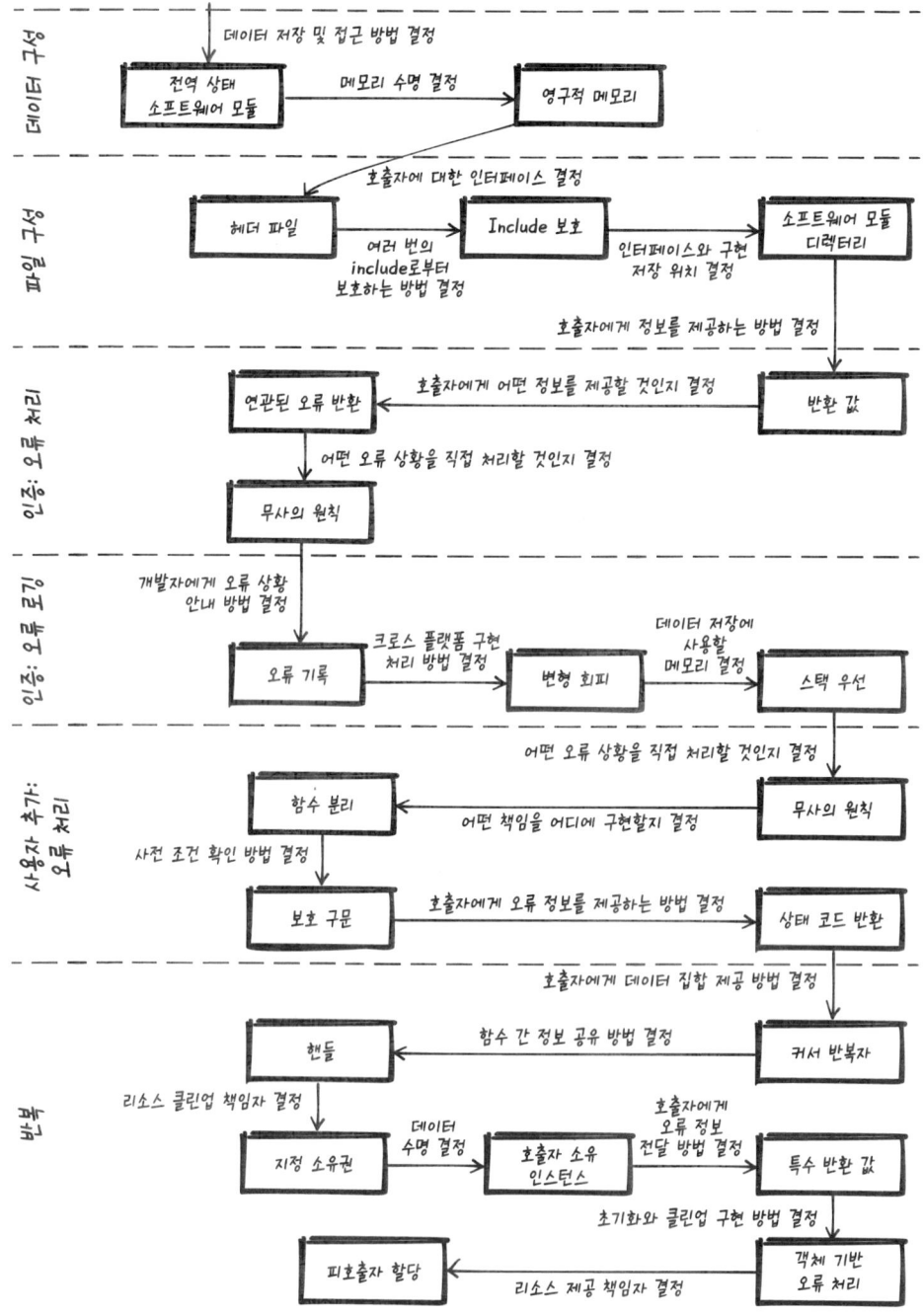

그림 11.2 11장에서 적용한 패턴

330   11장 사용자 관리 시스템 구축

12장

Fluent C

결론

여러분이 배운 것

이 책을 다 읽은 지금, 여러분은 이제 몇 가지 고급 C 프로그래밍 개념에 익숙해졌을 것이다. 더 큰 코드 예제를 보더라도 이제 코드가 왜 그렇게 보이는지 그 이유를 알 것이다. 또한 이제 그 코드에서 왜 그런 설계 결정을 내렸는지 그 이유도 알게 되었다. 예를 들어, 이 책의 서문에 제시한 이더넷 드라이버 샘플 코드에 명시적인 `driverCreate` 메서드가 있는 이유와 상태 정보를 보유하는 `DRIVER_HANDLE`이 있는 이유를 이해할 수 있을 것이다. 1부의 패턴은 이 예제를 포함해 책 전체에서 논의된 많은 예제에서 결정을 내릴 수 있도록 도움을 주었다.

2부에서는 실전 적용 예를 통해 1부에서 제시한 패턴을 적용할 때의 이점과 패턴 적용을 통해 어떻게 코드를 조금씩 성장시킬 수 있는지를 보여주었다. 앞으로 여러분이 C 프로그래밍 과정에서 문제에 직면하면 패턴의 문제 섹션을 다시 확인하여 어떤 것이 여러분의 문제와 일치하는지 확인하기 바란다. 일치하는 패턴이 있는 경우, 여러분은 패턴이 제공하는 지침의 이점을 누릴 수 있으니 매우 운이 좋다고 할 수 있겠다.

더 읽을 거리

이 책은 C 프로그래밍 초보자가 고급 C 프로그래머가 될 수 있도록 도와준다. 다음은 필자가 C 프로그래밍 기술을 향상시키는 데 특히 도움이 된 책들이다.

- 《Clean Code(클린 코드)》(인사이트, 2013)는 시간이 지나도 지속되는 고품질 코드를 구현하는 방법에 대한 기본 원칙을 설명한다. 모든 프로그래머가 읽을 수 있으며 테스트, 문서화, 코드 스타일 등과 같은 주제를 다룬다.
- 《임베디드 C를 위한 TDD》(인사이트, 2012)는 실행 예제를 사용하여 하드웨어에 가까운 프로그램의 맥락에서 C로 단위 테스트를 구현하는 방법을 설명한다.
- 《컴파일러 개발자가 들려주는 C 이야기》(인사이트, 2022)는 고급 C 프로그래밍 지침에 대한 고전이다. 이 책은 C 문법이 어떻게 동작하는지 자세히 설명하고 일반적인 함정을 피하는 방법을 설명한다. 또한 C 메모리 관리와 같은 개념에 대해 설명하고 링커가 어떻게 동작하는지도 알려준다.
- 필자의 책과 밀접한 관련이 있는 책은 《Patterns in C》(Leanpub, 2014)이다. 이 책 또한 패턴을 제시하고 C로 '디자인 패턴'을 구현하는 방법에 중점을 둔다.

맺음말

이제 여러분은 대학을 갓 졸업한 C 프로그래머에 비해 더 큰 규모의 아주 강력한 C 코드 작성을 위해 필요한 기술에 대한 고급 지식을 갖추게 되었다. 이제 여러분은 다음의 것들을 할 수 있다.

- 예외와 같은 메커니즘이 없더라도 오류 처리를 수행할 수 있다.
- 가비지 컬렉터가 없고 메모리를 클린업시킬 소멸자가 없더라도 메모리를 관리할 수 있다.
- 기본 제공되는 추상화 메커니즘이 없더라도 유연한 인터페이스를 구현할 수 있다.
- 클래스나 패키지가 없더라도 파일과 코드를 구성할 수 있다.

여전히 현대 프로그래밍 언어의 편리함과는 거리가 있음에도 불구하고, 이제 여러분은 C로 작업할 수 있다.

찾아보기

기호
#elif 271
#ifdef 구문 261
  #ifdef 구문을 사용하여 헤더
    파일 보호하기 232
  #ifdef 구문의 약점 261
  잘못된 #ifdef 구현으로부터
    벗어나기
    더 읽을 거리 292
    변형 구현 분리 284~291,
      310
    변형 회피 패턴 265~268,
      307, 321
    실행 예제 263
    원자 프리미티브 패턴
      274~277, 309
    추상화 계층 패턴 278~284,
      308
    패턴 개요 263, 291
    프리미티브 분리 패턴
      269~272, 309
#ifdef 지옥 탈출 → #ifdef 구문
#include 구문 232, 242
#pragma once 구문 232
__FILE__
__func__
__LINE__

ㄱ, ㄴ
가변 길이 배열 77
가비지 컬렉션
  가비지 컬렉션 없이 다루기
    149
  메모리 누수와 가비지 컬렉션
    88
  가비지 컬렉터 69
개방-폐쇄 원칙 182
객체 149
객체 기반 오류 처리 패턴 26~29,
  327
경합 조건 74
공유 인스턴스 패턴 170~177
구현 세부 내용 숨기기 184
기능 의존성 274
내장 구성 요소 패턴 244~250

ㄷ
다중 스레드 환경 125, 163, 218
단일 책임 원칙 181
단편화된 메모리 74
데이터 수명과 소유권
  공유 인스턴스 패턴 170~177
  더 읽을 거리 178
  무상태 소프트웨어 모듈 패턴
    152~157
  실행 예제 152
  유사 객체 요소로 프로그램
    구조화하기 149
  전역 상태 소프트웨어 모듈
    패턴 157~163, 302, 316
  패턴 개요 xvii, 151, 178
  호출자 소유 인스턴스 패턴
    163~169, 326
데이터 저장
  공유 데이터 118, 138, 143
더 오랜 시간 동안 데이터 유지
  80
동적 메모리 85
동적 메모리 문제 71~74, 105
불변 데이터의 큰 부분 제공
  133
스택 우선 접근 76, 322
오류 상황에 자동으로 대응 95
정적 메모리 81
지정 소유권 패턴 적용 93
클린업 정의 및 문서화 90
패턴 선택 315
동기화 문제 125
동적 메모리 71~74, 85, 105
동적 메모리 할당 73
동적 인터페이스 패턴 192~196,
  305
디렉터리 설정 →소프트웨어
  모듈 디렉터리 패턴 237
디버깅 → 오류 처리, 오류 정보
  반환
  동적 메모리 문제 73
  디버그 정보 로깅 95
  메모리 누수 탐지 86
  메모리 오류 제거 77
  오류 정보 반환 59
  원격 디버깅 297
  지정 소유권과 디버깅 92
  클린업 지연과 디버깅 84
  NULL 포인터와 디버깅 102
  valgrind 디버깅 도구 97

디자인 패턴 → 개별 패턴
개요
데이터 수명과 소유권 xvii
메모리 관리 xv
모듈화 프로그램에서의
파일 구성 xviii
반복자 인터페이스 xviii
오류 정보 반환 xv
오류 처리 xiv, 4
유연한 API xvii
#ifdef 지옥 탈출 xix
C 함수에서의 데이터 반환
xvi
디자인 패턴 구조 xii
디자인 패턴 선택 xiv, 297,
315
디자인 패턴의 이점 312, 332
발달 과정 xii
사용 목적 viii
용어 정의 xii
참고 논문 xxiii
패턴 적용 사례에 대한 참조
xxi
학습 방법 xiii
C 프로그래밍 언어가 극복할
과제 viii

ㄹ
라벨 20
래퍼 함수 95
리눅스 오버커밋 104
리소스
다수의 리소스 획득과 클린업
19, 23, 26
리소스 공유 187
리소스의 수명과 소유권 149
리스코프 치환 원칙 182
메모리 관리
극복할 과제 69
더 읽을 거리 112
데이터 보관과 동적 메모리
71~74
메모리 풀 패턴 104~109

스택 우선 패턴 76~79, 322
실행 예제 75
영구적 메모리 패턴 80~84,
302, 306, 316
지정 소유권 패턴 90~93, 326
클린업 지연 패턴 84~88
패턴 개요 xv, 70, 112
포인터 검사 패턴 100~103
할당 래퍼 패턴 95~100

ㅁ
메모리 누수 73
가비지 컬렉션과 메모리 누수
88
메모리 누수 검사 87
메모리 누수 위험 제거 77
의도적인 메모리 누수 87
메모리 단편화 104
메모리 풀 패턴 104~109
모듈화 프로그램
모듈화 프로그램에서의 파일
구성
패턴 개요 xviii
모듈화 프로그램, 유지·관리의
용이함 → 파일, 모듈화
프로그램에서의 파일
구성 183
무사의 원칙 패턴 14~19, 300,
320
무상태 소프트웨어 모듈 패턴
152~157, 299
묶음 vs. 연관 164
묶음 인스턴스 패턴 128~133
미정의 행동 73

ㅂ
반복(iterate) 203
반복 함수 213
반복자 204
반복자 인스턴스 213
반복자 인터페이스
더 읽을 거리 224
실행 예제 205

유연한 반복자 인터페이스
설계 203
인덱스 접근 패턴 206~210,
304
커서 반복자 패턴 212~217,
325
콜백 반복자 패턴 218~224
패턴 개요 xviii, 205, 224
반환 값 39
반환 값 패턴 118~120, 303, 319
버전 번호 253
버퍼 139
변형 구현 분리 패턴 284~291,
310
변형 회피 패턴 265~268, 307,
321
보호 구문 패턴 10~14, 324
불변 인스턴스 패턴 133~137
빌드 설정 237

ㅅ
사용자 관리 시스템 사례
데이터 구성 316
반복 325
사용자 추가 322
사용한 패턴 개요 329
시스템 사용 328
인증
오류 로깅 321
오류 처리 319
컨텍스트 (패턴 스토리) 315
파일 구성 317
사전 조건 검사 10, 11
상태 값 39
상태 식별자 40
상태 정보 39
상태 정보 공유 187
상태 코드 반환 패턴 39~42, 323
생성자 69
소멸자 69
소프트웨어 모듈 150
소프트웨어 모듈화 227

소프트웨어 모듈 디렉터리 패턴
235~240, 298, 318
솔트 해시 값 317
숫자 식별자 39
스마트 포인터 74
스택 71
스택 우선 패턴 76~79, 322
시맨틱 버저닝(semantic versioning) 253
시저 암호 75
싱글턴 패턴/안티패턴 160

ㅇ

아웃 파라미터 패턴 122~126
암호 317
여러 줄 매크로 61
역참조 124
연관된 오류 반환 패턴 47~51, 303, 319
영구적 메모리 패턴 80~84, 302, 306, 316
예외 처리 35
예제 코드
   예제 코드를 구하고 사용하기 xx
   패턴 적용 사례에 대한 참조 xxi
오류 기록 패턴 59~63, 321
   구현 사례
      로깅 소스 필터 301
      로깅 출력 대상 다양화 304
      조건부 로깅 303
      중앙 로깅 함수 299
      컨텍스트 297
      크로스 플랫폼 파일 307
      파일 구성 298
      파일 로깅 306
      패턴 개요 312
      Logger 사용 311
오류 정보 반환
   극복할 과제 35
   더 읽을 거리 67

상태 코드 반환 패턴 39~42, 323
실행 예제 37
알려지지 않은 오류 14
연관된 오류 반환 패턴 47~51, 303, 319
오류 기록 패턴 59~63, 321
특수 반환 값 패턴 54~57, 326
패턴 개요 xv, 36, 67
오류 처리 3
   객체 기반 오류 처리 패턴 26~29, 327
   극복할 과제 3
   더 읽을 거리 32
   무사의 원칙 패턴 xiv~xix, 300, 320
   보호 구문 패턴 10~14, 324
   실행 예제 5
   클린업 레코드 패턴 23~26
   패턴 개요 xiv, 4, 31
   함수 분리 패턴 6~9, 324
   Goto 오류 처리 패턴 19~23
오류 코드 39
오버커밋 원칙 104
원자 프리미티브 패턴 274~277, 309
유사 객체 요소 149
유연한 API
   더 읽을 거리 201
   동적 인터페이스 패턴 192~196, 305
   설계를 위해 극복할 과제 181
   인터페이스 호환성 252
   패턴 개요 xvii, 183, 200
   함수 제어 패턴 196~200
   핸들 패턴 187, 325
   헤더 파일 패턴 183~187, 298, 317
의존 관계 역전 원칙 182
인덱스 접근 패턴 206~210, 304
인스턴스
   공유 170

소프트웨어 모듈과 인스턴스 150
용어 정의 150
인증
   오류 로깅 321
   오류 처리 319
인터페이스 분리 원칙 182
인터페이스 호환성 → 유연한 API, 동적 인터페이스 패턴, 반복자 인터페이스 252

ㅈ, ㅊ

자동 변수 76
자체 보유 컴포넌트 244
저장소 클래스 지정자 76
전역 include 디렉터리 패턴 240~244, 298
전역 변수 118, 122, 128, 158
전역 상태 소프트웨어 모듈 패턴 157~163, 302, 316
전처리기 261
정적 메모리 71, 81
중앙 로깅 함수 299
지연 평가 24
지연 획득 패턴 306
지정 소유권 패턴 90~93, 326
참조 인수 123
추상 데이터 타입 150
추상 포인터 188
추상화 계층 패턴 278~284, 308
추상화 단위 271

ㅋ, ㅌ, ㅍ

커서 반복자 패턴 212~217, 325
컴포넌트 → 자체 보유 컴포넌트 패턴 245
코드 변형 270
코드 스멜 11
콜백 반복자 패턴 218~224
크로스 플랫폼 파일 307
클린업 10
클린업 레코드 패턴 23~26

클린업 지연 패턴 84~88
클린업 함수 24
특수 반환 값 54
특수 반환 값 패턴 54~57, 326
파일 구성 →파일, 모듈화 프로그램에서의 파일 구성
파일, 모듈화 프로그램에서의 파일 구성
  극복할 과제 227
  내장 구성 요소 패턴 244~250
  무상태 소프트웨어 모듈 패턴 299
  소프트웨어 모듈 디렉터리 패턴 235~240, 298, 318
  실행 예제 229
  전역 include 디렉터리 패턴 240~244, 298
  패턴 개요 xviii, 228, 258
  API 복제 패턴 250~254
  Include 보호 패턴 232~235, 299, 317
패키지 227
패턴 → 디자인 패턴
포인터 검사 패턴 100~103
포인터 생성자 91
프리미티브 분리 패턴 269~272, 309
플랫폼 의존성 274
플랫폼 추상화 계층 280
피호출자 할당 패턴 143~148, 328
필수 사전 조건 11

ㅎ
할당 래퍼 패턴 95~100
함수 → C 함수에서의 데이터 반환
  가독성 개선 10
  개별 함수로 분리 118
  내부 구현 숨기기 184
  다수의 리소스 클린업 19, 23, 26

다수의 스레드 접근 제공 163
메타 정보 전달 197
상태 정보 또는 리소스 공유 187
상태 정보 반환 39
여러 정보를 반환 122, 128
연관된 오류만 반환 54
오류 조건 시 프로그램 중단 15
요소들을 반복하기 206
인스턴스 전달 170
자세한 오류 정보 관리 59
전역 인스턴스 157
초기화와 클린업 분리 27
표준화된 함수 사용 266
한 가지 종류의 변형만 처리 274
한 번에 한 개의 요소 조회 213
함수 분리 6
헤더 파일에는 플랫폼 독립적인 것만 두기 278
함수 분리 책임→함수 분리 패턴
함수 분리 패턴 6~9, 324
함수 서명 15, 39, 41
함수 제어 패턴 196~200
해제(free) 73
해제된 메모리 73
핸들 188
핸들 패턴 187~191, 325
허상 포인터 73
헤더 파일 → 파일, 모듈화 프로그램에서의 파일 구성 183
  구현 파일과 같이 두기 235
  종속성 회피 241
  중복된 include로부터 보호 232
  플랫폼 독립적인 함수만 두기 278
  하위 디렉터리에 두기 245
헤더 파일 패턴 183~187, 298, 317

호출자 소유 버퍼 패턴 138~142, 300
호출자 소유 인스턴스 패턴 163~169, 326
힙 메모리 72

A, B
abstract data type 150
aggregation 164
ABI 호환 252
API 복제 패턴 250~254
API 호환 252
application binary interface(ABI) 252
assert.h 16
assert 구문 15
association 164
automatic variable 76
break 20

C
C 표준 라이브러리 함수 266
C 프로그래밍 언어
C 프로그래밍 언어 극복할 과제 ix~xi
C 함수에서의 데이터 반환 → 함수
  극복할 과제 115
  묶음 인스턴스 패턴 128~133
  반환 값 패턴 118~120, 303, 319
  불변 인스턴스 패턴 133~137
  실행 예제 117
  아웃 파라미터 패턴 122~126
  패턴 개요 xvi, 116, 148
  피호출자 할당 패턴 143~148, 328
  호출자 소유 버퍼 패턴 138~142, 300
code smell 11
component 245
constructor 69

D, E, F, G

dangling pointer 73
destructor 69
do-while 22, 61
do{···} while(0); 20
EOF 57
errno 5, 39
expression 24
fragmentation 74
function signature 15, 39, 41
garbage collector 69
getchar 57
Goto 오류 처리 패턴 19~23

H, I, L

handle 188
heap 72
HRESULT 42
if 구문 23, 27
Include 보호 패턴 232~235, 299, 317
iterate 203
iteration function 213
iterator instance 213
lazy evaluation 24
log 60

M, N, O, P

Makefile 237
memory leak 73
NDEBUG 16
object 149
object-like element 149
parseFile 함수 29
pool 72
POSIX 함수 266

R, S, U, V

race condition 74
shared_ptr 91
smart pointer 74
software module 150
SOLID 설계 원칙 181

stack 71
static 71
static memory 71, 81
storage class specifier 76
undefined behavior 73
unique_ptr 91
valgrind 디버깅 도구 87, 97